utb 6232

Eine Arbeitsgemeinschaft der Verlage

Brill | Schöningh – Fink · Paderborn
Brill | Vandenhoeck & Ruprecht · Göttingen – Böhlau · Wien · Köln
Verlag Barbara Budrich · Opladen · Toronto
facultas · Wien
Haupt Verlag · Bern
Verlag Julius Klinkhardt · Bad Heilbrunn
Mohr Siebeck · Tübingen
Narr Francke Attempto Verlag – expert verlag · Tübingen
Psychiatrie Verlag · Köln
Ernst Reinhardt Verlag · München
transcript Verlag · Bielefeld
Verlag Eugen Ulmer · Stuttgart
UVK Verlag · München
Waxmann · Münster · New York
wbv Publikation · Bielefeld
Wochenschau Verlag · Frankfurt am Main

Lorenz Lorenz-Meyer (Prof. Dr.) ist promovierter Kognitionswissenschaftler und arbeitete ab 1996 als einer der ersten deutschen Onlinejournalisten für den *Spiegel*, die *Zeit*, die *Bundeszentrale für politische Bildung* und die *Deutsche Welle*. Von 2004 bis 2022 war er Professor für Onlinejournalismus an der Hochschule Darmstadt.

Lorenz Lorenz-Meyer

Digitaler Journalismus

transcript Verlag, Bielefeld

Bibliografische Information der Deutschen Nationalbibliothek
Die Deutsche Nationalbibliothek verzeichnet diese Publikation in der Deutschen Nationalbibliografie; detaillierte bibliografische Daten sind im Internet über https://dnb.dnb.de abrufbar.

utb-Bandnr. 6232
Print-ISBN 978-3-8252-6232-7
PDF-ISBN 978-3-8385-6232-2

Einbandgestaltung: siegel konzeption | gestaltung
Umschlagabbildung: Di Studio / Adobe Stock
Korrektorat: Greta Darkow
Satz: Jan Gerbach
Druck: Elanders Waiblingen GmbH, Waiblingen

Gedruckt auf alterungsbeständigem Papier mit chlorfrei gebleichtem Zellstoff.

Für Liwen

Inhalt

Hinweis zum Buch und den digitalen Inhalten

Dieses Buch beinhaltet interaktive Testfragen und weitere Zusatzmaterialien, die Sie online abrufen können. Sie finden im Fließtext jeweils einen QR-Code in der Randspalte, der Sie direkt zu den interaktiven Inhalten führt. Den Test können Sie online direkt bearbeiten und überprüfen. Den Zugang zu den digitalen Inhalten erhalten Sie wie folgt:

1. Registrieren Sie sich kostenlos auf https://elibrary.utb.de/action/registration.
2. Gehen Sie auf »Mein Profil« → »Zugangscode aktivieren«.
3. Geben Sie dort den Code JOURNALISMUS6232 ein und klicken Sie auf »Abschicken«.

Legende der Icons

Zum besseren Auffinden relevanter Informationen wird im Text mit Icons gearbeitet:

Themen

Über diese Lerneinheit

Was Sie hier lernen

Begriffserklärung

Merke

Tipp

Exkurs

Übungen

Weiterführende Lektüre

1. Vorwort

Der digitale Journalismus ist ein breites Themenfeld. Dieses Studienbuch beruht auf acht Jahren Berufserfahrung als Onlineredakteur sowie fast 20 Jahren Lehrerfahrung an der Hochschule Darmstadt in den Studiengängen Onlinejournalismus, Medienentwicklung und Media, Technology and Society. So gut wie alles, was ich dort unterrichtet habe, ist in das Projekt eingegangen. Zwei grundlegende Anmerkungen zum besseren Verständnis gleich zu Beginn:

Erstens: Das Buch richtet sich primär an angehende Journalistïnnen und an bereits arbeitende Praktikerïnnen, die ihr bestehendes Fachwissen erweitern oder sich ihres Vorverständnisses vergewissern wollen. Es ist kein akademisches Werk im strengen Sinn, hier geht es vor allem um Praxiswissen. Ich habe deshalb im Text bewusst auf die in akademischen Texten üblichen Quellenhinweise auf wissenschaftliche Literatur verzichtet. Dafür findet man bei jedem Kapitel unter »Zur Vertiefung« Hinweise zu weiterführender Lektüre und zu ausgewählter Forschung, die einen Einstieg auch in die wissenschaftliche Behandlung der Themen ermöglichen.

Zweitens: Thema des Buches sind die Effekte der Digitalisierung auf den Journalismus. Weite Teile journalistischer Arbeit sind davon nicht betroffen. Welche Fragen und Hypothesen eine Recherche leiten, mit wem man dabei sprechen sollte oder wie man eine Nachricht, einen Kommentar, eine Reportage oder eine Glosse schreibt – all das kommt hier nicht vor. Man kann es weiterhin unbesorgt in klassischen Journalismus-Handbüchern nachlesen.

Und jetzt wünsche ich viel Spaß bei der Lektüre!

Berlin, im Juni 2024
Lorenz Lorenz-Meyer

I. EINLEITUNG

2. Journalismus in der Digitalisierung

Themen

Vorgeschichte des digitalen Journalismus, die ersten Dekaden des Onlinejournalismus, drei Treiber der Digitalisierung im Journalismus

Über diese Lerneinheit

Die Vorgeschichte des digitalen Journalismus beginnt in den 1950er Jahren, als Verbreitungsmedium spielen digitale Medien ab den 1980er Jahren eine Rolle. Startpunkte für den professionellen Onlinejournalismus sind die Öffnung des Internets und die Einführung des World Wide Web. Suchmaschinen, soziale Medien und mobile Endgeräte verändern in der Folge nicht nur die technischen Rahmenbedingungen, sondern auch den publizistischen Markt und die Nutzungsgewohnheiten des Publikums entscheidend.

Was Sie hier lernen

- die medienhistorischen Entwicklungen der frühen Geschichte des Onlinejournalismus zu kennen
- das World Wide Web, Suchmaschinen/soziale Medien und mobile Endgeräte als drei Meilensteine in der Entwicklung des digitalen Journalismus zu identifizieren
- die Entwicklung des digitalen Journalismus unter den unterschiedlichen Rahmenbedingungen von Technologie, Markt und Gesellschaft einordnen zu können

Anfänge

Die Vorgeschichte des digitalen Journalismus reicht bis in die Mitte des letzten Jahrhunderts zurück. Die Anfänge stehen unter dem Motto ›Computer Assisted Reporting‹: Schon in den 1950er Jahren setzen Redaktionen Großrechner ein, um bei Wahlen schnell relevante Aussagen über die Ergebnisse treffen zu können. Philip Meyer von der *Detroit Free Press* verwendet ab 1967 soziologische Daten und Computer, um journalistische Thesen wissenschaftlich zu untermauern. Er benutzt dafür den Begriff ›Precision Journalism‹ und gilt heute als einer der Pioniere des Datenjournalismus.

Erste Versuche mit Computern als **Verbreitungsmedium** für journalistische Inhalte gibt es dann ab den 1980er Jahren. Mit der zunehmenden **Vernetzung** der Computer kommt ein Bewusstsein dafür auf, dass man diese auch als **Kommunikationsmittel** einsetzen kann. Im damals noch weitgehend auf akademische Anwendungen beschränkten Internet entsteht als eine Art Beiprodukt das **Usenet**, ein Dienst, über den eine große Anzahl geografisch verteilter Teilnehmerïnnen miteinander in Kontakt treten, diskutieren und Dateien austauschen können. Obwohl die themenspezifischen Bereiche des Usenets als ›Newsgroups‹ bezeichnet werden, stehen journalistische Inhalte hier noch nicht im Vordergrund.

Außerhalb der Hochschulnetze machen sich kompetente Anwenderïnnen derweil die Möglichkeit zunutze, Computer per Akustikkoppler und Telefonverbindung miteinander zu verbinden. Es entstehen die ersten **Mailboxen**, stationäre Rechner, in die man sich von seinem privaten PC per **Modem** einwählen kann. Und auch dort ist es möglich, per Chat oder EMail mit anderen Nutzerïnnen in Kontakt zu treten und Dateien auszutauschen. Es ist nur ein kleiner weiterer Schritt, auch die verschiedenen Mailboxrechner per Telefon miteinander zu vernetzen. Auf diese Weise entstehen nationale und internationale **Mailboxnetzwerke** wie das *Fidonet*, das in Spitzenzeiten mehrere Millionen Nutzerïnnen miteinander verbindet.

Parallel entwickeln große Akteurïnnen wie die nationalen Post- und Telekom-Anbieter interaktive **Videotex**-Dienste wie *Btx* in Westdeutschland, *Prestel* in Großbritannien und das äußerst erfolgreiche *Minitel* in Frankreich. Auf deren Terminals und in kommerziellen Mailboxen wie *Compuserve* erhalten die Kundïnnen neben anderen Informationen auch aktuelle Nachrichten. *Compu-*

serve geht schon in den frühen 1980er Jahren entsprechende Kooperationen mit Medienanbietern wie der *New York Times* und der *Washington Post* ein.

Anfang der 1990er Jahre wird dann auch das **Internet** für die private und kommerzielle Nutzung freigegeben. Dank Tim Berners-Lees Hypertext-Protokoll HTML entsteht dort das öffentliche **World Wide Web** (WWW) und damit eine Plattform für erste eigenständige journalistische Internetangebote.

Onlinejournalismus: Die erste Dekade

Als eines der allerersten Medienunternehmen ist das deutsche Nachrichtenmagazin *Der Spiegel* dabei. Zunächst noch bei *Compuserve*: Ab April 1994 kann man ausgewählte *Spiegel*-Artikel schon zwei Tage vor dem Erscheinen der Printausgabe bei dem Onlinedienst lesen. Am 25. Oktober sind die Hamburger – nur einen Tag vor dem US-amerikanischen *Time Magazine* – das erste Nachrichtenmagazin mit einem Auftritt im Web. Am 22. Dezember 1994 feiern sie, noch auf *Compuserve*, den weltweit ersten Online-Politikerchat, mit dem CDU-Politiker und damaligen sächsischen Ministerpräsidenten Kurt Biedenkopf.

Dann geht es Schlag auf Schlag. In Deutschland machen dem *Spiegel* in schneller Folge auch *Focus*, *Zeit*, *Welt*, *Tageszeitung* und *Tagesschau* Konkurrenz. Binnen weniger Jahre gehen weltweit fast alle großen journalistischen Anbieterïnnen aus Print und Rundfunk ins Netz. Das Prinzip ist meist: Noch **keine großen Sprünge**. Die Investitionen halten sich in Grenzen, die Onlineredaktionen bleiben relativ klein. Die Inhalte sind meist Zweitverwertung oder generisches Nachrichtenmaterial von den Agenturen.

Entwicklung des Marktes

Die Anbieter sehen ihre überschaubaren Anstrengungen bei den Onlineprojekten als Investition in einen Zukunftsmarkt und subventionieren sie aus den Gewinnen des traditionellen Geschäfts quer. Bescheidene erste Erlöse kommen aus der Onlinewerbung. Der Zugang zum Internet ist für die Nutzerïnnen anfangs recht teuer und die journalistischen Angebote stehen deshalb weitgehend noch ohne zusätzliche **Bezahlschranken** im Netz. Auch herrscht bei den Anbietern die Angst vor, mit ihren Onlineangeboten die eigenen Produkte in den traditionellen Medien zu ›**kannibalisieren**‹. Deshalb hält man die journalistischen Sahnestückchen zurück und der Journalismus im Netz besteht überwiegend aus austauschbaren Nachrichtentexten. Die Folge ist, dass sich beim Publikum eine **Umsonstkultur** breitmacht: Was man bei einem Angebot nicht kostenfrei bekommt, kann man sich immer auch woanders holen.

Währenddessen wächst die **Reichweite** und das Internet wird zu einem echten Massenmedium. Insbesondere bei **Unglücken** und **Katastrophenlagen** verzeichnen die Anbieter schlagartige Zuwüchse bei den Zugriffszahlen: der spektakuläre Unfalltod von Prinzessin Diana im Jahr 1997, das ICE-Unglück von Eschede 1998, die Anschläge vom 11. September 2001, der Einmarsch der alliierten Truppen in den Irak im Frühjahr 2003 – all diese Ereignisse erweisen sich als Booster für das Internet als Nachrichtenplattform und damit für den Onlinejournalismus.

Bürgerjournalismus und Blogs

Gleichzeitig zeigen sich auch die **partizipativen** Potenziale der digitalen Medien. Während die Anbieter noch weitgehend dem vertrauten Broadcasting-Modell des **one-to-many** verpflichtet sind, macht ihr Publikum zunehmend von den neuen Möglichkeiten der Teilhabe Gebrauch. Die Nutzerïnnen tauschen sich über das Internet aus oder werden selbst publizistisch aktiv. Erfolgreiche **Community-Websites** wie *Slashdot*, die zunächst vor allem auf den Technologiesektor spezialisiert sind, werden zu Plattformen, auf denen sich Nutzerïnnen auch über andere aktuelle Ereignisse austauschen, Medieninhalte diskutieren, verreißen oder empfehlen. Es entstehen erste **›bürgerjournalistische‹** Angebote wie das im Jahr 2000 gegründete, erfolgreiche südkoreanische *Ohmynews*.

Um die Jahrtausendwende tauchen auch die ersten **Weblogs** auf: kleine, meist persönlich gehaltene Webseiten, auf denen Einzelpersonen oder kleine Teams in chronologischer Folge ihre Beobachtungen oder Gedanken ins Netz stellen. Diese Form, irgendwo zwischen Tagebuch und Nachrichtenseite oszillierend, wird schnell so populär, dass sich die professionellen Anbieter vor dieser Konkurrenz zu fürchten beginnen und sich die bange Frage stellen: »Sind Weblogs Journalismus?« Das ›Web 2.0‹ wird ausgerufen. Auch die Forschung widmet sich dem Phänomen und nennt es ›Bürgerjournalismus‹ oder ›partizipativen Journalismus‹.

Die Grenzen zwischen journalistischen **Profis** und **Amateurïnnen** drohen zu verschwimmen. Dies liegt nicht nur an der technologiegetriebenen

Ermächtigung der Amateurïnnen, die mit geringen finanziellen Mitteln eigene Websites betreiben können. Es liegt auch daran, dass sich die Profis damit Zeit gelassen haben, ihre professionellen **Alleinstellungsmerkmale** im Internet mit eigenen, qualitativ hochwertigen Formaten herauszustellen.

Das ist die Situation Mitte der 2000er Jahre, am Ende der ersten Dekade. Fast alle sind mittlerweile im Netz, sowohl von Seiten der Anbieter als auch von Seiten des Publikums. Aber in den Onlineredaktionen herrscht überwiegend die dumpfe Routine des ›copy and paste‹.

Exkurs

Gründungsmythen und Visionen: Während sich die Onlinejournalistïnnen in dieser Zeit an allerlei Hemmnissen und Widrigkeiten abarbeiten, gibt es schon früh visionäre Stimmen, die dem Internet als Raum einer neuen digitalen Öffentlichkeit und damit auch dem digitalen Journalismus eine leuchtende Zukunft zusprechen.
Schon im Jahr 1984 präsentiert der Althippie und Gründer der legendären kalifornischen Mailbox *The Well* Steward Brand auf einer Hackerkonferenz einen Slogan, der als Gegenmotto zu den neuen digitalen Medienmärkten für viele Diskussionen sorgen wird. Er verkündet: »Information wants to be free!« – Wenn es technisch möglich ist, alle **Wissensbestände** der Welt praktisch kostenlos öffentlich zugänglich zu machen, warum sollte dies dann nicht auch gesellschaftlich angestrebt und eingefordert werden?
Gute zehn Jahre später, im Jahr 1995, proklamiert der Journalist und spätere *Time*-Redakteur Joshua Quittner auf der kultigen Onlineplattform *Hotwired* einen »**Way New Journalism**«, der durch das World Wide Web möglich gemacht werde und der sich unter anderem durch ein hohes Maß an **Partizipation** und **Vernetzung** der Akteurïnnen, sowie **Verlinkung** der Inhalte auszeichne.
Wenige Monate später, im Februar 1996, legt der Poet und Medienaktivist John Perry Barlow, ausgerechnet vom *World Economic Forum* in Davos aus, mit einer »Declaration of the Indepence of Cyberspace« nach. Er beschreibt die Vision eines **herrschaftsfreien Kommunikationsraumes** und hebt damit die Utopie des Internets von einer medialen auf die politische Ebene.
Auch wenn diese Träume der Realität in den folgenden Jahren nicht wirklich standhalten, markieren sie doch ein **Idealbild**, von dem sich viele publizistische und journalistische Projekte inspirieren und orientieren lassen.

Zweite Dekade: Die Professionalisierung der Autodidaktïnnen

Erst in den anschließenden Jahren findet der Onlinejournalismus zu sich selbst. Die Medienhäuser müssen einräumen, dass das Internet kein vorübergehender Hype ist. Im Gegenteil: Die Nutzungsentwicklung zeigt, dass es sich immer mehr zu einem ernstzunehmenden Medienschauplatz gerade der nachwachsenden Generationen entwickelt. Entsprechend werden die Onlineredaktionen innerhalb der Häuser weiter ausgebaut und mit mehr Respekt behandelt.

Aus den onlinejournalistischen Autodidaktïnnen der frühen Jahre werden langsam Profis. Die typischen Anzeichen einer beginnenden **Professionalisierung**: Es gibt erste spezialisierte **Ausbildungswege** für angehende Onlinejournalistïnnen, in Darmstadt (ab 2001) und Köln (ab 2003) werden einschlägige Studiengänge angeboten. Das renommierte *Grimme-Institut* würdigt die Internetpublizistik ab 2001 mit einem eigenen Preis, dem **Grimme Online Award (GOA)** – ein Zeichen dafür, dass sich Qualitätsmaßstäbe entwickeln, die auch gegenüber einer weiteren Öffentlichkeit vermittelbar sind.

Die Probleme, die sich in den ersten Jahren gezeigt hatten, bleiben ungelöst. Weiterhin gibt es kein tragfähiges Geschäftsmodell, weiter bleibt das Verhältnis zwischen den Onlineabteilungen und ihren ›Muttermedien‹ angespannt und für den Umgang mit dem Publikum gibt es immer noch keine wirklich brauchbaren Routinen. Der Onlinejournalismus kann sich auch in seiner zweiten und später dritten Dekade nicht über eine erholsame Phase der **Konsolidierung** freuen. Im Gegenteil: Die Rahmenbedingungen ändern sich laufend, ständig kommen neue Möglichkeiten und Herausforderungen hinzu. Die Atemlosigkeit des digitalen **Medienwandels** wird zum Normalzustand.

Abb. 2.1: Anzeichen der Professionalisierung: Wo Spiegel Online im Jahr 1997 noch eine etwas rätselhafte Navigation und eher zweifelhafte Aufmacher aufweist, gibt es zwei Jahre später bereits erkennbare Rubriken und echte Tagesaktualität.

Die drei Treiber der Digitalisierung

Um die Geschehnisse der ersten Dekade und die einschneidenden Entwicklungen, die sich im Anschluss ereignen, besser einordnen zu können, ist es sinnvoll, einen Schritt zurückzutreten und zu fragen: Was sind die **Treiber der Digitalisierung** im Journalismus? Auf diese Frage kann es je nach Blickwinkel natürlich verschiedene Antworten geben. Ich möchte hier drei Faktoren hervorheben, die ein Licht auf den Gesamtprozess werfen:

1. Technologie
2. Markt
3. Gesellschaft

Diese drei Bereiche sind nicht sauber voneinander zu trennen, aber sie bezeichnen jeweils Perspektiven auf den Gesamtprozess, die zu einem Verständnis beitragen können.

Treiber Technologie

Die Digitalisierung ist ein primär technologiegetriebener Prozess. Ohne die immensen Fortschritte in der Computertechnologie wäre der wirtschaftliche und gesellschaftliche Wandel, den wir in den letzten Jahrzehnten erlebt haben und der auch den Journalismus grundlegend erfasst hat, nicht möglich gewesen.

Eine Faustformel, die in diesem Zusammenhang immer wieder genannt wird, ist das **Mooresche Gesetz**. Es macht eine empirische Aussage über die wachsende Rechenleistung von Mikrochips und besagt sinngemäß, dass sich die Anzahl der Transistoren in integrierten Schaltkreisen innerhalb von ungefähr zwei Jahren verdoppelt, ohne dass die Produktionskosten im gleichen Umfang steigen.

Aber beim Fortschritt in der **Hardware-Entwicklung** geht es natürlich nicht nur um das Preis-Leistungsverhältnis bei der Rechenleistung von Prozessoren. Eine ganze Reihe weiterer, damit zusammenhängender Parameter hat in den letzten Jahren ebenfalls extreme Entwicklungskurven gezeigt:

- Durch die höhere Rechenleistung der Prozessoren hat die **Geschwindigkeit der Datenverarbeitung** insgesamt extrem zugenommen.

- Die **Kapazität der Datenspeicher** ist drastisch gestiegen.
- Die Geräte sind dank der **Miniaturisierung der Bauteile** immer kleiner und leichter geworden.
- Die **Bandbreiten für die Datenübertragung** in den Netzwerken sind massiv gewachsen. Dies betrifft auch die drahtlosen Übertragungswege wie Mobilfunk oder WLAN.
- Die **Qualität der Displays** hat sich deutlich verbessert. Neben einer höheren Auflösung und Farbqualität ist hier die Touchscreen-Funktionalität hinzugekommen.
- Die **Integration von Sensoren**, zum Beispiel für Bewegung, Geolokalisierung oder Biodaten, hat große Fortschritte gemacht.

Neben den Entwicklungen auf der Hardware-Ebene gibt es parallel Prozesse auf der Ebene von Software und Infrastruktur, die die Digitalisierung weiter beschleunigen. Auf der Software-Ebene ist es unter anderem der Siegeszug **freier, quelloffener Programme**, der sich als außerordentlich fruchtbar erweist. Die überwiegende Mehrzahl der Webserver beruht auf dem **Open-Source-Betriebssystem GNU/Linux** und den ebenfalls quelloffenen Serverprogrammen **Apache** und **nginx**. Auch in vielen anderen Anwendungsbereichen sind Open-Source-Programme oder -Programmierumgebungen gängig und ermöglichen die kostengünstige, schnelle und ressourcensparende Bereitstellung zeitgemäßer Produkte und Dienste.

Drei Revolutionsstufen

Im Rückblick lassen sich drei technologische Umbrüche identifizieren, die in den letzten drei Jahrzehnten die Entwicklung des digitalen Journalismus geprägt haben:

1. World Wide Web

Dank der Öffnung des Internets für die private und kommerzielle Nutzung und insbesondere mit dem von Tim-Berners-Lee entwickelten und der Öffentlichkeit bereitgestellten Hypertext-Protokoll HTML entsteht noch in den 1990er Jahren das **World Wide Web (WWW)** und ermöglicht eine neuartige, weltweite Vernetzung von Personen und Inhalten. Damit können journalistische Anbieter ihre Inhalte auf einem völlig neuen Weg und potenziell in Echtzeit an ihr Publikum bringen.

Die statischen Webseiten der frühen Jahre weichen, dank der Ergänzung von HTML durch Programmiersprachen wie Javascript, schnell **intelligenten Webanwendungen** mit deutlich erweiterter Funktionalität (z.B. leistungsfähige Onlineshops oder Office-Programme im Browser). Das macht komplexere Interaktionen und Transaktionen zwischen Anbieter und Nutzerïn möglich. Mit wachsenden Bandbreiten wird es ab der Jahrtausendwende zunehmend möglich, auch **audiovisuelle Inhalte** über das Web zu transportieren. Das kommt nicht nur journalistischen Rundfunkanbietern zugute.

2. Suchmaschinen und soziale Medien

Bei der zunehmenden Fülle und Unübersichtlichkeit der Webinhalte übernehmen noch in den 1990er Jahren große Suchmaschinen die Rolle eines ersten **Orientierungshelfers**. Durch seine konkurrenzlose Leistungsfähigkeit setzt sich *Google* sehr schnell als dominierender Anbieter auf diesem Markt durch.

Gleichzeitig gibt es schon früh Plattformen wie *Geocities*, die darauf abzielen, den Nutzerïnnen eine eigene Bühne zu bieten, wo sie sich mit **Profilseiten** vorstellen und mit anderen Nutzerïnnen vernetzen können. Diese **sozialen Medien** gewinnen ab Mitte der 2000er Jahre massiv an Reichweite und Bedeutung.

Gemeinsam mit der Suchmaschine *Google* begründen soziale **Sharingdienste** wie *Youtube* und **soziale Netzwerke** wie *Facebook* ein völlig neues Paradigma bei der Verbreitung und der Rezeption von Webseiten und insbesondere auch von journalistischen Inhalten: Diese werden nicht mehr nur auf den **Homepages** der Anbieter gefunden, sondern zunehmend auch in den **Trefferlisten** der Suchmaschinen oder den **Timelines** der sozialen Medien.

Dies hat Folgen für die **Markentreue** der Nutzerïnnen. Diese werden jetzt immer mehr auch an Inhalte herangeführt, die nicht von ihren üblichen journalistischen Anbietern stammen. Die neuen ›**Intermediäre**‹, wie die Suchmaschinen und Social-Media-Plattformen genannt werden, nutzen die ihnen zugewachsene Aufmerksamkeit zudem geschickt für **Werbung** und werden somit zu einer gefährlichen wirtschaftlichen Konkurrenz für den Journalismus.

Suchmaschinen und soziale Medien verändern nicht nur die **Rezeption** journalistischer Inhalte und die Geschäftsgrundlagen des Journalismus. Mit dem erleichterten Zugang zu Quellen und Informanten haben sie auch einen spürbaren Einfluss auf die **journalistische Tätigkeit**, insbesondere bei Themenfindung und Recherche.

3. Mobile Endgeräte

Als der damalige Apple-Chef Steve Jobs 2007 das *iPhone* und drei Jahre später das *iPad* vorstellt, stößt er damit noch einmal eine neue Ära des digitalen Journalismus an. Denn mit den neuen **mobilen Endgeräten** emanzipieren sich die digitalen Medien von ihrer lähmenden Bindung an stationäre Computer. Digitale Inhalte müssen jetzt nicht mehr am Schreibtisch rezipiert werden, es braucht nicht einmal mehr den sperrigen Laptop für die mobile Nutzung. Man hat das Netz buchstäblich in der Tasche und immer dabei.

Abb. 2.2: Januar 2007: Steve Jobs stellt das iPhone auch als Plattform für andere Medien vor. (Foto: Kim Støvring/flickr CC-BY-2.0)

Mit der weiteren Entwicklung der Smartphones und Tablets steigert sich auch die Qualität der **Displays** noch einmal deutlich. Die neuen Auflösungen erlauben gestochen scharfe Schriftbilder und machen damit das Lesen auch **längerer Texte** am kleinen Bildschirm komfortabel möglich. Im Bereich **Audio** löst das Smartphone mobile mp3-Player wie den *iPod* ab und erlaubt den Download und das Anhören von Musik und anderen akustischen Inhalten auch unterwegs. Auch bei **Fotos** und **Videos** verbessert sich das Nutzungserlebnis so entscheidend, dass viele Nutzerïnnen so gut wie alle Mediengattungen jetzt primär mobil rezipieren.

Für den Journalismus wird das Smartphone eine Art mediale **Universalschnittstelle** und damit zu einem der wichtigsten Schauplätze. Gleichzeitig muss er sich diese Bühne aber mit sehr vielen anderen Diensten und Angeboten teilen: mit Kommunikationskanälen wie Telefonie, EMail oder Chat, mit Unterhaltungsangeboten wie Musik oder Gaming, mit praktischen Funktionen wie Fotografie, Kalender, Geonavigation oder Fitnessmonitoring.

Und wie schon Suchmaschinen und soziale Medien revolutionieren auch die Smartphones nicht nur die Nutzung journalistischer Inhalte, sie beeinflussen auch deren Produktion. Smartphones sind in vieler Hinsicht das perfekte Werkzeug für die journalistische Arbeit: als universelles Instrument für die Tagesplanung, für die Kommunikation mit Informantïnnen und Redaktionen, für die schnelle Onlinerecherche, als Aufnahmegerät für Notizen oder sogar sendefähige Fotos, O-Töne und Videos.

Treiber Markt

Die beschriebenen technologischen Entwicklungen beeinflussen auch die wirtschaftlichen Rahmenbedingungen des Journalismus massiv. Schon vor der Entstehung digitaler Medien hatten die klassischen elektronischen Medien (Hörfunk, TV) gegenüber den Printmedien an Bedeutung gewonnen. Das heißt, dass sich Zeitungs- und Zeitschriftenverleger zwar weiterhin eines guten Geschäfts und hervorragender Renditen erfreuen können, als der digitale Journalismus aufkommt. Aber ihre Auflagen und Reichweiten stagnieren bereits.

Anzeigengeschäft

Mitte der 1990er Jahre gibt es noch einmal einen kurzen positiven Impuls: Die Öffnung des Internet in diesen Jahren hat eine beispiellose Welle von Unternehmensgründungen zur Folge und gibt auch vielen bestehenden IT- und Telekommunikationsanbietern einen unerwarteten Boost. Sehr viel Geld aus den **Kapitalmärkten** fließt in diese Branchen und neue Produkte und Dienste müssen zu ihrer Markteinführung bekannt gemacht werden. Das führt zu einem Boom des **Werbemarktes**, der dem Journalismus und damit indirekt auch seinen Onlineexperimenten zugutekommt. Im März 2000 platzt dann die Dotcomblase und der Werbemarkt schrumpft erst einmal für die nächsten zwei Jahre.

Dieses Auf und Ab kann in der historischen Rückschau jedoch als eine eher kleine Verwerfung bewertet werden. Weitaus folgenreicher sind die Umschichtungen, die die Werbewirtschaft in den folgenden Jahren erleben muss. So beginnen noch in den 1990er Jahren die **Kleinanzeigenmärkte** (Jobs, Immobilien, Autos, Kontakte etc.), von denen insbesondere die Tageszeitungen profitiert hatten, ins Internet abzuwandern, wo sie zunächst von journalismusfernen Dienstleistern wie *Craigslist* oder *Ebay* kontrolliert werden. Auch wenn Zeitungsverlage wie der *Axel-Springer*-Konzern später wieder in diesen Markt einsteigen, kommt hier dem Journalismus strukturell ein **wirtschaftliches Standbein** abhanden.

Gleichzeitig entstehen dem Journalismus beim Kampf um die Werbekunden unerwartet starke neue Konkurrenten. Zunächst sind es reichweitenstarke **Webportale** wie *Yahoo* oder *T-Online*, die als Aggregatoren von Inhalten anderer Anbieter, aber auch mit eigenen Serviceangeboten und redaktionellen Inhalten attraktive neue Werbeflächen zur Verfügung stellen. Im Anschluss stellen die **Suchmaschinen** und **sozialen Medien** den Werbemarkt mit ihren bislang ungeahnten Möglichkeiten der **Personalisierung** auf den Kopf. Dies ist für die journalistischen Anbieter besonders bitter, weil ein guter Teil der Inhalte, die diese neuen Plattformen mit Leben füllen, aus dem Journalismus stammt. Die wachsende Zahl neuer Konkurrent:innen sowie die Einführung hocheffizienter digitaler Marktplätze für kleine oder große Werbekampagnen führen zudem zu einem **Preisverfall**, der das Anzeigengeschäft weiter erschwert.

Paid Content

Angesichts dieser Probleme bei den **Anzeigenerlösen** richtet sich das Augenmerk der kommerziellen Anbieter zunehmend auf die andere traditionelle Säule im journalistischen Geschäft: die **Vertriebserlöse**, die durch den Verkauf der journalistischen Produkte ans Publikum erwirtschaftet werden. Aber auch hier gibt es zunächst wenig zu holen, denn die Bereitschaft der potenziellen Kund:innen, für journalistische Inhalte im Internet Geld zu bezahlen, ist äußerst gering. Dafür gibt es vor allem zwei Gründe:

- Erstens hat man sich aus den frühen Jahren des Onlinejournalismus an **kostenfreie Inhalte** gewöhnt. Dass diese zum großen Teil durch eine we-

nig nachhaltige **Quersubventionierung** aus den ›Muttermedien‹ möglich gemacht wurden, ist dem Publikum nicht hinreichend bewusst.
- Zweitens führt das dichte Nebeneinander unterschiedlicher journalistischer Angebote im Netz zu einer geringeren **Markenbindung** der Nutzerïnnen. Und während die Anbieter ein Interesse daran haben, ihre Beiträge in für sie besser kalkulierbaren **Abonnements** zu verkaufen, wünschen sich die Nutzerïnnen flexiblere Modelle wie **Flatrates** oder **Micropayment** für einzelne Inhalte.

Um hier Abhilfe zu schaffen, bleiben den kommerziellen Anbietern nur wenige Möglichkeiten: Mit einer konsequenten Strategie des **›Online First!‹** heben sie auch jene Qualitätsinhalte, die zuvor den traditionellen Medien vorbehalten waren, ins Internet. Denn angesichts der Überfülle generischer, austauschbarer Nachrichten besteht nur bei Inhalten mit klarem Mehrwert eine Chance, die Nutzerïnnen zur Zahlung zu bewegen. Sodann werden konsequente **Bezahlschranken** eingerichtet. Damit gibt man zugleich die Hoffnung auf signifikante Werbeerlöse auf, denn diese hängen immer noch stark von der erzielten Reichweite ab.

Auf diese Weise gelingt es in den letzten Jahren immerhin einer wachsenden Zahl von Verlagen, ihr journalistisches Geschäft im Internet zu konsolidieren. Dies ist insbesondere dort möglich, wo ihr jeweiliges Angebot ein deutliches **Alleinstellungsmerkmal** aufweist, sei es durch vertieften **Regionalbezug** oder eine starke ›vertikale‹ **Expertise**, zum Beispiel bei wirtschaftlichen oder technischen Themenfeldern.

Die Kämpfe der Verlegerïnnen

Trotz dieser Maßnahmen ist absehbar, dass der Markt für den kommerziellen Journalismus insgesamt schrumpft. In ihrem Behauptungskampf haben die Verlegerïnnen vor allem zwei **Feindbilder** entwickelt, an denen sie sich abarbeiten:

- Zum einen die Betreiber von **Suchmaschinen** und **sozialen Medien**, also vor allem der *Alphabet*-Konzern, zu dem *Google* und *Youtube* gehören, und der *Meta*-Konzern mit *Facebook* und *Instagram*. Mit der Durchsetzung von sogenannten **Leistungsschutzrechten** wollen die Verlegerïnnen diese

Plattformbetreiber dazu zwingen, Teile ihrer Erlöse an die Ersteller jener Inhalte durchzureichen, die sie im Internet verbreiten.

- Zum anderen die öffentlich-rechtlichen Medien. Weil diese dank ihrer gesetzlich geregelten Beitragsfinanzierung den Gesetzmäßigkeiten des Marktes entzogen sind, sehen die Verlegerïnnen in ihnen einen **unlauteren Wettbewerb** und versuchen sie – vor allem im Internet – so weit als möglich zu beschränken.

Treiber Gesellschaft

Neben den technologischen und den wirtschaftlichen Rahmenbedingungen bilden **demografische** Faktoren und die Entwicklung der **Nutzungsformen** eine weitere erhellende Perspektive für die Digitalisierung des Journalismus.

Generationenabriss

In Zeiten des Medienwandels wird jede neue **Generation** in einer gegenüber der vorhergehenden Generation veränderten **Medienumgebung** sozialisiert und passt sich dieser Umgebung mit ihren **Nutzungsgewohnheiten** unmittelbar an. Natürlich erleben auch die älteren Generationen den fortlaufenden Wandel, aber erfahrungsgemäß reagieren sie darauf mit einer gewissen Trägheit, das heißt, sie halten, wenn möglich, an einmal bewährten Nutzungsgewohnheiten fest. So entsteht ein **Nebeneinander** der Rezeptionsformen, auf das die Medien mit **dynamischen Portfolios** angepasster Angebote reagieren müssen. Nachdem zum Beispiel in den 1980er Jahren die jüngeren Zielgruppen sich zunehmend vom öffentlich-rechtlichen Rundfunk ab- und den neuen privaten Sendern zuwenden, reagierten die Öffentlich-Rechtlichen mit der Einführung spezieller Jugendkanäle im Radio.

Das Internet mit seinem hohen Entwicklungstempo beschleunigt diese Prozesse. Schon in der ersten Phase unterscheidet man zwischen **›Digital Immigrants‹**, die noch ein Tageszeitungsabonnement besitzen und sich die neuen digitalen Medien erst mühsam aneignen müssen, und den **›Digital Natives‹**, die mühelos mit dem Internet aufwachsen und zunehmend auf analoge Medien verzichten. Doch bald wird klar, dass auch diese Unterscheidung zu wenig differenziert. Innerhalb der Digital Natives folgt einer **Generation World Wide Web**, die in ihrem Browser die Homepages namhafter Anbieter aufsucht, die **Generation Social Media**, die den Zugang zu ihren Inhalten primär über die **Timelines** von *Facebook* oder *Twitter* findet. Und auch diese Kategorisierung ist schnell überholt: Bald gehören *Facebook* und *Twitter/X* schon überwiegend der Elterngeneration, während ihre Kinder sich bei *Instagram* und *Tiktok* tummeln.

Mobile Nutzung

Und gleichzeitig hat sich dann auch noch der **Schauplatz** dieser ganzen Entwicklungen verlagert: Wo in den ersten Jahren das Internet noch an stationäre Computer oder Laptops gebunden war, findet auf einmal ein großer Teil der Nutzung auf **Smartphones** und **Tablets** statt und eröffnet für alle Beteiligten komplett neue Möglichkeiten: die Inhalte können jetzt nicht mehr nur am Schreibtisch, sondern praktisch an jedem Ort konsumiert werden.

Der Journalismus muss damit also seine jeweiligen Zielgruppen als separate **Kohorten** identifizieren und deren charakteristische Geräte, Kanäle, Plattformen, Rezeptionssituationen und Nutzungsgewohnheiten identifizieren. Sodann gilt es, für die einschlägigen Kombinationen dieser Parameter jeweils passende **Formate** zu entwickeln und diese regelmäßig zu bedienen.

Timelines und Kontrollverlust

Eine zusätzliche Herausforderung besteht im Zerfall des redaktionell intendierten **Kontexts**. Jüngere Nutzerïnnen erleben einzelne journalistische Beiträge nicht mehr im Zusammenhang eines größeren, zusammenhängenden journalistischen **Produkts** (z.B. einer Zeitung oder Magazinsendung) mit klarer **Markenidentität**. In den sozialen Medien teilen sich vereinzelte journalistische Beiträge die **Timelines** mit anderen Stücken unterschiedlichster Herkunft und Qualität.

An Stelle des redaktionell planbaren Kontextes tritt dann in den sozialen Medien eine **Re-Kontextualisierung** von Seiten der Rezipientïnnen: Sie teilen die Beiträge im Freundeskreis, kommentieren und bewerten sie, sie erleben über die Kommentare und Bewertungen anderer die unmittelbare Begeisterung oder Empörung, die die Beiträge auslösen.

Für die journalistischen Anbieter bedeutet das zunächst einen schmerzhaften **Kontrollverlust**, den sie hinnehmen müssen. Sie unternehmen allenfalls zusätzliche Anstrengungen, ihre atomisierten Beiträge zum Beispiel mit Hilfe von **Verlinkungen** wieder in einen sichtbaren inhaltlichen Zusammenhang mit anderen Teilen ihres Angebots zu stellen und somit sowohl für eine inhaltliche Kohärenz als auch für eine stärkere **Markenbindung** der Nutzerïnnen zu sorgen.

Und die adäquate Antwort auf die **Resonanz** der eigenen Beiträge in den sozialen Medien besteht vor allem darin, sich so gut es geht an der Diskussion zu beteiligen, den Nutzerïnnen Aufmerksamkeit und Respekt zu schenken und aus den Reaktionen nach Möglichkeit zu lernen.

Rundfunk on Demand

Parallel zu diesen Entwicklungen findet ein ebenso einschneidender Wandel bei der Nutzung von Radio und Fernsehen, oder allgemeiner: bei den **audiovisuellen Medien**, statt. Im Gegensatz zum Print fühlen sich die traditionellen Rundfunkplattformen Hörfunk und TV vom Internet zunächst kaum bedroht. Das ändert sich erst mit wachsenden **Bandbreiten**, dem Aufkommen von **Streamingplattformen** wie *Netflix* und *Spotify* und **Sharingdiensten** wie *Youtube* sowie der Erfolgsgeschichte der internetbasierten **Podcasts**. Auch hier sind es wieder nachwachsende Generationen, die von den neuen Möglichkeiten und Angebotsformen sofort zwanglos Gebrauch machen, während die älteren Jahrgänge von ihren Kindern und Enkelkindern erst mühsam dorthin geführt werden müssen.

Das **lineare Paradigma** mit seiner vorgegebenen Abfolge fester Sendezeiten in einer überschaubaren Anzahl etablierter Rundfunkkanäle steht unter Druck: Die jüngeren Nutzerïnnen wollen selbst bestimmen, wann und wo sie welche Beiträge, Sendungen oder Filme anhören oder ansehen. Für die Anbieter heißt das: Die Mediatheken müssen aufgewertet, Formate und Portfolios angepasst werden. Diese Veränderungen greifen tief in die Organisationsstruktur der Sender ein. Es ist nicht damit getan, hier und da an kleineren Stellschrauben zu drehen. Nicht nur die Onlineredaktionen sind für die neuen Ausspielwege im Internet zuständig, alle Redaktionen müssen umdenken. Programmplanung bedeutet auf einmal mehr als nur Sendeplan.

Gerade bei den öffentlich-rechtlichen Sendern stand der Begriff Digitalisierung lange Zeit vor allem für neue Aufnahmetechniken und die Einführung von digitalen Sendeverfahren wie DAB+. Dann akzeptiert man schließlich das Internet als zusätzliche Plattform und findet sich mit einem Drei-Säulen-Modell (TV, Radio, Internet) ab. Und wieder kommt alles anders: Das Internet als neuer Ausspielweg greift tief auch in Planung und Produktion der klassischen Rundfunkinhalte aus Radio und TV ein. Aus den drei Säulen wird ein Zopf.

Der beschriebene Prozess lässt sich sehr schön am Werdegang des einstigen Neue-Medien-Chefs von *Arte* Florian Hager (Jg. 1976) illustrieren: 2015 tritt er als Gründungsdirektor des internetbasierten Content-Netzwerkes *Funk* von ARD und ZDF an, 2020 wird er bei der ARD stellvertretender Programmdirektor und Channel Manager der *ARD Mediathek*, und 2022 wählt ihn schließlich der Rundfunkrat des *Hessischen Rundfunks* zum Intendanten des Senders. Die Generation Internet übernimmt die Schalthebel.

Dritte Dekade: Vom Onlinejournalismus zum digitalen Journalismus

Und das ist wohl auch das entscheidende Charakteristikum der dritten Dekade des digitalen Journalismus: Die Auswirkungen der Digitalisierung reichen so tief, dass es spätestens seit Mitte der 2010er Jahre kaum noch Sinn macht, von einer separaten Säule, einem separaten Genre Onlinejournalismus zu sprechen. Wie beim Rundfunk haben digitale Techniken, Verfahren, Kanäle und Produkte die journalistische Wertschöpfung mittlerweile so tief durchdrungen, dass sie den gesamten Journalismus erfasst haben – in seiner Rezeption ebenso wie in seiner Produktionslogik.

Zwar gibt es weiterhin Zeitungen, Zeitschriften oder lineare Nachrichten- oder Magazinsendungen. Aber sowohl für die Redaktionen als auch für die Nutzerïnnen sind diese nur verschiedene Erscheinungsformen eines weit größeren, integrierten und vernetzten Medienkosmos, der sich in seiner Gesamtheit und Fülle ganz selbstverständlich auch auf den digitalen Plattformen ausbreitet und weiterentwickelt.

Sprechen wir also nicht mehr vom Onlinejournalismus, sondern von einem digitalisierten (oder digitalen) Journalismus, der sich in den vergangenen drei Jahrzehnten in permanenter Revolution befunden hat und sich dabei ganz zwangsläufig als ein Journalismus mit eingebautem Innovationsmanagement etabliert hat und weiterhin bewähren muss.

Zur Vertiefung

Test zu Kapitel 2
https://www.utb.de/do/10.36198/9783838562322-e01/disclaimer

Weiterführende Lektüre

Neuberger, C. & Quandt, T. (2019). Internet-Journalismus. In: W. Schweiger & K. Beck (Hg.), *Handbuch Online-Kommunikation*, S. 59-79. Wiesbaden: Springer Fachmedien. – Der Aufsatz der beiden renommierten Kommunikationswissenschaftler behandelt etwas detaillierter die frühe Geschichte des Journalismus in den digitalen Medien und ordnet sie theoretisch ein.

Taube, M. (2018). *Disruption des Journalismus: Medienwandel und Digital Natives.* Amsterdam: Institute of Network Cultures. – Die Verfasserin ist Professorin an der Macromedia Hochschule in Berlin und Chefredakteurin der preisgekrönten Onlinepublikation *Berliner Gazette.* In ihrem Buch untersucht sie vor allem das veränderte Berufsbild von Journalistinnen in den digitalen Medien. (PDF-Download bei der *Berliner Gazette*)

Ausgewählte Forschung

Lilienthal, V., Weichert, S., Reineck, D., Sehl, A., Worm, S. (Hg.). (2014). *Digitaler Journalismus: Dynamik – Teilhabe – Technik* (Schriftenreihe Medienforschung der Landesanstalt für Medien Nordrhein-Westfalen). Leipzig: Vistas-Verl. – Diese groß angelegte Mehr-Methoden-Studie ist ein exzellentes Beispiel empirischer Kommunikationswissenschaft über die digitalen Medien.

Übungen

Besuchen Sie die *Wayback Machine* des *Internet Archive*. Lassen Sie sich ausgewählte Snapshots von journalistischen Websites Ihrer Wahl (z.B. spiegel.de, tagesschau.de) im 10-Jahres-Abstand anzeigen (z.B. 1996, 2006, 2016).

II. JOURNALISTISCHE TÄTIGKEITEN

3. Themenfindung und Recherche

Themen

Themenfindung im Journalismus, journalistische Recherche, Suchmaschinen, Wikipedia, Fachöffentlichkeiten, Deep Web, Dashboardjournalismus, Open Source Intelligence (OSINT)

Über diese Lerneinheit

Das Internet und die sozialen Medien haben nicht nur für neue onlinejournalistische Angebote gesorgt, sie haben auch das Handwerk von Journalistïnnen einschneidend verändert. Dies betrifft unter anderem die Art und Weise, wie relevante Themen identifiziert werden können, sowie die Mechanismen der journalistischen Recherche. Mit Suchmaschinen wie *Google* und Wissensquellen wie der *Wikipedia* ist eine schnelle Orientierung möglich, die sozialen Medien erlauben einen neuen Zugang zu Informantïnnen.

Was Sie hier lernen

- mit Suchmaschinen und sozialen Medien journalistische Themen aufspüren zu können
- verantwortungsvoll mit *Google* und *Wikipedia* umgehen zu können
- Soziale Medien einsetzen zu können, um für die Themenfindung und Recherche relevante Personengruppen zu identifizieren

Einleitung

In diesem und den folgenden Kapiteln geht es darum, wie die Digitalisierung die journalistische Arbeit in deren verschiedenen Produktionsstufen verändert und bereichert hat. Für einen Überblick über die Abläufe journalistischen Arbeitens können wir uns den aus Betriebswirtschaftslehre und Marketing bekannten Begriff der **Wertschöpfungskette** zunutze machen. Die Wertschöpfung im Journalismus kann man wie folgt darstellen:

Abb. 3.1: Wertschöpfungskette im Journalismus

Ganz am Anfang steht die **Themenfindung**, das heißt: die Suche nach und die Auswahl von Themen, die für das jeweilige journalistische Medium und seine Zielgruppen geeignet sind.

Begriffserklärung

Themen sind meist reale Weltausschnitte, das heißt: wirklich existierende **Gegenstände, Ereignisse, Situationen, Begriffe** oder **Aussagen**, über die nachgedacht und gesprochen wird oder werden sollte. Ein Thema kann eine Person sein, die auffällig handelt, eine Konferenz, in der die Zukunft der Menschheit verhandelt wird, oder die Krise, in der sich eine Unternehmensbranche gerade befindet. Themen müssen aber nicht notwendigerweise Bestandteil unserer Wirklichkeit sein. Auch Spielfilme oder Romane haben oder schaffen Themen, aber diese sind meist **fiktional**. Das heißt, es werden dort nicht vollständig reale, sondern ›nur‹ mögliche Gegenstände, Ereignisse oder Situationen thematisiert.
Der Journalismus jedoch ist der Realität verpflichtet. In Abgrenzung zu anderen, nicht journalistischen Publikationsformen hat der Kommunikationswissenschaftler Klaus Meier in seinem Lehrbuch *Journalistik* drei allgemeine Merkmale **journalistischer Themen** ausgemacht: Sie müssen (1) **neu**, (2) auf **Tatsachen** basierend und (3) für die jeweilige Zielgruppe **relevant** sein. Er fasst diese drei Merkmale unter dem Begriff der **Aktualität** zusammen (Meier2018).

Die Kriterien, die im Journalismus bei der Wahl der Themen angewendet werden, unterscheiden sich je nach Genre und Zielgruppe. Was die Journalistïnnen im weit gesteckten Rahmen ihrer Möglichkeiten dann für ihre Publikationen oder Sendungen tatsächlich auswählen, damit beschäftigt sich eine ganze Teildisziplin der Journalistik, die **Nachrichtenwertforschung**. Sie identifiziert Faktoren, die es wahrscheinlich machen, dass ein Thema von journalistischen Medien aufgegriffen wird.

Wir sind hier jedoch weniger am Was interessiert als am Wie. Uns geht es darum, mit welchen **Verfahren** und **technischen Hilfsmitteln** Journalistïnnen und Redaktionen aktuelle Themen identifizieren können, wie sich ihr Vorgehen durch die Digitalisierung bereits verändert hat und welche neuen Möglichkeiten sich durch die fortlaufende Entwicklung digitaler Werkzeuge bieten.

Traditionelle Themenfindung

In der klassischen Redaktionsarbeit werden Themen, über die berichtet werden soll, zu Beginn eines Produktionszyklus diskutiert und (vorläufig) festgelegt. In einer Tageszeitung zum Beispiel geschieht dies in der morgendlichen **Themenkonferenz**. Dabei kommen verschiedene **Quellen** zum Einsatz:

Public Relations

Gesellschaftliche Akteurïnnen wie Politikerïnnen, Unternehmen oder Institutionen treten aktiv (z.B. mit **Pressemitteilungen** oder Einladungen zu **Pressekonferenzen**) an Redaktionen und Journalistïnnen heran und stellen Informationen zur Verfügung, die sie an die Öffentlichkeit bringen wollen. Diese Informationen sind noch nicht journalistisch geprüft oder eingeordnet und daher als interessengeleitete **Public Relations (PR)** zu werten. Es ist dann Aufgabe der journalistischen Redaktionen, dieses Material gegebenenfalls nachzurecherchieren, in den Zusammenhang zu stellen und zum Gegenstand einer unabhängigen Berichterstattung zu machen. Einen zentralen Zugang zu aktuellen Pressemitteilungen bietet zum Beispiel die *Deutsche Presseagentur (dpa)* mit ihrem *Presseportal.*

Agenturticker

Presseagenturen wie *dpa* oder *Reuters*, die eigene Korrespondentïnnennetze betreiben, versorgen die Redaktionen mit einem (meist kostenpflichtigen) Feed aktueller Beiträge. Diese beanspruchen bereits, Geboten wie Faktentreue, Relevanz und journalistischer Unabhängigkeit zu genügen. Je nach gebuchtem Dienst sind die Beiträge entweder noch zu bearbeitendes Rohmaterial oder werden in bereits druck- oder sendefähiger Form geliefert. Neben den großen Agenturen mit allgemeinem Portfolio gibt es auch spezialisierte Dienste zu Themenfeldern wie Wirtschaft oder Sport.

Außer Nachrichten und Berichten versorgen die Agenturen die Redaktionen auch mit **Bildern** sowie **Terminvorschauen**, die über anstehende Ereignisse (z.B. Staatsbesuche oder Jubiläen) informieren.

Eigene Recherche

Außerdem greift die Redaktion natürlich auf die Kenntnisse und **Informantïnnennetzwerke** der eigenen Korrespondentïnnen oder Redakteurïnnen zurück, um Themen zu identifizieren, die man möglicherweise exklusiv behandeln kann.

Konkurrenzbeobachtung

Schließlich schauen die Redaktionen auch auf andere **journalistische Medien** und prüfen, ob dort bereits behandelte Themen aufgegriffen und gegebenenfalls ›weitergedreht‹ werden können.

Themenfindung digital

Unabhängig von den verschiedenen Quellen sind bei der journalistischen Themensuche immer zwei Strategien im Spiel:

- Zum einen die gezielte Aufmerksamkeit für das schon **eingeführte Themenfeld**, die bekannte Problemzone, das eigene Spezialgebiet. Bereits als relevant identifizierte Felder und Prozesse werden sorgfältig beobachtet. Im angelsächsischen Journalismus spricht man vom **›Beat Reporting‹**, wenn eine Journalistïn sich in ein Themenfeld einarbeitet, dort Kenntnisse und Netzwerke aufbaut und sich spezialisiert.

- Zum anderen eine eher breite Wachsamkeit für das **Unerwartete**, das nicht vorhersehbare Ereignis, den frischen Trend – in der Hoffnung, als Erster darauf zu stoßen. Die englische Sprache nennt das Glück eines solchen unerwarteten Fundes ›**Serendipity**‹.

Für beide Strategien bieten die digitalen Medien geeignete Werkzeuge und Verfahren.

Trends

Das Internet ist ein gewaltiger Kommunikationsraum. Jede Akteurïn, die sich darin bewegt und artikuliert, ist eine potenzielle Quelle, eine potenzielle Informantïn.

Die großen **Suchmaschinen**, die uns bei der Orientierung in diesem Stimmgewirr helfen, beobachten selbst die **Aufmerksamkeitsströme** ihrer Nutzerïnnen. Sie tun dies zum einen, um ihre Trefferlisten nach Relevanz für das Publikum zu ordnen, zum anderen, um den Nutzerïnnen gezielt passende Werbung zuzuspielen.

Aufschluss über aktuelle Informationsbedarfe und Entwicklungen geben den Betreiberïnnen die **Suchanfragen** selbst, die laufend eingehen. Außerdem gibt es die neu hinzukommenden Webseiten, die die Suchdienste mit Hilfe ihrer ›Crawler‹ in ihre Indizes aufnehmen, sowie die Verlinkungen auf den indizierten Webseiten. Und natürlich wird auch bei jeder Gelegenheit das Rezeptionsverhalten der Konsumentïnnen genau beobachtet. All diese Faktoren geben darüber Aufschluss, was gerade Aufmerksamkeit bekommt und möglicherweise auch verdient.

Beim Google-Dienst *Trends* kann man dann auch als außenstehende Person live nachvollziehen, was die Nutzerïnnen einer bestimmten Region gerade suchen. Man kann die Suchtrends in der Zeitachse zurückverfolgen und sich für einzelne Suchbegriffe gezielt deren Aufmerksamkeitskarrieren anzeigen lassen.

Aber nicht nur die Suchmaschinen eignen sich, um aktuelle **Trends** und **Entwicklungen** (Trending Topics) zu beobachten. Auch die sozialen Medien – vor allem **Mikrobloggingdienste** wie *Bluesky*, *Mastodon* oder *X* – versorgen uns mit entsprechenden Hinweisen. Die Microbloggingdienste spielen hier eine besondere Rolle, weil sie im Kern **Echtzeitmedien** sind. In den **Timelines** dieser Dienste kann man sich die Beiträge in chronologischer Folge anzeigen lassen, und man hat direkten und unmittelbaren Zugriff auf das aktuelle Geschehen. (Bei *X*, das leider in den letzten Jahren einen massiven Qualitätsverfall erlebt hat, muss man für eine strikt chronologische Timeline die Ansicht ›Following‹ auswählen.)

Aber auch andere Plattformen und Anbieter, wie *Youtube*, *Instagram*, *Reddit* oder *Tumblr* können eine gute Quelle für das Trendmonitoring sein.

Gespeicherte Suchen/Alerts

Auch wenn es um das journalistische ›Issue Monitoring‹, also die Beobachtung von zuvor festgelegten **Themenfeldern** und laufenden **Prozessen** geht, sind sowohl Suchmaschinen als auch soziale Netzwerke und Plattformen hervorragende Einstiegspunkte.

Bei *Google Alerts* kann man eigene Suchanfragen zum gewünschten Thema speichern und sich fortlaufend neu eintreffende Ergebnisse per EMail zusenden lassen. Es lässt sich auch konfigurieren, welche *Google*-Suche (Web, News, Blogs, Videos) genutzt und welche Regionen und Sprachen in den Blick genommen werden sollen. Gerade die News-Suche ist gut geeignet, per Alerts das Medienecho zu bestimmten Themen im Blick zu behalten.

Noch präziser geht es wieder mit den **Mikrobloggingdiensten**. Hier kann man mehrspaltige Ansichten (bei *X* das kostenpflichtige *Tweetdeck*, bei *Mastodon* das ›erweiterte Webinterface‹, bei *Bluesky Deck.blue*) verwenden, die es einem erlauben, mehrere verschieden konfigurierte Timelines nebeneinander anzeigen zu lassen. Das macht es möglich, ein komplettes Dashboard zusammenzustellen, in dem man zielgerichtet Ausschnitte aus den jeweiligen Netzwerken verfolgen kann, die für das eigene Themenportfolio relevant sind.

Live-Suchen bei Mikrobloggingdiensten

Bluesky, *Mastodon* und *X* bieten die Möglichkeit, Live-Suchen zu bestimmten Suchbegriffen oder Hashtags einzurichten, deren Resultate in Echtzeit aktualisiert und bei *X* sogar mit Geolokalisierung eingeschränkt werden können.

Abb. 3.2: Mit Deck.blue lassen sich verschiedene Timelines, Feeds und Suchanfragen des Mikrobloggingdienstes Bluesky in einem umfassenden Dashboard darstellen

Mastodon macht es einem hierbei etwas schwieriger, weil wegen der dezentralen Serverstruktur und auch auf Grund von Bedenken in der Community eine globale Volltextsuche nicht vorgesehen ist. Hier muss man sich auf die Livesuche nach geeigneten Hashtags beschränken. Insgesamt aber gehören die Mikrobloggingdienste zu den besten Quellen für eine systematische Themenbeobachtung.

Hashtags

Hashtags sind von Nutzerïnnen selbst frei vergebene **Schlagwörter**, die in den meisten sozialen Medien (zum Beispiel *Bluesky, Mastodon, Instagram, LinkedIn*) genutzt werden und mit Hilfe eines vorangestellten ›#‹ (zum Beispiel: #bundestagswahl) markiert werden. In Abgrenzung zu zentral gepflegten, standardisierten Schlagwortkatalogen, wie man sie in Bibliotheken, Datenbanken und wissenschaftlichen Archiven findet, hat man Hashtag-Systeme als ›folksonomies‹ bezeichnet – als ›volkstümliche‹ Taxonomien. Auch wenn es für den Einsatz von Hashtags keine allgemein etablierten Standards gibt, helfen sie, gerade zum Einstieg in ein Themenfeld, bei der Filterung relevanter Beiträge und Personen.

Netzwerke und Fachöffentlichkeiten

Grundsätzlich sollte der erste Schritt bei einer systematischen Themensuche darin bestehen, nach den Orten zu suchen, wo sich Personen austauschen, die an den potenziellen Themen ›dran sind‹ – also **Expertïnnen** und/oder **Betroffene**. Im Internet können dies je nach Themenfeld ganz unterschiedliche Netzwerke und Plattformen sein. So wird man Gamerïnnen vermutlich am ehesten auf Plattformen wie *Discord* oder *Twitch* antreffen, Programmiererïnnen vielleicht auf *Github* oder *Discord*, Geschäftswelt oder Kommunikationsbranche am ehesten auf *Linkedin*, Naturwissenschaftlerïnnen oder Historikerïnnen auf *Bluesky* oder *Mastodon*, Politikerïnnen und Thinktanks ebenfalls auf *Bluesky*, *Mastodon* oder nach wie vor auf X, Querdenkerïnnen und Rechtsradikale möglicherweise auf *Telegram* oder X. Das Universalforum *Reddit* bietet für so gut wie jedes Themenfeld eigene ›Subreddits‹, und auch *Facebook* ist nach wie vor eine sehr gute Quelle für einschlägige Gruppen oder Seiten.

Weiß man erstmal, wo ein qualifizierter Austausch stattfindet, kann man sich dort eigene Accounts und Benachrichtigungen einrichten, den einschlägigen Personen folgen, und wird damit ziemlich sicher keine wichtige aktuelle Entwicklung mehr verpassen.

Schneeballsystem

Das Netzwerk der Beziehungen, die Personen in einer Gesellschaft pflegen, wird oft als ihr **›sozialer Graph‹** bezeichnet. Gleiches gilt auch für die sozialen Netzwerke und Medien im Internet. Je nach Plattform sind die Beziehungen dort grundsätzlich **symmetrisch** (wie die Freundschaftsbeziehung auf *Facebook*) oder zunächst **asymmetrisch** (wie die Folgebeziehung bei *Instagram*, X oder *Mastodon* und *Bluesky*). Und im Normalfall sind die sozialen Graphen der Teilnehmerïnnen öffentlich einsehbar. Nur in manchen Fällen muss man selbst zu einem ›Freundeskreis‹ gehören, um die Netzwerkumgebung einer Person einsehen zu können.

Gerade bei professionellen Nutzerïnnen ist deren sozialer Graph selbst eine wertvolle Ressource. Wenn ich beispielsweise auf eine kompetente Klimawissenschaftlerin gestoßen bin, kann ich mir auf *Facebook* oder *Bluesky* ihre ›Freundschaften‹ oder ›Folgebeziehungen‹ anschauen und auf diese Weise auf weitere Expertïnnen und Personen stoßen, die für mein Interesse an Klimathemen relevant sein könnten.

Interessant wird für uns auch sein, auf welche anderen Teilnehmerïnnen eine Person in ihren eigenen Beiträgen reagiert, sei es durch Antworten auf deren Beiträge oder sei es durch ›Reposts‹. Auch hier können wir wieder prüfen, ob diese erwähnten Akteurïnnen für uns wertvoll sein können.

Dieser Vorgang lässt sich dann bei den neu hinzugewonnenen Personen wiederholen, bis eine gewisse Sättigung erreicht ist und keine relevanten neuen Akteurïnnen mehr zu entdecken sind. Diese Suchstrategie wird als **›Schneeballsystem‹** bezeichnet.

Listen

Wenn ich auf diese Weise zu einem bestimmten Themenkreis einen Grundbestand relevanter Expertïnnen (und somit möglicher Informantïnnen oder Interviewpartnerïnnen) identifiziert habe, erlauben mir Dienste wie *Mastodon* oder X, spezielle Listen dieser Personen einzurichten, die ich dann in einer eigenen Timeline beobachtet kann. Auf X kann man auch die von anderen Teilnehmerïnnen eingerichteten Listen einsehen und gegebenenfalls selbst abonnieren. Dies ist bei *Mastodon* leider nicht der Fall, wenn die Teilnehmerïnnen die Listen nicht explizit auf anderen Plattformen bereitstellen. *Bluesky* ermöglicht neben Listen auch den Einsatz individuell konfigurierter, themenbezogener Feeds, die sich dann in eigenen Spalten anzeigen lassen.

Newsletter, Blogs und Podcasts

Der Schwerpunkt in den sozialen Netzen und Medien liegt auf der **Interaktion** und der anlassbezogenen **Kuratierung** von eigenen oder fremden Inhalten. Das macht sie als Quelle besonders wertvoll für den schnellen Hinweis und die spontane Einschätzung bei aktuellen Entwicklungen, in vielen Fällen nahezu in Echtzeit.

Etwas langsamere, aber mehr in die Tiefe gehende Quellen können andere ›kleine‹ Formen des Internet-Publishings sein, also zum Beispiel **Newsletter, Weblogs** (kurz: Blogs) oder **Podcasts**. In diesen Formaten findet man hervorragende, qualifizierte Inhalte an der Schwelle zwischen Fachöffentlichkeit und Allgemeininteresse, sowohl von journalistischen Profis als auch von kenntnisreichen Fachleuten oder Amateurïnnen.

Für die Themensuche und -pflege ist hier interessant, dass sich diese Formate **abonnieren** lassen, so dass man neue Beiträge automatisch zugestellt bekommt und somit immer an einem zentralen Ort über neue Beiträge und Entwicklungen informiert wird.

Leider sind die ›Inboxen‹, die wir für Newsletter, Blogs oder Podcasts einrichten, noch weitgehend voneinander getrennt: Newsletter werden über das Mailprotokoll versandt und landen normalerweise in unserem EMail-Client. Für Blogs und Podcasts gibt es das gemeinsame RSS-Protokoll, aber auch hier trennen die meisten Nutzerïnnen noch zwischen einem ›Reader‹ für Blogs und einem ›Catcher‹ für Podcasts (sehr gut: *Pocketcast*).

Leistungsfähige Programme wie *Feedly* oder *Inoreader* versuchen, diese Grenzen zu überwinden. Sie erlauben die Verwaltung von Newslettern, Blogs und Podcasts und leisten so – nicht nur für uns journalistische Info-Junkies – einen Beitrag zu einem integrierteren Info-Dashboard für die genannten Formate, das sich dann mit Hilfe von Ordner-Strukturen, Hashtags, Filtern und Benachrichtigungssystemen individuell konfigurieren lässt.

Dashboardjournalismus

Das universelle, voll integrierte **Dashboard** für all diese Quellen bleibt jedoch fürs Erste noch Zukunftsmusik. Aber es ist vielleicht auch nicht wirklich wünschenswert. Eine gewisse Entflechtung mag sogar dabei helfen, den Überblick zu bewahren. Wer will, kann Webbrowser wie *Chrome* oder *Firefox* mit geringem Aufwand so konfigurieren, dass es gespeicherte ›Tab Groups‹ mit Registerkarten für alle wichtigen Inputkanäle gibt. Diese kann man dann bei Arbeitsbeginn gemeinsam laden: *X*, *Bluesky* und *Mastodon*, *Facebook* und *LinkedIn*, *Reddit*, *InoReader* und *PocketCasts* – sie alle lassen sich auch über das Web aufrufen und somit im Browser öffnen. Dort können sie dann neben spezialisierteren Webseiten wie einschlägigen Nachrichtenangeboten oder Portalseiten für den notwendigen Zustrom relevanter, themenfeldbezogener Information sorgen.

Von der Themenfindung zur Recherche

Der Übergang von der Themenfindung zur eigentlichen Recherche ist fließend. Zunächst schenken wir einfach einem Thema, das uns auffällt, besondere Aufmerksamkeit. Wir heben es rein gedanklich aus dem allgemeinen Informationsstrom hervor. Wenn es uns geeignet erscheint, werden wir aktiv: Wir suchen bewusst nach ersten orientierenden Informationen, um das Thema zu benennen und erste **Recherchefragen** oder **-hypothesen** zu formulieren. Der Abschluss dieser Phase besteht in der Formulierung des sogenannten **Küchenzurufs**, mit dem man – knapp, aber informativ – das Thema der Redaktion oder einer potenziellen Auftraggeberïn präsentieren kann.

Eine Grundregel journalistischer Recherche sagt: Wir recherchieren **von außen nach innen**. Das heißt, wir beginnen mit einer einordnenden und orientierenden Außenperspektive und verschaffen uns so einen Überblick, ehe wir Quellen konsultieren, die uns dann möglicherweise exklusives Insiderwissen bereitstellen. Auf diese Weise bringen wir uns zunächst auf den Stand der Informationen, die sich bereits im öffentlichen Raum befinden, und können auf dieser Grundlage wirklich relevante, präzise und erkenntniserweiternde Fragen formulieren.

Im digitalen Journalismus unterstützen uns dabei wieder internetbasierte Dienste, insbesondere Suchmaschinen wie *Google*, die uns helfen, allgemein im Internet zugängliche Informationen zu sammeln und zu sortieren. Und unter den ersten Fundstellen, die uns die **Suchmaschinen** anzeigen, befinden sich normalerweise Einträge aus der *Wikipedia* oder anderen **lexikalischen Angeboten**.

Google und *Wikipedia* werden in der journalistischen Lehrbuchliteratur oft als unzuverlässig kritisiert. *Google* vor allem wegen seiner undurchsichtigen Rankingalgorithmen und die *Wikipedia*, weil deren Einträge im Prinzip von jeder Person erstellt und bearbeitet werden können und deshalb besonders für Irrtum oder Manipulation anfällig zu sein scheinen.

Beide Angebote spielen aber eine so große Rolle in der aktuellen journalistischen Recherche, dass es sich lohnt, ein bisschen genauer hinzuschauen und herauszufinden, wie wir Qualität und Nutzwert dieser Angebote für unsere Zwecke sichern und verbessern können.

Wikipedia

Die kollaborativ erstellte und gemeinnützig verwaltete Online-Enzyklopädie *Wikipedia* gibt es seit 2001. In den anschließenden Jahren hat sie sich zu einem gewaltigen, vielsprachigen Informationskosmos entwickelt. Tests haben gezeigt, dass sich die *Wikipedia* mittlerweile im Vergleich zu professionell erstellten Lexika wie *Brockhaus* oder *Encyclopedia Britannica* nicht zu verstecken braucht. De facto ist sie die wahrscheinlich wichtigste Einstiegsquelle für jede (nicht nur journalistische) Recherche.

Allerdings gibt es eine Reihe von Qualitätsproblemen, die man bei jeder ernsthaften Nutzung der *Wikipedia* beachten sollte. Diese haben zum großen Teil mit der unübersichtlichen Vielfalt der Inhalte zu tun, die es dem ehrenamtlichen *Wikipedia*-Team, das ja zum großen Teil aus Amateurïnnen besteht, nicht immer erlaubt, alle Entwicklungen vollständig im Blick zu behalten.

Public Relations und Konfliktthemen

Immer wieder versuchen Personen oder gesellschaftliche Akteurïnnen wie Institutionen oder Unternehmen, auf ihre eigene Darstellung oder die der Konkurrenz in der *Wikipedia* Einfluss zu nehmen, sei es, um unangenehme Fakten auszublenden, sei es, um sich anderweitig Wettbewerbsvorteile zu verschaffen. In vielen Fällen werden **einseitige** oder **›schöngefärbte‹ Einträge** von den Nutzerïnnen schnell entdeckt und gemeldet, aber es kommt immer wieder vor, dass tendenziöse Beiträge unbemerkt bleiben.

Auch bei politischen und militärischen **Konflikten** kommt es oft zu illegitimer Einflussnahme von Seiten der Konfliktparteien auf den redaktionellen Prozess der *Wikipedia* oder doch zumindest zu schwer oder gar nicht auflösbaren Meinungsverschiedenheiten unter den Autorïnnen. Das ist erwartbar und unvermeidlich, und die *Wikipedia* weist für gewöhnlich bei entsprechenden Einträgen darauf hin, dass die Inhalte umstritten sind.

In manchen Fällen führen solche Konflikte zu sogenannten **Edit-Wars**, in denen zwei Fraktionen wechselseitig ihre Versionen sabotieren. Die *Wikipedia* gibt für solche Fälle Hinweise zur Vermeidung und bietet im Grenzfall ein Schlichtungsverfahren an.

Lücken und Verzerrungen (Bias)

Neben solchen bewussten Versuchen der Einflussnahme auf einzelne Inhalte gibt es in der *Wikipedia* auch eher unbewusste inhaltliche **Tendenzen** und **Verzerrungen** (engl.: Bias) in den Inhalten. Diese sind hauptsächlich darauf zurückzuführen, dass der Bestand der ehrenamtlichen Mitarbeiterïnnen die gesellschaftliche Vielfalt nicht angemessen widerspiegelt – das Team ist insgesamt zum Beispiel deutlich männlicher und weißer als der Durchschnitt.

Das Phänomen ist mittlerweile gut beforscht und wird auch in der *Wikipedia* selbst thematisiert (zum Beispiel hier: *Geschlechterverteilung in der Wikipedia* und *Racial bias on Wikipedia*).

Qualitätskontrolle von Nutzerïnnenseite

Wikipedia bemüht sich bei diesen Problemen um **Transparenz**. Es gibt umfangreiche Informationen zu den Mechanismen und Qualitätskontrollen bei der Stichworterstellung, und das Team stellt selbst hervorragende Handreichungen zum verantwortungsvollen und sicheren Gebrauch der Enzyklopädie zur Verfügung (zum Beispiel: *Researching with Wikipedia*).

Merke !!

Für den kritischen Umgang mit der *Wikipedia* gibt es die folgenden Faustregeln:

- **Erscheinungsbild, Umfang, Gliederung** und **sprachlicher Stil** eines Eintrags geben erste Hinweise auf die Sorgfalt, mit der er erstellt worden ist. Bei bekannten Problemfällen gibt es darüber hinaus normalerweise auch Warnhinweise des Redaktionsteams, etwa, wenn eine Seite (noch) nicht die Qualitätsregeln der *Wikipedia* erfüllt oder Inhalte umstritten sind.
- Ein Blick auf die unter dem Eintrag angegebene **Literatur** und die im Text verlinkten **Quellen** lässt weitere Vermutungen über die Qualität zu, sowohl was die Seriosität des Eintrags als auch was seine Aktualität angeht.

- Sinnvoll ist bei vielen Einträgen auch ein Blick auf andere **Sprachversionen**. Dies lohnt sich insbesondere bei Einträgen mit Regionalbezug. Mit Hilfe von Übersetzungstools wie *Google Translate* oder *DeepL* lassen sich auch Sprachen verwenden, die man nicht selbst beherrscht.
- Jeder Eintrag hat seine eigene **Diskussionsseite**, auf der offene Fragen, Kontroversen und Hinweise von Verfasserïnnen und Nutzerïnnen zur Sprache kommen.
- Zudem ist zu jedem Eintrag seine **Versionsgeschichte** verlinkt. Dort wird sichtbar, ob es sich um einen gut gepflegten Eintrag handelt, wann er zuletzt aktualisiert worden ist und ob es möglicherweise zu ›Edit-Wars‹ gekommen ist. Außerdem kann man dort den Autorïnnen der Seite nachspüren, zum Beispiel auch ihre Diskussionsbeiträge oder weitere Einträge prüfen, an denen sie mitgewirkt haben. In vielen Fällen haben die dort bei anonymen Bearbeitungen sichtbaren IP-Adressen zur Identifikation von Manipulationsversuchen geführt.

Wer beim Umgang mit der *Wikipedia* sorgfältig ist, kann das Risiko, auf fehlerhafte oder gar gefälschte *Wikipedia*-Einträge hereinzufallen, deutlich mindern. Informationsprofis wie Journalistïnnen sollten sich bei einer so wichtigen Quelle nicht auf den ersten Anschein verlassen, sondern sich mit den Mechanismen dieses wertvollen Instruments beschäftigen, bis sie wirklich verstehen, wie es funktioniert.

Alles in allem ist die *Wikipedia* hervorragender **Impulsgeber** und erste **Orientierungshilfe** für eine anstehende Recherche. Es bleibt jedoch in jedem Fall Grund zu vorsorglicher Skepsis: Alle von dort aufgegriffenen Informationen sollten unbedingt noch einmal eigenständig und aus unabhängiger anderer Quelle überprüft werden.

Sonderfall: Wikipedia als Quelle für Aktualität in ›Lagen‹

Eine interessante Entwicklung der letzten Jahre verdient es noch erwähnt zu werden. Von einem Lexikon würde man normalerweise keine Aktualität erwarten. Es stellt sich aber heraus, dass die *Wikipedia* bei größeren und komplexen aktuellen Ereignissen, gerade wenn diese etwas unübersichtlich sind, zunehmend die Funktion einer Art Sammelstelle für eingehende Informationen übernimmt und somit auch eine gute Nachrichtenquelle sein kann. Beispielsweise bei

Naturkatastrophen oder gewalttätigen Konflikten (zum Beispiel Aufständen oder Amokläufen) zeigt sich, dass auf den entsprechenden Seiten der Enzyklopädie oft laufend Informationen verschiedener Quellen zusammengetragen und auf einem jeweils erstaunlich aktuellen Stand gehalten werden.

Suchmaschinen

Auch der andere wichtige Einstiegspunkt in die digitale Recherche, die Suche über Suchmaschinen, verdient aus professioneller Sicht mehr kritische Aufmerksamkeit. Wir werden uns hier auf den langjährigen Marktführer *Google* konzentrieren. Es sei aber darauf hingewiesen, dass in anderen Ländern andere Anbieter eine größere Bedeutung haben: beispielsweise *Yandex* in Russland, *Baidu* in China oder *Yahoo* in Japan.

Kommerzieller Charakter

Im Gegensatz zur Wikipedia stehen bei *Google* und seinem Mutterkonzern *Alphabet* **wirtschaftliche Interessen** im Vordergrund. *Google* verdient sein Geld überwiegend mit Werbung, und es hat das Anzeigengeschäft vollständig revolutioniert.

Im Kern der Geschäftsmodelle von *Alphabet* steht die präzise und detaillierte Beobachtung der **Aufmerksamkeitsverläufe** der Internet-Nutzer'innenschaft. Am Anfang anhand der Sucheingaben bei *Google*, später auch über das Monitoring seines mobilen Betriebssystems *Android* und anderer Quellen, wie zum Beispiel die Nutzung des *Alphabet*-eigenen Video- und Musikportals *Youtube*. Auf der Grundlage dieser Informationen wird dann zielgenau Werbung an potenzielle Konsument'innen ausgespielt.

Auf Grund der weitgehend automatisierten Prozesse ist kaum zu erwarten, dass größere Anzeigenkunden Einfluss auf die Suchresultate nehmen. Dennoch sollte man immer im Kopf behalten, dass *Alphabets* primäres Ziel grundsätzlich darin besteht, eine **werbefreundliche Nutzungserfahrung** zu erzeugen. Es beobachtet die Aufmerksamkeit seiner Nutzer'innen nicht nur, es versucht auch, diese im Sinne seiner Umsätze zu steuern. Die zugrundeliegenden Mechanismen, die sich vor allem im Ranking der Trefferlisten niederschlagen, sind *Alphabets* Betriebsgeheimnis und bleiben so weitgehend intransparent.

Eingeschränkte Quellen

Die zweite wichtige Einschränkung bei der Recherche mit Standardsuchmaschinen wie *Google* ist, dass diese nur **einen geringen Teil** der im Internet verfügbaren Quellen abdecken. Sie durchforsten das World Wide Web mit Hilfe automatisierter Bots, sogenannter Webcrawler, die Verlinkungen folgen und auf dieser Basis ihre Suchindizes erstellen, aus denen dann die Resultate generiert werden.

Auf diese Weise bleiben jedoch viele Inhalte unerschlossen – zum Beispiel wenn diese unverlinkt in Datenbanken vorgehalten werden oder sich hinter einer Anmelde- oder Bezahlschranke befinden. Man spricht bei diesen auf ersten Blick ›unsichtbaren‹ Inhalten vom **›Deep Web‹**. Es gilt als gesichert, dass dieses um ein Vielfaches größer ist als das via normale Suchmaschinen erreichbare ›Surface Web‹.

Verschiedene Google-Suchdienste

Neben der regulären Suche bietet *Google* eine Reihe **spezialisierter Suchdienste** an.

- So gibt es eine **News-Suche**, die sich auf ausgewählte journalistische Medien stützt und nach Sprache und Herkunft der Quellen einschränken lässt. Da viele traditionelle Medienhäuser *Google* vor allem als Konkurrenten sehen und zunehmend ihre Qualitätsinhalte auch hinter Paywalls verstecken, ist die Quellenbasis der News-Suche jedoch beschränkt. Andererseits lässt sich die Auswahl individuell nach Quellen, Regionen und Themen konfigurieren. Auf diese Weise kann man sich zum Beispiel einen schnellen Überblick verschaffen, welche Themen in anderen Regionen gerade aktuell sind, bzw. wie dort über Themen, die einen interessieren, berichtet wird.
- Von großer Bedeutung ist auch die Suche in **akademischen Publikationen** bei *Google Scholar*. Hier findet man recht verlässlich aktuelle wissenschaftliche Titel (vor allem Aufsätze, aber auch Bücher), die auch bei journalistischen Fragestellungen als vertiefende Quellen hilfreich sein können.
- Auch die **geografischen Dienste** wie *Google Maps* und *Google Earth* können die journalistische Recherche unterstützen, etwa wenn man mehr über die Schauplätze von Ereignissen erfahren will, über die man berichtet.

Fortgeschrittene Suche

In allen seinen Suchdiensten bietet *Google*, wie andere Anbieter auch, eine ›forgeschrittene Suche‹, die es uns erlaubt, mit Hilfe von Suchoperatoren sehr viel präziser Einfluss auf die Auswahl der Suchergebnisse zu nehmen. Für den professionellen Gebrauch lohnt es sich, sich mit den zur Verfügung stehenden Operatoren vertraut zu machen.

Merke

!!

Bei *Google*-Suche können die folgenden **Suchoperatoren** verwendet werden:

- Anführungszeichen: "[Suchstring]" – Der Suchstring (z.B. ein ganzer Satz oder Satzteil) muss **in genau dieser Schreibweise** im Resultat enthalten sein.
- Minuszeichen: -[Suchausdruck] – Der Suchausdruck **darf nicht** im Resultat enthalten sein.
- Suche innerhalb einer bestimmten Domain: site:[Domain] (z.B. site:bundesregierung.de) – Die Resultate werden auf die genannte **Domain** beschränkt.
- Suche nach bestimmten Domain- und Pfadangaben: inurl:[Suchausdruck] (z.B. inurl:intranet) – Es werden nur Resultate gezeigt, deren **Internetadresse (URL)** den Suchausdruck enthält.
- Suche nach bestimmten **Dateitypen**: filetype:[Filetype-Dateiendung] (z.B. filetype:pdf) – Liefert nur Resultate des genannten Dateityps.

Vertiefende Recherche

Das weitere Vorgehen bei der Recherche unterscheidet sich je nach Thema und Art der angepeilten Geschichte. Im Normalfall wird es um die **Rekonstruktion, Einordnung** und **Bewertung** von Geschehnissen oder Situationen gehen. Dabei stehen für den Journalismus vor allem **Personen** im Zentrum des Interesses:

- als Beteiligte
- als Betroffene
- als Repräsentatïnnen von beteiligten oder betroffenen Institutionen, Organisationen oder Unternehmen

- als Beobachterïnnen/Zeugïnnen
- als Expertïnnen

Neben den Personen wird es außerdem um schon **zugängliche Informationen** gehen: um bereits existierende Medienberichte, Fotos, O-Töne, Videos, um empirische oder andere Daten oder Dokumente. Auch hier liefern uns die **sozialen Medien** wieder gute Quellen. Darüber hinaus sind es vor allem das **World Wide Web** sowie über das Internet zugängliche **Datenbanken**, die detaillierte und belastbare Informationen vorhalten.

Suche nach Personen

Das Internet stellt keinen speziellen Suchdienst für Personen zur Verfügung. Aber mit Hilfe von Suchmaschinen, *Wikipedia* und vor allem sozialen Netzwerken und Medien wie *Linkedin* oder *Reddit* ist es deutlich leichter geworden, Informantïnnen zu finden. Meist lohnt es sich, für weiterreichende Informationen zunächst nach privaten und dienstlichen Homepages sowie nach persönlichen Profilseiten in den sozialen Netzwerken zu suchen.

Private und dienstliche Webseiten

Besonders bei Expertïnnen, Wissenschaftlerïnnen und Persönlichkeiten des öffentlichen Lebens kann man davon ausgehen, dass diese sich entweder auf den Webseiten ihrer Institutionen oder Unternehmen oder (auch) privat mit einer **eigenen Webseite** vorstellen, die meist auch Auskunft über Werdegang, Tätigkeitsfelder und Kontaktdaten gibt. Auch Freiberuflerïnnen präsentieren sich gerne mit einem eigenen Webauftritt.

Der Vorteil dieser ›Visitenkarten‹ im Web ist, dass sie einigermaßen verlässlich Auskunft über Arbeitsverhältnis, Schwerpunkte und Zugehörigkeiten der betreffenden Personen geben. Andererseits haben solche Homepages natürlich immer auch einen **werblichen Charakter** und sagen noch nichts aus über die Reputation und Glaubwürdigkeit der betreffenden Personen.

Netzwerke und Soziale Graphen

Deshalb ist es sinnvoll, einen Blick in die sozialen Netzwerke zu werfen. Auf Plattformen wie *Linkedin, Facebook* und *X, Bluesky* oder *Mastodon* wird sichtbar, ob und mit wem unsere potenziellen Gesprächspartnerïnnen vernetzt sind.

Natürlich sind auch Freundschafts- oder Folgebeziehungen keine Garantie für die Glaubwürdigkeit einer Person. Aber der auf den **Profilseiten** teilweise einsehbare ›**soziale Graph**‹ ihres Beziehungsnetzwerks vermittelt doch einen ersten Eindruck und gibt gegebenenfalls auch Anhaltspunkte für **Referenzen**, die man über die betreffende Person einholen kann, wenn es darauf ankommt.

Suche nach Daten und Dokumenten

Bis weit ins 20. Jahrhundert hinein war es primär die Sache journalistischer Medien, relevante Geschehnisse und Akteur'innen der allgemeinen Öffentlichkeit zugänglich zu machen. Ereignisse, über die Rundfunk und Presse nicht berichteten, verblieben meist im Kreise der unmittelbar Betroffenen, der Allgemeinheit verborgen.

Mit dem Internet und speziell den sozialen Medien hat sich dies grundlegend geändert. Jetzt können Beteiligte und Betroffene selbst direkt anschlussfähige Berichte und Positionen über aktuelle Geschehnisse liefern.

PR-Newsrooms

Dies haben sich zunächst die professionellen Player aus den **Public Relations** zunutze gemacht. Prominente Akteur'innen, zum Beispiel aus Wirtschaft und Politik, sind nicht mehr darauf angewiesen, dass journalistische Medien auf ihre Pressearbeit reagieren. Sie können sich auf ihren Homepages mit eigens eingerichteten ›**Newsrooms**‹ direkt an ihre verschiedenen Ziel- und Bezugsgruppen wenden und auch interaktivere Medienformate wie **Newsletter, Podcasts** oder **Social-Media-Kanäle** für ihre Kommunikation nutzen.

Dies bedeutet für die journalistische Recherche, dass ein früher Blick immer den digitalen ›Schaufenstern‹ der für ein Thema relevanten Akteur'innen gelten muss. Die dort zugänglich gemachten Informationen und Positionen bilden zumindest die Grundlage für weitere Nachforschungen.

Soziale Medien

Aber die Journalist'innen sind nicht auf die ›offiziellen‹ Verlautbarungen ihrer zentralen Akteur'innen angewiesen. Dank Smartphones mit universeller Internetanbindung finden die meisten Ereignisse jetzt auch in einer digitalen Öffentlichkeit statt und buchstäblich jede Person kann zu ihrem medialen Echo beitragen.

Hier besteht die Herausforderung darin, potenziell wertvolle Beiträge aus dem so entstehenden Lärm herauszufiltern. Wie schon bei der Themenfindung geht es darum, die **relevanten Communitys** zu identifizieren. Bei *Facebook* beispielsweise gibt es weiterhin zu vielen Themen eigene Gruppen und Seiten, bei *Reddit* oder *Discord* finden sich themenspezifische ›Subreddits‹ oder Server. Bei thematisch weniger gegliederten Plattformen wie *Bluesky, Mastodon* oder *X* hilft einem die Pflege entsprechender Teilnehmerlisten oder die gezielte Suche nach einschlägigen Hashtags.

Auch die meisten sozialen Netzwerke und Medien verfügen außerdem über eine **›fortgeschrittene‹** oder **›erweiterte‹ Suche**, die es einem zum Beispiel erlaubt, nach bestimmten **Zeitfenstern** suchen. So kann man sich mit Gewinn in laufende oder vergangene Diskussionen einschalten.

Merke

Potenzieller **Mehrwert** aus den **sozialen Medien:**

- Statements von Personen, die direkt an relevanten Ereignissen teilgenommen haben **(Zeugenaussagen)**
- **Fotos, Videos** oder **O-Töne** von derartigen Ereignissen
- Hinweise auf **andere Medienbeiträge** zu den betreffenden Ereignissen (Kuratierung)
- erste qualifizierte **Einordnungen und Bewertungen** von Expertïnnen
- Hinweise auf mögliche **Interviewpartnerïnnen** (Zeugïnnen, Expertïnnen)

Sonderfall Echtzeitrecherche

Die Möglichkeit, im Internet oder auf sozialen Plattformen live oder mit geringer Zeitverzögerung zu berichten, führt dazu, dass insbesondere bei Lagen von großer Bedeutung (Naturkatastrophen, Straßenkämpfe, große Sportereignisse) Teilnehmerïnnen ihre Beobachtungen auch direkt ins Netz stellen und diese dort von anderen kommentiert werden. Wenn man weiß, wo die entsprechenden Communitys zu finden sind, kann man dort quasi in Echtzeit – zumindest in Ausschnitten – an den Ereignissen teilhaben. Neben Microblogging-Diensten wie *X, Bluesky* und *Mastodon* kommen dafür auch Chat- oder streamingbasierte Plattformen wie *Telegram, Discord, Facebook, Youtube* oder *Twitch* in Frage.

X erlaubt es sogar, die Suche geolokalisiert auf die Umgebung bestimmter Schauplätze zu beschränken.

Tipp

Geolokalisierte Suche bei *X*: Mit einem länger gehaltenen Klick lassen sich auf Google Maps die **Geodaten eines Ortes** ermitteln. Damit wiederum wird es möglich, Suchergebnisse bei X auf Umgebungen dieses Ortes zu beschränken. Die Syntax funktioniert wie folgt:

- [ggf. Suchbegriff] geocode:[geocode],[Radius] [ggf. Zeitrahmen]

Zwei Beispiele:

- **Beispiel 1:** geocode:37.16372466133421,37.04505003854908,100km since:2023-02-06 until:2023-02-07 – Die türkische Region um Kahramanmaras zum Zeitpunkt des großen Erdbebens im Februar 2023
- **Beispiel 2:** geocode:38.890550,-77.009017,.02km since:2021-01-05 until:2021-01-07 – Der Sturm auf das Kapitol in Washington, DC, am 6. Januar 2021

Deep Web und Datenbanken

Wenn es um wirklich spezifische, vertiefte Fachinformationen und -daten geht, werden die Grenzen der bisher beschriebenen Recherchestrategien sichtbar. Die digitalen Medien bieten einen unfassbar großen Fundus, aber nur ein geringer Teil davon ist direkt über das Web zugänglich und wird von Suchmaschinen wie *Google* oder über soziale Medien erschlossen.

Insbesondere viele **Medienarchive** und die meisten **Datenbanken** sind zwar im Prinzip online zugänglich, gehören aber zum sogenannten **Deep Web.** Das heißt: Sie enthalten nicht verlinkte Inhalte, befinden sich hinter Anmelde- oder sogar hinter Bezahlschranken und werden somit von den Crawlern der Suchmaschinen nicht erschlossen. Hier kann die *Google*-Suche höchstens Hinweise liefern – meistens jedoch ist **Insiderwissen** darüber gefragt, wo und wie man an die relevanten Daten und Informationen herankommt. Deshalb lohnt es sich, vorsorglich oder bei Bedarf qualifizierte Informant:innen zu befragen, welche digitalen Archive und Datenbanken in den jeweiligen Feldern verwendet werden.

Tipp

Datenbankverzeichnisse: Die Universität Regensburg verwaltet ein Verzeichnis von mehr als 10.000 nach Fachgebiet sortierten Datenbanken. Auch bei der Wikipedia gibt es Verzeichnisse von Onlinedatenbanken und akademischen Datenbanken.

Wenn man sich erst einmal Einblick in das Angebot relevanter Datenbanken und Informationsdienste verschafft hat, findet man für unfassbar viele Fragestellungen im Netz einschlägige Quellen.

Google Earth und Open Maps

Eine besonders reichhaltige und attraktive Recherchequelle sind die großen Geo-Informationssysteme. Als kommerzieller Dienstleister ist hier besonders wieder *Google* mit seinen Diensten *Google Maps* und *Google Earth* zu nennen. Im nicht kommerziellen Bereich gibt es das hervorragende *Open-Streetmaps*-Projekt mit offenen Schnittstellen zu diversen spezialisierten Anwendungen.

Gerade wenn man bei Ereignissen nicht unmittelbar vor Ort sein kann, macht es Sinn, sich die Schauplätze über *Google Earth* oder die Satelliten-Ansicht von *Google Maps* anzuschauen und die Umgebungen im Detail z.B. mit *Open Streetmaps* zu analysieren.

Abb. 3.3: Bei Google Earth und Google Streetview lassen sich journalistische Schauplätze lokalisieren und man kann sich in virtueller Ansicht einen ersten Eindruck verschaffen. Hier die Residenz auf Kap Idokopas am Schwarzen Meer, von Alexej Navalny als ›Putins Palast‹ bezeichnet.

Qualitätskontrolle

Angesichts der ungeheuren Vielfalt von Akteur:innen und Informationen ist es kein Wunder, dass das Internet sich auch zu einem Schauplatz gefährlicher **Fehlinformation** entwickelt hat. Natürlich gibt es – gerade in Zeiten politischer Polarisierung – böswillige Akteur:innen und Trolle, die bewusst falsche oder irreführende Informationen in die Welt setzen. Aber ›Fake News‹ müssen nicht immer auf eine echte Täuschungsabsicht zurückgehen, oft ist einfach Dummheit oder Nachlässigkeit im Spiel, oder Informationen sind schlicht veraltet.

Auf jeden Fall muss deshalb bei der journalistischen Recherche im Internet besondere Sorgfalt auf die **Qualitätskontrolle** gelegt werden. Dabei lassen sich **zwei Dimensionen** unterscheiden, die unterschiedliche Überprüfungsverfahren verlangen:

- Die Überprüfung der **Fakten:** Lässt sich die Information, die zu unserer Geschichte beitragen soll, aus unabhängiger zweiter und dritter Quelle bestätigen? Besteht sie den Plausibilitätstest und passt sie widerspruchsfrei in unser bisheriges Verständnis der Geschehnisse, über die wir berichten wollen? Wenn nein, wo hakt es, was muss korrigiert werden?
- Die Überprüfung der **Quellen:** Wie vertrauenswürdig und qualifiziert sind unsere Informant:innen und Dokumente, wie verlässlich sind die technischen Werkzeuge, Kanäle und Plattformen, von denen wir bei der Recherche Gebrauch machen?

Quellencheck

Während der Faktencheck keine spezifisch digitale Dimension hat – hier geht es einfach darum, das Mehr-Quellen-Prinzip aus der klassischen journalistischen Recherche auch im digitalen Rechercheprozess anzuwenden – stellen uns die digitalen Medien beim **Quellencheck** vor einige besondere Herausforderungen.

Wir hatten bereits über die Notwendigkeit einer Qualitätskontrolle für einzelne *Wikipedia*-Einträge gesprochen. Eine verwandte Problematik betrifft die **Authentizität und Verlässlichkeit** von Webseiten. Nach dem ersten Blick ins obligatorische Impressum können wir hier allerhöchstens über die Registraturen, die für die verwendeten Internet-Domains zuständig sind (in Deutschland: *DE-NIC*), Auskunft über die technischen Administratorïnnen der Domain erhalten. Die eigentlichen Domain-Inhaberïnnen sind aus Datenschutzgründen mittlerweile nicht mehr öffentlich einsehbar. Auch *Googles* hilfreiche Funktion, nach Seiten zu suchen, die auf die fraglichen Webseiten verlinken, steht leider nicht mehr zur Verfügung.

Das Problem verschärft sich noch in den **sozialen Medien** mit ihren vielfältigen Möglichkeiten anonymer oder pseudonymer Teilnahme. Sendet dort wirklich die Person, die sie zu sein vorgibt? Ist das Bild von der Demonstration, das ich sehe, wirklich auf der genannten Demonstration aufgenommen worden? Und kann es sich bei dem vermeintlichen O-Ton-Video einer prominenten Akteurïn nicht möglicherweise gar um einen von künstlicher Intelligenz generierten ›Deep Fake‹ handeln? Die **Verifikation von Social-Media-Daten** ist mittlerweile zu einer eigenen Teildisziplin innerhalb der journalistischen Recherche geworden, die insbesondere von Vertreterïnnen der im nächsten Abschnitt thematisierten Recherchetechnik verfolgt wird.

Open Source Intelligence (OSINT)

Zu den interessantesten und anregendsten journalistischen Arbeitsfeldern der letzten Jahre gehört eine Recherchetechnik, die als **Open Source Intelligence (OSINT)** bezeichnet wird. Der englischsprachige Begriff ›Intelligence‹ stammt in dieser Verwendung aus der Geheimdienstsprache und bezeichnet Informationen aus verschiedenen Quellen nachrichtendienstlicher Tätigkeit. So gibt es ›Human Intelligence‹ (HUMINT) für Informationen aus menschlichen Quellen, also von Informantïnnen und Spionïnnen. ›Signal Intelligence‹ (SIGINT) bezeichnet Informationen aus abgehörten, meist elektronischen Kommunikationsverbindungen. Und in dieser Tradition steht ›Open Source Intelligence‹ (OSINT) für Informationen, die aus öffentlich verfügbaren Quellen zusammengetragen und durch sorgfältige Analyse für gegebene Fragestellungen wertvoll gemacht werden.

Da OSINT im Gegensatz zu SIGINT im Normalfall auch für Zivilpersonen völlig legal ist, wird diese Form auch in anderen Bereichen, wie zum Beispiel von Nichtregierungsorganisationen (NGOs), der Wirtschaft oder eben im Journalismus eingesetzt.

OSINT ist ein komplexer Bestand miteinander verknüpfter Kenntnisse und Fähigkeiten, die auf intelligente Weise praktisch alle im Internet und anderswo verfügbaren **Quellen** nutzen:

- Klassische journalistische Medien
- Lexikalische Quellen wie die *Wikipedia*
- Geografische Informationssysteme wie *Google Maps* oder *Google Earth*
- Webseiten von Personen, Firmen, Organisationen und Institutionen
- Deep-Web-Quellen wie Fachdatenbanken, zum Beispiel zu Wirtschafts- und Finanzdaten, Verkehrsdaten oder Wetterdaten
- Social-Media-Daten, insbesondere auch auf sozialen Netzwerken hochgeladene Mediendateien wie Fotos und Videos

OSINT-Teams sammeln auf diese Weise große Mengen an relevanten Informationen und wenden darauf verschiedene, zum Teil sehr ausgefeilte **Analysetechniken** an. So gibt es ein umfangreiches eigenes Skillset, das sich ausschließlich der Analyse von Fotos und Videos widmet, um beispielsweise die Authentizität, den Ort oder den Zeitpunkt einer bestimmten gefundenen Aufnahme zu bestimmen. Andere Techniken ermöglichen es etwa, über spezialisierte Datenbanken die Wege einzelner Frachtcontainer vom Ursprungs- zum Endpunkt oder die Reisebewegungen einzelner Personen detailliert nachzuvollziehen.

Mit Hilfe dieser Techniken hat zum Beispiel das britische Recherchekollektiv *Bellingcat*, langjähriges Flagschiff des journalistischen OSINT-Einsatzes, nachgewiesen, dass sich zum Zeitpunkt des Attentats auf den ehemaligen GRU-Agenten Sergej Skripal im Jahr 2018 zwei russische Geheimdienstagenten am Tatort Salisbury in Großbritannien aufhielten. Es gelang *Bellingcat* sogar, deren Identität zu enttarnen.

In einer anderen spektakulären Recherche, an der neben *Bellingcat* auch das deutsche Rechercheteam *Correctiv* und die niederländische Zeitung *Algemeen Dagblad* beteiligt waren, war es wenige Jahre zuvor gelungen, die Spur des BUK-Raketenwerfers, mit dem 2014 das malaysische Passagierflugzeug MH 17 über der Ostukraine abgeschossen wurde, bis nach Russland zurückzuverfolgen. Dazu wurden unter anderem Fotos von ukrainischen und russischen sozialen Netzwerken ausgewertet und wie in einem Puzzle zu einer bebilderten Timeline des BUK-Einsatzes zusammengesetzt.

Einen etwas anderen Ansatz verfolgt das Projekt *Forensic Architecture (FA)*. Auch diese Gruppe greift auf öffentlich zugängliche Quellen zurück. Ihr Arbeitsschwerpunkt liegt auf der detaillierten räumlichen Rekonstruktion von Ereignissen wie Gewalttaten oder Großunfällen. So gibt es von *FA* eine spektakuläre Rekonstruktion der verheerenden Explosion am Hafen von Beirut im August 2020. Darin werden verschiedene Fotos und Videoaufnahmen des Unglücks mit kartografischen und anderen Informationen so kombiniert, dass eine dreidimensionale virtuelle Verlaufsgrafik entsteht. Diese blickt bis in die Lagerhalle hinein, in der das hochexplosive Ammoniumnitrat gelagert worden war, und zeichnet dort den Verlauf des fatalen Feuers nach, das zur Explosion führte.

Eine weitere *FA*-Recherche rekonstruiert detailliert den Tod der palästinensischen Journalistin Shireen Abu Akhleh durch Schüsse israelischer Sicherheitskräfte im Mai 2022. Damit stellt *FA* die offizielle israelische Version in Frage, nach der es sich um einen Unfall durch eine verirrte Kugel gehandelt habe.

Zur Vertiefung

Test zu Kapitel 3
https://www.utb.de/do/10.36198/9783838562322-e02/disclaimer

Weiterführende Lektüre

Meier, K. (2018). *Journalistik* (4., überarbeitete Auflage). Konstanz: UVK Verlagsgesellschaft mbH. – Das einführende Grundlagenwerk, aus dem die im Kapitel ausschnittsweise wiedergegebene Definition des Journalismus stammt.

Kaiser, M. (2015). *Recherchieren. Klassisch – online – crossmedial.* Wiesbaden: Springer VS. – Ein zugleich umfassendes und übersichtliches Lehrbuch zur journalistischen Recherche mit einem Kapitel zur Onlinerecherche.

Edwards, V. (2016). *Research Skills for Journalists.* Milton Park Abingdon: Routledge. – Noch etwas breiter aufgestellt ist dieses englischsprachige Recherche-Lehrbuch, das neben einer Einführung in klassische und digitale Recherchetechniken auch einen Ausblick auf die Zukunft (Wearables, Drohnen, Sensoren,...) wagt.

Silverman, C. (2020). *Verification Handbook. Das Handbuch zur Überprüfung von Desinformation und Medienmanipulation*, Düsseldorf: Landesanstalt für Medien Nordrhein-Westfalen – Dieses ursprünglich englischsprachige Handbuch wurde vom Investigativjournalisten Marcus Engert ins Deutsche übersetzt. (PDF-Download bei der *LfM NRW*)

A Beginner's Guide to Social Media Verification – Um die Verifikation problematischer Social-Media-Quellen geht es in diesem englischsprachigen Onlineleitfaden des Recherchekollektivs *Bellingcat* aus dem November 2021.

OSINT Toolkit – Die Züricher Rechercheagentur *I-Intelligence* hat einen über 500 Seiten starken Katalog von Apps, Web-Adressen und Datenbanken für die Onlinerecherche zusammengetragen. (PDF-Download der Auflage von 2020 bei *I-Intelligence*. Dort findet sich auch eine hilfreiche Sammlung der besten Chrome-Extensions, mit denen man seinen Browser für Recherchezwecke erweitern kann.)

How to Verify? – Übersichtliches Service-Angebot von *AFP, Deutscher Welle* und Partnern zur Verifikation von Internet-Inhalten.

Ausgewählte Forschung

Ruhrmann, G. & Göbbel, R. (2007). *Veränderung der Nachrichtenfaktoren und Auswirkungen auf die journalistische Praxis in Deutschland.* Netzwerk Recherche. – Die Studie führt in den Begriff der Nachrichtenfaktoren ein und unternimmt mit Hilfe einer Onlinebefragung und Interviews eine Bestandsaufnahme. (PDF-Download beim *Netzwerk Recherche)*

Machill, M. et al. (2008). *Journalistische Recherche im Internet: Bestandsaufnahme journalistischer Arbeitsweisen in Zeitungen, Hörfunk, Fernsehen und Online.* Schriftenreihe Medienforschung der Landesanstalt für Medien Nordrhein-Westfalen Band 60. Berlin: Vistas – Die letzte große Bestandsaufnahme zum Thema journalistische Recherche in Deutschland (im Print ca 400 Seiten) basiert auf Erhebungen in mehreren verschiedenen Methoden (Beobachtung, Befragung, Experiment) und gibt einen guten Einblick in die Journalismusforschung.

Oppong, M. (2014). *Verdeckte PR in Wikipedia. Das Weltwissen im Visier von Unternehmen* (OBS Arbeitshefte). Frankfurt a.M.: Otto-Brenner-Stiftung (OBS). – Der freie Journalist Marvin Oppong hat untersucht, wie Einzelpersonen und Unternehmen versuchen, verdeckt Einfluss auf Wikipedia-Einträge zu nehmen. (PDF-Download bei der Otto-Brenner-Stiftung)

Organisationen

Netzwerk Recherche – Renommierter 2001 gegründeter Verein, mit dem Ziel journalistische Recherche und Qualitätsjournalismus zu stärken. In den Jahrestreffen versammeln sich regelmäßig wichtige Vertreterïnnen der journalistischen Zunft.

dokZentrum ansTageslicht – Das Dokumentationszentrum für investigativen Journalismus ist eine Kooperation mehrerer Hochschulen und vergibt unter anderem den Wächterpreis der Tagespresse.

Preise

Journalisten-Preise – Die meisten der zahllosen Journalismus-Preise sind auch Recherchepreise. Eine Übersicht für den deutschsprachigen Raum bietet der österreichische Oberauer-Verlag.

Übungen

Themenfindung

- Entscheiden Sie sich für ein Themenfeld Ihrer Wahl (z.B. Artensterben, Basketball in Deutschland, Deutschrap, Veganismus,...).
- Legen Sie zu diesem Themenfeld einen oder mehrere *Google Alerts* an. Wie können Sie die Suchbegriffe für den Alert am besten gestalten? Lohnt es sich, Google-Suchoperatoren zu verwenden?
- Suchen Sie zu Ihrem Thema mindestens fünf verschiedene Blogs oder Newsletter. Abonnieren Sie diese in einem RSS-Reader Ihrer Wahl (z.B. *Inoreader* oder *Feedly*).
- Identifizieren Sie mindestens fünf Expertïnnen, die sich professionell und/oder wissenschaftlich mit Ihrem Themenfeld beschäftigen. Lokalisieren Sie diese in den sozialen Netzen und folgen Sie Ihnen dort.

- Verfolgen Sie Ihr Thema und gehen Sie dabei auch in der Zeit zurück. Was waren in diesem Themenfeld die letzten größeren journalistischen Themen?

Recherche

- Recherchieren Sie für ein Portrait der Bürgermeisterin Ihrer Landeshauptstadt.
- Hat diese Person einen *Wikipedia*-Eintrag? Wie detailliert und glaubwürdig ist der Eintrag? Gibt es dazu Diskussionen auf der Diskussionsseite des Eintrags?
- Recherchieren Sie bei *Google News* und anderen Onlinequellen die letzten nachrichtlichen Einträge zu der Person. Was hat sie im letzten halben Jahr besonders umgetrieben?
- Durchforsten Sie die sozialen Medien (z.B. *Instagram, Facebook, X* etc.). Hat die Person dort Accounts, und wenn ja, wo? Machen diese Accounts den Eindruck, dass die Person selbst daran Anteil hat, oder ist es eher ein Projekt der Pressestellen? Mit wem sind die Accounts vernetzt?
- Versuchen Sie, anhand der Onlinequellen andere Personen zu identifizieren, mit denen Sie Hintergrundgespräche oder Interviews über die Person führen könnten.

4. Wissens- und Projektmanagement

Themen

Persönliches Wissensmanagement, digitale Erfassung von Wissensressourcen, Second Brain, klassisches Projektmanagement, Scrum, Kanban

Über diese Lerneinheit

Digitale Tools können die traditionellen Werkzeuge journalistischen Wissensmanagements wie Notizblock, Adressbuch und Rechercheprotokoll deutlich aufwerten, indem sie die dort erfassten Informationen flexibel in eine einheitliche, durchsuchbare und verlinkte Wissensbasis zusammenführen. Neben einem modernisierten Wissensmanagement profitiert der digitale Journalismus auch von Methoden des Projektmanagements, für die es ebenfalls hilfreiche digitale Werkzeuge gibt.

Was Sie hier lernen

- zu wissen, wie man mit Personal Knowledge Management (PKM) eine eigene digitale Wissensbasis aufbauen kann
- zusätzliche Apps zur Sichtung und Verwaltung eingehender Informationen zu kennen
- zu wissen, wie man eingehende Informationen sinnvoll und nachhaltig in die PKM-Wissensbasis integriert
- Grundbegriffe des Projektmanagements auf journalistische Projekte wie Formatentwicklungen oder größere Recherchen anwenden zu können

Einleitung

Journalismus ist ein **Informationsberuf** *par excellence.* Dennoch gibt es bislang nur wenige etablierte Ansätze dazu, wie Redaktionen oder andere journalistische Organisationen ihr angesammeltes Wissen gemeinsam verwalten und allen Beteiligten sinnvoll zugänglich machen können: **Wissensmanagement** wurde und wird im Journalismus immer noch vorrangig als individuelle, persönliche Aufgabe verstanden.

Es gibt natürlich Ausnahmen wie zum Beispiel den *Spiegel* mit seiner hervorragenden Dokumentation, die nicht nur Fact Checking betreibt, sondern auch allen Redakteur'innen als Wissensressource zur Verfügung steht. Und auch in eingespielten Recherchеteams und -konsortien wie *Correctiv* oder *International Consortium of Investigative Journalists (ICIJ)* wendet man Verfahren an, Arbeitsresultate zu teilen und für spätere Projekte vorzuhalten. Anders wären große, verteilte Projekte wie die *Panama-Papers* gar nicht möglich gewesen. Wir wollen uns in diesem Kapitel anschauen, welche neuen Möglichkeiten des Wissensmanagements die Digitalisierung dem Journalismus zur Verfügung stellt und uns anschließend einen kurzen Überblick über Methoden des journalistischen **Projektmanagements** verschaffen.

Wissensmanagement

Die Journalist'in des vergangenen Jahrhunderts war mit ihrem **Notizblock** unterwegs, sie sammelte Visitenkarten oder andere Kontaktinformationen in einem **Adressbuch** oder **Rolodex**. Um die Resultate ihrer Recherchen sinnvoll mit bereits bestehendem Wissen zu verknüpfen, führte sie auf Grund ihrer Notizen und anderer Unterlagen **Rechercheprotokolle**. Diese halfen auch dabei, die Ergebnisse für künftige Projekte und potenzielle Zusammenarbeit mit anderen Journalist'innen **anschlussfähig** zu machen.

Klassische Recherchemanuale empfehlen, in solchen Protokollen den **Rechercheimpuls**, alle **Fragen** und **Hypothesen** sowie detailliert den weiteren **Rechercheverlauf** zu dokumentieren, möglichst mit allen zugrunde liegenden Notizen und Quellen. Damit kann man selbst immer wieder überprüfen, wo man während der Recherche gerade steht, und möglicherweise noch offene Fragen oder Probleme identifizieren. Aber es erlaubt auch, zum Beispiel in juristischen Streitfällen, das eigene Vorgehen gegenüber Dritten auszuweisen und zu legitimieren. Und es macht es bei der weiteren Arbeit möglich, problemlos auf Ergebnisse früherer Recherchen zurückzugreifen.

So entstanden im Laufe der Zeit (meist) persönliche Archive fallbezogener **Rechercheakten** und ein sorgfältig gepflegtes **Personenverzeichnis**, das das Netzwerk potenzieller Informantinnen und Expertinnen zum eigenen Fachgebiet abbildet.

Digitale Tools erlauben es uns, dieses sinnvolle Vorgehen in ein breiteres multifunktionales **Wissensmanagement** einzubinden, das die Nützlichkeit noch einmal deutlich erhöht. Verfahren, große Mengen auch sehr heterogener Informationen strukturiert digital zu archivieren und miteinander zu verknüpfen, ermöglichen einen einfacheren, schnelleren und intelligenteren Umgang mit diesen Informationen. Für Techniken, die uns dabei unterstützen, hat sich der Begriff **›Personal Knowledge Management‹ (PKM)** eingebürgert.

Notizen

Die Bausteine des persönlichen Wissensmanagements im Journalismus sind für gewöhnlich einzelne **Notizen**, die Journalistinnen während ihrer Recherche, zum Beispiel auf Terminen, erstellen. Diese halten flüchtige Ereignisse oder Eindrücke fest und geben Gelegenheit zu einer ersten Einordnung oder Bewertung. Im angelsächsischen Raum gehörte deshalb zur journalistischen Grundausbildung das Erlernen der **Stenografie**. Mit dieser Kurzschrift-Technik konnten die Journalistinnen auch ohne elektronische Aufzeichnungsgeräte wörtliche Zitate direkt protokollieren und ihre eigenen spontanen Ideen festhalten.

Stenografie wird mittlerweile als eine eher esoterische, veraltete Technik angesehen. Es ist auch deutlich einfacher geworden, wichtige Gespräche und Ereignisse mit Hilfe von Recordern oder Smartphones akustisch oder audiovisuell mitzuschneiden. Aber wenn später nur der bloße Mitschnitt vorhanden ist, fehlt eben möglicherweise die bereichernde **subjektive Perspektive**, die spontane assoziative Verknüpfung mit anderen Wissensbruchstücken oder Gedanken. Insofern ist die **schriftliche Notiz** immer noch ein wichtiges Instrument des Wissenserwerbs, und man kann weiterhin, zum Beispiel bei *Amazon*, klassische journalistische Notizblocks (hochkant, handlich, Spiralbindung) erwerben. Im Zeitalter des Smartphones wird weniger von Hand aufgeschrieben, aber der aktuelle Trend zu digitalen Notizblöcken und Tablets mit Stift und Handschrifterkennung zeigt, dass es hier weiterhin einen Bedarf gibt.

Die Verfechterïnnen eines persönlichen Wissensmanagements unterscheiden zwischen situationsbezogenen, eher **flüchtigen Notizen**, die akute Eindrücke oder spontane Ideen festhalten, und sogenannten **Evergreen Notes**, die daraus im Laufe der Zeit und weiteren Arbeit entstehen. Diese gehen mehr in die Tiefe und konzentrieren sich etwa auf ein bestimmtes Thema oder einen bestimmten Aspekt eines Themas. Die bewusste Beschränkung auf monothematische Notizen macht diese dann zu einem vielfach verwendbaren und verknüpfbaren **Wissensbaustein**.

Evergreen Notes können **Themen** oder **Themenaspekte** behandeln, aber genauso gut auch **Personen** oder konkrete **Ereignisse**. Sie können Zitate und Verweise auf andere Textressourcen enthalten. In jedem Fall ist es entscheidend, dass sie im Kern **selbst** und **eigenständig** verfasst sind, weil der Prozess des eigenen Aufschreibens dazu beiträgt, dass aus der erfassten Information echtes Wissen wird.

Notizverwaltung in PKM-Systemen

Viel hängt davon ab, wie man den Bestand an Notizen und Materialien aufbereitet und zur weiteren Verwendung vorhält. Hier zeigen sich die Vorteile der Digitalisierung. In **digitalen Archivsystemen** lassen sich die Unterlagen auf vielfältige Weise **strukturieren**. Sie lassen sich mit intelligenten **Metadaten** versehen und miteinander **verlinken**. Auf diese Weise entstehen Archive, die nicht nur physische Orte der Ablage sind, sondern komplexe **Netzwerke von Daten**, die immer wieder neu und auf ganz unterschiedliche Weisen verwendet werden können.

Tipp

PKM-Software: Im Bereich leistungsfähiger PKM- oder Notizsysteme hat sich in den letzten Jahren sehr viel getan. Apps wie *RoamResearch, Notion, Zettlr, Obsidian* oder *Logseq* sind nicht nur dazu geeignet, große Wissensbestände vorzuhalten und intelligent zu vernetzen. Sie ersetzen zunehmend auch Textverarbeitungen oder kleinere Datenbanken. Zu den typischen Merkmalen solcher Programme gehören die folgenden:

- Textdaten können in einfachen offenen Dateiformaten wie **Markdown** angelegt und abgespeichert werden. Dies erleichtert den Austausch.
- **Multimediale Dateien** wie O-Töne und Videos werden mitverwaltet und können den Notizen als Anhang hinzugefügt oder direkt in diese eingebunden werden.
- Eine Verschlagwortung der Notizen mit **Hashtags** ist möglich.
- Die Notizen sind mit Hilfe sogenannter **Wikilinks** untereinander verlinkbar. Diese Links sind **bidirektional**. Das heißt, in einer verlinkten Notiz ist ein ›Back-Link‹ zur verlinkenden Notiz sichtbar.
- Die Notizen erlauben **Transklusion**, das heißt: die transparente Einbettung anderer Notizen bei Erhaltung deren ursprünglicher Identität als eigenständige Datei.
- Das System unterstützt den modularen Charakter komplexerer Texte durch **Gliederungsansichten (Outlines)**, in denen die Elemente (Abschnitte, Spiegelstriche etc.) schon in der Gliederungsansicht komfortabel neu angeordnet werden können.
- Die Notizen können in Übersichtsdarstellungen (Netzwerkgraphen, Canvas) visuell angeordnet und mit Pfeilen oder anderen sichtbaren Relationen miteinander verknüpft werden.

Nicht alle diese Features sind in allen Produkten vorhanden, so dass ein **Vergleich** hilfreich sein kann, um die gewünschte App zu finden. Darüber hinaus gibt es ein paar weitere Fragen, die bei der Auswahl hilfreich sein können:

- Ist die Software **Open Source**?
- Werden die Dateien notwendigerweise **in der Cloud** abgespeichert oder auf dem eigenen Rechner?
- Ist die Software plattformübergreifend auf allen **Betriebssystemen** und **mobilen Endgeräten** verfügbar?
- Wird eine **Kollaboration** mehrerer Akteur*innen (z.B. in Rechercheteams) unterstützt?
- Ist die Software **modular**, das heißt: durch Plugins erweiterbar?
- Wie steht es um die **Zukunftsfähigkeit**? Ist das Geschäftsmodell funktionstüchtig und gibt es eine hinreichend große Nutzer*innen-Community?
- Lässt sich die Software mit anderen Standardprodukten (z.B. mit Literaturverwaltungen wie *Citavi* oder *Zotero* oder KI-Systemen wie *ChatGPT*) **verknüpfen**?
- Welche **Output-Optionen** stehen zur Verfügung? Ist ein Textexport als Word-Dokument oder PDF möglich? Kann möglicherweise direkt ins Netz publiziert werden?
- Unterstützt die Software die **Versionierung** von Notizen?

Digitale Erfassung anderer Wissensressourcen

Neben selbst verfassten Notizen gehören zum journalistischen Wissensmanagement aber immer auch **Recherchequellen** aus anderer Hand, beispielsweise wissenschaftliche Publikationen, nachrichtliche Artikel, audiovisuelle Beiträge im Netz oder Diskussionsbeiträge in den sozialen Medien.

Auch hier ist es wichtig, dass diese Quellen auf eine Weise erfasst werden, die Raum lässt für persönliche Hervorhebungen und Anmerkungen, und dass auf diese ergänzenden Anreicherungen wiederum später problemlos zurückgegriffen werden kann.

Dabei können uns verschiedene Apps oder Dienste unterstützen, über die wir teilweise bereits in → Kapitel 3 gesprochen haben. Hier noch einmal eine kurze Übersicht über verschiedene Typen einschlägiger Tools:

- **Social Bookmarking:** Die Adressen relevanter **Webseiten** lassen sich mit diesen Werkzeugen archivieren und mit Hashtags verschlagworten. Leistungsfähige Dienste wie *Diigo* oder *Raindrop* ermöglichen es auch, Sicherheitskopien der betreffenden Seiten anzulegen und diese mit eigenen Anmerkungen zu versehen. Frühere Social-Bookmarking-Dienste wie *Del.icio.us* erlaubten es darüber hinaus, direkt auf die Bookmarks anderer Teilnehmerïnnen zuzugreifen, und ermöglichten damit sehr interessante Netzwerkeffekte. Dies ist bei den zurzeit gängigen Systemen leider nicht mehr möglich. Zwar können Bookmark-Archive von mehreren Nutzerïnnen gemeinsam angelegt und auch publiziert werden, aber ein direkter Zugriff auf die Bookmarks fremder Nutzerïnnen wie einst bei *Del.icio.us* wird nicht mehr unterstützt – vermutlich, um den Missbrauch durch Marketing-Spam zu unterbinden.
- **Archivierungs- und Annotationssysteme:** Es gibt eine ganze Reihe von **›Read-it-Later‹**-Diensten wie beispielsweise das populäre *Pocket* oder das quelloffene *Omnivore*. Diese waren ursprünglich speziell für die Archivierung von langen Artikeln im Web entwickelt worden und ermöglichen dafür auch eine im Layout vereinfachte Ansicht der archivierten Artikel sowie die Verschlagwortung mit Hashtags und das Hinzufügen von Highlights und Anmerkungen. Einen ausdrücklich **kollaborativen Ansatz** verfolgt der Dienst *Hypothes.is*. Die Nutzerïn kann sich dort entscheiden, ob sie ihre Highlights und Anmerkungen für ausgewählte Nutzerïn-

nengruppen oder die Allgemeinheit sichtbar und kommentierbar macht. Wer die entsprechenden Plugins im Browser installiert hat, kann so von den Annotationen anderer profitieren und mit ihnen interagieren.

- **RSS-Reader:** Programme wie *Feedly* oder *Inoreader* verwalten Abonnements von Internetangeboten, die den RSS-Standard befolgen. Das ist besonders bei Blogs, aber auch bei den meisten Nachrichtenseiten und sogar bei Microbloggingdiensten wie *Mastodon* oder *Bluesky* der Fall. Außerdem machen diese Applikationen zum Beispiel auch abonnierte Newsletter zugänglich, so dass sie zu einer extrem mächtigen Schnittstelle für eingehende Informationen werden (Stichwort: Dashboard-Journalismus).
- **Wissenschaftliche Literaturverwaltung:** Eine besondere Rolle spielen akademische Texte. In den Wissenschaften gibt es etablierte Standards, die Katalogisierung, Verweise und Zitate reglementieren. Dienste wie *Citavi* oder das mächtige quelloffene *Zotero* sind speziell für die Archivierung und Verwaltung dieser Textgattungen entwickelt worden, und man kann in ihnen ebenfalls relevante Zitate farblich markieren und eigene Kommentare einfügen.

Im Sinne eines einheitlichen, gut organisierten Wissensmanagements ist es sinnvoll, die genannten Dienste und Plattformen in das zentrale PKM-System zu integrieren. Dafür gibt es eine ganze Reihe von Plugins und anderen Schnittstellen, die es erlauben, soziale Bookmarks, wissenschaftliche Verweise und Zitate oder eigene Anmerkungen aus den genannten Diensten automatisiert in Notizsysteme wie *Notion* oder *Obsidian* zu importieren. So kann man beispielsweise von den kollaborativen Leistungsmerkmalen von *Diigo* oder *Hypothes.is* oder den bibliografischen Funktionen von *Zotero* Gebrauch machen und hat gleichzeitig die wesentlichen Informationen auch noch einmal in seinem zentralen persönlichen Archiv.

Ordnungssysteme

In den PKM-Communitys wird viel darüber diskutiert, wie sich große digitalisierte Notizbestände am besten organisieren und verwalten lassen. Dabei stehen im Prinzip drei Verfahren zur Verfügung:

1. **Ordnerhierarchien:** Die Computer-Betriebssysteme, mit denen wir vertraut sind, haben aus dem physikalischen Raum die Metapher der Dateiordner übernommen. Diese, auch Verzeichnisse genannt, lassen sich verschachteln und hierarchisch anordnen. So entsteht eine übersichtliche Baumstruktur, die es erlaubt, sich auf den jeweils relevanten Ausschnitt zu konzentrieren. Nachteil des Systems ist, dass einzelne Dateien im Prinzip nur an einem Ort aufbewahrt werden können, so dass jede Mehrfachverwendung in unterschiedlichen Kontexten fehleranfällige Workarounds wie Kopien oder versteckte Verlinkungen erfordert.
2. **Tagging:** Eine Alternative besteht darin, die Ordnerstruktur durch einen Bestand von **Schlagworten** (Hashtags) zu ersetzen. In diesem Fall ist es kein Problem, einzelnen Notizen jeweils auch mehrere Tags zuzuordnen. Die Tags lassen sich in manchen Anwendungen ebenfalls hierarchisch anordnen. Die Filterung nach Tags erlaubt dann unterschiedliche, nach Themen oder Anlässen fokussierte Ansichten des Notizbestands.
3. **Verlinkung:** Aus der *Wikipedia* ist ein drittes Ordnungsprinzip bekannt. Der Zusammenhang zwischen verschiedenen Notizen oder Dateien lässt sich auch dadurch abbilden, dass man diese bei Bedarf und an passender Stelle miteinander verlinkt. Um auch in dieses Verfahren eine hierarchische Struktur einzuziehen, kann man zu einzelnen Themenfeldern Übersichtsseiten anlegen, die wie ein verlinktes Inhaltsverzeichnis den Zugang zu den untergeordneten Notizen eröffnen.

In der Praxis haben sich meist **Kombinationen** aus diesen drei Prinzipien bewährt. Eine **Ordnerstruktur** bildet etwa verschiedene journalistische **Arbeitsfelder** ab (zum Beispiel Politik, Wirtschaft, Kultur). **Tags** markieren den **Typ** der Notizen (zum Beispiel Ereignis, Person, Quelle, Thema), unterscheiden zwischen verschiedenen behandelten Themen oder geben über deren **Bearbeitungsstatus** Auskunft. Mit **Links** zwischen einzelnen Notizen lassen sich zusätzlich spezifischere **Zusammenhänge** abbilden. Sie eignen sich auch dazu, lineare Verläufe herzustellen und somit zum Beispiel die Verknüpfung einzelner Notizen zu einem größeren Text vorzubereiten (»previous«, »next«).

Wichtig ist auch eine konsistente **Datierung** der Notizen, die darüber hinaus zwischen dem Datum eines in einer Notiz behandelten **Ereignisses** und den Daten der **Erstellung bzw. Bearbeitung** der Notiz unterscheidet. Letztere sind beispielsweise von Bedeutung, wenn man den Rechercheprozess dokumentieren möchte (oder muss). Noch besser wäre hier eine konsequente **Versionierung** der Dokumente, wie sie beispielsweise die netzbasierte Programmierumgebung *Github* zur Verfügung stellt, die zunehmend auch für kollaboratives Wissensmanagement eingesetzt wird.

Johnny Decimal und Para

Um bei der Verwendung von Verzeichnishierarchien die Übersicht nicht zu verlieren, werden in der PKM-Community verschiedene **Verzeichnisstrukturen** für die Ablagesysteme empfohlen:

- **Johnny Decimal** ist ein Standard, der keinerlei inhaltliche Vorgaben macht. Vielmehr wird empfohlen, im Dateiarchiv auf den oberen Verzeichnisebenen maximal zehn Folder anzulegen, die dann jeweils wiederum maximal zehn Unterverzeichnisse enthalten. Jeder Folder bekommt eine eindeutige numerische Kennung mit einem inhaltlichen Titel. Auf der ersten Ebene könnten sich zum Beispiel die Verzeichnisse »00-09 Privat«, »10-19 Beruf«, »20-29 Hobbies« etc. befinden; auf der zweiten Ebene gibt es dann »00 Wohnung«, »01 Finanzen«, »03 Behördenkorrespondenz« etc. Die Elemente der ersten Ebene werden als **Gebiete** (Areas) bezeichnet. Auf der zweiten Ebene geht es um **Kategorien** (Categories). Ab der dritten Ebene ist die Beschränkung auf zehn Elemente aufgehoben und auch die Namenskonvention sieht hier etwas anders aus. So könnte das Verzeichnis »00 Wohnung« zum Beispiel Unterverzeichnisse »00.01 Renovierung«, »00.02 Vermieterkorrespondenz« und »00.03 Planung Sommerparty« beinhalten.
- Im Gegensatz zu Johnny Decimal macht die **PARA-Methode** des Produktivitätsberaters Tiago Forte elementare inhaltliche Vorgaben. Der Name ist ein Acronym und steht für vier Bereiche, die im Dateiverzeichnis voneinander zu trennen sind:
  - **Project**: Hier kommen alle Verzeichnisse und Dateien hinein, an denen gerade akut gearbeitet wird.
  - **Area**: Dies sind langfristig relevante Themen- oder Arbeitsfelder.
  - **Resource**: Themen oder Materialien, die sich einmal als nützlich erweisen könnten.
  - **Archive**: Der Ort, wo Dokumente aus den anderen drei Bereichen landen, wenn sie als erledigt gelten.

Beide Systeme haben ihre Anhängerïnnen. Sie lassen sich auch kombinieren oder als Anregung für die Planung eigener Strukturen verwenden.

!!

Merke

Wichtig ist es, das eigene PKM-System **von der Anwendung her** zu denken und auf die eigenen Bedürfnisse anzupassen. Dabei sollten folgende Gesichtspunkte im Vordergrund stehen:

- Das System hilft mir dabei, eingehende Informationen, Notizen, Dokumente etc. ohne viel Nachdenken an einem passenden und sinnvollen Ort **abzulegen**.
- Es trägt dazu bei, diese Dokumente auch dann **wiederfinden** zu können, wenn mir keine Suchbegriffe für eine zielführende Volltextsuche einfallen.
- Es unterstützt zusätzlich durch sinnvolle ›Nachbarschaften‹ miteinander zusammenhängender Dateien den **glücklichen Zufallsfund** (serendipity) relevanter anderer Daten.
- Das System ist so angelegt, dass auch **andere Personen**, zum Beispiel potenzielle Kooperationspartnerïnnen, es verstehen können. Im Bedarfsfall können ein separater Index und schriftliche Richtlinien hilfreich sein, die Prinzipien und Workflows des Archivs auch gegenüber Dritten transparent zu machen.

Processing

In jedem Fall ist es sinnvoll, eine Art **Inbox** einzurichten, in der alle eingehenden Notizen landen, bevor sie für die weitere Verwendung aufbereitet werden. Dies kann wiederum ein eigenes Verzeichnis sein oder ein spezieller, vorläufiger Status-Tag (z.B. #incoming).

Dann werden in regelmäßigen Abständen die eingegangenen Notizen **geprüft** und **weiterverarbeitet**. Sie werden mit aussagekräftigen Metadaten versehen, gegebenenfalls mit anderen Notizen verlinkt und an den passenden Ort im Dateisystem verschoben. Möglicherweise ist es sinnvoll, sie noch einmal zu paraphrasieren und/oder in andere bestehende Notizen zu integrieren.

Manche Notizsysteme erlauben die Einbettung bestehender Notizen in andere Notizen, die sogenannte **Transklusion**. Das heißt, dass die ursprüngliche Notiz ihre eigene Identität nicht verliert, sie erscheint nur zusätzlich auch in anderen Zusammenhängen. Jede Bearbeitung verändert nur die Originaldatei, ist aber in allen ihren Einbettungen sichtbar.

Ein weiterer möglicher Arbeitsschritt ist die spätere ›**Refaktorierung**‹ des Notizbestands. Der Begriff stammt aus der Software-Entwicklung und bezeichnet dort die nachträgliche Umstrukturierung eines Quelltexts zur besseren Übersichtlichkeit, ohne die Funktionalität zu verändern. Analog kann es sinnvoll sein, den Notizbestand umzustrukturieren. Man kann zum Beispiel Notizen, die zu umfangreich geworden sind und zu viele heterogene Inhalte enthalten, aufteilen, um den Bestand insgesamt nützlicher zu machen.

Transkription von Audio- und Videodateien

Es ist noch immer schwierig, in Audio- und Videodateien nach spezifischen Inhalten zu suchen. Früher hat man sich damit beholfen, die Inhalte möglichst aussagekräftig in den Metadaten zu beschreiben. Die aktuelle Entwicklung künstlicher Intelligenz macht es aber möglich, aufgezeichnete Wortbeiträge automatisiert zu transkribieren, so dass wir beispielsweise **Interviewmitschnitte** ohne großen Aufwand in eine vollständige Textform überführen können. Viele journalistische Profis nutzen kostenpflichtige Anbieter wie *Trint* oder *Amberscript*. Ein kostenloser Dienst, der sich speziell an Journalistinnen richtet und neben AV-Transkriptionen auch andere hilfreiche Funktionen wie die Analyse von Tabellen und PDF-Archiven umfasst, ist *Google Pinpoint*.

Für das journalistische Arbeitsarchiv bedeutet dies, dass im Idealfall zu jedem Video- oder Audiomitschnitt eines eigenen Interviews, aber auch zu jedem heruntergeladenen *Youtube*-Video, das als relevante Recherchequelle dienen könnte, ein **Transkript** im gleichen Verzeichnis vorgehalten werden kann. Dieses erleichtert die **digitale Volltextrecherche** im Archiv ebenso wie die Übernahme von Zitaten aus den betreffenden Mitschnitten in Textproduktionen.

KI-gestützte Zusammenfassung und Übersetzung

Nicht nur bei der Transkription können uns aktuelle KI-Systeme helfen. Sie liefern mittlerweile auch hervorragende Übersetzungen aus fast allen denkbaren Sprachen (z.B. *DeepL*), verbessern die Qualität geschriebener Texte (*DeepL* oder *ChatGPT*) und können erste Ansätze zur Zusammenfassung größerer Texte liefern. Mehr zum Thema Künstliche Intelligenz in → Kapitel 11.

Scans per OCR in Text umwandeln

Analog zu audiovisuellen Dateien verhält es sich auch bei **Scans von Texten**: Solange diese als Bilddatei abgespeichert werden, ist die Volltextsuche erstmal nicht in der Lage, den Inhalt als Text zu erfassen. Dies gilt übrigens oftmals auch dann, wenn die gescannten Daten im Dateiformat PDF abgespeichert werden. Hier helfen Programme, mit denen man die Dokumente einer sogenannten **Optical Character Recognition (OCR)** unterziehen kann. Nach der Texterkennung kann man die entsprechenden Scans dann wieder als PDF abspeichern, aber die PDF-Datei enthält im Anschluss auch den Inhalt des Dokuments als durchsuchbare Textdatei.

Dank leistungsfähiger Tablets und anderer digitaler Endgeräte, die eine handschriftliche Texteingabe ermöglichen, gibt es mittlerweile Apps, die Notizen bei der handschriftlichen Eingabe direkt in Textdateien verwandeln oder zumindest durchsuchbar machen können. Auch bei der Texterkennung für zuvor eingescannte handschriftliche Texte gibt es dank leistungsfähiger künstlicher Intelligenz in den letzten Jahren deutliche Fortschritte.

Second Brain

Ein gut geführtes Arbeitsarchiv kann somit weit mehr sein als nur eine ordentliche Dateiablage. Von dem deutschen Soziologen **Niklas Luhmann**, dessen legendärer (noch analoger) **Zettelkasten** für viele PKM-Systeme Pate gestanden hat, ist bekannt, dass er diesen Zettelkasten als eigenständige kreative Instanz in seinem Produktionsprozess verstanden hat, ohne die seine berühmt-berüchtigte akademische Produktivität gar nicht möglich gewesen wäre. In einem seiner Zettel spricht er von seiner ›Kommunikation mit dem Zettelkasten‹ und bezeichnet diesen als potentiellen »Junior-Partner« (ZK II, Zettel 9/8,1).

Bei intelligenter Anordnung, Verschlagwortung und Verlinkung können im archivierten Material schnell Zusammenhänge sichtbar werden, die auf den ersten Blick nicht erkennbar waren. Genauso kann das Archiv aber auch Lücken oder Widersprüche im Rechercheprozess aufzeigen. Wichtig dafür ist es, dass das Archiv nicht rein hierarchisch funktioniert, sondern eine **flexible Netzstruktur** aufweist, die je nach Bedarf durch intelligente Filter oder Suchanfragen unterschiedlich gewichtet oder ›beleuchtet‹ werden kann. Solche Archive bilden damit in gewisser Weise unser Gehirn oder unser

Gedächtnis ab, und sie werden deshalb von ihren Anhängerïnnen auch als **›zweites Gehirn‹** (second brain) bezeichnet.

Übergänge zum Schreibprozess

Wenn es darum geht, Material aus dem archivierten Wissensbestand in einen journalistischen Beitrag zu überführen, gibt es **weitere Hilfsmittel**, die der Journalistïn und ihrem Team zur Verfügung stehen:

Bei Recherchen über komplexere Prozesse kann es sinnvoll sein, visuelle **Timelines** der einzelnen Teilereignisse zu erstellen. In multimedialen Produktionen können diese sogar ein sinnvoller Bestandteil des zu publizierenden Beitrags sein. Das US-amerikanische *Knight Lab* an der *Northwestern University in Chicago* hat dazu eigens ein leicht zu erlernendes Tool erstellt, das frei für die journalistische Arbeit verwendet werden kann.

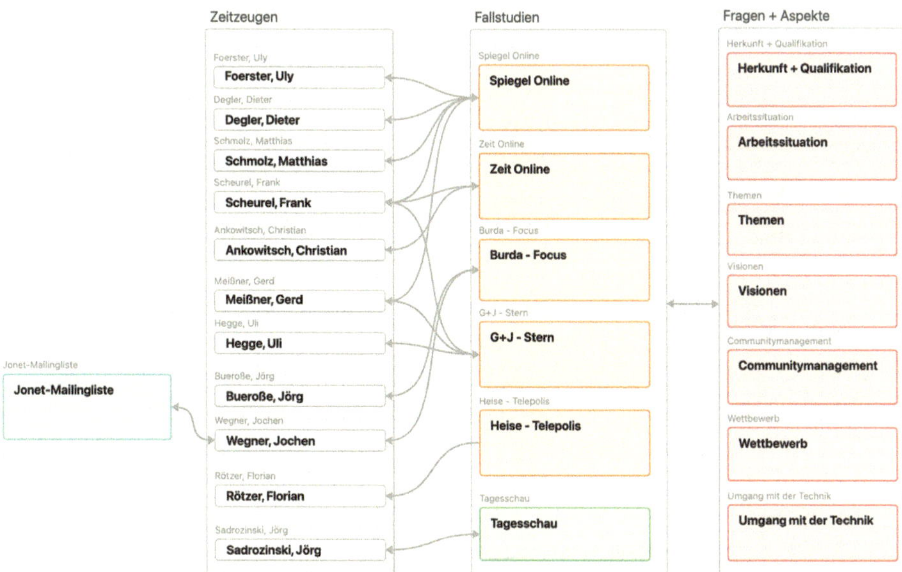

Abb. 4.1: In der Canvas-Darstellung lassen sich in Obsidian Notizen grafisch anordnen und verknüpfen. Hier eine Ansicht zu einem möglichen Rechercheprojekt über die erste Dekade des Onlinejournalismus in Deutschland (Abbildung: eigene Darstellung)

In den meisten Notizsystemen lassen sich ausgewählte Notizen probeweise sequenziell anordnen und in **Gliederungsansichten (Outlines)** darstellen. Wer es gerne noch visueller hat, kann **Mindmapping** verwenden. Auch dafür gibt es freie Tools wie das exzellente *Mindmup*. Wichtig ist, dass die Logik der Geschichten auf diese Weise transparent gemacht wird. Mit einer durch die hinterlegten Notizen aufgefütterten Outline oder Mindmap wird der eigentliche Schreibprozess dann deutlich einfacher.

Wissensmanagement im Team

Wer die genannten Vorteile des persönlichen Wissensmanagements auch im Team nutzen will, muss darauf achten, dass die verwendete Software auch kollaborativ verwendet werden kann. Dies ist zum Beispiel bei *Notion* der Fall. In der Teamarbeit kann die Flexibilität des PKM allerdings auch zum Nachteil werden, weil man sich beim Aufbau des Notizbestands über sehr viele gemeinsame Standards verständigen muss.

Generell ist es bei der Teamarbeit sinnvoll, insgesamt vier Funktionen bereitzustellen:

1. **Repositorium:** Ein gut strukturierter Datenbestand, auf den alle Beteiligten Zugriff haben, um dort Adressbücher, Rechercheprotokolle, Dokumente etc. vorzuhalten. Lange Zeit hat man dafür typischerweise Wikis (z.B. das freie *Dokuwiki*) empfohlen. Heute wird man sich wahrscheinlich für *Notion* oder eines der anderen PKM-Systeme entscheiden.
2. **Werkbank:** Eine Umgebung, in der gemeinsam produziert und das Produzierte kommentiert werden kann. Bei Schreibprozessen leisten dies zum Beispiel sehr gut *Google Docs* oder *Etherpad*.
3. **Schwarzes Brett:** Für die Orientierung und Projektplanung braucht es einen zentralen Ort, der den Überblick gibt und die anstehenden Aufgaben zeigt. Dazu bieten sich Kanban-Tools wie *Trello* an. Auch manche PKM-Systeme enthalten Kanban-Formate. (Zur Kanban-Methode vgl. weiter unten.)
4. **Flurfunk:** Für die laufende Kommunikation und den schnellen Zuruf ist es sinnvoll, eine Instant-Messaging-Umgebung zu installieren. Der Klassiker in diesem Bereich ist *Slack*, aber man kann sich auch mit vollständig kostenlosen Alternativen wie *Whatsapp*, *Signal* oder *Discord* behelfen.

Projektmanagement

Neben dem **Wissensmanagement** gibt es noch ein anderes ›Skill Set‹ das im täglichen journalistischen Geschäft immer wieder eine entscheidende Rolle spielt: das **Projektmanagement**. Schon jede gründliche journalistische **Recherche** hat den Charakter eines Projekts: Es gibt Teilaufgaben, zeitliche Abhängigkeiten, Zwischenziele (Milestones) und Deadlines. Dies gilt dann im Anschluss genauso bei größeren, insbesondere multimedialen journalistischen **Produktionen**. Vor allem aber wenn **neue Formate** entwickelt werden, arbeiten oft verschiedene Teams (Redaktion, Design, IT, Marketing) in mehrwöchigen Projekten zusammen. Insofern ist es im digitalen Journalismus sinnvoll, sich mit Methoden des Projektmanagements vertraut zu machen und von entsprechenden digitalen Tools und Apps Gebrauch zu machen.

Klassisches Projektmanagement

In den letzten Jahren ist gerade in der Medienarbeit traditionelles Projektmanagement mehr und mehr von neuen, dynamischeren Verfahren wie **Kanban** oder **Scrum** verdrängt worden, die vor allem aus der Softwareentwicklung stammen. Diese ›agilen‹ Verfahren knüpfen jedoch an Einsichten aus dem **klassischen Projektmanagement** an und unterscheiden sich eher im Fokus als im Grundsatz. Deshalb hier im Schnelldurchgang die wichtigsten Einsichten des traditionellen Projektmanagements.

Begriffserklärung

Projekte werden definiert als einmalige, zeitlich limitierte Arbeitsvorhaben mit begrenzten Ressourcen. Sie bilden somit den Gegenpol zu Arbeitsroutinen, die sich per definitionem wiederholen, so dass man bei ihrer Durchführung auf etabliertes Wissen zurückgreifen kann.

Projekte zeichnen sich zudem dadurch aus, dass es sich lohnt, Zeit und Aufmerksamkeit in ihre Definition und Planung zu investieren. Die Spannweite möglicher Projekte reicht vom Wochenendausflug einer einzelnen Person bis hin zum Bau eines Flughafens oder der Durchführung einer Mondmission.

Projektphasen

Bei der Analyse von Projekten zeigt sich, dass man in ihrem zeitlichen Ablauf grob fünf verschiedene Phasen identifizieren kann. Es ist dabei sinnvoll, zwischen verschiedenen Rollen (z.B. Auftraggeberïn, Dienstleisterïnnen) zu unterscheiden. Bei kleineren, weniger arbeitsteiligen Projekten fallen diese oft zusammen.

1. **Initialisierung:** Es gibt eine Idee, einen Projektimpuls. Dieser wird in eine **Projektskizze** überführt, und in einer ersten Sondierung werden mit Blick auf die bestehenden Rahmenbedingungen **Machbarkeit** und **Erfolgsaussichten** eingeschätzt. Wenn das Ergebnis positiv ist, steht am Ende dieser Phase ein **Planungsauftrag**.
2. **Definition:** Gesamtziel und Art des Projektes werden gründlich analysiert: Wer sind die **Stakeholderïnnen** (Beteiligte und Betroffene), welche **Teilaufgaben** und **Teilziele** lassen sich identifizieren? **Aufwände** (Zeit, Personen) und benötigte **Ressourcen** (Räume, Geräte) werden grob geschätzt, mögliche Dienstleisterïnnen ermittelt und das vorläufige Projektteam zusammengestellt. Bei Erfolg steht am Ende dieser Phase ein **Projektauftrag** in Form eines detaillierten Ziel- und Anforderungskatalogs (**Lastenheft**). Dieses Dokument dient auch als Vertragsgrundlage für mögliche Dienstleisterïnnen.
3. **Planung:** Die Dienstleisterïnnen oder das eigentliche Projektteam konkretisieren die Schätzungen über zeitliche Abläufe und Ressourcenbedarfe und legen in einem **Pflichtenheft** im Detail dar, wie sich die im Projektauftrag (Lastenheft) aufgezeichneten Ziele realisieren lassen. Mögliche **Risiken** werden ausgewiesen und, soweit möglich, berücksichtigt.
4. **Durchführung:** Bei der eigentlichen Umsetzung wird das Pflichtenheft abgearbeitet. Dabei stehen **Stakeholder-Kommunikation, Ressourcenmanagement** und **Controlling** im Vordergrund. Eventuelle Korrekturen am Projektablauf werden abgestimmt und vorgenommen.
5. **Abschluss:** Das Projektresultat wird der Auftraggeberïn **vorgestellt** und von dieser bei Erfolg **abgenommen**. Zum Abschluss gehört im Normalfall auch die **Dokumentation** des Produkts sowie die **Anschlusskommunikation** gegenüber den Stakeholderïnnen und nach außen (Broschüren, Pressekonferenzen etc.).

Ein typischer **Anwendungsfall** in der journalistischen Arbeit ist die Entwicklung eines komplett **neuen journalistischen Formats**. Nehmen wir zum Beispiel ein Webmagazin zum Thema Reisen. An der Entwicklung werden mit Sicherheit verschiedene **Teams** beteiligt sein: neben einer Rumpfredaktion zum Beispiel Designerïnnen, IT-Expertïnnen für die Produktionstechnik, Vermarkterïnnen für die Planung von Zielgruppenansprache und möglichen Erlösstrategien. **Auftraggeberïn** ist im Normalfall ein Verlag oder eine nicht kommerzielle Medieneinrichtung. Das Projektmanagement muss die Zusammenarbeit der verschiedenen Teams (›Gewerke‹) planen und während der eigentlichen Entwicklungsarbeit kontrollieren. Während des Projektablaufs berichtet es zudem gegenüber der Auftraggeberïn. Erfahrungsgemäß liegt bei den meisten journalistischen Vorhaben das Projektmanagement zumindest zum Teil in redaktioneller Hand.

Ein weiterer ähnlicher Anwendungsfall ist die komplette **Modernisierung und Überarbeitung** eines bestehenden journalistischen Angebots, ein sogenannter **Relaunch.** Dieser wird normalerweise nicht nur Design und Struktur des Angebots betreffen, sondern auch die zugrundeliegende Produktionstechnik (Content Management, Datenbanken etc.). Hier besteht die besondere Herausforderung darin, dass während des Projekts, das potenziell tief in die Arbeitsabläufe eingreifen kann, das Alltagsgeschäft weiterlaufen muss. Außerdem bindet das Projekt möglicherweise Personal und Ressourcen, die auch für den Normalbetrieb gebraucht werden.

Zielklärung und Planungsinstrumente

Zu den wesentlichen Einsichten des Projektmanagements gehört es, dass vor allem die **Projektdefinition** besondere Aufmerksamkeit verdient. Nur wer seine Ziele genau kennt, gründlich analysiert und auf die richtige Weise spezifiziert, wird dann erfolgreich planen und durchführen können. Im Kern des Prozesses steht somit die Zielklärung.

Für Definition und Planung haben sich drei aufeinander aufbauende Instrumente durchgesetzt:

1. **Projektstrukturplan:** In einem einfachen **Baumdiagramm** wird die Gesamtaufgabe in ihre Bestandteile (Teilaufgaben) aufgeteilt. Dies wird rekursiv immer weiter fortgesetzt, bis am Ende einfache **Arbeitspakete**

stehen, deren Zeit- und Ressourcenaufwand sich beziffern lässt und die sich einzelnen Verantwortlichen zuweisen lassen.

2. **Netzplan (PERT-Diagramm):** Das ist ein Verlaufsplan, der unter anderem klärt, welche Arbeitspakete auf Grund von Abhängigkeiten **nacheinander** abgearbeitet werden müssen und wo eventuell eine **parallele** Bearbeitung möglich ist. Somit lässt sich der mindestens notwendige **Zeitaufwand** für das gesamte Projekt ermitteln.
3. **Balkenplan (Gantt-Diagramm):** Schließlich werden die Einsichten aus den vorigen Plänen in eine **kalendarische Darstellung** übertragen, in der beispielsweise auch Verfügbarkeiten (Wochenenden, Urlaubsregelungen etc.) berücksichtigt werden. Außerdem werden hier wichtige **Zwischenziele** (Milestones) ausgewiesen, die für die spätere Projektkommunikation von Bedeutung sind (z.B. Zwischenberichte an die Auftraggeberinnen).

Unsere digitalen Magazinmacher aus dem obigen Beispiel werden zunächst das Vorhaben detailliert in seine Bestandteile zerlegen müssen. Sie werden zum Beispiel das redaktionelle Konzept (Zielgruppen, Themen, Rubrizierung, mögliche Formate) vom Design (Logo, grafische Anmutung, Nutzerführung) und der Technik (Datenbank, Redaktionsschnittstellen, Ausspielkanäle) unterscheiden. Dies alles findet seinen Niederschlag im Projektstrukturplan.

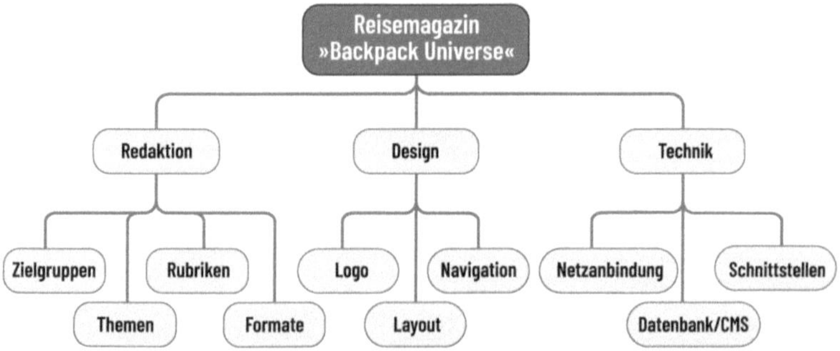

Abb. 4.2: Der Projektstrukturplan gliedert das Projekt in Teilaufgaben und Arbeitspakete. Hier ein Ausschnitt für die (fiktive) Planung eines Online-Reisemagazins.

Wenn dies hinreichend detailliert geschehen ist, wird es um Abläufe gehen: Wie viel vom redaktionellen Konzept muss bereits stehen, damit die Design- und Technikteams wirklich loslegen können? (Dies betrifft beispielsweise die Rubrizierung des Angebots, mögliche Formate sowie zusätzliche Funktionalitäten wie z.B. Shop oder Interaktion, für die dann jeweils ein angemessenes Design und die notwendige technische Infrastruktur bereitgestellt werden müssen.) Was kann im weiteren Verlauf parallel bearbeitet werden und bei welchem Kenntnisstand sind zur Abstimmung zwischen den Teams weitere Briefings nötig? Diese Rahmenbedingungen lassen sich mit einem Netzplan abbilden. Der Balkenplan verankert dann dieses Ablaufwissen im Kalender.

Controlling und Kommunikation

In der Durchführungsphase besteht der Verantwortungsbereich des Projektmanagements vor allem im Controlling (Zeit und Ressourcen) und in der Kommunikation zwischen den beteiligten Personen und Teams und mit den Stakeholdern, insbesondere der Auftraggeberïn. Hier geht es in unserem Beispiel also vor allem darum, sicherzustellen, dass Redaktion, Design und Technik miteinander in Kontakt bleiben, sich an die gesetzten Ziele halten und in ihrem Ressourcenverbrauch nicht aus dem Ruder laufen. Zur Umsetzung benötigt die IT die grafischen Vorlagen der Designer und erste Inhalte der Redaktion, um zum Beispiel einen funktionsfähigen **Prototyp** und später das Startangebot zu erstellen.

Agile Methoden

Scrum

Moderne, agile Projektmanagementmethoden wie **Scrum** bemühen sich, überkommene Teamhierarchien und das strikte Nacheinander von Definition, Planung und Durchführung des klassischen Projektmanagements zu durchbrechen und damit wesentlich schneller und flexibler zu einsetzbaren Resultaten zu kommen. Der Schwerpunkt liegt hier auf kurzen und **intensiven Arbeitsphasen (Sprints)**, in denen Teilteams autonom an konkreten Teilprodukten (z.B. arbeitsfähige Prototypen) arbeiten. Unter Anleitung des ›Scrum Masters‹ werden sie in relativ schnellen **Feedbackzyklen (Scrums)** immer wieder aufeinander abgestimmt und in die richtige Richtung gelenkt.

Dies kann zum Beispiel dann sehr sinnvoll sein, wenn man gegenüber einer potenziellen Auftraggeberïn die grundsätzliche Machbarkeit einer komplett neuen Idee (zum Beispiel ein Podcast für Kinder) illustrieren will. Agile Methoden machen es möglich, in kurzer Zeit für einen sichtbaren ›proof of concept‹ einen weitgehend **arbeitsfähigen Prototypen** zu erstellen. Dieser muss dann noch nicht vollständig belastbar und in bestehende Angebote integriert sein.

Und es gibt natürlich auch kleinere Projekte, bei denen bereits ein gewisses **Erfahrungswissen** über die typischen Anforderungen vorhanden ist. Dort kann man die Abläufe ohne große Qualitätsverluste beschleunigen. Dies ist zum Beispiel bei der Ergänzung eines bestehenden Webmagazins durch eine neue Rubrik oder bei der Einführung zusätzlicher Social-Media-Kanäle der Fall.

Aber große, arbeitsteilige Projekte, an denen mehrere Gewerke beteiligt sind, lassen sich auf diese Weise kaum managen. Und selbst in den kleineren Projekten gibt es bestimmte nicht hintergehbare Rahmenbedingungen, die auch beim Einsatz von agilen Methoden berücksichtigt werden müssen: Welche Qualifikationen benötigen wir im Team? Wer ist wann verfügbar? Welche Teilaufgaben setzen die vorherige Erledigung welcher anderen Teilaufgaben voraus? Wie gewährleisten wir die Anschlussfähigkeit der in den Sprints erarbeiteten Prototypen?

Letztlich ist auch in agilen Prozessen das analytische Instrumentarium des klassischen Projektmanagements hilfreich und steht vielfach als implizites Wissen der erfahrenen Scrum-Master im Hintergrund.

Kanban

Eine weitere agile Methode ist das aus der japanischen Industrielogistik stammende **Kanban**, das darauf beruht, dass einzelne Aufgaben oder Werkstücke einen gewissen Parcours (Wertschöpfungsstufen, Fachabteilungen oder ähnliches) durchlaufen.

Den einzelnen Teilaufgaben werden dabei Karteikarten zugeordnet. Diese werden zwischen Listen hin- und hergeschoben, die beispielsweise den verschiedenen Stationen im Workflow entsprechen. Die Karten wiederum lassen sich dann zum Beispiel verantwortlichen Personen zuordnen oder mit Deadlines versehen.

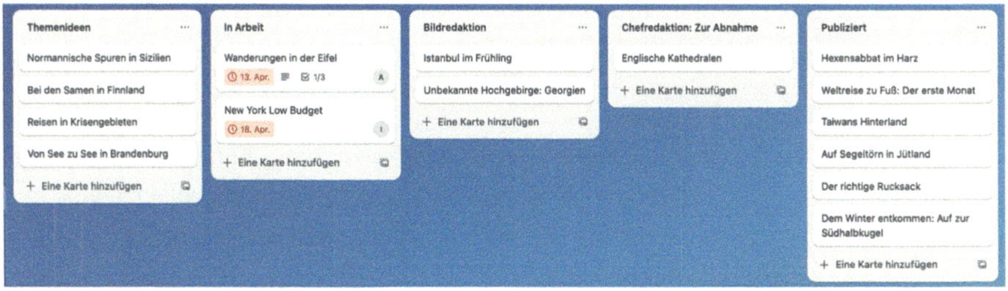

Abb. 4.3: Mit Kanban lassen sich die redaktionellen Workflows kleinerer journalistischer Projekte komfortabel organisieren und überprüfen. Hier die redaktionelle Planung für unser fiktives Reisemagazin. (Abbildung: Trello-Screenshot)

Auch *Kanban* bietet sich besonders dann an, wenn es trotz des spezifischen, ›einmaligen‹ Projektcharakters bereits ein gewisses Ablaufwissen über die zu durchlaufenden Stationen gibt. Dies kann im Journalismus zum Beispiel bei arbeitsteiligen **Recherchen** und **Beitragsproduktionen** innerhalb einer Redaktion der Fall sein.

Tipp

Projektmanagement-Software: Es gibt hervorragende Projektmanagement-Software, auch im Open-Source-Bereich. *Openproject* beispielsweise unterstützt sowohl **klassisches Projektmanagement** als auch die agilen Methoden **Scrum** und **Kanban**. Der Einsatz von solchen umfangreichen Lösungen mit allen Charttypen und aufwendigem Ressourcenmanagement wird jedoch nur bei großen Medienprojekten (Website-Relaunch, große verteilte Rechercheprojekte) notwendig sein. Im Normalfall erweisen sich vor allem *Kanban*-orientierte Apps als hilfreich, die zwischen den verschiedenen Plattformen (mobil, Desktop) **synchronisiert** werden können und die **Kollaboration** mehrerer Akteurinnen erlauben (wie zum Beispiel *Trello*).

Zur Vertiefung

Test zu Kapitel 4
https://www.utb.de/do/10.36198/9783838562322-e03/disclaimer

Weiterführende Lektüre

Wissensmanagement

Simons, A. (2007). *Redaktionelles Wissensmanagement.* Konstanz: UVK. – Das Buch fokussiert auf Wissensmanagement in redaktionellen Teams und beschreibt im Detail den Aufbau einer gemeinsamen Wissensbasis in Form eines Wikis.

Forte, T. (2023). *Nutzen Sie Ihr zweites Gehirn: Eine bewährte Methode, sich im digitalen Zeitalter zu organisieren.* München: Redline Verlag. – Der Verfasser dieser allgemeinen Einführung in das persönliche Wissensmanagement ist Produktivitätsexperte und Erfinder des PARA-Ordnungsprinzips.

Ahrens, S. (2017). *Das Zettelkasten-Prinzip. Erfolgreich wissenschaftlich Schreiben und Studieren mit effektiven Notizen.* Norderstedt: Books on Demand – Der Bildungswissenschaftler Sönke Ahrens hat eine Einführung zur Zettelkasten-Methode geschrieben, die sich besonders an Wissenschaftler:innen richtet, aber auch für Journalist:innen geeignet ist.

Johnny Decimal. A System to Organize Notes – Das Ordnungsprinzip *Johnny Decimal* hat eine eigene Website (in englischer Sprache).

Projektmanagement

Praxisleitfaden Projektmanagement für die Öffentliche Verwaltung – Das Bundesinnenministerium hat 2013 für die öffentliche Verwaltung einen Leitfaden herausgegeben, der einen sehr guten Überblick über klassisches Projektmanagement gibt und kostenlos heruntergeladen werden kann. (PDF-Download beim Bundesministerium des Innern und für Heimat)

The Official Guide to The Kanban Method|Kanban University – Der 2021 veröffentlichte ›offizielle‹ Leitfaden der in Seattle (USA) ansässigen Kanban University wurde von Susanne und Andreas Bartel aus Hamburg zusammengetragen und es gibt ihn auch in einer deutschen Version zum kostenlosen Download.

Scrum Guides (verschiedene Sprachen) – Den offiziellen Scrum-Leitfaden von Jeff Sutherland und Ken Schwaber gibt es ebenfalls auch in deutscher Version zum kostenlosen Download.

Ausgewählte Forschung

Tögel, M. (2009). *Wissensmanagement im Journalismus. Wie Redaktionen mit ihrer wertvollsten Ressource umgehen. w.e.b.Square*, 02/2009 – Die Masterarbeit von Marcus Tögel beruht auf einer Befragung von 120 Journalistinnen und beschäftigt sich besonders mit Wissensmanagement in Redaktionen. (PDF-Download bei der Uni Augsburg)

Übungen

Wissensmanagement

- Nutzen Sie eine Notizsoftware Ihrer Wahl (z.B. *Google Keep, Apple Notes, Notion, Obsidian*).
- Nehmen Sie sich eine aktuelle Nachrichtenlage vor. Legen Sie Notizen zu den entscheidenden Themen, Personen, Institutionen und gegebenenfalls Schauplätzen an.
- Füllen Sie diese Notizen mit zwei bis drei Absätzen informativer Prosa aus eigener Feder. Fügen Sie Links zu Internetquellen (Homepages, relevante Medienberichte) an. Achten Sie dabei auf die Nützlichkeit und Anschlussfähigkeit der notierten Informationen, auch für mögliche andere Gelegenheiten.
- Überlegen Sie, wie Sie diese Notizen sinnvoll miteinander verknüpfen könnten. Denken Sie dabei an die drei im Kapitel angesprochenen Prinzipien: Verzeichnisstrukturen, Hashtags, Links.

Projektmanagement

- Sie planen eine journalistische Reportage, entweder alleine oder im Team.
- Erstellen Sie für die verschiedenen Phasen des Reportageprojekts (Vorrecherche, vorläufiges Storyboard, Reportagereise, Produktion, Abgabe) einen Strukturplan mit den Teilaufgaben und Arbeitspaketen, sowie einen Ablaufplan (Gantt-Diagramm).
- Wenn mehrere Personen beteiligt sind, markieren Sie Zuständigkeiten und gegebenenfalls terminlichen Abstimmungsbedarf (Interviewpartner, Ortstermine) in den Plänen.
- Welche Ressourcen benötigen Sie für die Durchführung des Projekts? (z.B. Geldmittel, Reisebuchungen, Ausstattung).

- Gibt es Meilensteine, also relevante Zwischenergebnisse, über die Sie zum Beispiel Ihre Auftraggeberïn informieren könnten oder sollten?
- Wie sieht der Abschluss des Projekts aus? Gibt es dabei vielleicht etwas, das gerne vergessen wird?

5. Zusammenarbeit

Themen

Crowdsourcing als Zusammenarbeit zwischen Publikum und Redaktionen; Formen der Zusammenarbeit zwischen verschiedenen Redaktionen, zwischen freien Journalist'innen, zwischen Redaktionen und anderen Akteur'innen

Über diese Lerneinheit

Das Internet ermächtigt seine Nutzer'innen zur Teilhabe. Dies können sich Redaktionen zunutze machen, indem sie ihr Publikum zur Mitarbeit einladen. Ressourcenknappheit und internationale Themen lassen darüber auch eine Zusammenarbeit zwischen verschiedenen Redaktionen oder zwischen freien Journalist'innen sinnvoll erscheinen. Schließlich machen neue journalistische Arbeitsfelder wie der Datenjournalismus auch die direkte Kollaboration zwischen Journalist'innen und Expert'innen zum Beispiel aus der Informationstechnologie erforderlich.

Was Sie hier lernen

- Crowdsourcing zu verstehen und sinnvoll anwenden zu können
- nationale und internationale Kooperationsprojekte zwischen Redaktionen und anderen journalistischen Akteur'innen zu kennen und einordnen zu können
- die Bedingungen fächerübergreifender Zusammenarbeit mit Expert'innen anderer Disziplinen einschätzen zu können

Einleitung

Journalismus ist immer **Kommunikation** und fast immer **Teamarbeit**. Das Internet stellt dafür eine hilfreiche technische Infrastruktur bereit. In → Kapitel 3 ging es darum, dass es für Themenfindung und Recherche wertvoll sein kann, das Internet und vor allem soziale Medien zu beobachten und auch aktiv zu nutzen, um potenzielle **Informantïnnen, Augenzeugïnnen** oder **Expertïnnen** zu finden und dann auf diese zuzugehen.

Schon früh haben Theoretikerïnnen auf das Potenzial der neuen digitalen Medien hingewiesen, das klassische Sender-Empfänger-Modell zu durchbrechen und den Nutzerïnnen ganz neue Formen der öffentlichen Teilhabe zu ermöglichen. Die Ermächtigung der **Amateurïnnen** führte zu ersten Experimenten mit einem eigenständigen **Bürgerjournalismus**, die dann zumeist nach einigen Jahren wieder eingestellt wurden.

Geblieben sind vielfältige neue Möglichkeiten, wie der Journalismus sein **Publikum aktivieren** und in die eigene Wertschöpfung einbeziehen kann, sei es bei der Themenfindung und Recherche, sei es bei der Produktion oder der Nachbereitung journalistischer Beiträge. Geblieben ist auch ein wachsendes Bewusstsein für neue Formen der Zusammenarbeit **innerhalb des Journalismus**, die traditionelle Grenzen, etwa von Sprachraum oder journalistischen Marken, überwinden.

Damit wollen wir uns in diesem Kapitel beschäftigen, in dem es zunächst um die Zusammenarbeit **zwischen Journalistïnnen und ihrem Publikum** und dann um Kollaboration von **Redaktionen und Journalistïnnen untereinander** geht. Vieles davon ist nicht grundsätzlich neu oder erst durch die Digitalisierung entstanden. Aber wie in vielen anderen Bereichen erleichtert das Internet die notwendige Kommunikation und es stellt Werkzeuge zur Verfügung, die eine neue Qualität der Zusammenarbeit ermöglichen.

Crowdsourcing

So können Redaktionen oder einzelne Journalistïnnen ihr **Publikum** direkt dazu **einladen**, sich aktiv an der journalistischen Arbeit zu beteiligen. Sie können den Nutzerïnnen konkrete Fragen oder Aufgaben stellen, deren Antworten oder Resultate dann von den Journalistïnnen aufbereitet und in journalistischen Beiträgen veröffentlicht werden.

Der US-amerikanische Journalist Jeff Howe hat für solche Einladungen ans Publikum 2006 in einem Beitrag für das Magazin *Wired* den Begriff **Crowdsourcing** geprägt – als eine Kontraktion der Wörter ›Crowd‹ und ›Outsourcing‹.

Das von Howe beobachtete Phänomen gibt es nicht nur im **Journalismus**, sondern auch in der **Verwaltung**, etwa bei der Datenerhebung im Gesundheitswesen, oder in der **Wissenschaft**, beispielsweise bei der astronomischen Kartierung des Sternenhimmels. Auch Unternehmen nutzen das Wissen und die Intelligenz der Crowd, etwa im **Marketing** oder in der **Produktentwicklung**. Insbesondere in medialen oder nicht kommerziellen Kontexten wird das Engagement der Teilnehmenden in der Regel nicht finanziell honoriert.

Der Journalismus hat sein Publikum schon früher aktiv in die journalistische Tätigkeit einbezogen. Dies war in den historisch frühen Phasen seiner Entwicklung noch ausgeprägter und hat dann im Zuge der Entstehung der modernen Massenmedien mit ihren professionellen, arbeitsteiligen Redaktionen eher abgenommen. Mit den digitalen Medien ist nun wieder eine Zunahme partizipativer Projekte zu beobachten. Dafür sind zum einen **technische Faktoren** verantwortlich, wie die vereinfachten Kommunikationswege zwischen Redaktionen und Publikum sowie innerhalb des Publikums. Zum anderen handelt es sich aber auch um einen **kulturellen Wandel**, der die veränderte, aktivere Rolle der Nutzerïnnen in den digitalen Medien widerspiegelt.

Begriffserklärung

Journalistisches Crowdsourcing ist die ausdrückliche Einladung professioneller Journalistïnnen oder Redaktionen an eine Gruppe externer Personen (in der Regel aus ihrem Publikum), sich freiwillig aktiv an einem journalistischen Projekt zu beteiligen, zum Beispiel

- durch die Beobachtung und Beschreibung von Ereignissen,
- durch die Erhebung oder Übermittlung von Daten, oder
- durch die Analyse oder Bewertung von bereitgestelltem Material.

Zur genaueren Bestimmung ist es sinnvoll, journalistisches Crowdsourcing von einer Reihe verwandter Phänomene abzugrenzen. So unterscheidet es sich vom **Monitoring**, also der in → Kapitel 3 erwähnten Beobachtung des Publikums und der sozialen Medien zur journalistischen Themenfindung und Recherche. Im Gegensatz zum Monitoring geht dem Beteiligungsprozess beim Crowdsourcing eine **explizite Einladung** voraus, die Beteiligung ist also ein bewusster und **freiwilliger Akt** der teilnehmenden Personen.

Andererseits handelt es sich beim Crowdsourcing auch nicht um **Bürgerjournalismus**, denn dort liegen das journalistische Gravitationszentrum und die redaktionelle Verantwortung bei den Amateur'innen selbst. Beim Crowdsourcing hingegen arbeitet die Crowd eher den Profis zu, und diese behalten die redaktionelle Kontrolle über die Verwendung der so generierten Informationen.

Auch das reine Abschöpfen von **nutzergenerierten Inhalten** wie nicht nachrichtlichen Leserfotos, Verkehrsberichten oder Blitzerwarnungen verdient nicht den Ehrentitel des journalistischen Crowdsourcings, da es nicht im Dienst eines journalistischen Projekts im strengen Sinne steht. Hier fehlt die Anstrengung der Profis, auf Basis der Zuarbeit der Crowd einen spezifisch journalistischen Mehrwert zu erzeugen.

Anwendung

Eines der ersten und immer wieder erwähnten Beispiele für internetbasiertes journalistisches Crowdsourcing ist eine Aktion der britischen Tageszeitung *The Guardian* aus dem Jahr 2009. Zuvor hatte das Konkurrenzblatt *The Daily Telegraph* Unregelmäßigkeiten bei den **Spesenabrechnungen** britischer Abgeordneter aufgedeckt und damit einen großen Skandal ausgelöst. Das Datenteam des *Guardian* erfasste daraufhin 5.500 PDF-Dateien mit rund 700.000 Spesenbelegen von insgesamt 646 Abgeordneten des britischen Parlaments in einer Datenbank. Anschließend lud die Redaktion ihre Leserschaft ein, sich über eine eigens programmierte App an der Auswertung und kritischen Überprüfung dieses Archivs zu beteiligen. Die Leser'innen wurden dazu aufgerufen, die Zahlen aus den PDF-Scans in bereitgestellte Formulare einzutragen, einzelne Ausgaben zu kommentieren und wenn möglich einzuordnen, sowie auf besonders interessante Dokumente hinzuweisen. Bereits vor dem Aufruf hatte der *Guardian* ein Blog zum Thema eingerichtet, das die Aktion begleitete.

An diesem Beispiel lassen sich bereits einige charakteristische Merkmale guter Crowdsourcing-Projekte erkennen:

- Durch den Skandal auf Grund vorheriger Berichte auch anderer britischer Medien gab es eine hohe **Motivation des Publikums**, sich an einer solchen Aktion zu beteiligen und damit auch einen direkteren Blick in die zuvor geheim gehaltenen Unterlagen und Vorgänge zu erhalten.
- Der *Guardian* bereitete die Aktion sorgfältig vor und **kommunizierte vor und während des Crowdsourcings** mit den Teilnehmerïnnen. Es gab regelmäßige Zwischenberichte über die Ergebnisse.
- Mit Hilfe der App gelang es, dem Einsatz der Nutzerïnnen eine spielerische Note zu geben. Dieses Element der **Gamification** trug zum Erfolg der Aktion bei.

Ein aktuelleres Beispiel für journalistisches Crowdsourcing ist eine im Jahr 2018 begonnene Aktion des gemeinnützigen deutschen Recherchekollektivs *Correctiv*. Unter dem Rahmentitel *Wem gehört die Stadt?* wurden in insgesamt neun deutschen Städten sowie im gesamten Bundesland Saarland die Menschen gebeten, Auskunft über die Eigentumsverhältnisse und Mieten ihrer Wohnungen zu geben. Anders als beim Projekt des *Guardian*, wo die Crowd mit einer **Auswertung** bestehender Daten beauftragt wurde, ging es bei *Wem gehört die Stadt?* darum, aus der Teilnehmerschaft **Daten zu erheben**. Für die journalistische Auswertung ging *Correctiv* in den einzelnen Standorten jeweils Kooperationen mit regionalen und lokalen Rundfunkhäusern oder Tageszeitungen bzw. deren Internetangeboten ein.

Die Redaktionen begleiteten die Rechercheergebnisse des Crowdsourcings dann in den jeweiligen Publikationen mit **Hintergründen und Analysen** – mit dem Gesamtziel, mehr Transparenz in den undurchsichtigen Wohnungsmarkt zu bringen. Die als Pilotprojekt aufgestellte Hamburger Kooperation von *Correctiv* mit dem *Hamburger Abendblatt Wem gehört Hamburg?* wurde im Jahr 2019 mit einem *Grimme Online Award* ausgezeichnet.

Während der Corona-Pandemie nutzten viele Medien das Crowdsourcing, um sich aus ihrem Publikum **Erlebnisberichte** aus der lockdownbedingten Isolation schicken zu lassen. Im Bereich der damals boomenden Podcasts entstand so ein eigenes Genre von Storytelling aus der Crowd u.a. bei namhaften Anbietern wie der britischen *BBC* oder dem US-amerikanischen Radionetzwerk *NPR*.

Andere Medien wie der erfolgreiche deutsche Podcast *Lage der Nation* richten regelmäßig Crowdsourcing-Appelle an die Hörerschaft, um **Themen** für die nächsten Folgen oder **Aspekte** und **Fragen** zu sammeln, die dem Publikum wichtig sind. Auch der *Deutschlandfunk* macht mit seiner *Denkfabrik* von der Methode Gebrauch und lässt sich von seinen Hörer:innen ein **Jahresthema** vorschlagen, das dann in vielen verschiedenen Beiträgen behandelt wird.

!!

Merke

Mögliche **Anwendungsbereiche** für journalistisches Crowdsourcing

- **Datenerhebung:** Das Publikum soll eigene Daten zu einer bestimmten Fragestellung erheben und einreichen.
- **Auswertung:** Das Publikum soll vom Anbieter bereitgestellte Daten auswerten oder aufbereiten.
- **Storytelling:** Das Publikum soll zu einem vorgegebenen Thema eigene Erfahrungen in Form von persönlichen Geschichten beisteuern.
- **Augenzeug:innenberichte:** Im Publikum werden Augenzeug:innen für ein nachrichtliches Ereignis gesucht und gegebenenfalls aufgefordert Berichte, Fotos und Videos einzureichen.
- **Expertise:** Im Publikum werden Expert:innen gesucht, die bei der Bearbeitung einer bestimmten Fragestellung helfen können.
- **Themen/Aspekte:** Das Publikum soll bei der Auswahl oder Behandlung künftiger redaktioneller Themen mitbestimmen.

Ein originelles und sehr persönliches Beispiel für Crowdsourcing liefert der ehemalige *Spiegel*-Reporter Cordt Schnibben. Schnibben hatte 2015 eine Treueprämie für seine 25-jährige Tätigkeit bei dem Magazin dafür verwendet, seine Leser:innen zum Gespräch und Essen in die berühmte *Spiegel*-Kantine einzuladen. Bedingung: Sie mussten zuvor eine Kritik über das Blatt schreiben. Die Aktion war – begleitet von einigem Spott aus dem Kreis der Kolleg:innen – so erfolgreich, dass er mehrere Kantinenbesuche organisieren musste, um einen angemessenen Anteil der Fans (und Gegner:innen), die sich gemeldet hatten, bewirten zu können. Auch wenn die Gespräche bei den Treffen nicht durchweg freundlicher Natur waren, knüpfte Schnibben in der Folge an diese Begegnungen an und erstellte aus den Teilnehmerlisten einen **Mailverteiler**, über den er in der Folge mit einem interessierten Teil seiner Leserschaft kommunizieren konnte. Auf diese Weise entstand ein personalisiertes **Leserpanel**, das der Autor nutzen konnte, um Stimmungsbilder zu aktuellen Lagen einzuholen oder über anstehende Themen zu diskutieren.

Vor- und Nachteile des Crowdsourcings

Ist journalistisches Crowdsourcing eine echte Bereicherung für den Journalismus, oder nur ein weiterer Hype in der an Moden nicht armen Geschichte der digitalen Medien? Journalismus – ob analog oder digital – ist Werten wie Faktentreue, Unabhängigkeit, Objektivität und Transparenz verpflichtet. Schauen wir einmal, wie sich Crowdsourcing angesichts dieser Begriffe bewerten lässt:

- **Faktentreue:** Journalistisches Crowdsourcing erlaubt es, die Recherchebasis zu erweitern und mehr Fakten und Datenpunkte zu berücksichtigen. Andererseits ist die Verifikation der so gewonnenen Informationen mit zusätzlichem Aufwand verbunden und kann somit zu einem Problem werden.
- **Unabhängigkeit:** Die beteiligte Crowd besteht im Normalfall aus Nutzerïnnen und damit auch aus Kundïnnen der jeweiligen Medienhäuser. Besonders wenn deren Einsatz freiwillig und unbezahlt erfolgt, besteht die Gefahr, dass die Einstellungen und Erwartungen der Teilnehmerïnnen einen gewissen inhaltlichen Druck auf die Redaktionen ausüben und damit deren Unabhängigkeit beeinträchtigen.
- **Objektivität:** Um diesem Ideal näherzukommen, bedient sich der Journalismus in der Regel des Kunstgriffs der Multiperspektivität: Zu einem gegebenen Thema werden möglichst alle beteiligten Seiten gehört. Crowdsourcing unterstützt diesen Ansatz einerseits, indem es zusätzliche Perspektiven ermöglicht. Andererseits ist die Auswahl der Teilnehmenden nicht repräsentativ für die Gesellschaft, und es muss mit einem gewissen ›participant bias‹ gerechnet werden, also mit einer Verzerrung der Resultate durch die besondere Zusammensetzung der Teilnehmerschaft.
- **Transparenz:** Crowdsourcing trägt sicherlich zu einer größeren Transparenz der journalistischen Arbeit bei, indem die Nutzerïnnen an der Wertschöpfung beteiligt werden. Auf der anderen Seite macht man damit auch seine Themenplanung öffentlich und gefährdet möglicherweise die Exklusivität seiner Geschichten.

Bei der Abwägung von Vor- und Nachteilen des Crowdsourcings scheint es kein eindeutiges Ergebnis zu geben. Es kommt sehr darauf an, wie man dieses Instrument einsetzt, und viel hängt davon ab, wie sorgfältig man bei der Auswahl und Durchführung der Projekte vorgeht. Mit Sicherheit ist nicht zu erwarten, dass Crowdsourcing eine besonders kostengünstige Form der journalistischen Arbeit ist, dafür ist der Aufwand zu groß.

Positiv zu bewerten sind in jedem Fall die **psychologischen Potenziale** einer Mobilisierung des Publikums durch Crowdsourcing: Zum einen fühlen sich die Nutzerïnnen durch ihre Beteiligung ernst genommen und werden sich stärker mit ihrem Medium identifizieren. Zum anderen wird sich auch die Einstellung der beteiligten Journalistïnnen zu ihrem Publikum verändern, wenn dieses konkret zur eigenen Arbeit beiträgt.

Auf der negativen Seite sollte auf die Gefahr hingewiesen werden, dass Crowdsourcing auch missbräuchlich genutzt werden kann, etwa mit der **Aufforderung zur Denunziation** missliebiger Personen. In einem politisch oder religiös aufgeheizten Klima kann die Mobilisierung der Nutzerïnnen zu einer weiteren Polarisierung und Radikalisierung beitragen. Dieses Phänomen lässt sich bislang insbesondere bei hörernahen Rundfunksendern beobachten, wie zum Beispiel bei den ultrakonservativen US-amerikanischen Talkradios oder dem berüchtigten Radio *Libre de Mille Collines (RTLMC)*, das 1994 beim Genozid in Ruanda eine unglückselige Rolle gespielt hat.

!!

Merke

Erfolgsfaktoren für Crowdsourcing: Zum Abschluss dieses Abschnitts, wiederum ohne Anspruch auf Vollständigkeit, einige Erfolgskriterien für journalistisches Crowdsourcing:

- Zunächst müssen Thema und Publikum zueinander passen: Ohne vorheriges **Interesse** und eine hohe **Motivation** des Publikums wird jeder ›Call to Action‹ ungehört verhallen.
- Dann muss die **Kommunikation** zwischen den Journalistïnnen und der Crowd stimmen. Es ist wichtig, im Vorfeld auf die Aktion aufmerksam zu machen und diese während des gesamten Prozesses lückenlos zu begleiten.
- Der **Aufruf** muss nachvollziehbar und verständlich und die gestellte **Aufgabe** möglichst präzise und einfach formuliert sein.
- Die angebotenen **Schnittstellen** müssen reibungslos funktionieren. Gleiches gilt für das Backend, wo die Redaktion die Resultate empfängt.
- Wie bei allen Beteiligungsverfahren ist einer der wichtigsten Erfolgsfaktoren, dass sich die Teilnehmenden **wahrgenommen und respektiert**

fühlen. Dies ist besonders wichtig, wenn sie nicht finanziell oder auf andere Weise materiell entlohnt werden.

- Der aus der Crowd generierte Input bedarf einer sorgfältigen **Qualitätssicherung** (Fact-Checking) und einer journalistischen **Nachbereitung**.
- Schließlich muss das journalistische **Ergebnis** der Aktion stimmen und explizit auf die Bemühungen der Crowd zurückgeführt werden, damit diese sich hinreichend am Endprodukt beteiligt fühlt.

Redaktionsschnittstellen für Crowdsourcing und Whistleblowing

Redaktionen sollten für ihr Publikum ein offenes Ohr haben. Sie können die Bereitschaft zuzuhören auf ganz unterschiedliche Weise zeigen. Crowdsourcing ist ein Weg. Wie man daraus eine dauerhafte **redaktionelle Strategie** machen kann, zeigt wieder der britische *Guardian* mit seiner Rubrik *Community*. Dort gibt es in der Unterrubrik *Take Part* laufend mehrere Crowdsourcing-Projekte zu von der Redaktion **vorgegebenen Themen**. Daneben wird das Publikum unter dem Titel *Send Us A Story* eingeladen, Beiträge zu **selbstgewählten Themen** einzusenden.

Abb. 5.1: Auf seiner Community-Seite gibt der britische Guardian detaillierte Anweisungen, wie man sicher und anonym Kontakt mit der Redaktion aufnehmen kann.

Wer dieser Aufforderung nachkommen möchte, kann sich bei Bedarf auf einer eigenen interaktiven Infoseite detailliert über **sichere Kommunikationswege** mit der Redaktion informieren. Dies richtet sich besonders an Informant'innen, die verdeckt und unter persönlichem Risiko über Missstände beispielsweise an ihrem Arbeitsplatz berichten wollen, sogenannte **Whistleblower**.

Wir werden in → Kapitel 12 ausführlicher über **Datensicherheit** im Journalismus und in → Kapitel 13 noch einmal über einen zeitgemäßen **Umgang mit der Community** sprechen.

Interredaktionelle Zusammenarbeit

Als um das Jahr 2010 herum die Organisation *Wikileaks* in schneller Folge große Mengen brisanter Dokumente unter anderem zum Irakkrieg veröffentlichte und im Jahr 2013 der Whistleblower Edward Snowden seine Enthüllungen über die Praktiken der US-Geheimdienste in die Medien brachte, begann eine neue Ära **kollaborativer journalistischer Projekte**.

Wikileaks ist streng genommen kein journalistischer Player. Die in der Hackerkultur verwurzelte Organisation verstand sich als eine Art gegenkulturelle, internationale **Nachrichtenagentur**, als internetbasierte **Anlaufstelle für Whistleblower**, die mit ihren Informationen den Mächtigen in Staat und Wirtschaft Paroli bieten wollte. Implizit war hier das Misstrauen auch gegenüber den traditionellen journalistischen Medien, die man mit der Veröffentlichung des geleakten Materials gleichzeitig unter Druck setzen und munitionieren wollte.

Der Whistleblower Edward Snowden und sein medialer ›Makler‹ Glenn Greenwald haben dann im Jahr 2013 noch einmal deutlicher gemacht, dass die journalistische Aufarbeitung mancher Geschichten die **internationale Zusammenarbeit** qualifizierter Redaktionen erfordert. Die von Snowden bereitgestellten Dokumente aus dem Umfeld des US-Geheimdienstes NSA wurden von einem Konsortium aus der *New York Times*, dem *Guardian* und später dem *Spiegel* aufbereitet und veröffentlicht und lösten einen internationalen Skandal aus.

Sowohl bei Edward Snowden als auch bei *Wikileaks* und ihrem Gründer Julian Assange gab es Zweifel an deren Unparteilichkeit und Aufrichtigkeit, aber die Authentizität und Relevanz der meisten ihrer Enthüllungen stehen außer Frage. Vor allem aber hat der Journalismus aus den Erfahrungen dieser Jahre wesentliche Lehren gezogen.

Internationalisierung

In unserer globalisierten Welt gibt es relevante **Themen**, die für einzelne nationale journalistische Öffentlichkeiten **zu groß** sind. Zum einen, weil die zu beobachtenden Schauplätze weltweit verteilt und vernetzt sind und zum anderen, weil oft Informations- und Datenmengen verarbeitet werden müssen, die im Routinebetrieb einzelner journalistischer Redaktionen nicht zu bewältigen sind.

Neben den schon genannten Themen (militärische Großkonflikte, imperiale Geheimdienstaktivitäten) sind dies beispielsweise die internationalen **Finanzmärkte** mit ihren Gepflogenheiten und Krisen, die anlaufende **Klimakatastrophe** oder das **Artensterben**. Solche Themen haben massive Auswirkungen auf einzelne Länder, erfordern aber immer wieder verteilte, koordinierte journalistische Recherchen, für die die Kapazitäten bestehender Korrespondentennetze nicht ausreichen.

Es liegt daher nahe, dass nationale Medien **internationale Partnerschaften** eingehen, entweder direkt mit Redaktionen in anderen Ländern oder mit Recherchenetzwerken oder -konsortien, die auf internationale Themen spezialisiert sind.

Beides haben wir in den letzten Jahren erlebt. So haben sich im Jahr 2017 der britische *Guardian*, der deutsche *Spiegel*, die spanische *El Pais* und *La Stampa* aus Italien für eine internationale Recherche zum Thema Flüchtlings- und Migrationsbewegungen zusammengeschlossen. Zwei große Recherchen zum Themenfeld Steuerflucht und Geldwäsche wurden unter der Federführung des *International Consortium of Investigative Journalists (ICIJ)* durchgeführt und ihre Resultate dann als *Panama Papers* und *Paradise Papers* an verschiedene nationale Medien ausgespielt.

Spezialisierte Recherchekollektive

Mit Organisationen wie *Wikileaks* oder dem *ICIJ* betreten **neue Akteure** die globale Bühne, die einen wesentlichen Einfluss auf die Behandlung solcher Themen haben und damit den Journalismus international prägen. Während *Wikileaks* sich anfangs noch als neutraler **Makler geleakter Informationen** verstand und erst später – und durchaus umstritten – eine eigenständige journalistische Leistung in der Aufbereitung des Materials beanspruchte, war das *ICIJ* von vornherein als ein **Konsortium professioneller Journalistinnen** aufgestellt, die sich der gesellschaftlichen Verantwortung journalistischer Medien verpflichtet fühlen.

Diese Organisationen stehen damit für eine Entwicklung, die auch auf nationaler Ebene zu beobachten ist. So gibt es mit *ProPublica* in den USA oder dem bereits erwähnten *Correctiv* in Deutschland auch in einzelnen Staaten journalistische Organisationen, die als **gemeinnützige Dienstleister** relevante Themen aufgreifen, die von anderen Medien zu wenig beachtet werden. Sie führen aufwändige Recherchen durch und stellen die Ergebnisse dann anderen Medienanbietern zur Übernahme oder Vertiefung zur Verfügung. Viele dieser Organisationen sind zivilgesellschaftlich, durch Stiftungen oder Spenden, finanziert.

Neue Formen der journalistischen Zusammenarbeit

Es entstehen also sowohl auf internationaler wie auf nationaler Ebene neue Formen journalistischer Zusammenarbeit. Neben dem grenzübergreifenden Zuschnitt der Themen ist dafür auch ein anderer Faktor entscheidend: die zunehmende **Ressourcenknappheit**. Korrespondentennetze werden abgebaut, Redaktionen verkleinert, Recherchemittel gekürzt. Vor allem auch im Lokaljournalismus setzt sich die Erkenntnis durch, dass Kooperationen dazu beitragen können, diesen Problemen zu begegnen.

Das Kompetenzfeld, das für diese neuen Formen journalistischer Zusammenarbeit über Länder- und Markengrenzen hinweg erforderlich ist, wird als **›kollaborativer Journalismus‹** bezeichnet. Besonders in den USA wird das Thema viel diskutiert, und es gibt dort bereits Institutionen wie das *Center for Cooperative Media (CCM)* an der Montclair State University in New Jersey, die dazu forschen und den Anbietern das nötige Wissen zur Verfügung stellen. Aber auch in vielen Schwellen- und Entwicklungsländern ist das Bewusstsein für die Notwendigkeit kollaborativer journalistischer Arbeit weit entwickelt.

Correctiv.Lokal

Als Beispiel dafür, wie aus kollaborativen Projekten neue journalistische Infrastrukturen entstehen können, sei hier noch einmal das deutsche Recherchekollektiv *Correctiv* genannt. Mit seinem Projekt *Correctiv.Lokal* greift es dem schwächelnden deutschen Lokaljournalismus unter die Arme, setzt eigenständig Themen, liefert dazu Impulsrecherchen und unterstützt Lokalredaktionen bei der zielgruppengerechten Aufbereitung der Themen. Auch für dieses Projekt erhielt *Correctiv* im Jahr 2022 einen *Grimme Online Award*.

Abb. 5.2: Mit dem Projekt Correctiv.Lokal unterstützt das gemeinnützige Recherchekollektiv Correctiv den Lokaljournalismus in Deutschland (Foto: Correctiv/Ivo Mayer)

Merke !!

Erfolgsfaktoren für journalistische Kooperationen:

- Die **Partnerïnnen** sollten nicht in einem direkten **Konkurrenzverhältnis** zueinander stehen. Dies fällt insbesondere bei kommerziellen Medienanbietern oft schwer. Deshalb sind viele erfolgreiche Kooperationsprojekte bei nicht kommerziellen, gemeinnützigen oder zivilgesellschaftlichen Medien angesiedelt. Aber auch im kommerziellen Bereich kann es funktionieren, wenn sich die Zielgruppen der Partnerïnnen nicht überschneiden.
- Das **Thema** muss für alle Beteiligten interessant genug sein. Sonst kann es zu Ungleichgewichten in Motivation und Arbeitseinsatz kommen.
- Ähnliches gilt für **finanzielle Ausstattung** und eingesetzte **Ressourcen**. Die Partnerïnnen sollten sich auf Augenhöhe begegnen.

- Ohne klare **operative Ziele** sind erhebliche Reibungsverluste in der Kommunikation vorhersehbar. Es sollte von vornherein geklärt werden, auf welcher Wertschöpfungsstufe (Recherche, Produktion) zusammengearbeitet wird und welche Art von Ergebnissen in welchem Zeitrahmen erwartet werden.
- Ähnliches gilt für die **Rollenverteilung, Verantwortlichkeiten und Kommunikationsroutinen**. Hier können journalistische Kooperationen viel vom klassischen Projektmanagement arbeitsteiliger Großprojekte (vgl. → Kapitel 4) lernen.
- Die eingesetzten **technischen Werkzeuge** (gemeinsame Datenbanken, cloudbasierte Schreib- und Produktionssysteme, Kommunikationswerkzeuge wie Instant-Messaging-Kanäle) müssen von Projektbeginn an vertraut sein und reibungslos funktionieren.
- Vorab vereinbarte **Richtlinien** für journalistische und ethische Standards helfen dabei, gemeinsame Qualitätsmaßstäbe einzuhalten.
- Auch wenn es sich um eine reine Recherchekooperation handelt, ist es schließlich notwendig, die **Veröffentlichung der Ergebnisse** inhaltlich und zeitlich zu koordinieren. Sonst läuft das Konsortium Gefahr, dass sich die Partnerïnnen unbeabsichtigt gegenseitig das Wasser abgraben.

Kooperation unter Freien

Was zwischen Redaktionen sinnvoll ist, kann auch für **freie Journalistïnnen** neue Perspektiven eröffnen: die Bündelung von **Ressourcen** und gemeinsame **Projekte.** Leider ist der Organisationsgrad der Freien weiterhin vielfach noch gering. Durch eigene Berufsverbände wie die *Freischreiber* ändert sich dies jedoch zunehmend. Aber auch die *Freischreiber* und ähnliche Netzwerke zielen vor allem auf eine gemeinsame Interessenvertretung ihrer Klientel ab. Neue Kooperationsmodelle, insbesondere auf internationaler Ebene, stehen nicht im Vordergrund.

Das **Freiennetzwerk** *Hostwriter,* ursprünglich mal als eine Art internationales ›Couchsurfing‹ für freie Journalistïnnen gegründet, will diese Lücke schließen. Hier gibt es eine internationale Organisation, die es explizit fördert, dass sich freie Journalistïnnen von Kollegïnnen in anderen Ländern bei journalistischen Reiseprojekten und Recherchen unterstützen lassen. Es gibt sogar einen eigenen *Hostwriter*-Preis für derartige Kooperationen.

Auch **Netzwerkorganisationen** wie das auf Osteuropa-Berichterstattung fokussierte *N-Ost* und journalistische **Genossenschaften** wie die *Riffreporter* zielen darauf ab, die Arbeitsbedingungen auch für freie Journalistïnnen durch alte und neue Formen der Kooperation zu verbessern.

Fach- und sektorübergreifende Kooperationen

Expertïnnen anderer Disziplinen werden von Journalistïnnen in der Regel nur als **Interviewpartnerïnnen** oder **Quellen** herangezogen. Insofern gehört – anders als etwa in den Wissenschaften oder auch in der Industrie – echte **interdisziplinäre Zusammenarbeit** nicht zum traditionellen journalistischen Alltag. Das ändert sich mit der Digitalisierung. In journalistischen Arbeitsfeldern wie Datenjournalismus (→ Kapitel 10) oder Multimedia (→ Kapitel 6) sind vielfach auch für die eigentliche journalistische Wertschöpfung IT- und Programmierkenntnisse erforderlich, die über das hinausgehen, was sich Journalistïnnen bei Bedarf autodidaktisch aneignen können.

Insofern gibt es – projektbezogen oder auch innerhalb von Redaktionen – zunehmend eine professionelle Zusammenarbeit zwischen Journalistïnnen und Entwicklerïnnen aus dem Bereich der Informations- und Kommunikationstechnologien. Unter dem Label ›*Hacks/Hackers*‹ ist in diesem Feld ein eigenes internationales Netzwerk entstanden, das an Dutzenden von Standorten regelmäßig Treffen abhält und an einer systematischen Zusammenarbeit von Journalismus und Technologieentwicklung arbeitet.

Neben solchen eher handwerklich bedingten Kooperationen kommt es immer wieder auch zu inhaltlicher Zusammenarbeit zwischen **Journalistïnnen und zivilgesellschaftlichen oder anderen Akteurïnnen** wie zum Beispiel Nichtregierungsorganisationen (NGOs) oder Universitäten. Ein Beispiel ist die *OpenSchufa*-Kampagne, bei der der Berliner ThinkTank *AlgorithmWatch* und die *Open Knowledge Foundation* zusammen eine Crowdsourcing-Kampagne starteten, um datenschutzwidrige Praktiken der Finanzauskunftei Schufa aufzudecken, und ihre Rechercheergebnisse in zahlreichen journalistischen Medien veröffentlichten.

Generell stellt sich gerade bei einer Zusammenarbeit zwischen Journalistinnen und NGOs das Problem der **journalistischen Unabhängigkeit**. Viele NGOs sind in ihrer Finanzierung und Organisationsstruktur intransparent. Die meisten verfolgen klare anwaltschaftliche Ziele und/oder sind durch ihre Finanzierung einem bestimmten – auch politischen – Hintergrund verpflichtet. Insofern sind solche Kooperationen auch kritisch zu sehen und bedürfen von journalistischer Seite einer besonders genauen Prüfung.

Zur Vertiefung

Test zu Kapitel 5
https://www.utb.de/do/10.36198/9783838562322-e04/disclaimer

Weiterführende Lektüre

Alfter, B. (2017). *Grenzüberschreitender Journalismus. Handbuch zum Cross-Border-Journalismus.* Köln: Herbert von Halem Verlag. – Ein Buch über die Zusammenarbeit in internationalen Rechercheteams.

Onuoha, M. et al. (2015). *Guide to Crowdsourcing.* New York: Tow Center for Digital Journalism – Ein Leitfaden des *Tow Center for Digital Journalism* an der New Yorker Columbia University. (PDF-Download bei der Columbia University)

Posetti, J. et al. (2019). *The Perugia Principles for Journalists. Working with Whistleblowers in the Digital Age.* Blueprint for Free Speech. – Die Broschüre präsentiert Richtlinien für den verantwortungsvollen Umgang mit Whistleblowern. (PDF-Download bei Blueprint for Free Speech)

Tillmann, P. & Hauswurz, T. (2022). *Lust auf Lokal – das Handbuch für Community-Journalismus: Im Dialog gründen, recherchieren, wachsen.* Essen:Correctiv – Handbuch zur Einbindung der Community in einen zeitgemäßen Lokaljournalismus.

Ausgewählte Forschung

Lilienthal, V. (2017). Recherchejournalismus für das Gemeinwohl. Correctiv – eine Journalismusorganisation neuen Typs in der Entwicklung. In: *Medien & Kommunikationswissenschaft*, 65 (4), S. 659-681. – Zum Recherchekollektiv *Correctiv* veröffentlichte der ehemalige Medienjournalist und Journalismus-Professor Volker Lilienthal bereits im Jahr 2017 eine **Fallstudie**, die als ein gutes Beispiel für dieses Forschungsdesign gelesen werden kann. Damals gab es *Correctiv* erst seit zwei Jahren. Es lohnt sich, Lilienthals Darstellung und die im Artikel wiedergegebenen Einschätzungen im Hinblick auf die tatsächliche weitere Entwicklung von *Correctiv* kritisch zu überprüfen. (PDF-Download bei *Internet Archive Scholar*)

Stonbely, S. & Siemaszko, H. (2022). *Cross-field Collaboration. How and Why Journalists and Civil Society Organizations around the World are Working Together.* Montclair (NJ), USA: Center for Cooperative Media. – Am *Center for Cooperative Media* haben zwei Forscherinnen global Kollaborationsprojekte zwischen Journalismus und Zivilgesellschaft untersucht und leiten daraus Empfehlungen für die journalistische Zusammenarbeit ab. Eine deutsche Übersetzung von Lukas Christ erschien unter dem Titel *Interorganisationale Zusammenarbeit: Wie und warum journalistische und zivilgesellschaftliche Organisationen weltweit zusammenarbeiten.* (PDF-Download bei der Montclair University)

Forschungseinrichtungen

Center for Cooperative Media (CCM) – Das CCM ist eine Einrichtung der *School of Communication* an der Montclair State University im US-amerikanischen Bundesstaat New Jersey.

Organisationen

Correctiv – Vielfach preisgekröntes, gemeinnütziges und zivilgesellschaftlich finanziertes Recherchekollektiv mit kollaborativer Ausrichtung.

Hacks/Hackers – Traditionsreiches weltweites Netzwerk für Datenjournalistinnen. Auch in Deutschland gibt es lokale Gruppen.

Hostwriter – Internationales Netzwerk freier Journalistïnnen zur gegenseitigen Unterstützung bei journalistischen Reisen, Recherchen und anderen Projekten.

N-Ost – In diesem ebenfalls internationalen Netzwerk mit Stammsitz in Berlin haben sich Journalistïnnen zusammengetan um Kollegïnnen und Redaktionen bei einer kompetenten Berichterstattung über Osteuropa zu unterstützen.

Preise

Online Journalism Awards: Excellence in Collaboration and Partnerships – Eigene Preiskategorie beim weltweit bedeutendsten Preis für Onlinejournalismus

The Hostwriter Prize – Ein weiterer Preis für »herausragenden kollaborativen Journalismus«.

Übungen

1. **Fallstudie:** Suchen Sie sich ein preisgekröntes kollaboratives Projekt aus einem der genannten Preise aus. Auch der *Grimme Online Award* und andere journalistische/publizistische Preise kommen für die Auswahl in Frage.
   - Wer sind die Kooperationspartnerïnnen? Sind alle beteiligten Partnerïnnen Journalistïnnen/journalistische Redaktionen? Wenn nein, wie steht es um die Unabhängigkeit des Projekts?
   - Was können Sie über die Aufgabenverteilung innerhalb des Projekts herausfinden? Wirken Verantwortlichkeiten und Arbeit gleichmäßig verteilt oder gibt es Asymmetrien?
   - Wenn Crowdsourcing im Spiel ist: Ist rekonstruierbar, wie der Aufruf zur Mitarbeit genau aussah und ob es eine laufende Begleitung gab? Wie wird im Resultat auf die Mitarbeit aus der Crowd Bezug genommen? Wird den Beteiligten gedankt?
   - Wäre dieses Projekt auch als Einzelleistung einer Redaktion möglich gewesen? Wenn nein, worin genau besteht der Mehrwert der Kollaboration?

2. **Projekt:** Konzipieren Sie ein kollaboratives Projekt zwischen freien Journalistïnnen aus mindestens zwei verschiedenen Ländern.
   - Was könnte das Thema für ein kleineres grenzüberschreitendes Projekt sein?
   - Wie würden Sie für Ihr Projekt im Ausland nach geeigneten Partnerïnnen suchen? Gibt es Infrastrukturen, die Ihnen bei der Partnerïnnensuche helfen könnten? (*Hostwriter* ist nur eine Möglichkeit!)
   - Angenommen, Sie haben Ihre Partnerïnnen gefunden:
     - Welche Faktoren spielen für die Zeitplanung des Projekts eine Rolle?
     - Wie würden Sie in den verschiedenen Projektphasen miteinander kommunizieren? Welche digitalen Werkzeuge würden Sie für die laufende Kommunikation, geteilte Rechercheergebnisse und gegebenenfalls schließlich die gemeinsame Produktion des Beitrags verwenden?

6. Multimedia

Themen

Formatentwicklung in komplexen medialen Ökotopen, Anreicherung von Beiträgen mit Kontextelementen, multimediale Langform-Geschichten, Social-Media-Formate, Gamification und Newsgames, immersive Formate, Grundlagen multimedialer Formatentwicklung

Über diese Lerneinheit

Das Thema Multimedia hat sich im digitalen Journalismus in eine Vielzahl verschiedener Facetten aufgelöst. Immer noch gibt es die ›große Form‹, zum Beispiel multimedial erzählte Reportagen. Zunehmend geht es jedoch um kleine, multimodale Social-Media-Formate und um Versuche, das Publikum gelegentlich mit Gamification oder immersiven 360°-Geschichten zu unterhalten. Die Entwicklung sollte sich grundsätzlich an den Bedarfen und Möglichkeiten der Nutzer:innen orientieren.

Was Sie hier lernen

- die Notwendigkeit zu verstehen, journalistische Beiträge in den digitalen Medien mit Kontextelementen zu versehen
- Merkmale und mögliche Anwendungsfälle für digitale Langform-Formate zu kennen
- Grundlagen einer zielgruppenadäquaten Entwicklung multimedialer Formate zu kennen

Einleitung

Als die Kleincomputer in den späten 1980er und frühen 1990er Jahren laufen lernten, freute man sich über ›**Multimedia**‹: die Möglichkeit, frei zwischen Text, farbigem Bild, Ton und sogar Bewegtbild als medialen Modi wählen und diese beliebig **kombinieren** zu können. Außerdem konnte die Nutzerïn auf vielfältige Weise mit den Inhalten und dem Computer **interagieren**. Sie konnte zum Beispiel Hypertext-Links folgen oder auf andere Weise zwischen verknüpften Elementen navigieren. Dies ermöglichte eine Vielzahl ernsthafter oder spielerischer Anwendungen.

All das gab es schon, bevor das **Internet** die Nutzerïnnen dann auch noch miteinander vernetzte. Multimedia und interaktive Anwendungen fanden zunächst am **isolierten Arbeitsplatzrechner** statt, man lud sie von Datenträgern wie CD-ROMs und machte den PC zur interaktiven Lernumgebung, zur Quizshow oder zur Spielekonsole.

Heute denken wir beim Begriff **Interaktivität** eher an die Onlinekommunikation mit oder unter Nutzerïnnen als an die Steuerung von Anwendungen durch Mausklick, Texteingabe oder Controller. Und die multimodalen Kombinationen, in denen mediale Inhalte auf unseren digitalen Endgeräten dargeboten werden, sind uns so selbstverständlich geworden, dass von Multimedia kaum noch jemand redet.

Begriffserklärung

- **Multimedia:** Eine Story, ein Format oder eine Plattform umfasst oder ermöglicht mehrere Darstellungsmodi (Text, Bild, Ton, Bewegtbild, Infografik).
- **Crossmedia:** Eine Marke spielt ihr Programm über mehrere Kanäle aus (z.B. Zeitung, TV, Web, Social Media). Die Inhalte können sich überschneiden.
- **Transmedia:** Eine Story wird über mehrere Kanäle hinweg erzählt. Die Elemente greifen ineinander und tragen zu einem Ganzen bei.

Für den digitalen Journalismus ist jedoch die Herausforderung geblieben, schlau mit den neu entstandenen Möglichkeiten umzugehen, die das Internet von den traditionellen Mediengattungen Print, Radio und Fernsehen unterscheidet. Wir können in unseren journalistischen Beiträgen die klassischen **Darstellungsmodi** Text, Bild, Ton und Bewegtbild beliebig miteinander kombinieren. Und wir können in diesen Beiträgen unserem Publikum **Interaktionsmöglichkeiten** anbieten, sowohl mit den Anwendungen (Apps), die unsere Inhalte bereitstellen und transportieren, als auch mit uns als Anbieter oder anderen Nutzerïnnen.

In diesem Kapitel werden wir vor allem der Frage nachgehen, welche neuen Formate durch die Multimodalität der digitalen Medien möglich werden und wie diese sinnvoll eingesetzt werden können. Da sich die digitalen Medien in hohem Tempo weiterentwickeln, sollten idealerweise zusätzlich ein paar Faustregeln herausspringen, die auch auf künftige Innovationen anwendbar sind.

Grundsätzliche Überlegungen: Mediale Ökotope

Digitaler Journalismus ist Kommunikation in einem komplexen soziotechnischen System. Wenn wir uns fragen, wie wir unsere journalistischen Beiträge darin jeweils gestalten wollen, lohnt es sich immer, so viele **Rahmenbedingungen** wie möglich im Blick zu behalten. Sonst können wir leicht zu voreiligen Schlüssen und Verallgemeinerungen kommen.

Ein Beispiel zur Verdeutlichung: In den 1990er und 2000er Jahren hieß es lange, die **Aufmerksamkeitsspanne** gerade der jungen Nutzerïnnen im Internet sei grundsätzlich deutlich geringer als in traditionellen Medien. Daher lohne es sich überhaupt nicht, für diese Zielgruppe längere Beiträge zu produzieren. Man stützte sich bei dieser Einsicht auf einschlägige Nutzungsdaten und fand sich im hohen Tempo der ersten Social-Media-Timelines bestätigt.

Dann aber kamen die **Podcasts** (vgl. → Kapitel 9), mit Formaten, in denen just diese Zielgruppe mit Freuden mehrere Stunden lange Episoden konsumierte. Auch bei den **journalistischen Texten** änderte sich die Lage, nachdem diese dank neuer mobiler Endgeräte nicht mehr direkt am Computer gelesen werden mussten – wo die Lektüre zuvor meist mit anderen Arbeitspflichten im Konflikt stand. Außerdem hatte sich die Bildschirmqualität drastisch verbessert. Statt sich dem Schulterblick der Chefïn auszusetzen, sagte man sich: *Read it later* – in der Bahn auf dem Nachhauseweg oder zuhause im Sessel, am Smartphone oder auf dem Tablet.

Es sind also viele verschiedene Faktoren zu berücksichtigen, wenn man sich Gedanken darüber macht, welche Formate einer Geschichte angemessen sind. Neben den **kulturellen Prägungen** der Zielgruppe geht es auch um **technische Möglichkeiten** und die Spielräume der **Nutzungssituation.** Und manchmal bahnen sich Formate auch gegen kulturelle Widerstände ihren Weg. So wurden noch bis vor einigen Jahren Nutzerïnnen als Banausen verspottet, die Videos im **Hochkantformat** ins Netz stellten – bevor *Snapchat, Instagram* und *TikTok* mit ihren Story- und Reel-Formaten dieser Besserwisserei schnell ein Ende machten.

Am Anfang solcher Überlegungen steht natürlich die Natur unserer **journalistischen Botschaft.** Was ist es genau, das wir mitteilen wollen? Geht es um eine schnelle Nachricht, eine kleinere Beobachtung? Oder wollen wir mehr in die Tiefe gehen, mit Hintergründen und Analyse? Wollen wir Menschen zeigen und zu Wort kommen lassen, eventuell eine längere Geschichte erzählen? Der klassische Journalismus kennt hier verschiedene jeweils angemessene **Darstellungsformen** wie die Meldung, das Feature, die Glosse, das Interview, die Reportage, den Kommentar, die Gesprächsrunde. In diesen Formaten spiegelt sich jahrzehnte- oder sogar jahrhundertelange Erfahrung wieder, und sie lassen sich auch auf die neuen digitalen Plattformen übertragen.

Dann wird man sich die **Zielgruppe** genau anschauen und sich fragen: Wie bringen wir unsere Botschaft dort am besten an? Welche publizistischen Plattformen, Übertragungswege und Endgeräte werden genutzt und, ganz wichtig: Wann, wo und wie werden sie genutzt? Findet die Nutzung überwiegend im privaten oder im öffentlichen Raum (z.B. Schulhof) statt? Ist die erwartbare Haltung der Nutzerïnnen bei der Rezeption eher passiv-entspannt oder aktiv-engagiert? Werden die Inhalte geteilt? Gesammelt?

Und wie finden die Nutzerïnnen unserer Zielgruppe unsere Inhalte? Von den älteren Zielgruppen wissen wir, dass sie ihren Journalismus immer noch vor allem direkt **beim Anbieter** suchen, im Internet also beispielsweise auf den Homepages der von ihnen bevorzugten Medienmarken. Auch jüngere Nutzerïnnen sind durchaus markenbewusst, aber sie konsumieren ihre journalistischen Beiträge überwiegend über ihre **Social-Media-Timelines**, wo sie eine Auswahl aus abonnierten Inhalten, Weiterleitungen aus dem Freundeskreis und algorithmischen Empfehlungen antreffen. Hier ist es also so, dass nicht die Nutzerïn die Inhalte sucht, sondern die Inhalte sich ihren Weg zu den Nutzerïnnen bahnen.

All das müssen wir bei der **Formatierung** unserer journalistischen Beiträge im Blick behalten.

Kontextualisierung

Beginnen wir mit einer relativ einfachen Aufgabenstellung: Gerade bei journalistischen Beiträgen, die über soziale Medien rezipiert werden, ist deren Herkunft und Einordnung nicht selbstverständlich. Auch bei einfachen monomodalen Formaten, also Texten, Audios oder Videos, ist es daher meist sinnvoll, diese mit **Zusatzelementen** zu versehen, die der **Orientierung** oder **Vertiefung** dienen. Dies kann den journalistischen Mehrwert der Beiträge steigern. Es kann außerdem zu deren besserer Identifizierung beitragen.

Dazu wieder ein Beispiel. In den ersten Jahren waren die verschiedenen, meist über *Youtube* verbreiteten Videokanäle der öffentlich-rechtlichen Jugendplattform *Funk* noch nicht deutlich als *Funk*-Formate gebrandet und erkennbar. Der Effekt: Viele der Kanäle waren außerordentlich erfolgreich, wurden bei den Zuschauerïnnen aber nicht als öffentlich-rechtliche Inhalte identifiziert – angesichts des schlechten Images der Öffentlich-Rechtlichen als ›Rentnerprogramm‹ ein echtes Eigentor und ein Fehler, der dann auch bald korrigiert wurde.

Texte

In Textbeiträgen geht es neben der Erkennbarkeit der Marke und der **Bebilderung** vor allem um die Anreicherung mit **weiterführenden Links**. Gerade wenn die Artikel unabhängig vom größeren Produkt (Homepage, Zeitung, Zeitschrift) in Timelines oder Trefferlisten von Suchmaschinen auftauchen, macht es Sinn, dort auf weitere **Beiträge des eigenen Mediums** hinzuweisen. Dies geschieht idealerweise so, dass auch die Leserïn davon einen Mehrwert hat und es nicht nur als werbliche Maßnahme empfindet. Man könnte also zu einem gegebenen Thema zum Beispiel erklärende Hintergründe oder Beiträge aus der Vorgeschichte des Themas anbieten.

Dies wird in der Hektik des journalistischen Alltagsgeschäfts gerne vernachlässigt, vor allem weil es mit erheblichem zusätzlichen Aufwand verbunden ist. Es wäre sinnvoll, wenn bei der Konzeption der redaktionellen Produktionsumgebungen (Content-Management-Syteme) gleich eine **Verschlagwortung** vorgesehen wird, die es dann erleichtern würde, solche Prozesse zu automatisieren. Künftig wird es sicher auch einfach möglich sein, dies KI-gestützt zu tun.

- **›Interne‹ Links** auf andere Beiträge des eigenen Hauses steigern die Kohärenz der eigenen journalistischen Beiträge, erleichtern deren Verständnis und stärken letztlich die Marke.
- Etwas schwieriger ist es bei weiterführenden **›externen‹ Links**, also zum Beispiel zu Recherchequellen, Homepages oder Social-Media-Accounts von erwähnten Personen oder Unternehmen, oder gar zu themenbezogenen Beiträgen anderer journalistischer Anbieter. Hiergegen besteht in den Medienhäusern weiterhin ein echtes Tabu. Man gönnt der Konkurrenz keine Aufmerksamkeit, obwohl solche Links für die Nutzer:innen sehr wertvoll sein könnten und auch zu einer größeren Transparenz der journalistischen Arbeit beisteuern würden.

Bei der **Bebilderung** ist neben der Quellennennung vor allem die **Barrierefreiheit** zu beachten. Das Bild sollte in Bildunterschrift und/oder ALT-Text im HTML-Quellcode so beschrieben werden, dass auch Personen mit Sehbeschränkungen erfahren können, was dort gezeigt wird.

Audios/Videos

Weil die Inhalte audiovisueller Beiträge bislang noch nicht von Suchmaschinen indiziert werden, aber auch, um den Nutzer:innen eine schnelle Orientierung zu ermöglichen, bevor oder während sie sich auf das eigentliche Erlebnis einlassen, sollten diese Inhalte mit hinreichend **Begleittext** versehen werden. Dazu gehören eine kurze Inhaltsangabe, die Nennung der beteiligten Personen (sowohl der Macher:innen als auch der Protagonist:innen) und bei längeren Stücken am besten ein mit den einzelnen Abschnitten verlinktes Inhaltsverzeichnis.

Bei Streamingvideos, zum Beispiel auf *Youtube*, gehören diese Informationen in die Beschreibung, bei Podcasts in die **›Shownotes‹** zu den einzelnen Episoden, die vom Player mit angezeigt werden. Und auch der gesamte Video- oder Audiokanal benötigt neben einem informativen Erkennungsbild auch eine detailliertere Beschreibung. Wir werden in → Kapitel 9 noch einmal auf dieses Thema zurückkommen.

Die große Form

Wer sich in die Archive des *Grimme Online Awards* oder anderer onlinepublizistischer Preise vertieft, wird dort unter den Preisträgerïnnen auf eine Gattung von Angeboten stoßen, die im alltäglichen journalistischen Geschäft kaum eine Rolle spielen. Die Bezeichnungen variieren: Mal ist von ›**Webspecials**‹ oder ›**Webdokus**‹ die Rede, mal von ›**Multimedia-Reportagen**‹, manche Angebote werden als ›**Scrollytellings**‹ oder gar ›**Storytellings**‹ bezeichnet (letzterer Ausdruck ist eine Eigenheit der *Frankfurter Allgemeinen Zeitung*).

Das sind die kreativen Großleistungen der digitalen Medienmacherïnnen: komplexe, meist vielfach verzweigte Geschichten aus Texten, Fotos, O-Tönen und Videos, die noch ganz im Zeichen des frühen Multimedia-Paradigmas stehen. Viele dieser Beiträge verlangen der Nutzerïn einiges ab. Nicht nur muss sie sich dort wie der mythische Theseus auf Kreta den Weg durch das Labyrinth selbst suchen, sie muss sich oft auch selbst beibringen, wie man überhaupt darin navigiert. Dafür wird sie mit einer Vielzahl von Eindrücken und Perspektiven belohnt, durch den Einsatz audiovisueller Anteile oft mit großem, auch emotionalem Erlebniswert.

Die Medienforschung bezeichnet diese Gattung inzwischen summarisch als digitalen ›**Langform**‹**-Journalismus**. Interessanterweise war die Blütezeit dieser komplizierten und umfangreichen Formate just zu jener Zeit, als man sich zugleich über die kurze Aufmerksamkeitsspanne der Nutzerïnnen beschwerte. Usability-Tests, in denen die Forschung Nutzerïnnen bei der Navigation durch entsprechende Werkstücke beobachtete, kamen auch zu überwiegend recht ernüchternden Resultaten – zwischen den Intentionen der Macherïnnen und der tatsächlicher Nutzungserfahrung klafften immer wieder deutliche Lücken.

Das ›Snow-Fall‹-Paradigma

Immerhin hat sich unter den Anbietern im Laufe der Zeit die Einsicht durchgesetzt, dass man seinem Publikum nicht zu viele Entscheidungen und Klicks zumuten sollte. Es entstand jene Form, die inzwischen den digitalen Langform-Journalismus beherrscht, und für die exemplarisch ein mit dem Pulitzer-Preis gekrönter Beitrag der *New York Times* aus dem Jahr 2012 steht. Unter dem Titel *Snow Fall* hatte die Onlineredaktion der Zeitung eine detaillierte Rekonstruktion eines Lawinenunglücks aus demselben Jahr erstellt – optimiert für *Apples* damals noch recht neues Tablet *iPad*. Den Nutzerïnnen erschloss sich das Drama als ›**Scrollytelling**‹, als ein Scroll-Erlebnis mit sogenannten **Parallax-Effekten**: Beim vertikalen Wischen über den Screen erschienen wie von Zauberhand sich dynamisch überlagernde Texte, Bilder, Videos und Infografiken vor den Augen der Nutzerïnnen. Auch wenn es sich nicht um Virtual Reality in einem starken Sinn handelt, erreichte die Reportage so einen hohen Immersionsgrad.

In Deutschland waren es vor allem öffentlich-rechtliche Rundfunkanstalten wie *Arte* und der *WDR*, die immer wieder größere Langformprojekte veröffentlichten und damit auch Preise gewannen. Gerade der *WDR* setzte dabei oft auf dieselbe semilineare Dramaturgie, die auch bei *Snow Fall* zum Einsatz kam: Der Leserïn wird ein meist textbasierter, linearer Durchgang durch die Geschichte angeboten. Auf diesem Weg begegnen ihr vertiefende Seitenelemente wie zum Beispiel Bildergalerien, Videos oder animierte Infografiken, die sie optional anwählen kann.

Anwendungen

Besichtigungen

Es sind vor allem **Reportageformate**, für die sich die Langform anbietet. So lassen sich zum Beispiel **Besichtigungen** großer Anlagen als immersive Rundgänge mit Kartenübersichten, vertiefenden Erklärungen und Interviews verbinden. Dies Konzept hat zum Beispiel der *WDR* im Jahr 2021 für eine Erklärreportage zum Braunkohletagebau (*Tagebau 360*) verwendet. Als Navigationsprinzip setzt *Tagebau 360* eine kartografische Darstellung der gezeigten Anlage ein. Diese ist mit markierten Einstiegspunkten für einzelne Videoelemente versehen, die man anklicken kann. Es wird einem aber auch ein linearer Durchgang angeboten. Durch die Reportage führt eine Presenterin, die das Publikum direkt anspricht und als Tour Guide auch gelegentlich sichtbar ist.

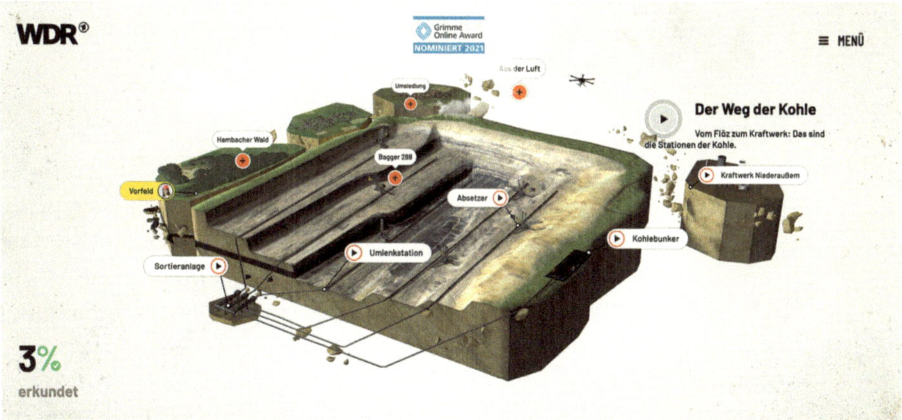

Abb. 6.1: Über ein kartografisches Schaubild werden die Nutzerïnnen beim WDR-Projekt Tagebau 360 zur Besichtigung verschiedener Schauplätze eines Braunkohletagebaus eingeladen.

Noch ein Stückchen aufwändiger ist der vielfach preisgekrönte virtuelle Durchgang durch das irakische Flüchtlingslager Domiz (*Refugee Republic*), den Journalistïnnen schon im Jahr 2014 für die niederländische Zeitung *De Volkskrant* gestalteten. Auch bei *Refugee Republic* steht eine Karte im Zentrum der Navigation. Hier ist sie liebevoll gezeichnet und mit vielen informativen und witzigen Kommentaren versehen. Darin werden einem insgesamt vier verschiedene Durchgänge durch das Flüchtlingslager angeboten, die man dann linear abschreiten kann. Bei den Durchgängen wechseln sich gezeichnete Ansichten des Lagers mit Fotos und Videoelementen ab.

Storytelling

Ein weiterer Anwendungsfall aus dem Genre Reportage sind **Geschichten**. So erzählen in der mit dem *Grimme Online Award* gekrönten Webdoku *Eigensinn im Bruderland* aus dem Jahr 2020 Migrantïnnen aus Äthiopien, Mosambik und Vietnam über ihre Erfahrungen in der DDR vor der Wende. Im Kern der Reportage steht ein schön illustrierter Erklärtext in mehreren Abschnitten, der dann immer wieder von Videos mit ausführlichen Statements der Protagonistïnnen unterbrochen wird. Durch den ruhigen Fluss von Leseerfahrung und den sehr persönlichen Originaltönen wird mit einfachen Mitteln eine große Nähe erzeugt.

Erklärstücke

Erklärstücke gehören ebenfalls zu den natürlichen Anwendungsfällen für digitalen Langform-Journalismus. Man kann sich einem komplexen Gegenstand mit verschiedenen Darstellungsmodi nähern: Texte liefern Beschreibungen oder Analysen, animierte Infografiken veranschaulichen das Gesagte und in Videos werden Beispiele gezeigt oder es kommen Expertïnnen zu Wort. In diesem Genre sind oft wissenschafts- oder datenjournalistische Projekte zu finden.

Die renommierten *Online Journalism Awards* haben eine eigene Preiskategorie für Erklärjournalismus. Im Jahr 2022 erhielt ein Projekt der *Washington Post* mit dem Titel *Ukraine Invasion* den Preis für große Redaktionen. Darin analysiert und erklärt die Redaktion wenige Wochen vor dem russischen Angriff auf die Ukraine die Rahmenbedingungen einer solchen Invasion. Das Angebot ist linear aufgebaut: Man scrollt sich durch einen hochinformativen Text, während auf der rechten Seite des Fensters hervorragende Karten das gerade Gesagte illustrieren. Nach Bedarf wird in die Karten hineingezoomt oder die relevanten Landmarken werden auf verschiedene Weise grafisch hervorgehoben. Das alles wirkt bestechend einfach und nützlich.

Multiperspektivische Rekonstruktionen

Eine Variante des Erklärjournalismus sind Stücke, die komplexe Ereignisse aus verschiedenen Blickwinkeln rekonstruieren. Ein Meisterstück dieses Genres ist die bereits in → Kapitel 3 angesprochene kooperative *OSINT*-Recherche zum Abschuss einer malayischen Verkehrsmaschine des Fluges MH17 über der Ostukraine im Jahr 2014, die unter anderem auf Recherchen des britischen Kollektivs *Bellingcat* beruht und Anfang 2015 bei *Correctiv* erschien: *Flug MH17*.

Hier werden sehr verschiedene Materialien zu einer großen, komplexen Reportage zusammengesetzt. Im Kern steht auch hier ein langer, vielfach verlinkter Prosatext, der aber immer wieder durchbrochen wird, zum Beispiel mit O-Tönen von Reporterïnnen und Augenzeugïnnen vom Schauplatz, mit interaktivem Kartenmaterial mit Flugradardaten, bis hin zu einer verblüffenden Bildergalerie mit gefundenen Fotos aus ukrainischen und russischen sozialen Medien, die mit Zeit- und Ortsstempeln versehen den Weg der mobilen russischen Abschussbasis BUK zum Tatzeitraum rekonstruieren. Letztere ist auf den *Correctiv*-Seiten leider nicht mehr zugänglich, die Bilder können aber direkt beim Recherchepartner *Bellingcat* noch eingesehen werden (*Origin of the Separatists' Buk*).

Die kleine Form: Social-Media-Storys

Auch wenn die großen multimedialen Formate in der Produktion der meisten journalistischen Redaktionen eher die Ausnahme bleiben werden, ist Multimedia in einer etwas anderen Gestalt längst im redaktionellen Alltag angekommen. Verantwortlich dafür sind die sozialen Medien, in den letzten Jahren vor allem *Snapchat, Instagram* und *TikTok*. Mit ihren ›Reels‹ und ›Storys‹, den schnellen, hochformatigen Videosequenzen, kombinieren sie Fotos, Ton, Bewegtbild, Bildfilter und Texteinblendung, Interaktion und Begleittext zu komplexen, dichten Miniaturen.

Die besondere Herausforderung an Konzeption und Herstellung liegt hier in der **Verdichtung**. Innovationen der Formatierung werden meist von der Community aus überwiegend sehr jungen Nutzer:innen vorangetrieben, so dass in der journalistischen Anwendung neben der aktuellen Entwicklung der Technik immer auch die Dynamik der **kulturellen Rahmenbedingungen** berücksichtigt werden muss. Dennoch darf man sich von den jugendlichen Macher:innen nicht vor sich her treiben lassen, sondern muss seine eigene, den Inhalten angemessene Tonalität finden.

So ist es in den letzten Jahren immer wieder auch großen, eher konservativen journalistischen Marken wie den großen Nachrichtensendungen *Tagesschau* und *Heute* gelungen, in diesem Sektor Erfolge zu verbuchen. Einer der Vorreiter war der *Bayerische Rundfunk* mit seinem Instagram-Kanal *News-WG*, in dem eine Truppe junger Redakteur:innen aus einer gemeinsamen Wohnung ein eigenes kleines Nachrichten- und Erklärprogramm sendet. Das Format setzt auf die jungen **Presenter:innen**, die meist vor dem Hintergrund ihrer Wohnung aktuelle Themen aufgreifen und erläutern. Die Videos werden mit prägnanten Texten überblendet und enthalten oft interaktive Elemente wie Quizze oder die Möglichkeit, Fragen zu den Nachrichten zu stellen.

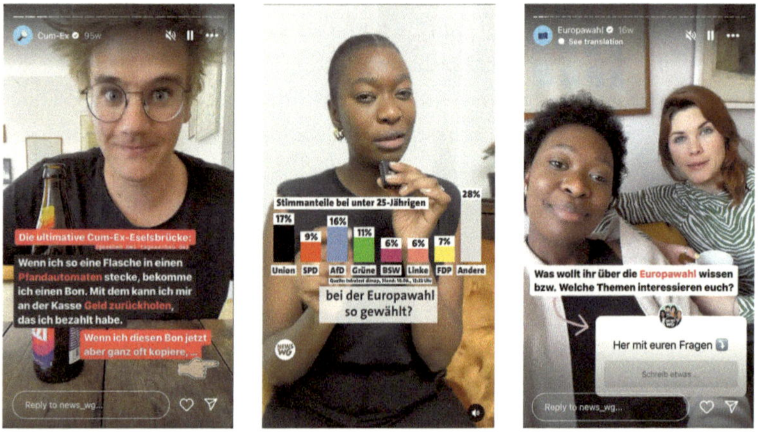

Abb. 6.2: Die News-WG des Bayerischen Rundfunks lässt auf Instagram junge Presenterïnnen aktuelle Nachrichten erklären und verwendet dabei auch Infografik und interaktive Ansprache.

Die *Instagram*-Storys der Nachrichtensendung *Tagesschau* sind – abgesehen vom Hochformat – formal den Fernsehnachrichten ähnlicher, aber auch hier spielen junge Presenterïnnen, die ihr Publikum direkt ansprechen, und die begleitenden Texteinblendungen eine wichtige Rolle. Letztere sorgen dafür, dass die Storys auch in lauten Umgebungen und ohne Ohrhörer rezipiert werden können, beispielsweise in der U-Bahn.

Wichtig ist auf *Instagram* auch die Nutzung der unterschiedlichen Formate (Storys, Kacheln, Reels und Karussell-Posts). So nutzt *ZDF Info* beispielsweise die Karusselle und Reels, die über die reguläre Timeline ausgespielt werden, für die Vermittlung grellgelb hinterlegter Trivia (Wissensbruchstücke) in einer Kombination aus (animierter) Zeichnung und Text. Bei den Storys gibt es dann etwas komplexere Themen in Form moderierter Erklärvideos – wieder hinterlegt mit dem identitätsstiftenden Gelb der Marke.

Die Frage, welche Plattform für welche Zielgruppen und welche Art von Inhalten optimal ist, unterliegt einer großen Dynamik und ist deshalb in diesem Studienbuch schwer pauschal zu beantworten. Die multimodal angelegten Hochkantvideos wurden mit dem 2011 gegründeten Dienst *Snapchat* populär und mobilisierten dort junge Zielgruppen, die mit konventionellen Onlineformaten kaum noch zu erreichen waren. Das Format wurde dann aber schnell und extrem erfolgreich von *Instagram* übernommen, das für lange Zeit den jungen Medienmarkt beherrschte. Weitere Anbieter folgten mit ähnlichen Formaten. Gegenwärtig ist es vor allem die chinesische Plattform *Tiktok,* die auch in extrem jungen Zielgruppen die größte Reichweite erzielt und in der die Anbieter von der kreativen Community lernen können. Es ist nur eine Frage der Zeit, bis auch *Tiktok* von weiteren Nachfolgern abgelöst werden wird. Wir werden die Bedeutung von Social Media für den digitalen Journalismus in → Kapitel 7 behandeln.

Gamification und Newsgames

Der niederländische Kunsthistoriker Johan Huizinga hat im Jahr 1938 den Menschen zum ›**homo ludens**‹ erklärt, der sich seine Welt immer auch im Spiel erschließt. Der Journalismus ist im Normalfall ein ernstes Geschäft, aber spielerische Elemente können auch hier helfen, das Publikum mit ein bisschen Spaß und eigenen Erfolgserlebnissen an Inhalte und Produkte zu binden.

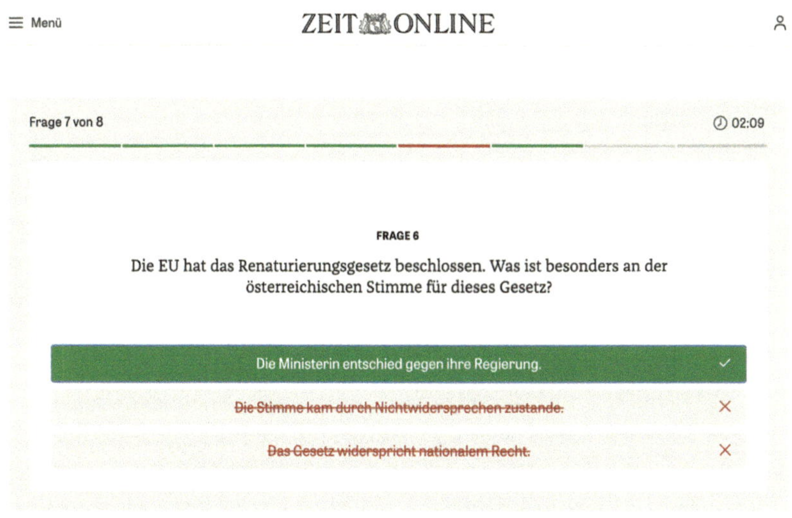

Abb. 6.3: Mit einem einfachen News-Quiz fordert die Redaktion von Zeit Online täglich ihre Leserinnen heraus.

Das geht beim einfachen **News-Quiz** los, mit dem die Redaktionen auch den Erfolg ihrer Vermittlungsanstrengungen überprüfen können. Aber die interaktiven Möglichkeiten digitaler Medien erlauben auch anspruchsvollere Anwendungen. So ist ein eigenes Genre von **Newsgames** entstanden, die komplexe, dynamische Situationen wie Wahlen in Simulationen spielerisch erfahrbar und damit verständlicher machen. Der journalistische Mehrwert dieser Spiele besteht meist in ihrem didaktischen Charakter. Sie sind somit am ehesten dem **Erklärjournalismus** zuzurechnen.

Die Produktion von Newsgames erfordert ein beträchtliches entwicklerisches Know-how und ist nicht nebenbei im Nachrichtenbetrieb zu bewältigen. Es wird sich daher eher um Ausnahmeprojekte handeln. Grundsätzlich aber lohnt es sich, den spielerischen Charakter kleinerer interaktiver Elemente zu nutzen. **Umfragen** und kleine **Wettbewerbe** lassen sich vor allem auf Social-Media-Plattformen leicht umsetzen. Interaktionsmöglichkeiten bereichern zum Beispiel auch sonst trockene **Infografiken**.

Es ist jedoch wichtig, solche ins normale Angebot eingebundenen spielerischen Anwendungen **einfach** und **selbsterklärend** zu gestalten, weil wir für gewöhnlich nicht davon ausgehen können, dass unser Publikum zusätzliche Zeit investiert, sie zu erlernen.

Immersion

Eine weitere Dimension, in der neuere digitale Werkzeuge den Journalismus bereichern können, betrifft den **Intensitätsgrad** des Nutzungserlebnisses. Wie intensiv und real sich eine multimedial erlebte Geschichte anfühlt, hängt natürlich von der Qualität der Erzählung ab. Gerade im Falle audiovisueller Inhalte hat dies auch eine technische Seite: Wie ist die Auflösung von Bildern oder Videos, wie gut die Qualität des Tonmaterials?

Sodann stellt sich die Frage, wie die multimedialen Inhalte rezipiert werden: Hören die Nutzer:innen die Töne vom Lautsprecher des Geräts oder über Ohr- oder Kopfhörer? Werden die Videos am Handybildschirm oder auf dem Gaming-Monitor angesehen?

Begriffserklärung

Immersive Technologien

- **360°:** Videos einer realen Umgebung werden mit speziellen Kameras aufgenommen, die eine Rundumansicht von einem (oft mobilen) Betrachterïnnen-Standort ermöglichen. Die Nutzerïn kann beim Abspielen des Videos verschiedene Blickwinkel einnehmen, ist dabei aber an den linearen Ablauf der Kamerafahrt gebunden. Der Wechsel der Blickrichtung kann entweder durch Navigationsfunktionen an einem statischen Endgerät oder durch reale Bewegung im Raum gesteuert werden. Auch im Audiobereich sind 360°-Formate möglich.
- **Virtuelle Realität (Virtual Reality, VR):** Diese Angebote erlauben die eigenständige Navigation in dreidimensionalen Raum-Modellen. Auch dies kann wiederum durch Navigationsfunktionen oder durch reale Bewegungen der Nutzerïn geschehen. Außerdem ermöglicht der virtuelle Charakter des Ereignisraums prinzipiell auch die Interaktion mit der erlebten Umgebung.
- **Erweiterte Realität (Augmented Reality, AR):** Reale Seherlebnisse werden mit Hilfe digitaler Hilfsmittel (z.B. Smartglasses) mit zusätzlichen Informationselementen wie beispielsweise präzise lokalisierten Erklärtexten oder anderen visuellen oder akustischen Einblendungen erweitert.

Natürlich wurde und wird im digitalen Journalismus auch mit avancierteren Schnittstellen wie **Virtual-Reality-Headsets** oder **Smartglasses** experimentiert. Es liegt jedoch nicht nur an der bislang eher zögerlichen Entwicklung dieser Technologien, ihres Marktes und den damit verbundenen hohen Preisen für die Endgeräte, wenn dieses Experimentierfeld noch nicht so richtig vorankommt. Auch der Umfang möglicher sinnvoller Anwendungsfälle der immersiven Techniken im Journalismus hält sich in überschaubaren Grenzen. Mit **virtuellen Realitäten** (VR) könnte man die Nutzerïnnen zum Beispiel an die **Schauplätze** relevanter Geschehnisse verbringen. Aber der journalistische Mehrwert erscheint – abgesehen vielleicht von Ereignissen wie dem Putschversuch am Washingtoner Capitol im Januar 2020 oder den Rover-Exkursionen auf dem Mars – doch relativ gering, gemessen am immer noch immensen **Aufwand** der digitalen Rekonstruktion des entsprechenden Bewegungs- und Handlungsraumes.

Eine vielversprechende Ausnahme bildet hier der **Sportjournalismus**: Sportliche Wettkämpfe wie Fußballspiele werden sowieso schon so intensiv vermessen und in Echtzeit und 3D digital rekonstruiert, dass die VR-Wiedergabe für ein wirklich immersives Zuschauererlebnis in greifbare Nähe rückt.

Bei **erweiterten Realitäten** (Augmented Reality, AR) sind die meisten bereits erprobten Anwendungsfälle eher didaktischer Natur und die Anwendungen gleichen am ehesten ›guided tours‹ durch ein Museum. Es gab auch vereinzelt Versuche, journalistische Moderatorïnnen oder Zeitzeugïnnen mittels AR in den eigenen Lebensraum hineinzuholen, aber die Resonanz auf solche Experimente fällt bislang eher verhalten aus.

Ein Problem besteht darin, dass sich für AR die Nutzerïn in der **Nähe des Schauplatzes** aufhalten muss, und dass die Leistung des Journalismus gerade darin besteht, seinem Publikum über Ereignisse zu berichten, an denen dieses nicht direkt teilhat. Auch hier gibt es natürlich Ausnahmen. Dazu gehören beispielsweise Restaurantkritiken, touristische Tipps oder andere Informationen, die der mobilen Nutzerïn vor Ort einen echten Mehrwert bieten können.

Auch ohne spezialisierte Headsets haben sich **360°-Anwendungen** – vor allem im Bereich des Sports und der Naturdokumentationen eine gewisse Nische erkämpft, aber auch hier geht es meist um Themen, die nicht wirklich journalistischer Natur sind.

Produktion

Konzeption und Planung

Wie eingangs bereits gesagt, sollte bei der Planung gerade größerer multimedialer Formate immer berücksichtigt werden, ob und wie diese im **medialen Ökosystem** ihren Platz finden können:

- Passt das **Thema** überhaupt zur Zielgruppe?
- Welche **Endgeräte** und **Bandbreiten** stehen der Zielgruppe zur Verfügung?
- Auf welchen **Plattformen** bewegt sich die Zielgruppe?
- In welchen **Situationen** werden unsere Inhalte normalerweise **genutzt**?
- Entspricht unser geplantes Format den **Vorkenntnissen** und **Nutzungsgewohnheiten** der Zielgruppe?

Solange wir Kanäle und Formate wählen, die bei der Zielgruppe bereits **etabliert** sind, auf denen wir als Anbieter auch bereits wahrgenommen werden und die bei technischer Ausstattung und Kompetenz keine unüberbrückbaren Hürden aufstellen, kann die multimediale Produktion problemlos ins **Alltagsgeschäft** integriert werden.

Bei **Ausnahmeprojekten**, die über solche etablierten Routinen hinausgehen, sollten wir uns fragen, was wir damit erreichen wollen:

- Soll das Projekt den Weg für neue **Techniken** und **Arbeitsroutinen** bahnen, oder soll es bei einer Ausnahme bleiben?
- Geht es uns um ein **Leuchtturmprojekt**, das vor allem in die Fachwelt ausstrahlt und zum Beispiel über Preise unsere Reputation steigert, oder wollen wir damit wirklich unser Publikum erreichen?
- Wenn letzteres, mit welchen **Marketing-Maßnahmen** bringen wir dieses an unser Projekt heran?
- Lohnt sich der **Aufwand** überhaupt?

Merke !!

Multimediakonzeption und -design in vier Stufen

Zumindest bei größeren Multimediaprojekten ist es sinnvoll, die Prinzipien des **User Experience (UX) Designs** anzuwenden. Wenn man sich grob über **Thema, Art und Umfang** des geplanten Angebots verständigt hat, kann man vier weitere Stufen des Designprozesses unterscheiden:

1. **Zielgruppen und Personas:** Es werden Daten über Interessen, Kenntnisstand und technische Ausstattung der Zielgruppe eingeholt. Diese werden zur Orientierung des weiteren Designprozesses in Form von (fiktiven) Personas exemplarisch konkretisiert.
2. **Informationsarchitektur/Interaktionsdesign:** Die Datenstruktur der Inhalte (Art, Umfang, Metadaten) wird festgehalten und die Navigationswege und andere interaktive Aktionspunkte werden festgelegt.
3. **Wireframing/Storyboarding/Prototyping:** Eine noch schematische Darstellung gibt einen ersten Eindruck der angestrebten visuellen Anmutung und erlaubt die Erstellung eines interaktiven Prototypen.
4. **Usability Testing:** Der Prototyp wird mit Testpersonen aus der Zielgruppe auf seine Stimmigkeit und Gebrauchstauglichkeit geprüft.

Aus Film- und Videoproduktion ist das **Storyboard** als Planungsinstrument bekannt. Auch bei vielen komplexeren multimedialen Anwendungen macht es Sinn, ein Storyboard zu verwenden. Wie in der Spieleentwicklung und anders als im Film ist dieses jedoch nicht linear aufgebaut, sondern berücksichtigt die **Interaktivität** in Form von **Selektionspunkten**, die jeweils zu Verzweigungen führen. So lässt sich beispielsweise die **Navigation** besser planen. Man sollte darauf achten, dass bei verschiedenen Nutzungen des Angebots der narrative Flow gewahrt bleibt und dass die Nutzerïnnen nicht in Sackgassen geführt werden.

Handwerkliche Durchführung

Welche **technischen Werkzeuge** zur Produktion multimedialer Inhalte eingesetzt werden sollten, hängt vom **Charakter** der Projekte ab. Die Auswahl ist gewaltig.

Visuelles Storytelling wird besondere Anforderungen an **Audio-, Bild- und Videobearbeitung** stellen. Wer nicht auf die relativ teuren Produkte des US-amerikanischen Marktführers *Adobe* zurückgreifen will, findet in den meisten Fällen ähnlich leistungsfähige preiswertere oder sogar Open-Source-Anwendungen.

Tipp

Einige quelloffene **Programme zur Multimediaproduktion:**

Am Arbeitsplatzrechner:

- im Audiobereich *Audacity* oder das mächtigere, aber auch anspruchsvollere *Ardour*;
- für die Verwaltung und Bearbeitung von Fotos oder anderen Bildern *Darktable* und *Gimp*;
- für Videoschnitt und -bearbeitung *Open Shot*;
- für Informationsarchitektur, Wireframing und Prototyping *Pencil Project*;
- für interaktives, nichtlineares Storytelling *Twine*.

Alle Applikationen stehen für die drei großen Plattformen *Mac*, *Windows* und *Linux* zur Verfügung.

Als webbasierte Applikationen:

- für interaktive Timelines *Timeline*;
- für semilineare Scrollytelling-Formate *Pageflow*;
- für einfache Virtual-Reality-Szenen *Scene*.

Pageflow, das im Umfeld der Langform-Projekte des *WDR* entstanden ist, ist in der gehosteten Version kostenpflichtig, kann aber kostenlos auf einem eigenen Webserver installiert werden. Zu fast allen Anwendungen gibt es darüber hinaus lebendige Nutzerinnencommunitys und Tutorials auf Plattformen wie *Youtube*. Außerdem gibt es auch **webbasierte Dienste**, die sich auf die Produktion von Multimedia gerade für soziale Medien spezialisiert haben. Viele dieser Angebote, wie zum Beispiel die Grafik-App *Canva*, stellen standardisierte Vorlagen, Bild- und Audiomaterial zur Verfügung. Als professioneller journalistischer Anbieter sollte man solchen Versuchungen jedoch nicht zu schnell nachgeben und eher Wert auf eine eigenständige und unverwechselbare **audiovisuelle Identität** legen.

Zur Vertiefung

Test zu Kapitel 6
https://www.utb.de/do/10.36198/9783838562322-e05/disclaimer

Weiterführende Lektüre

Döring, N. & Ingerl, A. (2008). *Medienkonzeption*. In: B. Batinic & M. Appel (Hg.), *Medienpsychologie*, S. 403-424. Berlin, Heidelberg: Springer. https://doi.org/10.1007/978-3-540-46899-8_17 – Das Handbuchkapitel gibt einen sehr guten Überblick über den Konzeptionsprozess. Der Kenntnisstand zu digitalen Medien ist etwas veraltet.

Feyder, M. & Rath-Wiggins, L. (2018). *VR-Journalismus: ein Handbuch für die journalistische Ausbildung und Praxis* (Journalistische Praxis). Wiesbaden/Heidelberg: Springer VS. – Das Handbuch informiert umfassend über Produktion und Einsatz immersiver journalistischer Formate.

Radü, J. (2019). *New Digital Storytelling: Anspruch, Nutzung und Qualität von Multimedia-Geschichten*. Baden-Baden: Nomos Verlagsgesellschaft – Jens Radü ist ein Praktiker, der auch über sein Arbeitsfeld promoviert hat. Dies ist seine Dissertation, die Einblicke in die Praxis mit einer wissenschaftlichen Perspektive verbindet.

Ausgewählte Forschung

Godulla, A. & Wolf, C. (2017). *Digitale Langformen im Journalismus und Corporate Publishing*. Wiesbaden: Springer Fachmedien Wiesbaden. – Alexander Godulla und Cornelia Wolf gehören zu den führenden akademischen Multimedia-Expertinnen in Deutschland. Ihr Buch ist eine sehr gute wissenschaftliche Einführung in das Thema mit gründlicher empirischer Forschung über Gestaltung, Produktion und Rezeption digitaler Langformen.

Übungen

Fallstudien:

– Analysieren Sie einen **journalistischen Tiktok-Kanal**, zum Beispiel BruderStève | HelloAfrica.
  - Was ist die journalistische Aufgabenstellung (›Mission Statement‹)?
  - Welche Zielgruppe soll angesprochen werden?
  - Was sind die Themen?
  - Welche journalistischen Instrumente und Darstellungsmodi (Schauplätze, Moderation, Texteinblendungen, Infografiken etc.) werden zur Vermittlung der Themen eingesetzt?
  - Was sind Stärken und Schwächen des ausgewählten Kanals?
  - Vergleichen Sie die Reichweite des Kanals mit anderen journalistischen *TikTok*-Kanälen.

– *Glückauf* ist eine aufwändig produzierte, immersive Webdoku des *WDR* aus dem Jahr 2018 über die vergangene Welt des Steinkohle-Bergbaus.
  - Wie ist die Nutzerführung angelegt? Finden Sie sich mit der Navigation zurecht? Sind die angebotenen Hilfefunktionen ausreichend?
  - Betrachten Sie die Kombination der verschiedenen Darstellungsmodi (360°-Video, Text). Werden Sie in die jeweiligen Szenen ›hineingezogen‹ oder ›zappen‹ Sie durch diese hindurch?
  - Die Doku enthält Gamification-Elemente. Ist sie auch für nicht Videospiel-erfahrene Nutzergruppen zugänglich?
  - Angenommen, Sie würden vom Anbieter nach Empfehlungen für eine mögliche Aktualisierung der Doku gefragt. Was würden Sie verbessern oder heute anders machen?

Projekt:

- Konzipieren und produzieren Sie eine *Instagram*-Story zu einer aktuellen journalistischen Tagesmeldung:
  - Schreiben Sie einen knappen und prägnanten Moderationstext, der die Meldung in zielgruppengerechter Ansprache transportiert.
  - Nehmen Sie sich mit Ihrem Smartphone dabei auf, wie Sie die Meldung mit diesem Text moderieren.
  - Blenden Sie auch Bildmaterial und/oder Infografiken ein. (Vorsicht: Bei eventueller Veröffentlichung an Urheberrechte denken!)
  - Versehen Sie die Story mit Texteinblendungen, die die Rezeption auch ohne Ton ermöglichen.
  - Beenden Sie die Story mit einem interaktiven Element (z.B. Umfrage).

7. Soziale Medien

Themen

Soziale Netzwerke, soziale Medien als Distributionskanal, Smartphone als Bühne, Timeline als Bühne, Erfolgsfaktoren für Journalismus auf sozialen Medien

Über diese Lerneinheit

Die sozialen Medien spielen für den digitalen Journalismus eine entscheidende Rolle. Sie stellen die Kanäle bereit, über die vor allem die jüngeren Generationen auf ihre journalistischen Inhalte stoßen. Während die Anbieter sie zunächst überwiegend für die Promotion von Inhalten im Web verwendet haben, werden sie, insbesondere auf dem Smartphone, zunehmend auch zur Plattform für eigenständige journalistische Formate.

Was Sie hier lernen

- die Rahmenbedingungen für den journalistischen Einsatz von sozialen Medien zu kennen
- Erfolgsfaktoren für die Produktion von Social-Media-Formaten nutzen zu können
- die Beschränkungen der Form (Länge, Format) als Kreativitätsmotor zu verstehen

Einleitung

Manche der in diesem Studienbuch behandelten Themen sind so wichtig für den digitalen Journalismus, dass sie sich nicht in einem Kapitel abhandeln lassen. Dazu gehört das Thema **soziale Medien**, das uns bereits in den vergangenen Kapiteln wiederholt begegnet ist und auch in den folgenden immer wieder auftauchen wird. Das ist kein Wunder, denn digitaler Journalismus ist zu einem großen Teil Journalismus in und mit sozialen Medien.

Wenn also dieses Kapitel unter der Überschrift ›Soziale Medien‹ steht, dann soll es darum gehen, den verschiedenen, auch in anderen Zusammenhängen behandelten Aspekten eine Art Ankerpunkt zu geben. Dabei stehen hier vor allem soziale Medien als **eigenständige Ausspielplattform** für journalistische Inhalte im Vordergrund.

Beginnen wir mit einer Begriffserklärung. Dem aktuellen Begriff sozialer Medien liegt eine Infrastruktur zugrunde, die allgemein als soziale Netzwerke bezeichnet wird. Streng genommen sollten wir von *digitalen* sozialen Netzwerken sprechen, denn auch in nicht digitalen Kontexten lassen sich im sozialen Feld natürlich Netzwerkbeziehungen beschreiben, die hier aber nicht gemeint sind. Um der besseren Lesbarkeit willen ignoriere ich diese Komplikation und bitte darum, das Attribut ›digital‹ immer gedanklich mitzulesen, wenn ich von ›sozialen Netzwerken‹ spreche.

Begriffserklärung

Soziale Netzwerke sind computerbasierte Dienste oder Plattformen, die Nutzerïnnen miteinander verknüpfen und ihnen die Möglichkeit zur Selbstdarstellung, zur Kommunikation und zum Austausch von Daten geben. Die das Netzwerk konstituierenden Beziehungen können asymmetrisch (Folgen) oder symmetrisch (Freundschaft) sein.

Vorstufen zu sozialen Netzwerken hat es bereits vor dem allgemein zugänglichen Internet gegeben. Zum Beispiel in einzelnen Computer-Mailboxen wie der legendären *The Well*, in die sich die Nutzerïnnen per telefonischer Datenverbindung einwählen konnten, aber auch in größeren, sogar globalen Mailboxnetzwerken wie dem *FidoNet*, oder in zentralisierten, ebenfalls über telefonische Einwahl erreichbaren Onlinediensten wie *CompuServe*. Der wesentliche Unterschied ist, dass dort noch nicht die individuellen Beziehungen zwischen Teilnehmerïnnen im Vordergrund standen, sondern eher die gemeinsame Mitgliedschaft an einer ›virtuellen Gemeinschaft‹.

Die Begriffe ›soziale Netzwerke‹ und ›soziale Medien‹ lassen sich nicht wirklich sauber voneinander trennen. Man kann sagen: Soziale Medien sind soziale Netzwerke in einer bestimmten Verwendung, in der nicht die Individualkommunikation zwischen den Teilnehmerïnnen im Vordergrund steht, sondern der breitere mediale Austausch in einem teilöffentlichen Raum. Vielfach werden auch noch kollaborative Plattformen wie die *Wikipedia* zu den sozialen Medien gezählt. Dies ist aber eher irreführend, weil die Autorïnnen dort zwar auch miteinander kommunizieren, aber ihre soziale Vernetzung nicht im Vordergrund der medialen Präsentation steht.

Begriffserklärung

Der Begriff **soziale Medien** betont eine spezifische Verwendung sozialer Netzwerke, in der die kontinuierliche oder anlassbezogene Ausspielung medialer Inhalte im Vordergrund steht.

- Als Ausgangspunkte dieser Distribution lassen sich separat aufrufbare Profilseiten der jeweiligen Teilnehmerïnnen identifizieren.
- Die Erreichbarkeit und Selektion der Inhalte ist durch die konstituierenden Beziehungen der Teilnehmerïnnen im zugrundeliegenden Netzwerk und/oder durch Algorithmen der Netzwerkbetreiberïnnen bestimmt.
- Auf Rezipientïnnenseite werden die ausgespielten Inhalte im Normalfall in einer chronologisch oder algorithmisch gesteuerten Abfolge einzelner Beiträge unterschiedlicher Anbieter (engl.: Feed, Timeline) empfangen.

An sozialen Medien wie *Facebook, X, Instagram* oder *Tiktok* nehmen gleichermaßen Einzelpersonen wie Unternehmen, Organisationen oder Institutionen teil. Dabei verschwimmen die Grenzen zwischen Anbietern und Rezipientïnnen, zwischen Medienprofis und Amateurïnnen.

Die Bandbreite sozialer Medien ist gewaltig. Neben den klassischen sozialen Netzwerken wie *Facebook* oder *Linkedin* gibt es Microbloggingnetze wie *Twitter/X, Tumblr, Bluesky* oder *Mastodon,* Sharingplattformen für audiovisuelle Inhalte wie *Instagram, Youtube* oder *Soundcloud,* themenorientierte Communitys wie *Reddit* und vieles mehr. Selbst Instant-Messenger-Kanäle wie *Whatsapp* oder *Telegram* haben sich als Distributionsplattformen für mediale und journalistische Inhalte etabliert.

Soziale und klassische Medien im Vergleich

Vor welche besonderen Herausforderungen diese Schauplätze professionelle journalistische Anbieter stellen, kann man am besten verstehen, wenn man sie mit klassischen journalistischen Ausspielwegen vergleicht.

In vordigitalen Zeiten waren dies vor allem **Print** und **Rundfunk**. Wer eine **Zeitung** liest, dem liefert das Pressehaus ein abgeschlossenes Produkt mit klarer, erkennbarer Markenidentität. Dieses Produkt – ein Bündel Papier – hat einen von dem Anbieter geplanten Aufbau: Es ist meist in mehrere, nacheinander angeordnete Teilhefte, die sogenannten ›Bücher‹, aufgeteilt. Es gibt eine intendierte Abfolge von Seiten und auf den Seiten eine Priorisierung der Artikel durch Größe und Anordnung. Immer ist klar, welche Zeitung ich in der Hand halte. Jeder Artikel steht in einem sorgfältig geplanten Kontext: der Ausgabe, der Rubrik und anderen Kategorisierungsmarkern wie zum Beispiel Kommentarspalten. Ich kann mich zwar entscheiden, in welcher Reihenfolge ich die mir zur Verfügung stehenden Ausgaben oder die Artikel innerhalb einer Ausgabe lese, aber das Angebot erreicht mich in einer von der Redaktion angeordneten Form.

Ähnlich verhält es sich im klassischen Rundfunk, egal ob Radio oder Fernsehen. Dort ist es die **Sendung**, die einem Beitrag Identität und Kontext stiftet, sowie in einem weiteren Sinn der **Kanal** oder das Programm. Im klassischen Rundfunk, vor der Einführung von internetbasierten Mediatheken, kamen die Beiträge in der strikten, nicht hintergehbaren linearen Abfolge ihrer Sendeplätze. Die Hörer̈in musste sich zum gegebenen Zeitpunkt vor dem Empfangsgerät einfinden und tat dies im Einklang mit allen anderen Rezipienẗinnen des Formats.

Zwei Faktoren sind hier von Bedeutung, die dann durch die Digitalisierung der Medien immer mehr an Bedeutung verloren haben:

1. Die Rezipienẗinnen entscheiden sich meist bewusst für bestimmte mediale Titel, Formate oder Kanäle.
2. Innerhalb dieses Rahmens vertrauen sie sich aber dem von den Anbietern beabsichtigten Zusammenhang der Angebote an. Nicht der einzelne Beitrag, sondern diese ›Bündelung‹ sorgt für die Identität der medialen Produkte.

Tabelle 1: Merkmale verschiedener Zugangswege zu publizistischen Inhalten

Gattung	Kanal	Modus	Formatkontext	Marken-bindung
Print	offline	teillinear	stark gebündelt	stark
Rundfunk (Radio/TV)	offline / online	linear	gebündelt	stark
Mediathek	online	teillinear	gebündelt	stark
Homepage (z.B. zeit.de)	online	teillinear	gebündelt	stark
Social Media Page (z.B. facebook.de/diezeit)	online	überwiegend linear	gebündelt	stark
Personalisierte Social Media Timeline	online	überwiegend linear	fragmentiert	schwach
Web-Suche	online	nicht linear	fragmentiert	schwach

Teillinear: Es gibt eine intendierte Sequenzialität, die von den Nutzerïnnen durchbrochen werden kann.Überwiegend linear: Beiträge erscheinen in einer sequentiellen Timeline, innerhalb derer aber durch Scrollen oder Swipen selektiert werden kann.

Im Web ist dies noch ähnlich. In der frühen Phase des Onlinejournalismus betraten die großen journalistischen Marken die neuen digitalen Bühnen mit ihren **Homepages**. Das waren und sind noch Seiten, für die sich die Nutzerïnnen bewusst entscheiden können, wenn sie an der Marke oder dem Titel interessiert sind. Die meisten Homepages sind wie Zeitungen **rubriziert**, aber es gibt schon keine Ausgaben mehr, sondern die Angebote werden laufend aktualisiert. Ähnlich verhält es sich auch mit den On-Demand-Angeboten der klassischen Rundfunkanbieter, den **Mediatheken**: Die Homepages der Mediatheken stellen den einzelnen Beitrag noch in einen von dem Anbieter intendierten Zusammenhang aus Rubriken und anderen Beiträgen.

Ein wirklicher Paradigmenwechsel vollzog sich jedoch schon früh mit dem Vormarsch der großen **Suchmaschinen**. Denn dort stießen die Nutzerïnnen auf einmal nicht auf Grund einer Produktentscheidung auf die journalistischen Beiträge, sondern als Folge ihrer inhaltlichen **Anliegen** und **Anfragen**. Auch konnten oder mussten sie sich der Auswahl der Trefferlisten der Suchmaschinenbetreiber anvertrauen, die sie oft auch zu Beiträgen von Anbietern führten, für die sie sich ursprünglich nicht entschieden hätten.

Mit Aufkommen der sozialen Medien setzt sich diese **Fragmentierung** journalistischer Inhalte weiter fort. Zwar gibt es hier noch Elemente der klassischen Medienrezeption – die Nutzerïnnen können in den sozialen Netzwerken bestimmte Marken oder Anbieter ›abonnieren‹ – aber die Beiträge kommen überwiegend im **Mix der Timeline**, wo sie zunächst jedes redaktionell intendierten Zusammenhangs beraubt sind.

Journalistische Verwendung

Die immense Bedeutung sozialer Medien für Themenfindung und Recherche hat uns in → Kapitel 3 beschäftigt. Aber ihre Bedeutung für den Journalismus geht über diese vorbereitenden Wertschöpfungsstufen hinaus und betrifft auch die aktive Ausspielung eigener Inhalte.

Lange Zeit haben die Anbieter die sozialen Plattformen überwiegend für **redaktionelles Marketing** genutzt. Das heißt, sie bewarben Beiträge, die an anderer Stelle off- oder online erschienen, in sozialen Medien und setzten darauf, dass die Nutzerïnnen den Links in den dort platzierten Teasern folgen.

Außerdem nutzten sie die sozialen Medien für den Dialog, als eine Art **Forum**, in dem sich die Nutzerïnnen zu den Inhalten der Publikationen zu Wort melden können. Allerdings kommt es nun in seltenen Ausnahmefällen zu einer echten Interaktion zwischen Redaktion und Publikum. Denn die Gastgeberrolle und Moderation der Diskussionen liegt meist bei speziellen, ausgelagerten Social-Media-Teams.

Mittlerweile hat sich aber – gerade bei Formaten für jüngere Zielgruppen – die Einsicht durchgesetzt, dass soziale Medien nicht nur für flankierende Maßnahmen (wie redaktionelle Werbung und als Rückmeldekanal) genutzt, sondern als **eigenständige Ausspielkanäle** für journalistische Beiträge behandelt werden können und sollten. Wir haben in → Kapitel 6 über einige der neuen Formate gesprochen, die insbesondere auf Plattformen wie *Instagram* oder *Tiktok* entstanden sind. Auch *Youtube* war schon früh ein eigenständiger Ausspielweg, auch für journalistische Beiträge.

Beispiele: AJ+ und funk

Einer der ersten großen Anbieter, die sich mit speziellen Angeboten auf sozialen Medien profiliert haben, war der katarische Nachrichtensender *Al Jazeera*. Das Unternehmen hatte bereits 2013 den vom ehemaligen US-Vizepräsidenten Al Gore mitgegründeten Fernsehkanal *Current.tv* erworben, der als eines der allerersten Medienangebote nutzergenerierte Inhalte aus sozialen Medien in die Nachrichtenproduktion eingebunden hatte. 2014 entstand dann *AJ+*, ein internationales Nachrichtenangebot für junge Zielgruppen, das über eigene Smartphone-Apps sowie Kanäle auf *Facebook, X, Youtube, Instagram* und *Tiktok* ausgespielt wird.

Das crossmediale Konzept von *AJ+* unterschied sich von den meisten anderen journalistischen Angeboten jener Zeit, die primär als Maßnahmen im redaktionellen Marketing zur Verbreitung von Offline- und Web-Inhalten aufgestellt waren. Die Inhalte auf *AJ+* werden speziell für dessen Kanäle produziert, aber sie greifen auf die redaktionellen Ressourcen und das weltweite Korrespondentïnnennetzwerk von *Al Jazeera* zurück.

Einen etwas anderen Weg schlugen dann ab 2017 die öffentlich-rechtlichen Rundfunkanstalten in Deutschland mit ihrem ›Content-Netzwerk‹ *Funk* ein. Nachdem die Medienpolitik *ARD* und *ZDF* einen geplanten linearen Fernsehkanal für junge Zielgruppen untersagt und stattdessen eine rein internetbasierte Plattform gefordert hatte, traten die Sender die Flucht nach vorne an und etablierten ein flexibles Portfolio sehr verschiedener Social-Media-Kanäle auf Plattformen wie *Youtube, Instagram, Tiktok* und sogar auf der bei Gamerïnnen populären Streaming-Plattform *Twitch*. Diese Formate sind sowohl untereinander als auch von den traditionellen Funkhäusern weitgehend unabhängig, unterliegen aber einer strengen Berichtspflicht gegenüber der *Funk*-Zentralredaktion in Mainz. Nachdem *Funk* anfänglich ausschließlich auf Videoformate gesetzt hatte, gehören mittlerweile auch Podcastformate zum Programm.

Die direkte journalistische Ansprache vor allem junger Zielgruppen über soziale Medien führt auch zu einer neuen Qualität der Anschlusskommunikation zwischen den Redaktionen und ihrem Publikum. In den *Funk*-Kanälen beispielsweise ist das **Engagement** der Nutzerïnnen ein wesentlicher Bestandteil der **Erfolgsmessung** und die Rückmeldungen in den Kommentaren fließen auch in die redaktionelle **Qualitätssicherung** und **Programm-**

planung ein. Auf eine solche zeitgemäße Nutzung der Community werden wir noch einmal genauer in → Kapitel 14 zurückkommen.

Aber nicht nur bei solchen spezialisierten Angeboten ist die **aktive Teilnahme** an sozialen Medien zu einem wesentliches Standbein der Arbeit geworden. Längst gilt für alle journalistischen Anbieter: Die **Präsenz** auf den Plattformen, die **Qualität** der dort sichtbaren Beiträge und die **Zugänglichkeit** der journalistischen Akteur̈innen für die Belange ihres Publikums sind zu einem entscheidenden Erfolgsfaktor der journalistischen Arbeit geworden.

!!

Merke

Journalistische Nutzung von sozialen Medien: Die möglichen Nutzungsarten noch einmal im Überblick:

- Themenbeobachtung und -findung
- Vertiefte Recherche
- Netzwerkpflege (Informanẗinnen/Experẗinnen)
- Crosspromotion eigener Beiträge, die an anderen Orten erschienen sind
- Publikation und Distribution speziell für die Plattform produzierter Beiträge
- Aktivierung des Publikums und Interaktion mit der Redaktion
- Markenbildung und Erschließung neuer Nutzer̈innen

Netzwerke und Plattformen

Wir haben uns daran gewöhnt, dass soziale Medien auf privatwirtschaftlich aufgestellten **zentralen Plattformen** stattfinden, die überwiegend aus den USA oder aus China stammen und zu Konzernen wie *Alphabet/Google* oder *Meta* gehören. Das ist aber nicht notwendigerweise der Fall. In den 2000er Jahren, als der Begriff ›soziale Medien‹ aufkam, zählte man auch **Weblogs** dazu, also chronologisch sortierte, meist persönliche Webangebote, die einfach zu installieren und betreiben sind und für eine ungeahnte Welle der Amateur̈innenpublizistik sorgten. Die Vernetzung fand hier mit Hilfe eines einfachen Datenaustauschstandards namens **Rich Site Summary (RSS)** statt, der das Abonnieren von Blogs und eine rudimentäre Kommentar- und Dialogfunktion auch zwischen Blogs (Trackbacks) ermöglichte.

Auch wenn Blogs und RSS sich nicht im erhofften Ausmaß durchgesetzt haben, blieb der Gedanke eines dezentralen Netzwerks von kleineren Angeboten oder Plattformen, die sich in Echtzeit miteinander austauschen können, am Leben. Seit einigen Jahren arbeiten verschiedene Communitys am **›Fediverse‹**, einem mittlerweile vor allem durch das Protokoll **ActivityPub** zusammengehaltenen Universum verschiedener nicht kommerzieller, dezentraler Social-Media-Dienste. Dort gibt es Alternativen zu X *(Mastodon)*, *Instagram (Pixelfed)* oder *Facebook (Friendica)*. Auch wenn die letzteren beiden weiter eher ein Nischendasein fristen, erhielt *Mastodon* nach der Übernahme von *Twitter/X* durch Elon Musk einen großen Aufschwung und entwickelt sich zu einer ernstzunehmenden Konkurrenz für den Microbloggingdienst.

Die andere Seite

Bühne 1: Das Smartphone

Wenn wir die Dynamiken neuer Plattformen verstehen und die journalistischen Spielräume ausloten wollen, ist es sinnvoll, sich gründlich mit der anderen Seite, den Rezipientïnnen und ihren medialen Konfigurationen zu beschäftigen. Da insbesondere die **Smartphones** für die Rezeption journalistischer Inhalte und natürlich auch für die sozialen Medien eine Rolle spielen, zunächst ein paar Überlegungen zu dieser besonderen ›Bühne‹.

Wenn ein Smartphone ausgeliefert wird, kommt es mit einer Reihe vorinstallierter Apps, die gewisse Grundfunktionen wie Mail, Karten und Navigation, die Bedienung von Soundrecorder und Kamera, Verwaltung von Kontakten, Mediendateien wie Fotos und Videos etc. abdecken. Die Apps einzelner **journalistischer Anbieter** wie beispielsweise *Tagesschau* oder *Spiegel Online*, sind hier noch nicht zu finden. Die generischen mitgelieferten News-Apps müssen erst aufwändig konfiguriert werden, um für die Nutzerïnnen relevante Resultate zu liefern.

Alles weitere unterliegt den Entscheidungen der Nutzerïnnen. Sie füllen ihr Gerät mit Apps eigener Wahl, die nicht nur für Funktionen, sondern auch für Lifestyle-Entscheidungen stehen. Erst wenn die Nutzerïnnen Apps installieren, die den gewünschten journalistischen Marken einen Weg auf ihr Gadget ermöglichen, erreichen diese hier überhaupt ihr Publikum.

Der **Startscreen** des Smartphones ist ein heiß umkämpfter Schauplatz. Für die Nutzerïnnen kommt hier vieles zusammen: Privatleben, Arbeitswelt und Öffentlichkeit, Information und Emotion, Ernst und Spaß, Virtuelles und Realität. Statistiken zeigen, dass auf den ersten Plätzen in den Download-Rankings der Appstores für gewöhnlich Apps der gerade aktuellen **sozialen Netzwerke** und **Instant Messenger** stehen. Danach kommen dann einige Spiele- und Shopping-Apps. Die Apps spezifischer journalistischer Anbieter tauchen erst sehr viel später auf.

Natürlich kann man die **Download-Zahlen** von Apps der journalistischen Medien nicht direkt mit den Apps der großen, globalen Plattformanbieter wie *Youtube* oder *Instagram* vergleichen, denn die Angebotsvielfalt bei den Journalismus-Apps ist sehr viel größer. Aber es bleibt die Einsicht, dass es ohne einen Auftritt auf den führenden sozialen Medienplattformen eigentlich nicht geht. Zumindest ist er ein praktisch unumgehbarer **Einstiegspunkt** für eine mögliche Bindung potenzieller Nutzerïnnen an eigene journalistische Marken und ihre Formate.

Diese Einsicht wird bestätigt, wenn man die andere, wichtige Kennzahl für den mobilen Aufmerksamkeitsmarkt betrachtet: die mit einer App **verbrachte Zeit.** Auch hier sind es wieder die Apps der großen, sozialen Medien, mit denen die Nutzerïnnen mit Abstand die meiste Zeit verbringen. (Für aktuelle Zahlen vgl. die am Ende zitierten jährlichen *Digital News Reports* vom Reuters Institute.)

Bühne 2: Die Timeline

Wenn man den Startscreen des Smartphones als ersten Schauplatz verlässt, eine Ebene tiefer geht und die Apps einzelner sozialer Medien betrachtet, begegnet einem die nächste heiß umkämpfte Bühne. Fast alle sozialen Netzwerke spielen ihre Inhalte über **Timelines** aus. Diese sind nur in Ausnahmefällen strikt chronologisch nach Eingang der Beiträge sortiert: Auf den meisten Plattformen *(Instagram, Tiktok, Facebook)* entscheiden die Betreiberïnnen anhand **algorithmischer Verfahren** über Auswahl und Reihung der ausgespielten Inhalte. Bei *X* muss man für eine chronologische Reihung explizit eine entsprechende Einstellung wählen, nur bei *Bluesky* und *Mastodon* handelt es sich um die Standardkonfiguration.

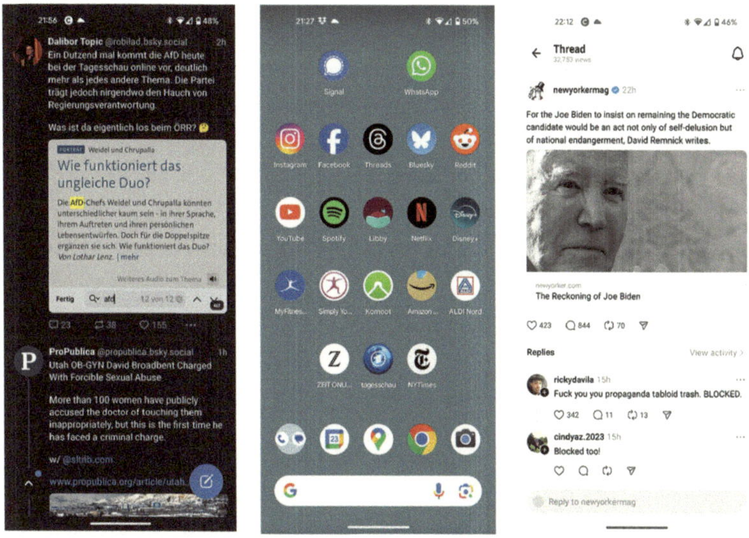

Abb. 7.1: Umkämpftes Terrain: Auf dem Startscreen der Smartphones müssen sich journalistische Anbieter den Platz mit vielen anderen Angeboten teilen. Auch in den Timelines der sozialen Medien beherrschen sie nicht die Bühne.

Abgesehen von den meist intransparenten algorithmischen Auswahl- und Priorisierungsmechanismen gibt es drei Arten von Inhalten, die auf den Timelines zu sehen sind:

1. Inhalte von Anbietern, die die Nutzer:innen **selbst ausgewählt/abonniert** haben;
2. Inhalte, die von anderen Teilnehmer:innen **geteilt** werden;
3. Inhalte, die werblichen Charakter haben und für deren Auftauchen die Anbieter **bezahlt** haben.

Für journalistische Anbieter kann es gerade zum Einstieg sinnvoll sein, auf dem letzteren Weg Sichtbarkeit zu kaufen. Auf lange Sicht wird es aber darum gehen, dass die Nutzer:innen freiwillig den journalistischen Angeboten folgen oder dass sie von den Algorithmen der Anbieter favorisiert werden. Bestenfalls tragen die anderen Nutzer:innen zur weiteren Verbreitung bei, indem sie möglichst häufig einzelne Beiträgen teilen.

Besonders diese Logik hat zu einem Kult der **Viralität** geführt, der teilweise absurde Blüten getrieben hat. Man muss sich aus journalistischer Perspektive klarmachen, dass die **Wettbewerbsmechanik** der Timelines den spezifischen **journalistischen Mehrwert** – also beispielsweise Nachrichtenfaktoren wie Relevanz – nicht unterlaufen sollte. Aber auch angesichts dieser Einsicht ist es natürlich sinnvoll, die Mechanismen genau zu studieren, die entscheiden, ob und in welchem Umfang ein Publikumskontakt überhaupt zustande kommt.

Vor- und Nachteile

In einer vorläufigen Bilanz können wir Vor- und Nachteile des journalistischen Einsatzes sozialer Medien einander gegenüberstellen.

Positiv ins Gewicht fällt, dass in sozialen Medien gerade **jüngere Zielgruppen** sehr treffsicher angesprochen werden können. Die **Erfolgsmetriken** der sozialen Medien sind präziser und aussagekräftiger als die Reichweitenmessungen der traditionellen Medien (dazu später mehr in → Kapitel 15). Es gibt eine große **interaktive Nähe** zum Publikum, die man auf vielfache Weise nutzen kann, zum Beispiel um die Nutzer*innen stärker an die Marke zu binden, aber auch um gezielt Feedback zum eigenen Angebot einzuholen (vgl. → Kapitel 14). Die Vernetzung der Nutzer*innen untereinander ermöglicht eine **virale Ausbreitung** der Inhalte und damit eine Erweiterung des potenziellen Publikums.

Diese Vorteile werden jedoch mit einer Reihe deutlicher Nachteile erkauft. So werden die Beiträge in den Timelines, wie schon erwähnt, aus ihrem intendierten medialen Zusammenhang gerissen und **fragmentiert**. Dies unterminiert alle Bemühungen um eine stärkere **Markenbindung**: Das Publikum nimmt das isolierte Schnipsel nicht mehr auf die gleiche Weise als ›gebrandet‹ wahr, wie das in traditionellen Medienprodukten (Zeitungen, Sendungen) der Fall war. Die traditionellen **Erlösmodelle** erodieren: Wenn es ein Anzeigengeschäft gibt, werden die Erlöse bestenfalls mit der Plattformbetreiber*in geteilt. Auch der **Pflegeaufwand**, gerade was die Interaktion mit den Nutzer*innen angeht, ist hoch. Und nicht zuletzt unterliegt die journalistische Publikation auf sozialen Netzwerken deren extrem schnellen **Produkt- und Innovationszyklen**: Kaum hat man sich an die eine Plattform gewöhnt, ist diese bereits veraltet und man muss sich auf eine neue einstellen.

Erfolgsfaktoren

Auch wenn natürlich große Unterschiede zwischen den einzelnen Plattformen bestehen und man beispielsweise eine *Facebook*-Page schlecht mit einem *Youtube*- oder gar *Tiktok*-Kanal vergleichen kann, gibt es ein paar identifizierbare Erfolgsfaktoren journalistischer Arbeit in sozialen Medien.

Die Marke

- Die **Markenidentität** der Beiträge sollte für die Nutzerïnnen unmittelbar erkennbar sein. Dies kann durch Logos und Design-Merkmale wie Farbcode oder Typografie gewährleistet werden, aber auch die Form und Tonalität der journalistischen Beiträge spielt eine Rolle.
- Es ist sinnvoll, zwischen den Beiträgen der eigenen Marke **Zusammenhang (Kohärenz)** zu stiften, um der Fragmentierung der Beiträge in den Timelines entgegenzuwirken und die Nutzerïnnen dazu zu bewegen, dem Angebot regelmäßig zu folgen. Dies wird am besten durch ein auch inhaltlich erkennbares Markenprofil gewährleistet, das bei den Nutzerïnnen eine Erwartungshaltung erzeugt.

Die Inhalte

- Da die Rezeption der Beiträge in den sozialen Medien im Normalfall schnell getaktet ist und oft auch formale Umfangsbeschränkungen bestehen, ist **Kompaktheit** ein anzustrebendes Ideal für die Beiträge. Wie im guten Boulevardjournalismus geht es darum, zu verknappen, ohne zu verflachen.
- Die Beiträge sollten außerdem extrem **zugänglich** sein. Gerade bei kleinen linearen Formen wie *Youtube*-Videos oder Storys und Kachelkarussellen auf *Instagram* kommt es besonders auf den Einstieg an. Dieser sollte niedrigschwellig sein und in den weiteren Beitrag hineinziehen.
- Dabei dürfen die journalistischen Qualitätsmerkmale wie **Relevanz** nicht aus dem Blick geraten. Keiner journalistischen Marke ist gedient, wenn sie auf den sozialen Medien mit Albernheiten bekannt wird. Und Relevanz ist am besten erkennbar, wenn sie auf die konkrete **Lebenswirklichkeit** der jeweiligen Zielgruppen heruntergebrochen wird.

- Die Empirie zeigt: Wenn es nicht um Unterhaltung geht, ist dem Publikum **Nutzwert** besonders wichtig. Informationen, die konkret dazu beitragen, das eigene Leben besser zu bewältigen, werden nicht weggescrollt.
- Was für die ganze Marke Kohärenz bedeutet (s.o.), heißt für den einzelnen Beitrag **Anschlussfähigkeit**. Damit kann sowohl der Zusammenhang mit anderen Beiträgen des Angebots gemeint sein als auch dessen Tauglichkeit als Gesprächsthema on- und offline.
- Und wer sein Publikum genau beobachtet, dem wird es auch gelingen, den Beiträgen das Potenzial zur **Viralität** zu geben. Die erreicht man, wenn die Beiträge nicht nur gut sind, sondern den Nutzerïnnen darüber hinaus das Gefühl geben, dass es sie schmückt und ihren Freundïnnen einen Gefallen tut, wenn sie sie teilen.

Die Akteurinnen

- Die meisten Kanäle auf sozialen Medien belohnen eine geschickte **Personalisierung** durch geeignete Moderatorïnnen oder Presenterïnnen. Nichts sorgt so gut für Wiedererkennbarkeit und den Wunsch, ›dranzubleiben‹ wie ein sympathisches Gesicht (oder mehrere).
- Die Protagonistïnnen der Kanäle gewinnen ihre Reputation nicht allein durch Aussehen und Eloquenz. Gerade bei journalistischen Formaten müssen sie auch als **wahrhaftig und glaubwürdig** wahrgenommen werden.
- Im Gegensatz zu den klassischen journalistischen Medien sind die sozialen Medien keine kommunikative Einbahnstraße. Wer hier Profil zeigt, wird auch daran gemessen, wie gesprächsbereit er oder sie sich zeigt. Ohne **Responsivität** kein Erfolg.

Die Wahl der Kanäle

Auch wenn das Verfallsdatum für spezifische Social-Media-Plattformen nicht verlässlich vorhergesagt werden kann, zeigt die Erfahrung, dass deren **Lebensdauer** begrenzt ist. Wer erinnert sich noch an einst erfolgreiche Anbieter wie *Geocities* oder *Myspace*? Bei den Diensten, die vergleichsweise lange bestehen, lässt sich beobachten, dass die Nutzerïnnen mit ihren Plattformen altern. Wer dran bleiben und junge Zielgruppen ansprechen will, muss ständig bereit sein, neue Trends wahrzunehmen und aufzugreifen.

Nun ist der Journalismus eine erstaunlich konservative Branche, und die Widerstände dagegen, vermeintlich sichere, bewährte Arbeitsweisen und Ausspielkanäle zu verlassen, sind dort erfahrungsgemäß sehr groß. (Deutlich größer als zum Beispiel in den Public Relations!) Dies ist besonders der Fall, wenn ein neu entstehendes Medium sich vermeintlich fest in der Hand von Milieus befindet, denen man den heiligen Ernst des eigenen Gewerbes nicht zutraut, wie in den letzten Jahren die chinesische Kurzvideoplattform *Tiktok*.

Zum Glück gibt es immer wieder unermüdliche **Pionierïnnen und Mahnerïnnen** wie den deutschen Journalisten Marcus Bösch, der schon Ende der 2000er Jahre den deutschen Journalismus auf das damals brandneue Gleis des mobilen Journalismus setzte (vgl. → Kapitel 8). Bösch hat jetzt mehrere Jahre lang einen exzellenten Newsletter geschrieben, in dem er sich aus journalistischer Sicht mit dem Phänomen *Tiktok* beschäftigt.

Ob sich das Nachrichtengeschäft nun auf *Facebook, Twitter, Instagram, Tiktok* oder einem der kommenden Kanäle abspielt, der Journalismus muss lernen, mit einem sich ständig wandelnden Portfolio von Ausspielwegen zu leben und sich permanent neu zu erfinden.

Identität und Nutzung

Die Herausforderung besteht jeweils darin, das eigene **Angebot** und die **Zielgruppe** auf den neuen Plattformen zusammenzubringen. Versuche, dabei an bestehenden Gewohnheiten stramm festzuhalten und das angepeilte Publikum dann zur Nutzung des eigenen Angebots zu erziehen, scheitern erfahrungsgemäß. Also kann es nur darum gehen, die Kultur und Nutzungsgewohnheiten der Zielgruppen, dort wo sie sich befinden, so gründlich zu studieren, dass man lernt, sich in dem neuen medialen Ökotop zu orientieren und dort seine eigene Nische zu finden. Der Erfolg traditioneller journalistischer Marken wie zum Beispiel *Tagesschau* auf *Instagram* und *Tiktok* zeigt, dass dabei meist weniger Opfer gebracht werden müssen als befürchtet.

In seinen jährlich erscheinenden *Digital News Reports* erhebt das *Reuters Institute* der Universität Oxford jährlich weltweit aktuelle Daten über den Nachrichtenkonsum vor allem auch junger Zielgruppen. Dort erfährt man nicht nur aktuelle Befunde über die unterschiedlichen Nutzungsgewohnheiten verschiedener **Generationen**, sondern auch über Differenzen zwischen verschiedenen **Nationen und Kulturkreisen**. Und die Berichte machen unmissverständlich klar, dass der Nachrichtenkonsum mittlerweile zum weit überwiegenden Teil **durch soziale Medien vermittelt** wird, und dass die Nutzerïnnen durchaus ein Bewusstsein dafür haben, welche Beiträge ihnen dort einen echten informationellen Mehrwert liefern.

Nutzungserlebnis

Zeitgemäßes Mediendesign orientiert sich am **Nutzungserlebnis** (User Experience, kurz: UX) und versucht dieses zu optimieren. Auf sozialen Medien geht es dabei um mehr als die visuelle **Anmutung**, die **Qualität** der Beiträge (Informationsgehalt, Storytelling) und die **Funktionalität** der Navigation. Es gehört dazu auch ganz wesentlich das **soziale Klima** im Umgang mit den Nutzerïnnen: Offenheit und Transparenz der Arbeit, Sichtbarkeit und Ansprechbarkeit der Akteurïnnen, Professionalität, die richtige Balance zwischen Nähe und Distanz, gekennzeichnet von Werten wie Empathie und Respekt. All das trägt zu einem positiven Nutzungserlebnis in einer Umgebung bei, in der die journalistischen Anbieter weniger Kontrolle über ihr Gesamtprodukt haben als in traditionellen Medienumgebungen.

Umgang mit Beschränkungen

Beschränkungen, das ist bekannt, können **Kreativität und Innovationen** fördern. Dies ist im Umgang mit sozialen Medien besonders gut zu beobachten: Das Limit von (ursprünglich) 140 Zeichen Textlänge bei *Twitter/X*-Beiträgen, die Zeitbegrenzungen bei Storys und Reels auf *Snapchat, Instagram* oder *Tiktok,* die Notwendigkeit, seine Videos dort im Hochkantformat zu produzieren – all dies hat die Teilnehmerïnnen und später auch professionelle Anbieter dazu stimuliert, neue und aufregende Verwendungsweisen für diese Kanäle zu entwickeln. Journalistïnnen können und sollten sich diese Haltung zu eigen machen.

Rollenkonflikte

Viele Journalistïnnen, die in sozialen Medien aktiv sind, tun dies unabhängig von den Publikationen, für die sie arbeiten. Einige haben sogar mit ihrem Engagement begonnen, bevor ihre Arbeitgeberïnnen sich für einen Einsatz in den sozialen Medien entschieden. Dies betrifft vor allem *X*, das (noch als *Twitter*) viele Jahre lang ein besonderer Tummelplatz für Journalistïnnen gewesen ist.

Ein prominentes Beispiel ist der österreichische Fernsehjournalist Armin Wolf, der im *ORF* die spätabendliche Nachrichtensendung *Zeit im Bild 2* moderiert. Er hat auf *X*, wo er sich differenziert und meinungsstark in aktuelle Debatten einbringt, über eine halbe Million Followerïnnen. Obwohl Wolf in seiner Selbstauskunft explizit darauf hinweist, dass es sich nicht um einen *ORF*-Account handele, wird sein Profil natürlich immer wieder – im Guten wie im Schlechten – mit dem Sender in Verbindung gebracht. Stefan Ottlitz, ehemaliger Redaktionsleiter bei *Spiegel Online* und *Süddeutsche.de* und jetzt Leiter der Produktentwicklung beim *Spiegel*, macht sich denn auch mit seinem *X*-Namen @hierprivat über derartige Disclaimer lustig.

Tatsächlich kann es immer schwierig werden, wenn Journalistïnnen in ihren Social-Media-Aktivitäten von der **Redaktionslinie** ihrer Publikationen abweichen oder dort gar **Geschehen an ihrem Arbeitsplatz** kommentieren. Und es gibt Diskussionen darüber, ob man solche potenziellen Rollenkonflikte durch ein Verbot privater Social-Media-Aktivitäten unterbinden solle oder ob sie einfach zur neuen digitalen Medienrealität dazugehören.

Viele Redaktionen haben auf diese Herausforderung mit **Social-Media-Richtlinien** reagiert. Die *BBC* empfahl ihren Mitarbeiterïnnen schon 2011 lakonisch: »Don't do anything stupid.« Auch beim *Guardian* und der *New York Times* haben die Richtlinien eher den Charakter von Empfehlungen. Armin Wolfs Arbeitgeber *ORF* hat 2019 ebenfalls Richtlinien erlassen, die etwas weiter gehen und beispielsweise eine explizite Parteinahme für bestimmte Politikerïnnen ausschließen.

Abb. 7.2: ORF-Starmoderator Armin Wolf nutzt Twitter/X, um mit seinem Publikum zu interagieren.

Für **Freiberuflerïnnen** ist die Sache auf den ersten Blick einfacher, aber auch hier ist Behutsamkeit geboten, denn die in sozialen Netzen gewonnene Reputation kann sich positiv oder negativ auf die Akquise neuer Aufträge auswirken. Freie Journalistïnnen müssen immer abwägen, mit welchem **persönlichen Profil** sie wahrgenommen werden wollen, sowohl von ihren potenziellen Arbeitgeberïnnen als auch von ihrem Publikum.

Zur Vertiefung

Test zu Kapitel 7
https://www.utb.de/do/10.36198/9783838562322-e06/disclaimer

Weiterführende Lektüre

Schmidt, J.-H. (2018). *Social Media* (Medienwissen kompakt) (2., aktualisierte und erweiterte Auflage). Wiesbaden [Heidelberg]: Springer VS. – Leider auch in der 2. Auflage mittlerweile nicht mehr ganz frisch, ist dieses kleine Buch dennoch eine sehr gute Einführung in die Materie.

Bettendorf, S. (2019). *Instagram-Journalismus: Ein Leitfaden für Redaktionen und freie Journalisten* (essentials). Wiesbaden: Springer Fachmedien Wiesbaden. – Eine kurze, sehr praxisorientierte Einführung

Social Media Analytics: A Practical Guidebook for Journalists and other Media Professionals – Die *Deutsche Welle Akademie* unterstützt Journalistinnen weltweit mit Fortbildungen und Materialien. In diesem Handbuch geht es um die Erhebung von Erfolgskennzahlen in den sozialen Medien. (Mehr dazu in → Kapitel 15).

Understanding Tiktok – Der Newsletter des deutschen Journalisten Marcus Bösch ist ein sehr gutes Beispiel dafür, wie fruchtbar es für den Journalismus sein kann, sich neue Plattformen sehr genau anzuschauen und auf ihre Tauglichkeit für journalistische Formate zu überprüfen.

Ausgewählte Forschung

- Die wahrscheinlich wichtigste international vergleichende, aktuelle Quelle über den Nachrichtenkonsum in digitalen Medien bilden die jährlich erscheinenden *Digital News Reports* des *Reuters Institute* an der Universität Oxford.
- Die deutschen Ergebnisse werden vom *Hans-Bredow-Institut* in Hamburg erhoben und erscheinen auch als separate Publikationen.
- Ebenfalls vom *Hans-Bredow-Institut* erschien 2021 die Studie *#usethenews* zur Nachrichtenkompetenz von Jugendlichen und jungen Erwachsenen in der digitalen Medienwelt.
- Weitere aktuelle Ergebnisse aus der Medienforschung, immer wieder auch zur Bedeutung sozialer Medien, findet man beispielsweise in der Zeitschrift *Media Perspektiven* der *ARD* Medienforschung. Dort gibt es auch eine brauchbare Medien-Nutzer-Typologie.
- Humayun, M. F. & Ferrucci, P. (2022). Understanding Social Media in Journalism Practice: A Typology. In: *Digital Journalism* 10(9), S. 1502-1525.

London: Routledge. – Der Aufsatz gibt einen Überblick über Forschung zu den verschiedenen Funktionen von sozialen Medien im Journalismus.

Übungen

- Gehen Sie auf die Website des *Digital News Reports* vom Reuters Institute an der Universität Oxford. Lassen Sie sich in der Sektion »Interactive« die Diagramme (Charts) über **Nachrichtenquellen** (»Sources of News«) anzeigen. Welches europäische Land hat den höchsten Anteil beim Nachrichtenkonsum über soziale Medien?
- Rufen Sie jetzt das Chart über »Social Networks for News« auf. Vergleichen Sie dort den Nachrichtenkonsum über verschiedene soziale Medien in Deutschland mit dem angegebenen Durchschnitt und mit ein oder zwei ausgewählten anderen Ländern. Was fällt Ihnen auf?
- Betrachten Sie die Onlineaktivitäten einer lokalen Tageszeitung in Ihrer Region:
  - Auf welchen Social-Media-Plattformen ist die Zeitung vertreten?
  - Was wird dort jeweils gemacht? Geht es nur um Werbung für Artikel im Print bzw. Web? Oder werden die Plattformen auch eigenständig als Nachrichtenkanal genutzt?
  - Unterscheidet sich die Zielgruppenansprache (Themen, Tonalität) zwischen den verschiedenen Kanälen?
  - Wie bewerten Sie die einzelnen Social-Media-Aktivitäten der Zeitung? Gibt es Verbesserungspotenzial?

8. Mobiler Journalismus

Themen

Smartphone als universelles Aufnahme- und Sendegerät, mobile Videoproduktion, zusätzliche Peripheriegeräte, Apps für Aufnahme und Schnitt, Live-Streaming, Kameradrohnen

Über diese Lerneinheit

Aktuelle Smartphones erlauben es Journalist:innen, von unterwegs ohne zusätzliche technische Ausstattung sendefähige Fotos, Audios und Videos zu produzieren. Es sind sogar kleine Liveübertragungen möglich. Doch ganz ohne handwerkliches Wissen über Arbeitsabläufe und Aufnahmetechnik geht es nicht. Mit relativ geringem Aufwand lässt sich auch die technische Ausstattung verbessern.

Was Sie hier lernen

- geeignete Situationen für den mobilen Journalismus zu erkennen
- mobile Videobeiträge richtig vorzubereiten und zu erstellen
- die Grundausstattung ihres Smartphones mit zusätzlichen Apps und Peripheriegeräten (Mikrofonen, Stativen etc.) zu ergänzen
- einfache Live-Streamings auf Plattformen wie *Youtube* oder *Facebook* zu planen und durchzuführen

Einleitung

Ein Meilenstein in der Entwicklung des digitalen Journalismus war die Einführung der **Smartphones**. Die multifunktionalen Endgeräte revolutionierten nicht nur die **Rezeption** von journalistischen Medieninhalten (vgl. → Kapitel 2, → Kapitel 7), sie erleichterten auch deren **mobile Produktion**.

Der Journalismus ist natürlich immer schon mobil gewesen. Reporterïnnen waren immer schon unterwegs, haben vor Ort Texte geschrieben, Fotos geschossen, O-Töne aufgenommen oder Videos gedreht. Aber wenn wir heute von ›mobilem Journalismus‹ sprechen, meinen wir eine Art von Mobilität, die es praktisch jeder Person ermöglicht, bei Bedarf direkt auf **Aufnahmetechnik** zurückzugreifen, mit der Berichte erstellt werden können, die professionellen Standards genügen.

Die drastische **Miniaturisierung** der Aufnahmegeräte hatte schon vorher eingesetzt: Schon um die Jahrtausendwende gab es statt schwerer Fernseh- und Videokameras handliche Camcorder. Die tragbare Nagra, als Tonbandgerät Standardausrüstung mobiler Radioreporterïnnen seit den 1950er Jahren, wurde durch deutlich kleinere Minidisk-Recorder abgelöst. Aber erst die Smartphones verbinden **Multifunktionalität** und **Konnektivität** in einem Ausmaß, das eine komplett neue Qualität mobiler journalistischer Arbeit möglich macht. Über viele Jahre besteht der weitere Fortschritt dann nur noch in einer Verbesserung der Parameter: höhere Bildauflösungen, größere Bandbreiten bei der Datenübertragung, bessere Apps.

Begriffserklärung

Mobiler Journalismus ist die journalistische Berichterstattung mit Hilfe multifunktionaler, vernetzter mobiler Endgeräte (vor allem Smartphones und Tablets), die bei der Produktion (Aufnahme), Postproduktion (Schnitt etc.) und Distribution (Upload) zum Einsatz kommen können.

Anwendungen

Man kann den neuen mobilen Journalismus am besten verstehen, wenn man sich Szenarien anschaut, in denen er gegenüber konventionelleren Formen der Berichterstattung eindeutig im Vorteil ist.

- Dies ist zum Beispiel bei Ereignissen der Fall, die eine **hohe Dynamik** aufweisen. Wenn die Reporter'in zum Beispiel an einer Demonstration teilnimmt, bei der es zu Straßenkämpfen kommt, dann kann sie bei mobiler Ausstattung mit den Protagonist'innen mitlaufen. Der – mittlerweile politisch stramm rechte – US-amerikanische Youtuber Tim Pool machte sich auf diese Weise 2011 bei den Occupy-Wall-Street-Demonstrationen und 2014 bei den Gezi-Park-Protesten in Istanbul als Pionier des mobilen Journalismus einen Namen. Er nahm teilweise mit zwei Smartphones parallel sich selbst und das Geschehen bei den Protesten auf, streamte diese Aufnahmen übers Netz und chattete dabei live mit seinem Publikum.

Für ein eher unrühmliches Beispiel dieser Kategorie sorgte ein Reporter des *Stern*, der 2015 in Paris in einen bewaffneten Polizeieinsatz gegen Terroristen geriet. Er zückte das Smartphone, lief dicht hinter den vorrückenden Sicherheitskräften her, behinderte diese so in ihrer Arbeit und stammelte dabei ins Mikrofon, er wisse eigentlich auch nicht, was gerade passiert.

- Aber **unerwartete Ereignisse** sind natürlich ein weiteres Szenario, bei dem es sich auszahlt, wenn man taugliches Equipment zur Hand hat. Das können unerfreuliche Ereignisse sein, wie Attentate oder Naturkatastrophen, aber auch einfach die nicht geplante Begegnung mit einer potenziellen Interviewpartner'in auf einer Veranstaltung. Wer in einer solchen Situation sein Smartphone zur Hand hat, kann niedrigschwellig wertvolles Material für weiterführende Beiträge aufzeichnen.

Dass so ein Einsatz mit **unangenehmen Folgen** verbunden sein kann, selbst wenn er nach bestem Wissen und Gewissen erfolgt, zeigt das folgende Beispiel: Der Journalist Richard Gutjahr vom *Bayerischen Rundfunk (BR)* hatte im Juli 2016 das Pech, sich innerhalb nur weniger Tage bei gleich zwei terroristischen Anschlägen zufällig am Schauplatz zu befinden: bei der Amokfahrt in Nizza und gut eine Woche später beim Münchner Anschlag am Olympia-Einkaufszentrum. Er berichtete in beiden Fällen live, besonnen und professionell. Unter anderem dafür wurde er später vom *medium magazin* zum Journalisten des Jahres 2016 (2. Platz) erklärt. Gleichzeitig starteten jedoch verschwörungstheoretische Kreise eine Kampagne gegen Gutjahr, die ihn bis an die Grenze der psychischen Belastbarkeit führte. Ende 2019 verließ er seinen Sender, weil er sich in dem Konflikt von dessen Leitung nicht hinreichend unterstützt fühlte.

- Ein weiterer Anwendungsbereich für mobilen Journalismus sind **Nischenthemen**, die nur kleinere Zielgruppen ansprechen und deshalb im Mix der großen Medien nicht genügend Aufmerksamkeit erhalten. Dies betrifft zum Beispiel Lokalpolitik oder Randsportarten. Hier können motivierte mobile Reporter'innen ohne allzu großen Aufwand wertvolle journalistische Arbeit leisten und Themen aufwerten, die sonst Gefahr laufen, vernachlässigt zu werden.
- Auch in Situationen, in denen Journalist'innen berichten wollen, ohne aufzufallen, kann die mobile Ausrüstung von Vorteil sein. Das kann einfach eine Reportage von einer festlichen Veranstaltung sein, bei der man nicht stören möchte, aber natürlich auch der **Undercover**-Einsatz in einem feindseligen Milieu. Bereits im Jahr 2012 sendete der katarische Nachrichtenkanal *Al Jazeera* eine Videodokumentation mit dem Titel *Syria: Song of Defiance*, in der aus dem Widerstand gegen das Assad-Regime berichtet wurde. Der Beitrag war aus Sicherheitsgründen komplett mit dem Smartphone gefilmt worden.
- Als letztes Szenario seien hier Aufnahmesituationen genannt, die **räumlich beengt** sind. Dabei kann es sich um den Mitflug in einem Kampfjet oder den gemeinsamen Ausflug mit einer Höhlenforscher'in handeln. Wo wenig Platz ist, trägt das Smartphone als Recorder weniger auf als die traditionelle Foto- oder Videokamera.

Die einzelne Journalist'in mit ihrem Smartphone als universellem Arbeitsgerät vor Ort wird den Einsatz professioneller, arbeitsteiliger Aufnahmeteams, wie sie aus dem traditionellen Radio- und Fernsehjournalismus bekannt sind, in den meisten Situationen nicht ersetzen können. Dafür sind die Aufgaben meist zu komplex: Unter Zeitdruck für die richtige Kameraperspektive, die beste Beleuchtung, einen ordentlichen Ton und die besten Interviewfragen zu sorgen, wird eine einzelne Person im Normalfall überfordern. Aber man kann mit Smartphones und dazu passender Peripherie (Stative, Lampen, Mikrofone etc.) sehr gut auch im Team produzieren und reduziert damit Umfang und Gewicht der erforderlichen Ausrüstung beträchtlich. Und im Grenzfall können auch Einzelpersonen beachtliche Ergebnisse erzielen.

Arbeitsmodi

Smartphones und Tablets sind von Haus aus **multimodale Arbeitsgeräte**. Das heißt, dass sie Arbeit für praktisch alle journalistischen Ausspielkanäle ermöglichen:

- Für Print und andere textbasierte Formate erlauben sie **Textproduktion**. Diese ist – besonders bei Smartphones – wegen der Platzbeschränkung bei den Tastaturen weiterhin mühsam, aber Fortschritte bei den Diktier- und Transkriptionsprogrammen versprechen hier Besserung.
- Besonders bei der **Fotografie** haben die Hersteller in den letzten Jahren verblüffende Fortschritte gemacht. Die mit Smartphones aufgenommenen Fotos sind hochauflösend und farbkräftig, und dank hochempfindlicher Sensoren und algorithmischer Aufbesserungsverfahren sind sogar unter schlechten Lichtverhältnissen ansehnliche Bildaufnahmen möglich. Doch gerade der automatische Einsatz KI-gestützter Filter und Bearbeitungsverfahren bildet für den Journalismus auch ein Problem, denn es handelt sich streng genommen um Prozeduren, die die Authentizität der Aufnahme beeinträchtigen. Außerdem fehlt es den Smartphone-Objektiven noch an der Variabilität, zum Beispiel von Brennweiten und Blendenöffnungen, die von professionellen Fotograf'innen mit traditionellem Gerät auch als Gestaltungsmittel eingesetzt werden.
- Auch bei den **Tonaufnahmen** hat sich viel getan: Die Qualität der in Smartphones verbauten Mikrofone ist deutlich besser geworden, und auch hier spielen KI-basierte Optimierungsverfahren eine Rolle. Allerdings wird hier im Normalfall nur die Aufnahme aus unmittelbarer Nähe optimiert. Für Raumtöne oder Tonaufnahmen aus der Distanz macht es weiterhin Sinn, spezialisierte externe Mikrofone mit der erforderlichen

Richtcharakteristik sowie spezielle Recorder-Apps zu verwenden, die eine individuell angepasste Aussteuerung ermöglichen.
- Beim **Video** kombinieren sich die Funktionalitäten von Bild- (hier: Bewegtbild) und Tonaufnahme, auch mit den zuvor genannten Beschränkungen. Darüber hinaus ist Bildstabilität hier ein Thema, das durch verschiedene On-Board-Verfahren der Bildstabilisierung, aber auch durch externe Hilfsmittel wie Stative oder Gimbals behandelt werden kann.

Hochwertige Smartphones mit ihren zur regulären Ausstattung gehörenden Sensoren und Apps erlauben auch **Amateur:innen** aus dem Stand, für den journalistischen Hausgebrauch brauchbare Aufnahmen zu erstellen. Aber die professionelle Kamerafrau oder der professionelle Tontechniker erzielen natürlich auch mit dem mobilen Equipment ganz andere, deutlich höherwertige Resultate. Und Profis werden auch spezielle Apps mit einem erweiterten Funktionsumfang sowie externe Hilfsmittel wie Beleuchtungselemente, externe Mikrofone oder Stative einsetzen, um die Möglichkeiten, die das Smartphone bietet, im vollen Umfang nutzen zu können.

Für viele Journalist:innen, die sich auf mobile Einsätze vorbereiten und dabei ein professionelles Niveau anstreben, bedeutet dies, dass sie sich auch mit den Skillsets **angrenzender Berufsfelder** vertraut machen müssen, mit teilweise durchaus steilen Lernkurven.

Neben **Videoproduktionen** eignen sich mobile Endgeräte vor allem auch für **Audioproduktionen**, wie beispielsweise **Hörfunkfeatures** oder **Podcasts**. Da sich das gesamte nächste Kapitel speziell dem Format Podcasts widmet, konzentrieren wir uns hier in der Folge auf Videoformate. Einige Hinweise, die sich mehr auf die Organisation als auf die Technik beziehen, lassen sich aber auch auf Audioproduktionen anwenden.

Workflow

Betrachten wir nun die **Arbeitsabläufe** bei mobiljournalistischen Projekten. Diese können sich von Fall zu Fall deutlich unterscheiden. Ein sorgfältig geplantes Projekt hat einen ganz anderen Vorlauf als die Produktion bei einer zufällig aufgetauchten Gelegenheit. Wenn im Team gearbeitet wird, kann und sollte man Aufgaben verteilen, um Qualität und Tempo zu gewinnen.

Wenn das Produkt ein aus mehreren Elementen ›gebauter‹ Beitrag sein soll, hat das Auswirkungen sowohl auf die Aufnahmeplanung als auch auf die Anforderungen an die Postproduktion. Bei Livestreaming spielen Netz-Infrastruktur, Bandbreiten und die zeitnahe Benachrichtigung des Publikums eine entscheidende Rolle.

Aber es gibt eine gewisse zeitliche und logistische Ordnung im Workflow, die wir jetzt einmal Schritt für Schritt durchgehen werden.

Vorbereitung

Wenn dazu Gelegenheit besteht, ist es sinnvoll, schon im Vorfeld des eigentlichen mobiljournalistischen Einsatzes eine ganze Reihe von Arbeitsschritten durchzuführen.

Das beginnt mit einer vorbereitenden **Sachrecherche** zum Thema. Nehmen wir an, die Journalist'in soll vom Ort eines ausländerfeindlichen Vorfalls berichten. Sie wird sich vorher darüber informieren, ob es dazu eine Vorgeschichte gibt, wie das soziale und politische Profil der lokalen Bevölkerung aussieht, wie hoch der Migrations- und Flüchtlingsanteil in der Region ist und ob es bereits Medienberichte zu Spannungen zwischen ›Einheimischen‹ und Migrant'innen gibt. Auf diese Weise sorgt sie zum Beispiel dafür, dass sie die richtigen Schauplätze aufsucht und gegebenenfalls in Interviews die richtigen Fragen stellt.

Der nächste Schritt ist eine sorgfältige **Ortsrecherche**. Wie groß ist die Gemeinde, wo der Vorfall stattgefunden hat? War der Schauplatz im Ortszentrum oder in einem Randbezirk mit geringerem Publikumsverkehr? Durch digitale Werkzeuge und Plattformen wie *Open Street Maps* oder *Google Maps* und *Google Earth* wird es möglich, sich bereits ein sehr genaues Bild von den Örtlichkeiten zu machen, ehe man tatsächlich dort ist. Dies kann nicht nur Zeit sparen. Es hilft auch dabei, mögliche Informant'innen zu finden (der Döner-Imbiss um die Ecke?) und erste Story-Ideen zu generieren.

Die Ortsrecherche liefert auch erste Anhaltspunkte zu den Themen **Logistik und Sicherheit.** Wie komme ich an den Ort des Geschehens? Und mindestens genauso wichtig: Wie komme ich dort bei Bedarf schnell wieder weg? Wenn es sich um einen dieser Orte in der Provinz handelt, wo nur zweimal am Tag ein Bus hält, wird es möglicherweise keine gute Idee sein, sich auf die öffentlichen Verkehrsmittel zu verlassen.

Gerade bei heiklen Einsätzen kann es darüber hinaus nötig sein, telefonische **Ansprechpartner:innen** (Redaktion, lokale Bürgerinitiativen, Rechtsberatung) an anderen Orten zu haben, die darauf vorbereitet sind, bei Bedarf aktiv zu werden. Ebenfalls kann man sich darauf vorbereiten, heikle Situationen zur Not aufzuzeichnen und live an Dritte zu übertragen. Beides setzt eine hinreichende Netzanbindung für Telefonie und/oder Daten voraus, die in Deutschland leider immer noch keine Selbstverständlichkeit ist.

Zur erweiterten Ortsrecherche gehört auch ein Blick auf die **Wetter-App**. So kann man seine **Kleidung** anpassen und gegebenenfalls Vorkehrungen zum Schutz des Equipments treffen. Neben der angemessenen Kleidung sollte man für die notwendigen Dokumente sorgen, mit denen man sich ausweisen und – je nach Situation – eventuell auch als Journalist:in kenntlich machen kann.

Und schließlich stellt sich die Frage nach der erforderlichen **Ausrüstung**. Hier hängt auch wieder viel von der konkreten Situation ab. Immer macht es Sinn, einen leistungsfähigen externen Akku für zusätzliche Stromversorgung, ein zweites Smartphone und vielleicht auch die SIM-Karte eines anderen Providers als Backup mitzubringen. Soll aus der Bewegung gefilmt werden? Dann kann ein Griffstativ oder sogar ein Gimbal sinnvoll sein. Sind Aufnahmen, zum Beispiel Interviews, in Innenräumen geplant? Dann machen stationäre Stative und zusätzliche Beleuchtungselemente Sinn. Für Interviews sollte man unbedingt auch passende externe Mikrofone einplanen und bei Tonaufnahmen an freier Luft zusätzlich den dazugehörigen Windschutz.

Wenn vor Ort **postproduziert** oder sogar gesendet werden soll, sollte man den Zugriff auf eventuell vorbereitetes Schnittmaterial (z.B. Intros etc.) sicherstellen und Ausschau nach einem ruhigen Arbeitsplatz halten, der zu den absehbaren Arbeitszeiten auch funktioniert. Pensionszimmer sind besser, aber auch teurer als Cafés oder Kneipen (Öffnungszeiten, Störungen).

Noch zu den Vorbereitungen gehören eigentlich auch ein erstes **Storyboard** mit Aufnahme- oder Drehplan. Allerdings muss man damit rechnen, dass diese beim eigentlichen Einsatz noch einmal zu überarbeiten sind. In diesem Zusammenhang ist auch zu prüfen, ob eventuell **Drehgenehmigungen** einzuholen sind.

Produktion

Vor jedem Einsatz des Smartphones als Aufnahmegerät ist zu prüfen:

- Befindet sich das Gerät im **Flugmodus**? Andernfalls muss mit Störungen durch eingehende Anrufe gerechnet werden. (Gilt natürlich nicht bei Live-Streaming.)
- Ist der **Akkustand** ausreichend und kann die Stromversorgung wenn nötig durch externe Akkus oder Netzteile gesichert werden? Der Betrieb im Aufnahmemodus ist besonders energiehungrig und immer wieder müssen Aufnahmen wegen leerer Batterie abgebrochen werden.
- Steht genügend **Speicherplatz** zur Verfügung? Die meisten aktuellen Smartphones erlauben nicht mehr den Einsatz von externen SD-Karten, so dass hier ein verschärftes Risiko besteht, das ein Projekt zum Scheitern bringen kann.

Das Handwerk bei der **mobilen Videoproduktion** unterscheidet sich nicht wesentlich von dem Handwerk traditioneller TV-Reportagen. Hier ist nicht der Platz für dieses umfangreiche Fachwissen, aber ein paar Faustregeln können eine erste Orientierung geben.

Allgemeine Hinweise

Wenn ein Ereignis im Zentrum des Beitrags steht, sollte man dafür sorgen, dass dieses Ereignis aus **mehreren Perspektiven** gefilmt wird. Ein solcher Perspektivwechsel lässt sich bei nur einer Kameraperson natürlich nur in zeitlicher Abfolge erreichen.

Kameraschwenks und Zoom misslingen häufig. Gerade Anfängerïnnen sollten sie daher unbedingt vermeiden. Dynamik sollte sich möglichst im Bild abspielen und nicht in Bewegungen der Kamera. Für den geeigneten Bildausschnitt ist es am besten, sich mit dem Smartphone an den besten Ausgangspunkt zu bewegen, anstatt heranzuzoomen.

In der Postproduktion erweisen sich geeignete **Schnittbilder** oft als Mangelware. Es lohnt sich daher, Zeit einzuplanen, um möglichst viele Bilder vom Schauplatz und dem allgemeinen Geschehen dort aufzunehmen. Vollkommen unbelebte Räume oder Stadtbilder sind dafür weniger geeignet.

Bei jeder Aufnahme empfiehlt es sich, gedanklich bis (mindestens) zehn zu zählen, damit sie eine **taugliche Länge** hat.

Fünf Einstellungen

Wenn eine Protagonistïn als handelnde Person eingeführt werden soll, gibt es die sogenannte **Five-Shot-Regel**. Man dreht dabei verschiedene Aspekte, die sich nachher im Schnitt zu einem lebendigen Gesamtbild der Person zusammenfügen lassen:

1. **Was?** Aufnahme einer charakteristischen Handlung
2. **Wer?** Nahaufnahme der handelnden Person
3. **Wo?** Aufnahme des Raumes, in dem die Handlung stattfindet
4. **Wie?** Blick über die Schulter verbindet handelnde Person und Handlung bzw. Handlungsobjekt
5. **Wow!** Eine irgendwie ungewöhnliche Einstellung, die aber in einem erkennbaren Zusammenhang mit den anderen Aufnahmen stehen sollte

Diese Sequenz eignet sich zum Beispiel sehr gut, um die Protagonistïn für ein anschließendes Interview einzuführen.

Porträt und Interview

Bei den meisten mobilen Produktionen geht es um Menschen – sei es in Interviews zu einem gegebenen Thema, sei es in Form von Porträts. Ein paar einfache Regeln helfen, die Protagonistïnnen gut in Szene zu setzen:

- Wenn keine zusätzliche Beleuchtung geplant ist, muss man das natürliche Licht geschickt nutzen und die Protagonistïnnen möglichst so filmen, dass der **Lichteinfall** sie angenehm in Szene setzt. Fensterlicht gibt eine gute Grundlage und kann eventuell durch zusätzliches Kunstlicht akzentuiert werden. Ein typischer Anfängerïnnen-Fehler sind Interviews, die in Richtung des Fensters im Gegenlicht gefilmt werden, so dass die Protagonistïn nur als Schattenschnitt erkennbar ist.
- Die Protagonistïn sollte im Interview (im Gegensatz zum Aufsager der Moderatorïn) **nicht direkt in die Kamera** sprechen. Eine einfache Standardperspektive stellt die Kamera (z.B. auf einem Stativ) neben oder seitlich hinter die Interviewerïn.

- Wenn Protagonistïnnen im Querformat gezeigt werden, gilt die **›Drittelregel‹**: Man teilt das Bild gedanklich in eine 3x3 Matrix und sorgt dafür, dass das Gesicht der Protagonistïn nicht in der Bildmitte, sondern auf einer der vertikalen Schnittachsen zentriert ist. (Bei manchen Kamera-Apps lässt sich das 3x3-Gitter auch anzeigen.) Die Augen befinden sich in etwa auf der oberen horizontalen Achse. Außerdem sind Kopf und Blick der Protagonistïn der Bildmitte zugewandt und weisen nicht aus dem Bild heraus.
- Der **Bildhintergrund** sollte nicht zu unruhig, aber auch nicht langweilig sein.

Moderation

Junge Zielgruppen, vor allem auch in den sozialen Medien, lieben moderierte Formate, in denen die Reporterïn mitten im Geschehen steht und von dort als anwesende und vermittelnde **›Presenterïn‹** ihre Geschichte erzählt. Insofern ist es sinnvoll, besonders viel Kreativität und Sorgfalt in verschiedene Formen der Moderation zu investieren.

Abb. 8.1: Mobiler Reporter beim Aufsager (Foto: Groov3/Wikimedia Commons CC BY-4.0)

Der mobile Journalismus verzeiht dabei eine ganze Menge, was im professionellen TV-Journalismus undenkbar wäre. Dazu gehört das schon erwähnte **Hochformat** bei Formaten für soziale Medien. Außerdem ist es dort weitgehend akzeptiert, Aufsager in der **Selfie-Perspektive** aufzuzeichnen und dabei auch von einer rein statischen Kameraperspektive abzuweichen. Ansonsten hilft der Einzelkämpferi̇n beim eher traditionellen Aufsager natürlich ein Stativ, sei es stehend oder irgendwo angeklemmt.

Postproduktion

Wenn die Aufnahmen gemacht und sicher abgespeichert sind, geht es an die **Nachbearbeitung.** Im Falle von Live-Streaming entfällt dieser Schritt natürlich, beziehungsweise beschränkt sich auf die Einbettung in einen eventuell gegebenen Programmrahmen, aus dem ›zugeschaltet‹ worden ist.

In allen anderen Fällen wird man sich redaktionellen Aufgaben wie Qualitätsverbesserung der Aufnahmen, dem Schnitt, der Tonregie etc. zuwenden. Und es macht einen Unterschied, wo dies stattfindet, welche Ressourcen zur Verfügung stehen und ob es eine professionelle Arbeitsteilung gibt.

!! Merke

Exemplarische Arbeitsschritte einer Videopostproduktion

- Zunächst wird das aufgenommene Material gesichtet und nicht verwendbare Takes werden aussortiert.
- Dann werden die brauchbaren Audio- und Videotakes mit den notwendigen **Metadaten** versehen, damit sie später bei Bedarf wiedergefunden werden. Datum der Aufnahme und technische Details werden im Normalfall automatisch erfasst. Dies gilt bei entsprechender Konfiguration auch für die GPS-Koordinaten. Aber es ist sinnvoll, diese Angaben mit einer inhaltlichen Beschreibung der erfassten Situation, wenn möglich mit einer Liste der Akteuri̇nnen sowie mit passenden Schlagworten (Hashtags) zu ergänzen.
- Ein endgültiges **Storyboard** wird erstellt, auf dem auch Raum für erklärendes oder kommentierendes **Voiceover** eingeplant wird. Dieses wird bei Bedarf eingesprochen und Schnittbildern entsprechender Länge zugeordnet.

- Sodann beginnt der **Videoschnitt:** Szenen und Schnittbilder werden ausgewählt und montiert. Wenn die Abfolge stimmt, erfolgt der Feinschnitt. Eventuell notwendige Farbanpassungen werden vorgenommen.
- Im Anschluss an den Videoschnitt erfolgt die **Tonmischung**. Voiceover-Aufnahmen werden eingefügt, O-Töne entsprechend angepasst.
- Bei Bedarf bekommen Protagonistinnen oder Schauplätze erläuternde **Bauchbinden**.
- Die **Vor- und Abspänne** werden erstellt und angefügt.
- Zum Abschluss wird das Resultat für den entsprechenden Ausgabekanal gerendert und bekommt als Ganzes wiederum die notwendigen **Metadaten**.

Diese Abfolge dient nur zur Illustration, und es kann natürlich aus guten Gründen von der hier vorgestellten Abfolge abgewichen werden. Oft ergeben sich auch Schleifen, bei denen man im Verlauf wieder zu früheren Arbeitsabschnitten zurückkehrt.

Im Prinzip lassen sich die meisten dieser Arbeitsschritte auch am mobilen Endgerät (Smartphone, Tablet) durchführen. Es gibt entsprechende Apps für die Audio- und Videobearbeitung mit erstaunlichem Leistungsumfang. Aber am Notebook oder Desktop-Computer stehen dann doch deutlich professionellere Werkzeuge und vor allem auch mehr Rechenpower zur Verfügung.

Distribution/Upload

Ob es sich nur um das enstandene Rohmaterial handelt oder um den bereits fertiggestellten Beitrag: Im Normalfall wird es nötig sein, Dateien zeitnah hochzuladen. Mögliche **Upload-Adressen:**

- die eigene **Redaktion** oder eine andere ›home base‹;
- einen sicheren **Cloud-Speicher,** auf den bei Bedarf zugegriffen werden kann;
- den **eigenen Server**, von dem aus das Angebot sofort oder später veröffentlicht werden soll (zum Beispiel eigene Wordpress-Installationen);
- **Audio- oder Videoplattformen** wie *Soundcloud* oder *Youtube*.

Da es sich für gewöhnlich um größere Dateien handeln wird, sind **Konnektivität**, **Bandbreiten** und erlaubte **Datenvolumina** entscheidend. In manchen Fällen kann es sinnvoll sein, Orte mit freiem WLAN wie Hotels oder Internet-Cafés aufzusuchen. Wem an **Datensicherheit** gelegen ist, der sollte entsprechende Vorkehrungen treffen und zum Beispiel ein **Virtuelles Privates Netzwerk (VPN)** installieren, das den Datentransfer anonymisiert und verschlüsselt. (Vgl. → Kapitel 12)

Außerdem gehört zum Abschluss des mobilen Einsatzes auch die **Anschlusskommunikation** – entweder mit der Redaktion oder – bei direkter Veröffentlichung – mit dem Publikum. Viele erfolgreiche Mobiljournalist'innen, vor allem im Lokaljournalismus, interagieren selbst und direkt mit ihren Nutzer'innen und beziehen auf diese Weise auch wertvolle Anregungen für die weitere Arbeit.

Ausstattung

Hardware

Das zentrale Werkzeug für den mobilen Journalismus ist das **Smartphone**. Deshalb lohnt es sich, bei dessen Kauf auf einen leistungsfähigen Prozessor, genügend Speicherplatz und eine gute Kamera zu achten. Beim Telekommunikationsanbieter sollte auf die Qualität der **Netzanbindung** und beim Vertrag auf hinreichendes **Datenvolumen** geachtet werden.

Es gibt mittlerweile eine große Auswahl von **Peripheriegeräten**, die die Funktionen der Smartphones unterstützen oder erweitern. Hier geht es um eine Abwägung: Wenn die Journalist'in nur im Ausnahmefall und bei glücklicher Gelegenheit mit dem Smartphone aufnehmen und arbeiten will, ist es natürlich lästig, immer zusätzliches Equipment mitzunehmen. Für diejenigen aber, die eine regelmäßige mobile Reporter'innen-Tätigkeit planen, lohnt es sich, einige zusätzliche Dinge anzuschaffen.

Abb. 8.2: Tableau von typischen Peripheriegeräten für den mobilen Journalismus (Foto: Matthias Süßen CC-BY-SA)

Merke !!

Zusätzliche Ausstattung

- **Stromversorgung:** In jedem Fall ist es sinnvoll, eine dauerhafte Stromversorgung mit Hilfe ausreichend dimensionierter externer Akkus sicherzustellen.
- **Stative und Rigs:** Noch zur Grundausstattung gehören auch kleine **Stative**, die es – kombiniert mit einer entsprechenden Smartphone-Halterung – erlauben, das Smartphone bei der Aufnahme auch einmal abzustellen oder – zum Beispiel beim handlichen *Gorillapod* – irgendwo anzuklemmen. Dann gibt es mehr oder weniger komplizierte Halterun-

gen, sogenannte **Rigs**, die es zum einen erleichtern, zusätzliche Peripheriegeräte wie Richtmikrofone oder Lampen aufzusetzen, und zum anderen auch als Handstative dienen. Für bewegungsintensive Einsätze, zum Beispiel im Sportjournalismus, gibt es mittlerweile erschwingliche **›Gimbals‹,** intelligente Handstative, die die Kamerabewegung stabilisieren.

- **Beleuchtung:** Hier ist mobil eigentlich nur eine Notlösung zu erreichen, da in den meisten Aufnahmesituationen, zumindest in Innenräumen, eigentlich eine Mehrpunktbeleuchtung erforderlich wäre. Insofern können die handlichen **aufsetzbaren LED-Leuchten** zwar hilfreich sein, aber sie werden alleine selten zu wirklich zufriedenstellenden Ergebnissen führen. Gott sei Dank sind die meisten zeitgemäßen Smartphone-Kameras mittlerweile so lichtstark, dass man mit etwas Geschick und behutsamer Platzierung gegenüber vorhandenen Lichtquellen trotzdem brauchbare Aufnahmen erzeugen kann.
- **Mikrofone:** Es gibt sehr brauchbare kleine **Richtmikrofone**, die sich auf entsprechende Smartphone-Rigs setzen lassen. Für bestimmte Interviewsituationen kann man anstelle der üblichen Handmikrofone auch mit sogenannten **Lavalier-Mikrofonen** arbeiten, die den Sprecherїnnen ans Revers geheftet werden und entweder per Kabel oder Funkstrecke mit dem aufnehmenden Smartphone verbunden werden.

Apps

Da sich der Markt für Smartphone-Software sehr dynamisch entwickelt, ist es schwierig, für die Apps spezifische Empfehlungen auszusprechen. Außerdem unterscheiden sich die Anforderungen auch je nach Anwendungsszenario: Journalistїnnen, denen es primär um das handliche Aufnahmegerät geht, haben einen anderen Bedarf als diejenigen, die auf hohe Mobilität angewiesen sind und ohne zusätzliche Hardware Audios oder Videos vor Ort nicht nur aufnehmen, sondern auch schneiden wollen.

Deshalb hier zunächst eine Übersicht über die verschiedenen Kategorien von Apps mit jeweils nur exemplarischen Empfehlungen. Es lohnt sich in jedem Fall, noch einmal genau nachzurecherchieren, schon um bei aktuellen Entwicklungen auf dem Laufenden zu bleiben.

Viele der einschlägigen Apps sind kostenpflichtig, und es breitet sich in diesem Feld leider auch die Unsitte aus, die einmalige Zahlung von Lizenzgebühren durch Abo-Modelle zu ersetzen, was gerade bei nur gelegentlicher Nutzung die Arbeit mit diesen Werkzeugen entweder unverhältnismäßig verteuert oder komplizierter macht.

Fotografie

Die Kamera-Apps, die zur Grundausstattung neuer Smartphones gehören, liefern im Normalfall brauchbare bis sehr gute Ergebnisse. Während die verschiedenen Generationen des *iPhone* jeweils einheitlich ausgestattet sind, gibt es auf der Android-Plattform je nach Hersteller unterschiedliche Software. Wichtig ist, dass man einen **Profimodus** wählen kann, in dem sich die vorgegebenen Automatiken bei den Kameraeinstellungen (Fokus, Lichtempfindlichkeit, Belichtungszeit etc.) zugunsten manueller Kontrolle abschalten lassen. Wer sicher gehen will, kann auf Apps wie *ProCamera* (iOS) oder *Open Camera* (Android und iOS) zurückgreifen.

Für die nachträgliche Bildbearbeitung bieten sich leistungsfähige Apps wie das zu *Alphabet/Google* gehörende, kostenlose *Snapseed* an, mit denen sich schnell und komfortabel wesentliche Bildmerkmale wie Ausschnitt, Helligkeit, Kontrast bearbeiten und zahlreiche weitere Werkzeuge und Filter anwenden lassen.

Audio

Auch bei der Audioproduktion lohnt es sich, zwischen der eigentlichen Aufnahme und der Nachbearbeitung zu unterscheiden.

Die App *Auphonic Recorder/Edit* ist ein weitgehend unbekannter, aber exzellenter Recorder für Android und iOS, mit dem man stabil und unkompliziert **Audioaufnahmen in hoher Qualität** erstellen und direkt über Kopfhörer kontrollieren kann. Es lassen sich während und nach der Aufnahme Markierungen setzen, und bei Bedarf zeichnet die App auch bei gleichzeitiger Verwendung anderer Apps auf dem Smartphone im Hintergrund auf. Man kann sie also zum Beispiel mit einer Teleprompter-App kombinieren. Leider nur in der Android-Version der App ist zudem ein rudimentärer, nicht destruktiver Editor integriert, mit dem die Aufnahmen als Wellenform angezeigt, geschnitten und nachträglich in der Lautstärke reguliert werden können. Die App wurde als Frontend für den österreichischen Online-Audiodienstleister *Auphonic* entwickelt, der auf automatisierte KI-gestützte Postproduktion spezialisiert ist. Sie kann aber völlig problemlos auch eigenständig verwendet werden.

Eine weitere Android-App mit vielen Konfigurationsmöglichkeiten für professionelle Tonaufnahmen ist der *Field Recorder* des Lübecker Herstellers *Pfitzinger*. Mit dieser App lassen sich auf manchen Smartphones auch **Telefongespräche** intern mitschneiden (natürlich nur nach Einverständnis der Gesprächspartnerin!). *Pfitzinger* hat außerdem eine App programmiert, mit der der renommierte *Deutschlandfunk* Telefoninterviews aufzeichnet. Diese kann allerdings nicht allgemein verwendet werden.

Für den einfachen **Audioschnitt** bietet sich die kostenfreie und komfortable App *Lexis* an, die es für Android und iOS gibt. *Lexis* ist leistungsfähig, erlaubt aber keine Mehrkanal-Bearbeitung. Für diese Aufgabe gibt es auf Android und iOS die App *Audio Evolution*, die allerdings kostenpflichtig und deutlich komplizierter zu bedienen ist. Ein Gegenstück ausschließlich für iOS ist das ebenfalls kostenpflichtige *Ferrite* mit einer etwas unkonventionellen, aber weitgehend intuitiven Benutzerführung. *Ferrite* eignet sich auch gut als Recorder für die Aufnahmen.

Video

Auch beim Video kann man die Fähigkeiten der mitgelieferten Kamera-Software mit spezialisierten Apps erweitern. Sowohl für Android als auch für iOS gibt es beispielsweise das abopflichtige *Filmic Pro*, das den Nutzerinnen Kontrolle über Parameter wie Weißabgleich, Belichtung, Fokus, Framerate, Bitrate sowie ein Live-Monitoring des Tons ermöglicht. Aber auch die bereits erwähnten Apps *ProCamera* und *Open Camera* erweitern bereits die Möglichkeiten bei den Videoaufnahmen.

Für den Schnitt kann man kostenfrei auf das aus dem *Tiktok*-Kosmos stammende *CapCut* zurückgreifen oder mit bewährten, aber kostenpflichtigen Apps wie Adobes *Premiere Rush*, *LumaFusion* oder *KineMaster Pro* arbeiten.

Sonderfall Live-Streaming

Eine Herausforderung, der sich viele mobile Journalistinnen stellen müssen, ist die Live-Übertragung von Ereignissen. Wenn keine Rundfunkanstalten mit ihren technischen Infrastrukturen im Hintergrund stehen, bedeutet dies im Normalfall, dass die mobilen Reporterinnen auf Social-Media-Plattformen zurückgreifen müssen, die Live-Streaming ermöglichen. Das ist zum Beispiel bei den reichweitenstarken Plattformen *Youtube*, *Facebook* oder *Insta-*

gram der Fall. Daneben gibt es spezialisierte Dienste wie das besonders bei Gamerïnnen beliebte *Twitch*.

Die Bedingungen, unter denen Live-Auftritte möglich sind, unterscheiden sich von Plattform zu Plattform. Es gilt schon im Vorfeld verschiedene Dinge zu beachten:

- Wie **benachrichtigt** die Plattform über anstehende Live-Streamings?
- Wer ist **berechtigt**, diese zu sehen? Wird dazu ein Account beim Anbieter benötigt?
- Gibt es während des Streams **Feedback-Kanäle**, über die mit den Streamerïnnen Kontakt aufgenommen werden kann?
- In welchem **Format** wird gestreamt? Hochkant, Querformat oder Quadrat?
- Werden **Aufzeichnungen** des Streams auch nach der Live-Übertragung vorgehalten?

Gestreamt wird im Normalfall direkt aus den mobilen Apps der Plattformen. Die Anbieter stellen dazu ausführliche Tutorials zur Verfügung.

Netzanbindung, Apps und Server

Abgesehen von den plattformabhängigen Rahmenbedingungen ist vor allem die **Netzanbindung** ein limitierender Faktor. Videoübertragungen benötigen genügend Bandbreite und Stabilität. Hier gibt es spezialisierte Dienstleister wie *Speedify*, die es ermöglichen, für die Übertragung mehrere Kanäle zu bündeln.

Wer beim Live-Streaming mit mehreren **Kameraperspektiven** arbeiten will, kann zum Beispiel die quelloffene Software *OBS Studio* verwenden. Mit entsprechenden Plugins und zusätzlichen Apps erlaubt es diese Software, von einem stationären Rechner oder Laptop aus ein oder mehrere Smartphones als externe Kameras über WLAN einzubinden und zu verwalten. Der resultierende Stream kann dann beispielsweise auf *Youtube* hochgeladen werden.

Spezialisierte Dienstleister wie das Berliner Startup *Contentflow* bieten mit eigener Software und Beratung logistische Unterstützung beim Live-Streaming auch von mobilen Endgeräten an. Die *Contentflow*-Software begleitet den Prozess von der Gestaltung (Grafik, Untertitel etc.) über die Distribution zu den verschiedenen gängigen Plattformen bis hin zur Bereitstellung eines eigenen Players, der in Webseiten eingebunden werden kann. Die erforderlichen Lizenzen sind aber recht kostspielig.

Wer nicht von teuren Dienstleistern und kommerziellen Social-Media-Plattformen abhängig sein will, sich technisch auskennt und über eigene, leistungsfähige Internet-Server verfügt, kann auch seine eigene **Streaming-Plattform** installieren. Dafür gibt es quelloffene und frei verfügbare Software wie *Open Streaming Platform* oder *Owncast*, die dann wiederum Streams beispielsweise von *OBS Studio* empfängt und an die Internet-Öffentlichkeit weiterleitet.

Durchführung

Bereits im Vorfeld sollte man klären, wie die Zielgruppe rechtzeitig vom anstehenden Live-Streaming erfährt und wo sie dieses zur gegebenen Zeit findet. Entsprechende **Begleittexte auf der Plattform** sollten darüber informieren, was gerade zu sehen und zu hören ist. Wenn dies nicht in hinreichendem Ausmaß möglich ist, ist es Aufgabe der Live-Moderation, das gezeigte Geschehen gelegentlich wieder zu benennen und zu erklären (»Wir streamen live von der Manga-Convention aus Düsseldorf«). Außerdem sollten die Produktionsbedingungen vor Ort geklärt werden.

Alle bereits erwähnten **Qualitätskriterien für Videoaufnahmen** gelten verstärkt für Live-Streamings, insbesondere da hier keine Nachbearbeitung möglich ist. Wichtiger noch als ein konsistent hochwertiges Bild ist der Ton: Ein Video, bei dem nur Wind- oder andere Störgeräusche zu hören sind, ist praktisch wertlos, während bei einem brauchbaren Ton erfahrungsgemäß gelegentlich auch ein paar unscharfe oder verwackelte Bilder toleriert werden.

Im Normalfall wird es auch sinnvoll sein, nachträglich eine **Aufzeichnung des Live-Streams** mit entsprechenden Begleittexten ins Netz zu stellen.

Regulierung

Abgesehen von den üblichen medien- und persönlichkeitsrechtlichen Bestimmungen und medienethischen Überlegungen muss, wer regelmäßig live streamen möchte, mit einer regulatorischen Besonderheit rechnen: Mit potenziell mehr als 500 Zuschauerïnnen gelten solche Angebote, wenn sie redaktionell gestaltet sind, als **Rundfunk im Sinne des Rundfunkstaatsvertrages** und sind somit lizenzpflichtig. Diese Beschränkung trifft allerdings nicht auf nur gelegentliches, anlassbezogenes Streaming zu.

Sonderfall Drohnen

Der Einsatz von Kameradrohnen im mobilen Journalismus erscheint auf den ersten Blick attraktiv. Bei vielen journalistisch interessanten und relevanten Lagen – zum Beispiel sportlichen Wettkämpfen, Demonstrationen, Polizeieinsätzen oder Naturkatastrophen – kann der Blick aus mittlerer oder großer Höhe einen hervorragenden Eindruck vom Umfang und der Dynamik der Ereignisse vermitteln.

Doch leider sind die Einsatzmöglichkeiten wegen der strengen Reglementierung stark beschränkt. Zwar dürfen kleine, leichte Drohnen auch ohne Lizenz geführt werden, aber besonders für Kameradrohnen gelten aus Sicherheits- und Datenschutzgründen umfangreiche **Flugverbotszonen**. Nicht erlaubt ist zum Beispiel der Einsatz über Menschenansammlungen, Naturschutzgebieten, Verkehrswegen, Industrie- und militärischen Anlagen, Krankenhäusern und Kraftwerken. Über fremden Privatgrundstücken dürfen Kameradrohnen nur mit ausdrücklicher Zustimmung der Eigentümer:innen eingesetzt werden.

Das alles schließt eine spontane Verwendung von Kameradrohnen in nachrichtlichen Lagen nahezu aus. Ein sinnvoller Einsatz muss kompetent vorbereitet und geplant werden und wird vermutlich eher im Sport- oder Reisejournalismus als im regulären Nachrichtengeschäft möglich und sinnvoll sein.

Zur Vertiefung

Test zu Kapitel 8
https://www.utb.de/do/10.36198/9783838562322-e07/disclaimer

Weiterführende Lektüre

Staschen, B. (2017). *Mobiler Journalismus* (Journalistische Praxis). Wiesbaden: Springer VS. – Eine sehr umfassende und kenntnisreiche praktische Einführung in den mobilen Journalismus, verfasst von einem Praktiker.

dermedientyp – Bernhard Lill ist Journalist und Trainer. Auf seiner Website gibt es viele Beiträge mit wertvollen praktischen Hinweisen zum mobilen Journalismus.

#mojofest Group. Where the Global Mobile Creator Community Meet and Share – Eine Facebook-Gruppe zum mobilen Journalismus.

Mobile Journalism Manual – Das Projekt der *Konrad-Adenauer-Stiftung* veröffentlicht eine Sammlung von informativen Texten, nicht nur zum mobilen Journalismus, sondern auch zu anderen Formen des digitalen Publizierens.

Ausgewählte Forschung

Salzmann, A. (2022, August 19). *Responsible Innovation in Mobile Journalism: Exploring Professional Journalists' Learning and Innovation Processes.* Doctoral thesis. The University of Bergen. Zugriff am 4.9.2023. – In ihrer Dissertation beschäftigt sich Anja Salzmann unter verschiedenen Gesichtspunkten mit dem mobilen Journalismus als journalistische Innovation. Der empirische Teil besteht aus drei Aufsätzen, die sich (1) mit der internationalen Community mobiler Journalist͏innen, (2) der Ausbildung und Entstehung eines neuen ›Mindsets‹ und (3) dem Zusammenhang zwischen mobiler journalistischer Arbeit und digitaler Überwachung beschäftigen. (PDF-Download bei der Universität Bergen)

Übungen

1. Sie sollen einen kleinen Videobeitrag über eine Industriemesse produzieren. Erstellen Sie eine Gegenüberstellung der Vor- und Nachteile einer mobilen Produktion gegenüber dem Einsatz eines traditionellen Teams (mit separatem Personal für Kamera/Schnitt, Ton, Licht).
2. **Projekt:** Besuchen Sie eine öffentliche Veranstaltung in Ihrer Umgebung. (Zur Not tut es auch eine Grillparty im Freundeskreis oder eine Familienfeier.) Produzieren Sie mit dem Smartphone eine einfache Videostory über diese Veranstaltung:
    - Fangen Sie in mehreren Einstellungen den ›Vibe‹ der Veranstaltung ein (eintreffende Teilnehmer͏innen, Schauplatz, ggf. Bühnengeschehen). Beachten Sie dabei die Persönlichkeitsrechte (Einverständnis abklären, bei Kindern Erziehungsberechtigte fragen).
    - Wenn sich die Gelegenheit ergibt und Sie über die entsprechende Ausrüstung verfügen (zweite Kameraperson, externes Mikrofon), führen

Sie ein kleines Interview von zwei bis drei Fragen, zum Beispiel als ›VoxPop‹ mit einer Teilnehmer'in.

- Stellen Sie sich als Presenter'in vor die Kamera (2. Person oder Stativ nötig), so dass auch der Schauplatz im Bild ist. Sprechen Sie zwei Teile ein: Geben Sie in einem kurzen Überblick die wichtigsten Informationen zur Veranstaltung und nehmen Sie dann Ihr persönliches Resümee auf. Wenn möglich, verwenden Sie für den Ton Ihres Aufsagers ein externes Mikrofon oder ein separates Aufnahmegerät (z.B. Diktiergerät oder 2. Handy). Wenn die Ausstattung es nicht anders zulässt, können Sie den Aufsager auch im ›Selfie-Modus‹ des Smartphones aufzeichnen.
- Fügen Sie die beiden Teile des Aufsagers und die anderen Aufnahmen in einem Schnittprogramm Ihrer Wahl zusammen und unterlegen Sie dabei gegebenenfalls die Schnittbilder mit einem separat aufgenommenen Off-Kommentar, in dem Sie weitere Informationen zur Veranstaltung geben. Für den Schnitt können Sie auch Ihren Computer verwenden.

9. Podcasts

Themen

Podcasting, Radio on Demand, Podcastformate, Produktionsabläufe, technische Ausstattung, Schreiben fürs Hören, Gesprächsführung

Über diese Lerneinheit

Podcasts haben sich zu einem der erfolgreichsten Formate im Internet entwickelt. Weniger formal gebunden als traditionelle Radiosendungen erschließen sie neue Themen, Zielgruppen und Nutzungsformen – meist im entspannten Gespräch. Die Anforderungen an die Produktion sind anspruchsvoll, aber auch in kleineren Projekten zu bewältigen.

Was Sie hier lernen

- Podcasts von traditionellen Radioformaten unterscheiden zu können
- den typischen Aufbau einer Podcastfolge zu kennen
- zu wissen, wie Podcasts vorbereitet und produziert werden
- die dafür notwendige technische Ausstattung zu kennen
- Grundlagen des Schreibens fürs Hören und der Gesprächsmoderation zu kennen

Einleitung

Für die Erfolgsgeschichte der Podcasts sind zwei Merkmale entscheidend: **Mobilität** und **Intimität**. Es ist kein Zufall, dass der Begriff ›Podcast‹ historisch auf *Apples* kleinen Audioplayer *iPod* zurückgeführt werden kann. Als mobiler Vorläufer des 2007 eingeführten *iPhone* war der von Steve Jobs 2001 vorgestellte *iPod* noch ein Offline-Gerät, aber auch ohne Netzanbindung wurde er für die Nutzerïnnen zum ständigen Begleiter in zuvor digital noch wenig erschlossenen **Rezeptionssituationen:** bei Sport und Fitness, auf dem Weg zur Arbeit oder zu Freundïnnen oder bei der Hausarbeit. Gleichzeitig sorgte der Umstand, dass die Geräte **für Ohrhörer** optimiert waren und keinen eigenen Lautsprecher besaßen, für eine besonders individuelle und persönliche Beziehung zwischen Hörerïn und Gehörtem. Und neben der Musik fand schnell auch das gesprochene Wort seinen Weg in diesen akustischen Innenraum.

Das Format der Podcasts entstand als eine akustische Fortsetzung der textbasierten Weblogs in einem Milieu ambitionierter Amateurïnnen. Von Anfang an waren Podcasts **periodisch** angelegt. Wie bei den Blogs konnte das Publikum die Titel **abonnieren** und bekam dann automatisch die aktuellen Folgen auf seine Rechner oder Player gespielt.

Begriffserklärung

Podcasts sind Audioformate im Internet,

- bei denen das **gesprochene Wort** im Vordergrund steht,
- die **periodisch** erscheinen und
- die **abonnierbar** sind.

Podcasts haben sich in Wellen entwickelt. Die **erste Welle** gab es Mitte der 2000er Jahre, sie startete noch vor der Einführung der Smartphones. Mit der **zweiten Welle**, die seit ungefähr 2015 läuft, hat sich das Format endgültig einen festen Platz auf unseren Smartphones und anderen mobilen Endgeräten verschafft und erreicht damit ein noch einmal deutlich breiteres Publikum.

Zum **Urgestein** der deutschen Podcaster-Szene gehört Tim Pritlove aus dem Umfeld des *Chaos Computer Clubs*, einer der ersten Indie-Podcaster in Deutschland. Andere Pioniere waren zum Beispiel Philip Banse mit dem *Kü-*

chenradio, Annik Rubens mit *Schlaflos in München* und Thomas Wanhoff mit *Wanhoffs Wunderbare Welt der Wissenschaft*.

Mittlerweile gibt es im deutschsprachigen Raum Tausende von großen und kleinen Podcasts, die von vielen Millionen gehört werden. *Statista* weist für den Monat Dezember 2023 *Zeit Verbrechen* mit knapp elf Millionen Hörer:innen als Deutschlands reichweitenstärksten Podcast aus. Allerdings ist die Erfolgsmessung bei Podcasts wegen der komplizierten Verbreitungswege (verschiedene Plattformen) und Kennzahlen (Abonnements, Downloads, Streams) weiterhin schwierig und umstritten. Es gibt bislang keine etablierten Standards.

Aber das Genre hat zweifelsfrei an Reichweite gewonnen und damit auch an medialer Aufmerksamkeit. Beim *Grimme Online Award* 2023 waren unter den 28 nominierten Angeboten sieben Podcasts.

Podcasts vs. Radio on Demand

Auch wenn das Phänomen seinen Ursprung in einer Szene unabhängiger Audio-Amateur:innen hatte, sind viele der aktuell erfolgreichsten Podcast-Formate ursprünglich **Radiosendungen**, die ihren Weg ins Netz gefunden haben. Gibt es also erkennbare Unterschiede zwischen Radiosendungen, die auch ›on demand‹ im Internet angeboten werden, und ›genuinen‹ Podcasts, die direkt fürs Netz produziert werden?

Wer primär fürs lineare Radio produziert, muss Rücksicht auf **Sendeplätze** nehmen. Das bedeutet vor allem **zeitliche Beschränkungen**, aber auch eine Anpassung an die **Nutzungsgewohnheiten** des Publikums zur jeweiligen **Sendezeit**: Eine Morgensendung an einem Werktag trifft die Hörer:innen in einer komplett anderen Situation an als ein Format am späten Abend oder am Wochenende.

Für Podcasts hingegen, die direkt fürs Internet produziert werden, sind solche Rücksichtnahmen nicht notwendig. Sie können **beliebig lang** sein und von Episode zu Episode in der Länge variieren. Auch der **Veröffentlichungszeitpunkt** hat eine sehr viel geringere Bedeutung, denn die Hörer:innen können sich selbst aussuchen, wann und wo sie zuhören wollen.

Das hat dazu geführt, dass Podcasts ganz beiläufig die kulturpessimistische Hypothese von der schrumpfenden Aufmerksamkeitsspanne junger Zielgruppen widerlegt haben. Die Folgen des extrem erfolgreichen Interviewpodcasts *Alles gesagt* von *Zeit Online* enden erst dann, wenn der Interviewgast ein Codewort ausspricht, und dauern oft fünf Stunden und mehr. Podcast-Pionier Tim Pritlove hatte von Anfang an eine treue Fangemeinde für verschiedene Formate mit Episodenlängen von jeweils mehreren Stunden.

Auch in der **Anmutung** der Formate gibt es Differenzen: Radiosendungen sind immer noch oft professioneller produziert, die Tonalität ist distanzierter, man siezt sich im Gespräch und formuliert wenn möglich druckreif. In echten Podcasts hingegen ist der Ton entspannter, die Beziehung zu den Gesprächspartnerïnnen und zum Publikum persönlicher, oft geradezu intim.

Das hat nur zum Teil mit unterschiedlichen **Professionalitätsstandards** zu tun. Es ist auch darin begründet, dass die Hörerïnnen im Normalfall Abonnentïnnen des Formats sind und dass auf diese Weise jeweils **Communitys** mit einer starken emotionalen Bindung an Format und Gastgeberïn entstehen. Außerdem spielt eine Rolle, dass, während dem Radio immer noch oft über Lautsprecher und somit quasi-öffentlich zugehört wird, Podcasts – wie bereits erwähnt – meist individuell und über **Ohrhörer** rezipiert werden: Hier spricht jemand direkt ins Innenleben der Hörerïnnen.

Schließlich gibt es, anders als beim Radio, viele genuine Podcastformate, die sich an sehr kleine, spezialisierte Zielgruppen richten oder sehr spezifische Themen behandeln. Podcasts können – meist in einem positiven Sinne – sehr ›nerdig‹ sein.

!!

Merke

Die **Podcast-Anbieter** lassen sich grob in sechs Kategorien einteilen.

1. **Indie-Szene:** Podcasts auf eigene Faust, organisiert höchstens in Netzwerken.
2. Podcasts von **Radiosendern**: Vor allem die öffentlich-rechtlichen Rundfunkanstalten haben relativ früh das Potenzial erkannt. Sie nutzen Podcasts nicht nur, um Radioformate *on demand* anzubieten, sondern produzieren zunehmend auch genuine Podcastformate.
3. Podcasts von **Nicht-Rundfunkmedien:** Sie sind relativ spät eingestiegen, aber private Medienanbieter aus dem Printumfeld wie *Zeit Online* oder *Spiegel Online* gehören mittlerweile zu den wichtigsten Playern und haben vielfach die öffentlich-rechtlichen Medien an Reichweite überholt.
4. Podcasts von **Streaming-Plattformen:** Sowohl *Audible* als auch *Spotify* haben mittlerweile eigene, exklusive Podcastformate.

5. **Kommerzielle Podcast-Netzwerke**, die für Medienkunden und Unternehmen produzieren (z.B. *Podstars, Acast*).
6. Podcasts von **Unternehmen** oder **Institutionen.**

Formate

Die meisten Podcasts zurzeit widmen sich dem **Gespräch**. Häufig zu finden sind die Modelle Moderatorïn plus Sidekick, zwei weitgehend gleichberechtigte Moderatorïnnen (z.B. *Lage der Nation*) oder auch kleine Gruppen, im Studio oder extern zugeschaltet (z.B. *Sicherheitshalber*). Sehr häufig hört man auch Podcasts, in denen die Moderatorïn sich jeweils einen Gast in die Sendung holt, der quasi als Expertïn zum aktuellen Thema befragt wird. Grundsätzlich kann man aber auch alleine einen Podcast bestreiten. Es gibt zahlreiche narrative oder belehrende Podcasts, in denen eine Moderatorïn die einzige oder zumindest die zentrale Erzählfigur ist.

Abb. 9.1: Die meisten Podcasts (hier: Cleanelectric) leben vom Gespräch. (Foto: Jakob Härter/flickr CC BY-SA 2.0)

Wer bereit ist, mehr Aufwand in die Produktion zu investieren, kann sich an ›gebauten‹ **Reportagepodcasts** versuchen. Diese verwenden teilweise komplizierte Storytelling-Techniken (z.B. Rückblicke, Perspektivwechsel etc.) und es kommen verschiedene Protagonistïnnen an unterschiedlichen Schauplätzen zu Wort. Viele preisgekrönte Podcasts, zum Beispiel das US-amerikanische True-Crime-Format *Serial* oder in Deutschland *Cui Bono – WTF happened to Ken Jebsen?*, sind hochprofessionelle, ausgefeilte Produktionen, die sich auditiver und narrativer Techniken der Radioreportage und sogar des Hörspiels bedienen. Solche Formate sind für gewöhnlich arbeitsteilig produziert, mit professioneller Studiotechnik und unter Beteiligung von Tontechnikerïnnen und Regisseurïnnen/Produzentïnnen. Aber eine Annäherung an ein solches Produktionsniveau ist mittlerweile auch bei kleineren Projekten mit geringerer Ausstattung möglich.

Aufbau einer Episode

Unabhängig vom Genre und der gewählten journalistischen Darstellungsform gibt es einen gewissen dramaturgischen **Aufbau**, der sich bewährt hat und bei den meisten Podcastepisoden angewendet wird.

Intro/Outro

Da ist zum einen der ›Rahmen‹, innerhalb dessen der eigentliche Inhalt einer Podcastfolge stattfindet. Fast jeder Podcast hat ein **Intro**, meist mit einer Erkennungsmusik hinterlegt, in dem die Podcasterïnnen sich vorstellen und kurz anreißen, worum es gehen wird. Und am Ende kommt dann ein **Outro**, oft wieder mit der gleichen Erkennungsmelodie, mit etwas ausführlicheren Informationen über die Mitwirkenden, Sponsorïnnen etc. und gegebenenfalls einem Ausblick auf die kommende Folge.

Schon beim Intro gibt es eine ganze Reihe von Varianten. So beginnen einige Podcasterïnnen mit einem ›Preview‹ mit O-Tönen aus dem folgenden Beitrag, Hinweisen auf ihre Sponsorïnnen, oder, bei Podcast-Serien, mit einem Rückblick auf die vorhergehenden Episoden. Erst dann kommen die Erkennungsmelodie und die Vorstellung mit Podcasttitel und Namen der Moderatorïnnen.

Häufiger ist allerdings der Einstieg mit einer **Erkennungmelodie**, die dann kurz ›runtergedimmt‹ wird, um Titel und Moderator:in zu nennen: »Sie hören den Hochschulpodcast. Ich bin Hugo Schlaumeier und heute spreche ich mit Clara Geist über den Campus in Zeiten der Semesterferien.« Musik leitet dann über in die eigentliche Folge.

Insgesamt kann das Intro zwischen 10 und 30 Sekunden lang sein, maximal sollte es die Dauer von einer Minute nicht überschreiten. (Jede Regel kann natürlich bei guten Gründen gebrochen werden…)

Merke !!

Bestandteile des Podcast-Intros:

- **Name und Claim:** Gerade im Internet mit seiner Vielfalt von Anbietern und Inhalten ist es wichtig, mit einer starken und deutlich erkennbaren Identität aufzutreten. Für den Podcasttitel selbst gilt eine gewisse poetische Freiheit. Er sollte knapp und muss nicht unbedingt selbsterklärend sein. Deshalb ist es sinnvoll, eine Art Unterzeile anzufügen, einen Claim, der kurz darüber informiert, worum es in dem Format geht.
- **Erkennungmusik:** Wie im Web-Publishing Logo und Layout eingesetzt werden können, um Anspruch und Stil eines Formats zu unterstreichen, können im Audiobereich eine Erkennungsmelodie und/oder geschickt eingesetzte Soundeffekte den intendierten Charakter des Formats unterstreichen.
- **Episodennummer und Episodentitel:** Frühzeitig sollte die Episode im Intro identifiziert werden. Das dient der Orientierung der Hörerïnnen, zum Beispiel auch bei der Suche nach Begleitinformationen im Netz.
- **Gastgeberïnnen:** Zu einer ansprechenden Begrüßung gehört auch, dass sich die Hosts mit Namen und eventuell Funktionsbezeichnung oder ein paar Stichworten zur eigenen Person vorstellen.
- **Vorschau/Einleitung:** Gerade bei längeren Episoden ist es sinnvoll, mit einer Ankündigung des weiteren Verlaufs und einer kleinen Einleitung zu beginnen, die die Hörerschaft an das Thema der Folge heranführt.

Szenen

Wer in seinem Podcast reportagehaft arbeiten will, muss **Szenen** (Interviews, O-Töne vor Ort etc.) verwalten. Es bietet sich an, diese mit einer **Studiomoderation** (eventuell auch zu zweit) zu verknüpfen. Manchmal macht es Sinn, die Szenen auch **akustisch abzuheben**, also beispielsweise mit Hilfe von Atmo-Geräuschen die wiedergegebene Situation zu verdeutlichen, oder musikalische Trenner zu verwenden. **Zwischenblenden ins Studio** zur Moderator'in können dazu beitragen, ein längeres und komplizierteres Außeninterview aufzulockern, einzelne Statements der Interviewpartnerin vorher anzukündigen oder im Nachgang zu erläutern und einzuordnen.

Auch bei längeren Gesprächs- oder Interview-Podcasts macht es Sinn, die Episode in Abschnitte oder Kapitel aufzuteilen und diese durch kurze Ab- und Anmoderationen und akustische Trenner voneinander abzuheben.

Metadaten

Zu einem gut produzierten Podcast gehören neben der eigentlichen Audiodatei auch Zusatzinformationen zu verschiedener Verwendung, die sogenannten **Metadaten**. Im eigentlichen Sinne sind dies neben den Angaben zum **RSS-Feed**, die für die technische Verwaltung der Abonnements wichtig sind und normalerweise beim Upload zum Hoster abgefragt werden, auch **ID3-Tags**. Das sind die klassischen Metadaten für Audiodateien, die separat noch einmal über Titel, Autor'in, Datum etc. von MP3-Dateien informieren.

Moderne Podcast-Produktionsumgebungen erlauben es außerdem, die Folge in thematische **Abschnitte** mit einem verlinkten **Inhaltsverzeichnis** einzuteilen. Das Inhaltsverzeichnis kann man dann in die **Shownotes** der Folge stellen. Dabei handelt es sich um begleitende Textdateien, in denen noch einmal eine Zusammenfassung des Inhalts gegeben wird und bei Bedarf weiterführende Informationen und Links angefügt werden. Ausführliche Shownotes werden von manchen Plattformen nicht in vollem Umfang unterstützt, weswegen es sinnvoll ist, als ›Home Base‹ für den Podcast ein Blog anzulegen, wo man dann ausführlich über jede Folge informieren und auch eine Diskussion der einzelnen Episoden ermöglichen kann.

Darüber hinaus sollte es ein **Titelbild** für die Podcast-Serie sowie eine kurze Beschreibung des Formats geben. Manche Player (›Podcatcher‹ genannt) erlauben außerdem **Episodenbilder** oder sogar Bilder zu den einzelnen im Inhaltsverzeichnis getrennten Abschnitten.

Workflow

Die Arbeitsabläufe bei journalistischen Podcasts unterscheiden sich im Grundsatz wenig von denen bei anderen multimedialen journalistischen Formaten. Hier kann man zudem das gesamte, breite Professionswissen aus dem **Radiojournalismus** mobilisieren. An dieser Stelle beschränken wir uns jedoch auf die Anforderungen an kleine Produktionen, wie sie auch von Amateur'innen zu bewältigen sind.

Präproduktion

Bevor es in die Aufnahme geht, sollten die angepeilten Themen sorgfältig recherchiert werden. Dies gilt auch dann, wenn der Podcast im Plauderton gehalten ist: Mangelnde Vorbereitung fällt immer auf und ist ein katastrophaler und peinlicher Fehler. Arbeitstitel und Küchenzuruf sowie eine erste Auswahl einschlägiger Schlagworte (Hashtags) helfen dann bei der weiteren Orientierung.

Wenn externe Gesprächs- oder Interviewpartner'innen beteiligt sind, müssen diese angefragt und mögliche **Termine** und technische Voraussetzungen, wie die einzusetzende **Aufnahme- und Übertragungstechnik**, geklärt werden. Vor allem letzteres ist erfahrungsgemäß ein Stolperstein vieler Produktionen, und es lohnt sich, schon im Vorfeld sorgfältig zu briefen und eventuell kleine Tests durchzuführen.

Je nach Format können eine vorläufige **Gliederung** und ein **Skript** erstellt werden. Die meisten Podcastformate sind allerdings nur teilweise geskriptet, um den Gesprächen bei der Aufnahme mehr Freiheit zu geben. Hier stellt sich die Frage, wie viel von der vorbereitenden Planung die Gastgeber'in mit ihren Gesprächspartner'innen teilen will, um einerseits allen Beteiligten eine gewisse **Vorbereitung** zu ermöglichen, andererseits aber dem Gespräch nicht die **Spontaneität** zu nehmen. Ein online geteiltes Notizdokument kann es zudem möglich machen, dass alle Beteiligten im Vorfeld Ideen einbringen und auf wesentliche Aspekte des Themas hinweisen.

Zur Vorbereitung gehört auch die rechtzeitige Sicherstellung der für die Produktion notwendigen **Ausstattung**: Buchung des Studios oder geeigneter Räumlichkeiten für die Aufnahme und des erforderlichen Equipments (z.B. Headsets oder Mikrofone, Audio-Interfaces, Rechner mit geeigneter Aufnahmesoftware, Kabel und Steckdosen etc.). Es lohnt sich auch, über **Backuplösungen** für eventuelle Ausfälle bei den Geräten nachzudenken.

Schließlich können externe O-Töne, Atmos oder Musikstücke, die bei der Aufnahme eingeblendet werden sollen, vorbereitet, gesammelt und für die eigentliche Produktion zugänglich gemacht werden. Besonders bei der Musik muss dabei unbedingt die Rechtefrage beachtet werden. Es gibt jedoch im Netz viele Quellen für Audios, die unter der **Creative-Commons-Lizenz** oder anderen toleranten Verwertungsmodellen stehen und meist kostenfrei verwendet werden können, wenn die Herkunft korrekt genannt wird.

Produktion

Bei der eigentlichen Aufnahme sollte genügend **Vorlaufzeit** eingeplant werden, um die technische Infrastruktur, wenn notwendig, zu installieren und auf jeden Fall noch einmal gründlich zu testen. Gegebenenfalls müssen Gesprächspartnerïnnen noch einmal gebrieft werden. Gerade externe Verbindungen für zugeschaltete Teilnehmende sollten sicherheitshalber einen kleinen Probelauf bestehen.

Sodann muss – gerade, wenn es sich nicht um eine professionelle arbeitsteilige Produktion mit klarer Rollenverteilung handelt – klar sein, wer die eigentliche Aufnahme **steuert und kontrolliert**. Wenn zentral aufgezeichnet wird, müssen für alle Gesprächspartnerïnnen jeweils Aufnahmespuren eingerichtet, scharfgeschaltet und korrekt ausgesteuert werden. Wenn nicht in einer professionellen Studioumgebung aufgezeichnet wird, sollten die **Mikrofone** und die **Schallcharakteristik der Räume** noch einmal getestet und gegebenenfalls verbessert werden. Oft fällt besonders bei zugeschalteten Gästen die Tonqualität unnötig ab, obwohl hier mit kleinen Maßnahmen (Sitzposition, Abstand zum Mikrofon) deutliche Verbesserungen möglich gewesen wären.

Auch wenn nicht live gesendet wird, sind vorherige Absprachen darüber sinnvoll, wie mit **Patzern** und **verunglückten Gesprächsverläufen** umzugehen ist.

Postproduktion

Die Postproduktion besteht beim Podcasting im wesentlichen aus drei Arbeitsschritten: Schnitt, Klangbearbeitung und Metadaten.

Je nachdem, welche Software für die Aufnahmen verwendet wird, können erste Klangfilter schon **während der Aufnahme** die Tonqualität beeinflussen. Dies ist natürlich schwieriger, wenn dezentral mit separaten Aufnahmegeräten (z.B. Smartphones) gearbeitet wird. Aber beispielsweise die Software *Ultraschall*, eine sehr leistungsfähige und komfortable ›Digital Audio Workstation‹ (DAW), erlaubt es, bereits bei der Aufnahme leise Störgeräusche auszufiltern und die Lautheit der Aufnahmen anzupassen. Dies ist vor allem bei Livestreaming sinnvoll. Hier muss man aber aufpassen, nicht zu viel herauszufiltern: Atmer und kleinere Hintergrundgeräusche tragen zu einer natürlichen Atmosphäre bei.

Bei Produktionen, die nicht live gesendet werden, werden Purist:innen solche Maßnahmen jedoch auf die Postproduktion verlagern. Im Normalfall geht die Aufnahme zunächst in den **Schnitt**. Hier werden die Aufnahmen in der erwünschten Dramaturgie zusammengefügt, bei Bedarf Musik und vorbereitete O-Töne eingeblendet und die Intros und Outros angefügt. Wenn man Versprecher, redundante Takes, lange Pausen und überflüssige Füllsel (»Äh« etc.) entfernt, sollte man ebenfalls darauf achten, es nicht zu übertreiben, um eine gewisse Natürlichkeit des Resultats zu bewahren. Grundsätzlich gilt: Ein Schnitt, den man im Resultat hört, ist ein schlechter Schnitt.

Im Anschluss kann mit Hilfe von Filtern die **Klangqualität** verbessert werden: Rauschen und Störgeräusche werden reduziert, Stimmprofile aufgebessert, Aufnahmepegel der einzelnen Spuren angeglichen und die Lautheit der Gesamtaufnahme angepasst. Professionelle DAWs sind ›nicht destruktiv‹, das heißt: Die ursprüngliche Aufnahme wird in den Bearbeitungsschritten nicht verändert, alle Maßnahmen können flexibel zurückgenommen werden. Dies ist bei der gerade in Amateurkreisen sehr beliebten freien Software *Audacity* nicht der Fall. Hier ist es wichtig, immer rechtzeitig eine Kopie der Originalaufnahmen anzulegen, auf die man zur Not zurückgreifen kann.

Die meisten DAWs verwalten ihre **Audiofilter** als **Plugins**, und es lohnt sich, nach leistungsfähigen Filtern Ausschau zu halten, die eventuell auch kostenpflichtig sein können. Wer sich auf diese handwerklichen Herausforderungen nicht einlassen will, kann für die Klangoptimierung auch auf webbasierte Dienste zurückgreifen. Unter vielen Podcasterïnnen sehr beliebt ist der österreichische Online-Dienst *Auphonic*, der mit Hilfe ausgefeilter Filter und künstlicher Intelligenz hochgeladene Audiofiles automatisiert qualitativ aufwertet und für die endgültige Veröffentlichung vorbereitet. Auch der Marktführer *Adobe* versucht sich gerade an einem ähnlichen KI-basierten Service für Podcasterïnnen.

Abb. 9.2: Schnitt und Bearbeitung der Podcastaufnahmen erfolgen in einer Digital Audio Workstation (DAW) (Abbildung: Ultraschall.fm)

Zur Postproduktion gehört auch die Anreicherung der Podcasts mit den bereits erwähnten **Metadaten**. Dazu können neben Titel, Episodentitel, Publisher, Shownotes, Episodenbild beispielsweise auch beschriftete Kapitelmarken für ein Inhaltsverzeichnis gehören. Neuerdings nutzen einige Podcasterïnnen die Möglichkeit, mit Hilfe künstlicher Intelligenz automatisiert Transkripte ihrer Episoden anzulegen.

Es lohnt sich, besondere Sorgfalt in die Vorbereitung der Shownotes und anderer **Begleittexte** zu investieren. Diese bieten nicht nur einen Mehrwert für die Hörerïnnen, sie tragen auch dazu bei, dass die Podcasts von den Suchmaschinen besser indiziert werden können und somit besser auffindbar sind. Bei der Erstellung sollte man unterscheiden zwischen den **Teasertexten**, mit denen man seine Episode an anderer Stelle (z.B. auf seinem Blog) vorstellt und bewirbt, und den eigentlichen **Shownotes**, die dann in den Podcast-Apps (›Podcatchern‹) während des Hörens angezeigt werden oder auf die man im Anschluss zur Vertiefung des Gehörten hinweist. Für eine potenzielle Hörerïn, die eine Episode noch nicht gehört hat, werden lange Linklisten oder Transkripte eher abschreckend wirken, während sie nach Genuss des Audios ausgesprochen hilfreich sein können.

Beim endgültigen **Rendering** entscheidet man dann über das Ausgabeformat, und Audio- und Metadaten werden als Paket zusammengefügt und für die Distribution bereitgestellt.

Distribution

Wenn die produzierte Episode fertig ist, geht es an deren **Bereitstellung** im Internet. Hier gibt es im Wesentlichen zwei Modelle: Entweder man hostet seinen Podcast selbst, beispielsweise auf der Basis eines Blogs, oder man bedient sich einer professionellen Hostingplattform. Die beiden Modelle lassen sich auch sinnvoll kombinieren.

Im ersten Fall gibt es beispielsweise für die weit verbreitete und ausgereifte Blogsoftware **Wordpress** eine Reihe von **Plugins**, die es erlauben, Podcasts auf dem eigenen Server bereitzustellen. Diese Plugins halten dann Podcastfolgen mit allen Metadaten quasi als eine eigene Kategorie von Blogeinträgen vor und machen sie per RSS-Feed abonnierbar. Im Anschluss müssen die Podcasts dann nur noch bei den wichtigen Verzeichnissen (*Apple Podcasts, Spotify, Pocketcasts* etc.) angemeldet werden, damit sie auch dort jederzeit auffindbar sind.

Wem das zu viel Aufwand ist, der kann sich spezialisierter **Hostingplattformen** wie *Podigee* oder *Spotify for Podcasters* (ehemals: Anchor) bedienen. Dort bekommt die Podcasterïn eine eigene ›Homepage‹ für ihren Podcast und die Folgen liegen auf den Servern des Dienstleisters. Dieser übernimmt auch die Anmeldungen in den Verzeichnissen und hilft bei der strukturierten Bereitstellung von Informationsmaterial und Metadaten.

Studio und Ausstattung

Wie bereits im → Kapitel 8 angesprochen, ist es im Prinzip möglich, auch komplette Podcasts mit einer Minimalausstattung aus Smartphones und rudimentärer Schnittsoftware zu erstellen. Dies empfiehlt sich jedoch nur für den Notfall oder in Situationen, in denen Mobilität und leichtes Gepäck Priorität haben.

Für den regulären journalistischen Gebrauch sollte man schon für passende Räumlichkeiten und eine hinreichende technische Ausstattung sorgen. Das müssen keine professionellen schallgedämmten Radiostudios mit entsprechend teurer technischer Ausstattung sein. Zufriedenstellende Aufnahmen lassen sich mit etwas Sorgfalt auch im Arbeits- oder Wohnzimmer erstellen, und für die Technik reicht es im Normalfall aus, ein paar Hundert Euro anzulegen.

Der Raum

Ein heißer Tipp vorweg: Es ist keine gute Idee, in der Garage oder im Badezimmer aufzunehmen. Glatte, harte Oberflächen werfen den Schall zurück und sorgen für jede Menge **Hall**. Wenn man solche Effekte will, sollte man sie lieber synthetisch produzieren und da einsetzen, wo sie sinnvoll sind.

Gewünscht ist eher ein **›trockener‹ Klang**, in dem Details gut hörbar sind und den man gut weiterverarbeiten kann. Der Klang sollte sich dann auch in einer nahen, intimen Hörsituation (zum Beispiel mit Kopf- oder Ohrhörern) natürlich anhören. Dazu gehört auch, dass sich die **Hintergrundgeräusche** in Grenzen halten – es sei denn, man möchte diese als ›Atmo‹ einsetzen (Vogelgezwitscher, Cafégespräche).

Um gute Bedingungen für dieses Ziel zu schaffen, ist es am besten, in einem Raum mit viel Zeug aufzunehmen. Das gilt buchstäblich: Teppiche, Vorhänge, Bücherwände, Polstermöbel – all diese Dinge schlucken Raumschall und helfen dem Mikrofon, sich auf das eigentliche Sprechereignis zu ›konzentrieren‹.

Je nachdem, welche **Richtcharakteristik** das Mikrofon hat, kann man auch gezielt einfache Hilfsmittel zur Dämmung verwenden, zum Beispiel indem man vor oder hinter sich **Wolldecken** aufhängt, um das Echo einer harten Wand zu vermeiden. Auch volle Wäscheständer leisten einen ähnlichen Dienst. Ein unter Podcaster'innen (und auch Radiojournalist'innen) beliebter **Trick** in dieser Hinsicht ist die Aufnahme vor (nicht in!) einem offenen Kleiderschrank.

Mikrofone

Brauchbare Podcast-Mikrofone müssen nicht teuer sein. Die Spanne beginnt bei ca. 20 Euro und ist dann aber nach oben offen. Mit ca. 100 Euro bekommt man schon ein ziemlich gutes Equipment.

Generell empfiehlt es sich, die einzelne Stimme **mono** aufzunehmen (sie kommt ja nur aus einer Richtung), und **für mehrere Stimmen mehrere Mikrofone** einzusetzen und bei der Aufnahme entsprechend **separate Spuren** anzulegen, die man dann getrennt bearbeiten und gegebenenfalls am Schluss des Bearbeitungsvorgangs zusammenführen kann.

Dynamisch vs. Kondensator

Nach dem Aufnahmeprinzip unterscheidet man **dynamische Mikrofone** von **Kondensatormikrofonen**. Für die Stimme sind die sensibleren Kondensatormikrofone eigentlich besser geeignet, sie nehmen aber auch mehr Raumklang mit und sind empfindlicher für Rückkopplungseffekte und Defekte. Deshalb greifen viele Podcaster'innen dann doch auf pflegeleichtere, dynamische Mikrofone zurück. Kondensatormikrofone benötigen normalerweise eine Phantomspannung, die nicht von den normalen Analoganschlüssen bereitgestellt wird. Man braucht deshalb bei ihrem Einsatz für gewöhnlich ein separates **Interface**, das diese Spannung auf Wunsch einspeist.

Richtcharakteristik

Die meisten Gesangs- und Podcastmikrofone haben eine **Nierencharakteristik**. Das heißt, sie nehmen vor allem auf, was *vor* dem Mikrofon passiert, und haben einen ›blinden Fleck‹ hinter sich. Ein anderer häufiger Fall ist die **Kugelcharakteristik**, mit der praktisch *rund um* das Mikrofon aufgenommen wird. Diese findet sich zum Beispiel bei den im letzten Kapitel erwähnten **Lavalier-Mikrofonen**. (Das sind die kleinen Mikrofone, die man sich ans Revers klemmt.)

Auch die Mikrofone unserer **Smartphones** haben eine Richtcharakteristik, die einen Unterschied bei der Aufnahme macht, und es lohnt sich genau herauszufinden, wo sich das Mikrofon befindet (schon damit man es nicht versehentlich mit der Hand verdeckt) und in welchem Winkel die Stimme am besten aufgenommen wird. Man kann es sich deutlich einfacher machen, indem man auch hier ein externes Mikrofon anschließt.

Output und Anschlüsse

Die momentan vielfach als Einsteigermikrofone angebotenen **USB-Mikrofone** produzieren keinen analogen, sondern einen bereits **digital codierten Output**. Sie enthalten gewissermaßen eine integrierte Soundkarte.

Nachteil ist aber, dass die Soundkarten unserer Rechner normalerweise nur ein USB-Mikrofon verwalten können, was bedeutet, dass man bei Aufnahmen mit mehreren Gesprächspartnerïnnen ein Problem hat. Das ist selbst dann der Fall, wenn der Rechner über mehrere USB-Anschlüsse verfügt oder man einen entsprechenden Adapter verwendet. Offensichtlich kommen sich die digitalen Audioströme in die Quere. (Der Mikrofonhersteller *Røde* garantiert bei Verwendung seiner App *Røde Connect* den Anschluss von bis zu vier USB-Mikrofonen, allerdings nur aus eigener Produktion.)

Wer also plant, mit Gesprächspartnerïnnen zu podcasten, sollte nicht in eine Mikrofontechnologie investieren, die vorhersehbar in solchen Situationen schlecht einsetzbar ist. Statt USB-Mikrofonen empfehlen sich hier mehrere analoge Mikros mit einem digitalen Audio-Interface.

Mikrofon-Umgebung

Mikrofone müssen einerseits gut positioniert werden. Sie sind andererseits dafür anfällig, auch Schallereignisse zu übertragen, die eigentlich nicht ›gemeint‹ sind. Insofern ist es heikel, das Mikrofon einfach auf den Kaffeetisch zu stellen, auf dem auch die Teekanne oder die Biergläser stehen.

Um Störgeräusche zu verhindern, kann man spezielle **Mikrofonständer** oder **-stative** verwenden, die es in verschiedenen Varianten gibt. Viele Podcasterïnnen verwenden Stative, die wie Schreibtischlampen an den Tischrand geklemmt werden. Um die ungewollte Übertragung von Tischbewegungen etc. zu vermeiden, benutzt man spezielle Aufhängungen für die Mikrofone, sogenannte **Spinnen**.

Schließlich ist es sinnvoll, explosive Luftstöße abzufangen, die z.B. beim Sprechen von »P«s und »T«s entstehen. Dafür verwendet man spezielle Schaumgummikappen oder Schirme, den sogenannten **Wind-** oder **Pop-Schutz.**

Headsets

Viele Podcasterïnnen – vor allem aus der Gamerszene – schwören auf den Einsatz hochwertiger Headsets, mit denen sie gleichzeitig ihre eigene Stimme aufnehmen und die Gesamtaufnahme im Kopfhörer direkt nachvollziehen können.

- **Nachteile:** Viele Menschen empfinden das Tragen relativ klobiger Kopfhörer als beengend und unangenehm, und auch der Schluck aus dem Wasserglas wird zum Problem.
- **Vorteile:** Wenn man sich einmal daran gewöhnt hat, ist man in seiner Bewegung freier und man muss sich nicht auf ein stationäres Mikrofon konzentrieren. Der Abstand zum Mikrofon bleibt gleich und ist relativ klein, was auch die Bedeutung von Hintergrundgeräuschen deutlich mindert.

Grundsätzlich kann es von Vorteil sein, wenn die Teilnehmerïnnen das Gespräch nicht direkt akustisch, sondern über Kopfhörer als Aufnahmesignal verfolgen. Dies gibt Host und Teilnehmerïnnen die Sicherheit, dass sie die Mikrofone richtig verwenden und dass die Aufnahme richtig ausgesteuert ist. Es ist aber nicht zwingend notwendig und viele erfolgreiche Podcasts werden ohne Kopfhörer-Monitoring aufgenommen.

Audio-Interfaces

Wenn man Gesprächssituationen mit mehreren Sprecherïnnen auch mit mehreren Mikrofonen aufnehmen will (was sich lohnt), kommt man um die Anschaffung eines Audio-Interfaces nicht herum. Das führt die analogen Mikrofonsignale zusammen und konvertiert sie in ein digitales Signal, das aber die getrennten Spuren erhält und normalerweise per USB an den Rechner und die digitale Audio-Workstation übertragen wird. Hier gibt es mittlerweile für Podcasterïnnen preiswerte und einfach zu bedienende Geräte von verschiedenen Herstellerïnnen.

Allerdings sollte man sich bei der Anschaffung im Vorfeld über die Kompatibilität mit den anderen verwendeten Apps und Geräten schlau machen: So ist beispielsweise das viel beworbene *Zoom Podtrack P4* nicht mit der in Deutschland oft verwendeten Software *Studiolink* kompatibel, mit der man live Gesprächspartnerïnnen an anderen Orten zuschalten kann. Ein in der

Szene beliebtes und sehr leistungsfähiges Gerät ist das *Zoom H6*, das sowohl als Audiointerface mit bis zu 6 Kanälen (bei 4 externen Mikrofoneingängen) als auch als mobiler Recorder verwendet werden kann.

Digitale Audio-Workstations

Die Software, mit der man seine Audioaufnahmen steuern, die aufgenommenen Takes schneiden und mischen, und das so bearbeitete Produkt dann mastern und rendern kann, nennt man **digitale Audio-Workstations (DAW)**. Bei der Auswahl der Produkte gibt es vor allem drei verschiedene Parameter, die das Feld strukturieren:

1. Zugänglichkeit und **Preis**
2. **Nutzerfreundlichkeit** und Einfachheit im Umgang
3. Podcastspezifische **Funktionalität**

Wer sich bereits im kostenpflichtigen *Adobe*-Kosmos bewegt, wird wahrscheinlich *Adobe Audition* nutzen wollen. Daneben gibt es zum Beispiel *Hindenburg Pro*, ebenfalls kostenpflichtig, aber noch stärker auf Podcastproduktion optimiert. Wer kostenlose Open-Source-Software bevorzugt, kann auf das bereits erwähnte *Audacity* zurückgreifen. Leistungsfähiger, aber deutlich schwieriger in der Bedienung ist das ebenfalls quelloffene *Ardour*.

Die zurzeit wahrscheinlich beste Lösung ist aber *Ultraschall*, ein Programm, das als Open-Source-Aufsatz für die kostenpflichtige, aber erschwingliche Audiosoftware *Reaper* angelegt ist. *Ultraschall* entstammt der Szene unabhängiger Podcaster in Deutschland und wird fortlaufend weiterentwickelt und optimiert.

!! Merke

Features von *Ultraschall*

- für Podcasts optimiertes Interface
- Mehrspuraufnahmen
- automatisiertes oder manuelles Routing des akustischen In- und Outputs
- komfortable Remote-Aufnahmen externer Gäste mit *StudioLink*
- Podcast-Workflow mit eigenem Menü

- Nicht destruktives Bearbeiten
- Soundboard für vorbereitete Musik
- Storyboard für gebaute Beiträge
- für Podcast optimierte Dynamik- und Filter-Plugins
- flexibles Rendering inkl. Metadaten

Journalistische Herausforderungen

Nicht alle Podcasts sind journalistisch, viele Titel zielen eher auf Unterhaltung oder Bildung ab. Dennoch spielt der Journalismus eine wichtige Rolle, und Podcasts sind ein hervorragendes Format, um aktuelle und auch komplexe Themen journalistisch zu vermitteln. Dabei kommen alle Qualitätskriterien zum Zuge, die generell für journalistische Produktionen gelten, und es sind auch sehr verschiedene Darstellungsformen möglich. Im Vordergrund stehen aber Studiogespräche und Interviews sowie Features und Reportagen.

Schreiben fürs Hören

Zum besonderen Charme, mit dem sich Podcasts von traditionellen Wortformaten im Radio, aber auch vom hysterisch-fröhlichen Formatradio (›Dudelfunk‹) absetzen, trägt die Unbefangenheit bei, mit der hier über schwere ebenso wie leichte Themen gesprochen wird. Dies lässt sich mit durchgeskripteten Aufnahmen kaum erreichen. Andererseits sind auch völlig improvisierte Abläufe extrem fehleranfällig und gelingen nur sehr erfahrenen Moderatorïnnen.

Ein guter Mittelweg sind **stichwortartige Manuskripte**, die Eckdaten für den geplanten Sendeablauf ebenso wie wichtige Rechercheergebnisse und Fakten enthalten. Das freie Sprechen ohne allzu viele »Ähs« und Gestolper lässt sich üben, und nur wer sich das wirklich nicht zutraut, sollte auf vollständig durchgetextete Manuskripte zurückgreifen.

Dann aber gelten die Grundregeln des Schreibens fürs Ohr, zum Beispiel:

- Einfache, prägnante Sätze verwenden, die jedoch atmen (kein Staccato ausschließlich kurzer Sätze!)

- Sparsamer Umgang mit Zahlen, eventuell durch Vergleiche veranschaulichen
- Wiederholungen und Zusammenfassungen helfen bei der inhaltlichen Orientierung;
- Anschaulich texten: Bilder im Kopf entstehen lassen
- Manuskripte mindestens einmal laut probelesen

Stimme

Eines der stärksten Qualitätsmerkmale von Podcasts bilden die Stimmen der Protagonist'innen. Unabhängig von den Inhalten stellt der **Stimmklang** unmittelbar eine emotionale Beziehung zwischen Sprecher'in und Hörer'in her. Es lohnt sich also, Zeit und Sorgfalt in die **Stimmbildung** zu investieren. Auch ohne langwierige Gesangsausbildung lassen sich Dinge wie die richtige Körperhaltung beim Sprechen und Grundregeln der Atmung und Artikulation erlernen.

Gesprächsführung

Vom klassischen Interview über die Doppelmoderation zur moderierten Gruppendiskussion – die meisten Podcasts werden vom Gespräch bestimmt. Bei der Planung hilft es, sich zunächst Klarheit über die **Rollen der Teilnehmer'innen** zu verschaffen: Ist der Gast eine Expert'in, oder die Zeug'in eines relevanten Ereignisses? Dann wird die Moderator'in seinen Beitrag durch behutsame offene Fragen steuern und ihm genügend Raum für die eigene Darstellung geben. Oder ist es die Moderatorin, die das Thema gründlich vorbereitet hat, und der Gast sitzt eher als Stellvertreter'in der noch uninformierten Hörerschaft im Studio? Dann ist es sein Job, das Wissen der Moderator'in im Gespräch zum Vorschein zu bringen.

Besonders in Gesprächsrunden ist es wichtig, schon im Vorfeld eine Idee davon zu haben, worin der jeweilige Beitrag der verschiedenen Teilnehmer'innen besteht. Das hilft nicht nur bei der Auswahl der richtigen Fragen oder Gesprächsstimuli, sondern auch bei der **Dramaturgie**: Wer antwortet am besten auf wen? Wem gebührt das letzte Wort?

Aber man sollte nicht nur die Gesprächsteilnehmer'innen im Blick behalten, sondern auch das **Publikum**. Inhaltlich darf man nichts voraussetzen, was die Zuhörerïnnen möglicherweise nicht wissen. Hier hilft es, sich vorzustellen, dass man mit allen Teilnehmenden auf einer kleinen Bühne vor einem imaginären Publikum sitzt, in das man dann gedanklich Leute (›Personas‹) setzen kann, die zur Zielgruppe gehören. Wenn es einem dennoch versehentlich passiert, dass man etwas unerklärt lässt, was erklärungsbedürftig ist, kann man das später in der Nachbearbeitung durch nachträgliche Einschübe korrigieren.

Zur Vertiefung

Test zu Kapitel 9
https://www.utb.de/do/10.36198/9783838562322-e08/disclaimer

Weiterführende Lektüre

Eins, P. (2022). *Podcasts im Journalismus: Eine Einführung für die Praxis* (Journalistische Praxis). Wiesbaden: Springer VS. https://doi.org/10.1007/978-3-658-34269-2 – Der Berliner Journalist und Trainer Philipp Eins führt kenntnisreich und detailliert in die Praxis des Podcastens ein.

Hüllen, P. & Karg, T. (2013). *Manual for Radio Journalists.* Bonn: Deutsche Welle Akademie – Umfangreiches Handbuch der *Deutsche Welle Akademie* für Radiojournalisten, das auch für Podcasterïnnen viele wertvolle Anleitungen enthält. (PDF-Download bei der *DW Akademie*)

Ausgewählte Forschung

Katzenberger, V., Keil, J. & Wild, M. (Hg.) (2022). *Podcasts: Perspektiven und Potenziale eines digitalen Mediums.* Wiesbaden/Heidelberg: Springer VS. – Der Reader versammelt zahlreiche Aufsätze über die aktuelle Entwicklung im Podcasting und den Forschungsstand zum Thema.

Community

- Ein großer Teil der deutschsprachigen Podcast-Community hat sich auf der Plattform *Sendegate* organisiert, um über Fragen von Produktion und Technik zu diskutieren.

Preise

- Seit 2020 gibt es den *Deutschen Podcast Preis,* der von großen kommerziellen Plattformen wie *Spotify* und *Audible,* von Rundfunkhäusern wie *Deutschlandfunk* und dem *Bayerischen Rundfunk* und von anderen kommerziellen Anbietern wie *Axel Springer,* den Werberïnnen von *Seven One,* den Produzentïnnen *Podstars* und *Acast* etc. initiiert wurde und deshalb in der unabhängigen Szene sehr umstritten ist.
- Daneben berücksichtigen und prämieren wichtige onlinepublizistische Preise wie der *Grimme Online Award* oder die *Goldenen Blogger* immer wieder auch Podcasts.

Übungen

- Erfinden Sie einen Podcast: Beschreiben Sie in wenigen Sätzen den thematischen Rahmen (z.B. das Leben mit Hauskatzen) sowie das typische Beitragsformat (Monolog, Dialog, Interviews, Reportage,...). Geben Sie dem Podcast einen Titel und formulieren Sie einen Claim (z.B. *Cat Content – Der Podcast über unsere schnurrenden Overlords*).
- Formulieren Sie das Intro für eine (hypothetische) Folge (z.B. »Sie hören: Cat Content, den Podcast über... Am Mikrofon begrüßt Sie... Heute geht es um... Dazu begrüße ich als Gast...«). Nehmen Sie das Intro mit Ihrem Smartphone auf. Versuchen Sie verschiedene Sprechgeschwindigkeiten und Tonlagen. Welche würde Sie am ehesten zum Hören verleiten?
- Suchen Sie bei entsprechenden Online-Diensten (z.B. *Youtube Studio, Audiohub* etc.) eine geeignete, kostenlos verwendbare Erkennungsmelodie. Benutzen Sie einen Audio-Editor wie *Audacity,* um Ihren Introtext mit der Erkennungsmelodie zusammenzufügen. Versuchen Sie dabei, mit weichen Übergängen (Fade In, Fade Out, Überblendungen) zu arbeiten.

- Konzipieren Sie eine sehr kurze Interviewsequenz. Verbinden Sie sich mit einer Freundin per Laptop über einen Videochat. Führen Sie das Interview und nehmen Sie dabei die beiden Stimmen jeweils mit dem Smartphone auf. Lassen Sie sich den Mitschnitt der Gesprächspartnerin schicken und fügen Sie die beiden Aufnahmen im Audio-Editor Ihrer Wahl zusammen. (Um die Arbeit beim Zusammenschnitt zu erleichtern, sollten Sie für den Ton des Videochats Kopfhörer verwenden, so dass die Stimme der Gesprächspartnerin auf der eigenen Smartphoneaufnahme jeweils nicht zu hören ist.)

10. Datenjournalismus

Themen

Daten, Geschichte des Datenjournalismus, Datenrecherche, Datenbereinigung, Scraping, Datenanalyse, Visualisierung

Über diese Lerneinheit

Der Datenjournalismus hat mittlerweile einen festen Platz im Angebotsportfolio des digitalen Journalismus. Mit ansprechenden, oft interaktiven Visualisierungen werden dem Publikum komplexe statistische Zusammenhänge zugänglich gemacht. Ein einfacher Datenjournalismus ist auch für Journalist*innen ohne Programmierkenntnisse möglich. Für komplexere Projekte bietet es sich an, arbeitsteilige Teams einzusetzen.

Was Sie hier lernen

- geeignete Daten in öffentlichen Archiven und anderen Quellen finden zu können
- den typischen Arbeitsablauf bei der datenjournalistischen Produktion zu kennen

Einleitung

Daten sind allgegenwärtig. Sie werden erhoben, gespeichert, verknüpft und analysiert. Sie helfen Behörden, Unternehmen und anderen gesellschaftlichen Akteurïnnen dabei, ihre Handlungen zu planen und zu bewerten, und verankern dieses Handeln in der Wirklichkeit.

Aber was ist es eigentlich, das Daten von anderen Informationen über die Welt unterscheidet? Im Umgang mit Daten erwarten wir eine gewisse **Systematik und Strukturiertheit**. Der Datenbegriff kommt aus der **Wissenschaft**. Diese legt auch die Prinzipien und Standards für eine planmäßige und zielführende Erhebung und Auswertung fest.

Begriffserklärung

Daten sind – meist in standardisierter Form vorliegende – Ergebnisse einer systematischen Beobachtung und Vermessung von Gegenständen, Ereignissen oder Wirklichkeitsausschnitten.

Alles lässt sich vermessen. Die Messgrößen können, normalerweise als spezifische Ausprägungen allgemeiner Merkmale, in Registern, Archiven, Tabellen oder Datenbanken vorgehalten werden. Manche dieser Merkmalsausprägungen sind **quantitativ und numerisch**, wie das Alter einer Person oder der Anteil von Personen mit Migrationshintergrund in einer gegebenen Bevölkerung. Andere sind eher **qualitativ**, etwa wenn wir einzelne Personen nach ihrer politischen Orientierung oder subjektiven Befindlichkeit befragen. Der Anwendungsbereich reicht weit über die Wissenschaft hinaus, von der Geschäftswelt über die Politik bis hin zur individuellen Lebensführung.

Grundsätzlich gab es große Datensammlungen schon sehr früh, zum Beispiel in Form von **Volkszählungen**, wie sie bereits in der biblischen Weihnachtsgeschichte erwähnt werden. Aber erst in der modernen, digitalisierten Informationsgesellschaft mit ihren beschleunigten und automatisierten Erhebungs- und Bearbeitungsprozessen hat das Phänomen so an Bedeutung gewonnen, dass wir einen eigenen Begriff dafür verwenden: **Big Data**.

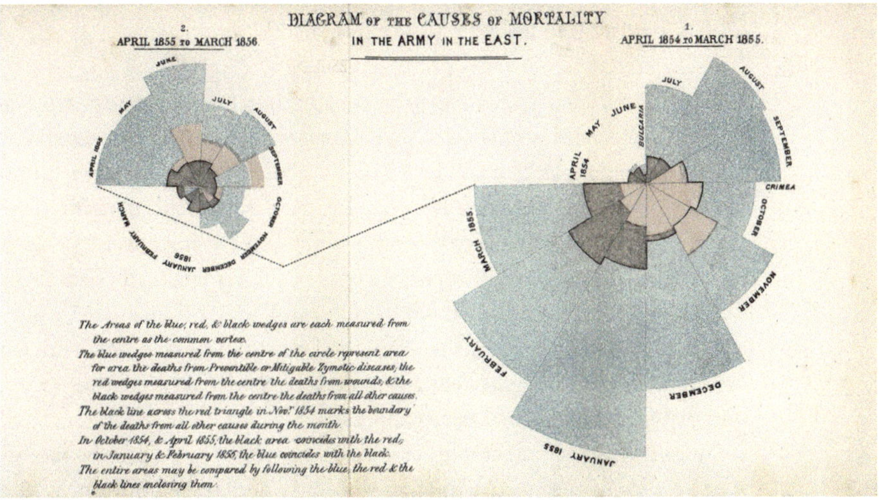

Abb. 10.1: Mit dieser Diagrammdarstellung illustrierte das Team der Statistikerin Florence Nightingale bereits 1858, dass während des Krimkriegs weit mehr britische Soldaten an vermeidbaren Krankheiten verstarben als an Verwundungen oder anderen Ursachen. (Abbildung: Wikimedia Commons)

Unsere **Smartphones** lokalisieren uns permanent im physischen und sozialen Raum. Zentrale Provider protokollieren unsere digitalen Kommunikationshandlungen, wenn auch nicht inhaltlich, so doch in Form von **Verbindungsdaten**. Jeder bargeldlose **Zahlungsvorgang** hinterlässt eine Datenspur. Zahllose **Sensoren** erheben Umweltdaten über Luft- und Wasserqualität und andere Informationen über Wetter, Klima, Pflanzen und Tierwelt. Wirtschafts- und Sozialdaten informieren Entscheidungsprozesse im institutionellen wie privaten Bereich. Die Messpunkte haben sich in einem schier unfassbaren Ausmaß vervielfältigt. Und was bislang vor allem der Wissenschaft und den Entscheiderïnnen in Politik und Geschäftswelt zugutekommt, interessiert in zunehmendem Ausmaß auch den Journalismus.

Journalismus und Daten

Auf den ersten Blick haben Journalismus und Daten wenig miteinander zu tun. Dem Journalismus geht es ja erst einmal nicht um allgemeine Zustände oder Gesetzmäßigkeiten, sondern um die aktuelle Nachricht, den Einzelfall, das besondere, relevante Ereignis. Doch dieser Eindruck täuscht, denn Nachrichten wollen eingeordnet werden und ihre Relevanz erweist sich erst, wenn sie in den größeren Zusammenhang gestellt werden. Zu diesem Zweck macht der Journalismus schon seit dem 19. Jahrhundert immer wieder auch Gebrauch von wissenschaftlichen Befunden, von Statistiken, die er, zum Beispiel in Form von Infografiken, als Hintergrund zum aktuellen Geschehen und zu dessen Analyse und Bewertung anfügt.

Aber Big Data erlauben mittlerweile auch weit mehr als nur die statistische Verallgemeinerung. Im umfassenden Netz der Daten wird zunehmend auch der signifikante Einzelfall sichtbar. Ihre systematische Analyse erlaubt es nicht nur, die langsame Tektonik von sonst schlecht sichtbaren Prozessen wie dem Klimawandel zu beschreiben. Sie ermöglicht es auch, den skandalösen Einzelfall wie zum Beispiel die Steuerflucht eines Prominenten zu identifizieren und hervorzuheben.

Geschichte des modernen Datenjournalismus

Anfang der 1970er Jahre entstand in den USA eine Bewegung unter Journalistinnen, die ihre Berichterstattung vor allem zu sozialen Themen besser auf wissenschaftliche Erkenntnisse stützen wollten. Beim sogenannten **Precision Journalism** ging es vor allem um einen systematisch erweiterten Blick in der Recherche, um belastbarere Aussagen über soziale Entwicklungen treffen zu können.

Mit der zunehmenden Verbreitung von Computern machten sich auch Journalistinnen Gedanken darüber, wie man die neuen digitalen Werkzeuge für den Journalismus einsetzen könnte. Man sprach zunächst von **›Computer-Assisted Reporting‹ (CAR)**, später wurde daraus der Begriff **›Data-Driven Journalism‹ (DDJ)**, oder kürzer: **›Data Journalism‹**, also: **Datenjournalismus**.

Seine erste Blütezeit erlebte der Datenjournalismus Anfang der 2000er Jahre mit Internetprojekten, die statistische Daten auf spektakuläre Weise visualisierten und ihrem Publikum auch interaktiv zugänglich machten. Animierte Infografiken hatte es auch im Fernsehen schon gegeben. Nun wurden die Daten nicht nur kreativer aufbereitet, es gab für die Nutzerïnnen auch die Möglichkeit, interaktiv mit diesen Daten zu arbeiten, eigene Abfragen zu generieren oder Hypothesen durchzuspielen.

Der Begriff Datenjournalismus

Wie immer bei der Entstehung eines neuen journalistischen Genres folgten bald auch die ersten Lehrbücher und Tutorials, eigene spezialisierte Konferenzen und Berufsverbände sowie Preise. Und mit diesen Schritten einer Professionalisierung einher ging auch der Versuch, das Genre begrifflich präziser zu fassen oder zu definieren.

Mit Blick auf die ersten herausragenden Werkstücke hat man unter anderem die folgenden Merkmale identifiziert:

- Datenjournalismus ist eine Art von **Storytelling** auf der Basis von Daten.
- Datenjournalismus verfolgt einen **investigativen Ansatz**.
- Die verwendeten **Daten** werden zusammen mit dem Werkstück den Nutzerïnnen **zur Verfügung gestellt**.
- Die Nutzerïnnen können mit den Daten **interagieren**.
- Die Ergebnisse werden **in visualisierter Form** aufbereitet.

Bei genauerer Betrachtung lassen sich jedoch für praktisch jedes der angegebenen Merkmale Gegenbeispiele finden. So gibt es datenjournalistische Projekte, die nicht eigentlich eine Geschichte erzählen, also kein Storytelling betreiben, sondern eher eine abstrakte These erhärten. Nicht alle Projekte stellen auch dem Publikum ihren Datensatz zur Verfügung, und sehr viele beruhen auf frei zugänglichen Daten, also nicht auf investigativer Recherche. Es sind nicht einmal alle in dem geforderten Sinn interaktiv. Die aufgelisteten Merkmale sind eher *typisch* für datenjournalistische Projekte als *definitorisch*.

So hat es sich mittlerweile durchgesetzt, den Datenjournalismus weniger spezifisch zu definieren.

Begriffserklärung

Datenjournalismus ist die Anwendung datenwissenschaftlicher Methoden, um Daten für journalistische Zwecke zu sammeln, zu analysieren und auszuwerten, das Ergebnis dieser Auswertung visuell oder anderweitig zu veranschaulichen und so in journalistischen Medien zu veröffentlichen.

Beispiele und Themen

Bei den ersten datenjournalistischen Projekten, die auch bei einem breiteren Publikum Aufsehen erregten, handelte es sich meist um aufwändige Leistungen spezialisierter Teams – für eine Integration ins alltägliche Newsgeschäft gab es zu Beginn noch keinen Platz. Und die Projekte kamen nicht nur aus den USA. Im Jahr 2009 hatte beispielsweise der britische *Guardian* seine Leserïnnen aufgefordert, sich an der Auswertung von Tausenden von Spesenabrechnungen britischer Parlamentarier zu beteiligen. Damit war der Aufschlag für ein besonderes Genre im Datenjournalismus gemacht: Projekte unter Mitarbeit des Publikums, das bereits in → Kapitel 5 erwähnte **Crowdsourcing**.

Zwei Jahre später, im Februar 2011, präsentierte die deutsche *Zeit* in dem Beitrag *Verräterisches Handy* einen Datensatz, den der Bundestagsabgeordnete der Grünen Malte Spitz erfolgreich von der Deutschen Telekom freigeklagt hatte. Es handelte sich um die aus seinem Mobiltelefon erhobenen **Verbindungsdaten**. In einer animierten Infografik konnten die Datenjournalistïnnen veranschaulichen, dass sich schon aus diesen Informationen ein detailliertes, indiskretes **Bewegungsprofil** der betroffenen Person erheben lässt.

In den folgenden Jahren gab es eine erstaunliche Vielfalt datenjournalistischer Angebote und Möglichkeiten. Die *Berliner Morgenpost* benutzte beispielsweise eine virtuelle Busfahrt mit der Linie M29, um einen Querschnitt durch das soziale Profil ihrer Stadt zu geben. Die *Süddeutsche Zeitung* präsentierte in einem weltweiten Rechercheverbund mit den *Panama-Papers* einen gewaltigen Datensatz über internationale Steuerflucht und bereitete diesen datenjournalistisch auf. Die *Zeit* erschloss das Archiv der Sitzungsprotokolle des Deutschen Bundestags, so dass man sich interaktiv einen Überblick über die Karrieren bestimmter Themen und Begriffe in der parlamentarischen Debatte verschaffen kann. Der *Spiegel* wies in einer Recherche über die Finanzauskunft Schufa nach, dass diese Agentur Menschen oftmals unverschuldet für nicht kreditwürdig erklärt.

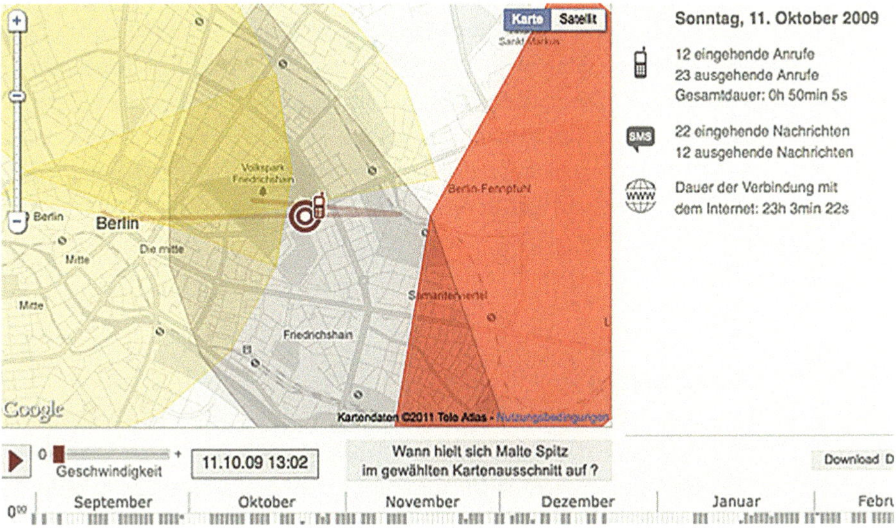

Abb. 10.2: Ein Ausschnitt aus dem Bewegungsprofil von Malte Spitz, das sich aufgrund seiner Handy-Verbindungsdaten rekonstruieren ließ. (© Zeit Online)

Die datenjournalistischen **Quellen** sind vielfältig: Es kann sich beispielsweise um **Sensordaten** handeln wie im Fall der Vorratsdaten bei Malte Spitz, um öffentliche **Sozialstatistiken** wie im Fall des *M29*-Projekts, oder um archivierte oder geleakte **Texte** wie im Fall der Bundestagsprotokolle oder der Panama-Papers.

Aber auch in der Aufbereitung zeigt sich eine große Breite von möglichen **Formaten.** In den meisten Fällen wird Gebrauch von einer Kombination aus Text und bewegter Infografik gemacht. Neben zahlenorientierten **Charts** verschiedenster Typen kommen immer wieder geografische **Karten** zum Einsatz, wie zum Beispiel in einer preisgekrönten *Reuters*-Geschichte über Flüchtlingslager in Myanmar. Viele Projekte bieten der Nutzer'in die Möglichkeit personalisierter, interaktiver **Abfragen**. Und die Illustration muss nicht immer visuell sein. Die *BBC* etwa veranschaulichte die Todesstatistik in der COVID-19-Pandemie eindrucksvoll und bedrückend als Klangereignis.

Mittlerweile gibt es zumindest bei den großen journalistischen Anbietern für den Datenjournalismus eigene Abteilungen, die neben vereinzelten großen **Leuchtturmprojekten** auch das normale **Nachrichtengeschäft** datenjournalistisch begleiten. Dazu werden meist öffentliche Statistiken verwendet, um eine aktuelle Meldung mit Hintergrund zu versehen und einzuordnen. Die große, mit Aufwand vorbereitete investigative Datengeschichte ist eher zur Ausnahme geworden, aber internationale Preise wie der (inzwischen eingestellte) *Data Journalism Award* und der *Sigma Award* sorgen dafür, dass auch dieses Genre nicht ausstirbt.

Workflow

Themenfindung

Wie sieht ein datenjournalistischer Arbeitsablauf aus? Wie wir gesehen haben, beginnt die journalistische Wertschöpfung mit der **Themenfindung**. Im Datenjournalismus gibt es grundsätzlich zwei Wege, wie Themen für Projekte gefunden werden:

1. Man geht von einer journalistischen **Fragestellung** aus, die durch die Analyse von Daten beantwortet oder zumindest bereichert werden kann und macht sich dann auf die Suche nach geeigneten Datensätzen.
2. Man beginnt mit bestehenden und bekannten **Datensätzen** und destilliert aus deren Analyse mögliche Geschichten.

Idealer Weise verfolgt man im Journalismus den ersteren Weg, denn die Entscheidung über die journalistische Relevanz sollte nicht von der Existenz oder Zugänglichkeit von Datenquellen bestimmt werden. De facto ist es jedoch oftmals sinnvoll, sich zunächst einen Überblick über existierende Datenquellen zu verschaffen. Diese sind ja normalerweise aus guten Gründen erhoben worden und enthalten oftmals auch für die Öffentlichkeit wertvolle Informationen, die geborgen werden können.

Formate und Themen, die für ein datenjournalistisches Herangehen geeignet sind, sind vielfältig:

- **Explorative Geschichten** (wie zum Beispiel das *M29*-Projekt der *Berliner Morgenpost*) führen die Nutzerïnnen durch bekannte oder unbekannte

Reviere und lassen sie mit Hilfe der Datenauswertung neue und überraschende Aspekte entdecken.

- **Investigative Geschichten** (wie zum Beispiel die *Panama-Papers* bei der *Süddeutschen Zeitung*) beruhen auf Datensätzen, die eigentlich nicht zur Veröffentlichung bestimmt waren und mit deren Hilfe Informationen ans Licht kommen, die die betroffenen Akteur:innen geheimhalten wollten.
- **Illustrative Geschichten** (wie zum Beispiel die Bewegungsdaten von Malte Spitz bei der *Zeit*) veranschaulichen einen eigentlich bekannten Sachverhalt auf eine Weise, dass dessen Bedeutung besser nachvollziehbar wird.
- **Evidenzielle Geschichten** (wie die Schufa-Recherche des *Spiegel*) stützen oder schwächen eine strittige These anhand von Daten.

Nicht alle Datengeschichten knüpfen an nachrichtliche Ereignisse an, aber man kann aktuelle Anlässe nutzen, um Datengeschichten einzusetzen:

- Datengeschichten können aktuelle Ereignisse **kontextualisieren**, indem sie diese in längerfristige oder allgemeinere Lagen oder Entwicklungen einbetten;
- sie können zur **Verifikation** oder **Falsifikation** von Trend- oder Faktenbehauptungen zum Beispiel prominenter Akteur:innen verwendet werden;
- sie können dazu dienen, den **Erfolg** von politischen oder wirtschaftlichen Maßnahmen zu überprüfen.

Neben sozialwissenschaftlichen Statistiken und Datenarchiven liefern auch **große Textbestände** (z.B. Pressearchive) hervorragendes Datenmaterial für datenjournalistische Fragestellungen. Ein Beispiel sind die bekannten *Google Trends*, mit denen man aus dem gewaltigen Index der Suchmaschine die Karrieren bestimmter Themen und Begriffe rekonstruieren kann.

Auch die Archive der sozialen Medien bieten im Grundsatz eine exzellente Datengrundlage, gerade wenn es um aktuelle Themen und Stimmungsbilder geht. Das ursprüngliche *Twitter* (vor der Übernahme durch Elon Musk) war zum Beispiel eine Fundgrube für Datenerhebungen. Leider sind die meisten Plattformen von ihrer ursprünglich kooperativen Einstellung abgewichen und behandeln den Zugriff auf ihre Bestände mittlerweile sehr restriktiv.

!!

Merke

Themenfindung ist immer zu einem großen Teil **Erfahrungssache**. Erfahrene Datenjournalist*innen kennen und beobachten ständig ihre Datenquellen. Sie entwickeln einen **›Data Mindset‹**, der es ihnen erlaubt, bei gegebenen Situationen oder Ereignissen herauszufinden, ob diese einen datenjournalistischen Aspekt aufweisen und wo gegebenenfalls hilfreiche Datensätze zu finden sind.

Datenrecherche

Auch wenn Daten mittlerweile allgegenwärtig sind, ist es keineswegs einfach, an passende und relevante Daten heranzukommen.

- Ein großer und meist auch gut zugänglicher Fundus sind **öffentliche Stellen** wie Parlamente, Ministerien, Behörden oder öffentliche Forschungseinrichtungen. Hier werden mehr und mehr auch jene Datensätze, die eigentlich nur für interne Prozesse erhoben werden, der Öffentlichkeit zur Verfügung gestellt. Das geschieht nicht immer freiwillig, aber die internationale Open-Data-Bewegung und Initiativen zu mehr **Informationsfreiheit** haben in den letzten Jahren beträchtliche Erfolge errungen.
- In diesem Zusammenhang gibt es auch **Open-Data-Portale** und Archive, beispielsweise für Daten, die bereits in Informationsfreiheitsanfragen (oftmals gegen Gebühren und nach beträchtlicher Wartezeit) ›befreit‹ worden sind.
- Eine weitere Quelle, insbesondere von Wirtschaftsdaten, sind die **Branchenverbände**. Ihre Aufgabe ist es unter anderem, Informationen über ihre Klient*innen und deren Marktumfeld bereitzustellen. Allerdings ist dabei Vorsicht geboten: Auch wenn hier nicht mit der Parteilichkeit einzelner Unternehmen oder Institutionen zu rechnen ist, bleibt trotzdem eine gewisse Interessenlage der Anbieter zu berücksichtigen. Vom Branchenverband der chemischen Industrie wird man kaum kritische Daten zur Umweltbelastung bei Industrieanlagen erwarten können.
- Bei **Nichtregierungsorganisationen** wie *Greenpeace* oder *WWF* und **politischen Initiativen** oder Gruppierungen lassen sich ebenfalls Daten abfragen. Auch hier gilt der Hinweis auf eine mögliche Parteilichkeit und Einseitigkeit der Daten.

Trotz dieser Vielfalt an möglichen Datenquellen wird, wer sich auf Suchwerkzeuge wie die großen Internet-Suchmaschinen verlässt, schnell an Grenzen stoßen. Die Datensätze liegen oft in Datenbanken, die von Suchmaschinen wie *Google* nicht indiziert werden, oder sind, selbst wenn sie im Netz stehen, nicht für den Zugriff durch Suchmaschinen optimiert.

Deshalb gilt bei der Datenrecherche wie überhaupt bei jeder journalistischen Recherche: Es geht nichts über den **persönlichen Kontakt** mit Expertinnen und Betroffenen. Ob per Telefon, EMail oder Instant Messenger: eine Anfrage bei einer Person, die sich auskennt, kann stunden- oder tagelanges Herumstochern ersparen.

Nur über persönliche Kontakte ist es auch möglich, **investigativ** zu arbeiten. Das heißt, an Datensätze heranzukommen, die nicht für das Licht der Öffentlichkeit bestimmt waren. Dies kann proaktiv durch hartnäckige Recherche erfolgen oder aber auch dadurch, dass man sich als **Anlaufstelle für Datenleaks** ins Gespräch bringt und entsprechende Schnittstellen (›Briefkästen‹) zur Verfügung stellt (vgl. → Kapitel 5).

Manche große Datenanbieter erlauben einen direkten Zugriff auf ihre Datenbestände über eigens vorgehaltene **Programmierschnittstellen** (Application Programming Interfaces (API)). Dies erleichtert automatische, intelligente Datenabfragen mit Hilfe programmierter Routinen.

Wenn man sich aus bestehenden Datenbanken versorgt, müssen möglicherweise **Nutzungsrechte** geklärt werden. Zwar unterliegen die meisten Datenbanken wegen der mangelnden ›Schöpfungshöhe‹ nicht dem klassischen Urheberrecht, aber die Datenwirtschaft hat dafür gesorgt, dass Betreiberïnnen auf Antrag für ihre Datenbanken vergleichbare Schutzrechte gelten machen können.

Zu guter Letzt ist es auch möglich, die **Daten selbst zu erheben**. Umfragen lassen sich zum Beispiel mit Hilfe von *Google Forms* problemlos erstellen und publizieren oder an bestimmte Zielgruppen versenden. Die Resultate werden dann automatisch in einer Google-Tabelle zur Weiterverarbeitung gesammelt und können von dort direkt auch visualisiert werden.

Aber man kann auch kreativer arbeiten und zum Beispiel mit speziellen Sensoren einen eigenen Datensatz erstellen, wie es der *Westdeutsche Rundfunk (WDR)* in einem preisgekrönten Projekt zum Leben von Weidekühen vorgeführt hat.

Tipp

- *GovData* ist das Datenportal für Behördeninformationen aus Deutschland. Das *EU Open Data Portal* leistet ähnliches für die Europäische Union. Bei *UNData* und der *Weltbank* gibt es globale Daten.
- Bei *FragDenStaat.de* gibt es ein durchsuchbares Archiv von Daten, die deutsche Behörden auf Informationsfreiheitsanfragen herausgegeben haben.

Datenbereinigung und Qualitätskontrolle

Bei Daten, die man im Web oder anderweitig im Internet gefunden hat, ist es leider selten, dass diese bereits in einer Form vorliegen, mit der man direkt weiterarbeiten kann. Es sind vielmehr verschiedene Schritte der Formatierung, Bereinigung und Qualitätssicherung erforderlich, um die Daten in ein Format zu bekommen, das eine Analyse und Auswertung erlaubt.

Für die meisten Datensätze gilt, dass das Zielformat eine Form standardisierter tabellarischer Darstellung ist. Diese erlaubt es dann, die Daten mit gängigen **Datenbank-** oder **Tabellenkalkulationsprogrammen** sowie auf Datenprogrammierung spezialisierten **Programmiersprachen** wie *Python* oder *R* weiter zu bearbeiten. Erst dann kann es gelingen, die Datensätze zu sortieren, neu zu organisieren oder statistische Auswertungsfunktionen darauf auszuführen.

Scraping

Das Problem beginnt mit der **Formatierung** der Daten, die oft nicht für eine weitere Bearbeitung, sondern für die Lektüre im Web oder in ausgedruckter Form auf Papier aufbereitet sind. Im ersteren Fall werden die Daten zunächst als HTML-Dateien vorliegen, im letzteren als Office- oder PDF-Dateien.

Wie auch für andere Aufgaben im Datenjournalismus gibt es eine ganze Reihe von technischen Werkzeugen, die einem bei diesem Problem helfen. Mit sogenannter **Scraping-Software** kann man weitgehend automatisiert die eigentlichen tabellarischen Daten aus Tabellen in HTML-Webseiten, Office- oder PDF-Dateien extrahieren und diese in standardisierter Form, zum Beispiel als ›Comma-separated-values‹-Dateien (CSV) abspeichern.

Inkonsistenzen und Darstellungsmängel

Viele Datenanalysen werden erst dann interessant, wenn man mehrere Datensätze (zum Beispiel Einkommens- und Gesundheitsdaten) zueinander in Beziehung setzt oder sogar zusammenführt. Dazu kann es notwendig werden, Inkonsistenzen aufzulösen, die sich beispielsweise durch unterschiedliche Maßangaben (z.B. inch vs. cm) oder Bewertungszeiträume (z.B. Quartals- vs. Jahresangaben) ergeben.

Oftmals ist es auch nötig, eine Tabellenspalte, die mehrere Informationen enthält (Name) in mehrere Spalten aufzuteilen, die die Bestandteile getrennt aufführen (Nachname, Vorname). Sodann enthalten viele Datensätze Abkürzungen, Rechtschreibfehler, Duplikate, unterschiedliche Schreibweisen für Namen oder Begriffe, oder es gibt andere Probleme in den Einträgen, die korrigiert oder vereinheitlicht werden müssen.

Auch um solche Probleme aufzufinden und zu beheben, gibt es automatisierte Werkzeuge, die zum Teil kostenlos zur Verfügung stehen. Das ist insbesondere bei großen Datenmengen außerordentlich hilfreich.

Formatierung

Ein weiteres gängiges Problem besteht darin, dass sich nicht jede Tabelle gleichermaßen für die Weiterbearbeitung eignet. Idealerweise ist die Tabelle ›flach‹ und ordentlich organisiert, das heißt: Es gibt keine Leerzeilen oder Zwischenüberschriften, in der Kopfzeile stehen die einzelnen Merkmalsnamen (z.B. Name, Alter, Anschrift, Telefonnummer einer Person), in den Zeilen darunter die einzelnen Einträge mit den jeweiligen Merkmalsausprägungen. Viele öffentlich zugängliche Tabellen sind aber der besseren Lesbarkeit willen mehr ›fürs Auge‹ formatiert und müssen deshalb erst in die entsprechende ›Normalform‹ überführt werden.

Datenqualität

Abgesehen von diesen eher technischen Herausforderungen sollten die Daten natürlich mit der gleichen Sorgfalt auf ihre **Wahrhaftigkeit**, ihren **Wert** und ihre **Belastbarkeit** geprüft werden wie auch alle anderen journalistischen Quellen.

Das heißt, man muss sich ihrer **Herkunft und Qualität** versichern:

- Sind sie noch aktuell?
- Wer hat sie erhoben?
- Wie sind die Forscher:innen dabei vorgegangen?
- Gab es gegenüber dem Thema möglicherweise eine Parteilichkeit oder Voreingenommenheit?
- Gibt es andere Datensätze, mit denen ich die Daten zur Überprüfung vergleichen kann?

Dieser Vorgang, der im englischen Sprachraum als **Bulletproofing** bezeichnet wird, ist ein notwendiger Bestandteil der journalistischen **Qualitätssicherung**, und im Gegensatz zu den vorher genannten Bereinigungsschritten ist er praktisch nicht automatisierbar.

Tipp

Hilfreiche Apps

- *Outwit Hub* ist eine bewährte **Scraping**-Software, die als Browser-Plugin Daten aus Webseiten extrahiert. Mit *Tabula* lassen sich Tabellen aus PDF-Dateien extrahieren.
- *Open Refine* ist ein nicht-kommerzieller, kostenloser Webservice, mit dem sich die meisten Schritte zur **Datenbereinigung** durchführen lassen.

Modellierung und Analyse

Liegen die Daten dann in brauchbarer Form vor, kann mit der eigentlichen Arbeit begonnen werden. In manchen Fällen hat man bereits sehr einfache, konkrete Fragen an das Material und muss dieses nun nur noch so zuschneiden, dass eine Beantwortung dieser Fragen möglich ist.

Wenn es mir beispielsweise um die Entwicklung einer Kennzahl (z.B. Mietpreis) in einer bestimmten Region (z.B. Rhein-Main-Gebiet) in einem bestimmten Zeitraum (z.B. die letzten fünf Jahre) geht, lässt sich diese Aufgabe in der Tabelle für gewöhnlich mit ein paar **Sortierungsschritten** und **Filtern** lösen. Ich generiere auf diese Weise eine auf meine Fragestellung hin eingeschränkte **Ansicht** auf meinen Datensatz und kann unmittelbar zu einer Visualisierung fortschreiten. Je nach Differenzierungsbedarf bietet sich ein **Verlaufsdiagramm** über der Zeitachse oder vielleicht eine interaktiv dynamisierte **Kartendarstellung** an.

Interessanter wird es, wenn der Mehrwert der Daten nicht unmittelbar sichtbar ist – wenn wir beispielsweise in großen Datenmengen nach **ungewöhnlichen Vorkommnissen** suchen oder mehrere Datensätze miteinander in Beziehung setzen, um mögliche **Zusammenhänge** zu beleuchten. Dazu kann es dann beispielsweise notwendig werden, das Datenmaterial im Hinblick auf die Fragestellungen neu anzuordnen und zu gruppieren. Der Vorgang wird als ›**Pivoting**‹ bezeichnet und ist eine der häufigsten vorbereitenden Operationen der Datenanalyse.

Die gängigen **Tabellenkalkulationsprogramme** verfügen bereits über eine große Auswahl an solchen zusätzlichen, zum Beispiel auch statistischen Funktionen, um neue Einsichten aus vorhandenem Datenmaterial zu generieren. Sie erlauben es auch, die Ergebnisse der Analyse ohne großen Aufwand probehalber als **Diagramm** zu visualisieren, um sich einen ersten Eindruck zu verschaffen.

Für komplexere Fragestellungen und eine professionellere Aufbereitung kommt man aber um Programmiersprachen wie **Python** oder **R** und ihre auf Datenwissenschaft spezialisierten **Bibliotheken** nicht herum. Die systematische, computergestützte Analyse von großen Datenbeständen mit dem Ziel, versteckte Zusammenhänge, Muster oder auch Irregularitäten zu identifizieren, wird als **Data Mining** bezeichnet und ist ein Anwendungsfeld der **künstlichen Intelligenz** (vgl. auch → Kapitel 11).

In der Datenwissenschaft wird großer Wert darauf gelegt, dass man seine Bearbeitungs- und Analyseschritte nachvollziehbar dokumentiert. Für diese Arbeitsphase hat sich das Prinzip des ›**Journaling**‹ eingebürgert. Ein Journal ist eine Kombination aus erläuterndem Prosatext mit Abschnitten von ausführbarem Programmcode, der die einzelnen Abschnitte der Datenanalyse abbildet.

Bei reichhaltigen Datensätzen lohnt es sich meist, eine Zeitlang spielerisch mit den Daten umzugehen. Das hilft nicht nur dabei, ein tieferes Gespür für die Daten zu bekommen. Es kann auch dazu führen, dass man unerwartete Einsichten gewinnt.

Kontextualisierung und Visualisierung

Wenn man seinen Datensatz kennengelernt und die wichtigsten Einsichten eingegrenzt und protokolliert hat, kann man daran gehen, das eigentliche datenjournalistische Werkstück zu erstellen. Im Normalfall wird es sich um eine Kombination aus **Text und Visualisierungen** handeln. Es stellt sich also die Frage, welche Anteile in die erläuternde Prosa gehören und für welche Anteile man die Daten selber sprechen lässt. Wie bei den anderen bereits behandelten multimodalen Formaten bietet es sich an, ein **Storyboard** zu verwenden, um die Dramaturgie des Stückes detailliert zu planen.

Bei den eigentlichen Datenanteilen steht einem ein reichhaltiges Wissen und Instrumentarium aus der **Infografik** zur Verfügung. Standardisierte **Diagramme** illustrieren Anteilsverteilungen, Spielräume, numerische Wertverläufe über die Zeit, Korrelationen und vieles mehr. Für Verteilungen im geografischen Raum gibt es verschiedene Typen von **Karten** wie **Choropleth-Karten** (Werteverteilung in wohldefinierten geografischen Einheiten wie Bezirken oder Bundesländern) oder **Heat Maps** (Häufigkeitsverteilungen ohne umgrenzte Areale).

Tipp

Einfache Visualisierungen lassen sich schon mit den gängigen Tabellenkalkulationsprogrammen erstellen. Für elegantere Lösungen kann man Business-Intelligence-Software wie *Microsoft Power BI*, *Tableau* oder spezialisierte Webdienste wie *Datawrapper* verwenden. (Es lohnt sich, nach kostenlosen Zugängen, zum Beispiel für Studierende, zu fragen.)

Viele von diesen Grafiken lassen sich interaktiv gestalten, so dass Nutzerïnnen ihre eigenen Fragen an das Material stellen und beantworten können. Es hat sich allerdings gezeigt, dass zu viel Interaktivität das Publikum oft überfordert. Sinnvoll ist es, im Sinne einer **Personalisierung** zu ermöglichen, dass die Nutzerïnnen die Daten auf ihren eigenen Lebenskontext herunterbrechen können – um sich zum Beispiel einen Überblick über die Entwicklung der Mietpreise **im eigenen Stadtviertel** zu verschaffen.

Welche Grafik für welche Botschaft am besten geeignet ist und wie man sie so gestaltet, dass das Publikum die Botschaft ohne Mühe erfasst, darüber gibt es umfangreiche Literatur und Onlinequellen, und es lohnt sich, auch die Beispiele dafür anzuschauen, wie man es *nicht* machen sollte.

Kompetenzen

Wie andere in diesem Studienbuch behandelte journalistische Formen ist auch der Datenjournalismus ein **arbeitsteiliges Berufsfeld**. Idealer Weise arbeiten in datenjournalistischen Teams **Journalistïnnen** mit **Datenwissenschaftlerïnnen** und **Infografikerïnnen** zusammen. Die journalistischen Skills wie Themenfindung, Recherche und Storytelling müssen um spezifische Kenntnisse zu Datenbereinigung und -analyse mit den dazugehörigen Programmierkenntnissen sowie um das komplexe Handwerk einer zielgruppengerechten Visualisierung ergänzt werden.

So finden sich bei den meisten großen Medienanbietern (wie nationalen Zeitungs- oder Magazintiteln oder öffentlich-rechtlichen Rundfunkanstalten) mittlerweile auch Teams, in denen in den verschiedenen Disziplinen ausgebildete Mitarbeiterïnnen in datenjournalistischen Projekten zusammenarbeiten.

Allerdings bietet der Datenjournalismus auch eine Chance für **Generalistïnnen**, die sich die notwendigen Kenntnisse selbstständig aneignen. Dies ist besonders für kleinere Anbieter interessant, die sich spezielle datenjournalistische Teams nicht leisten können. Einfache datenjournalistische Geschichten lassen sich teilweise auch ohne Programmierkenntnisse erstellen, und für die Visualisierungen gibt es eine ganze Reihe brauchbarer Standardlösungen.

Wer jedoch im Datenjournalismus mehr sieht als die gelegentliche Hinterfütterung einer Nachricht mit ein paar statistischen Daten und Diagrammen, der muss einige Zeit investieren, um sich die notwendigen Kenntnisse und die entsprechende Einstellung, den **Data Mindset**, anzueignen und idealerweise einschlägig ausgebildete Teams zusammenstellen, die in der Lage sind, auch größere datenjournalistische Projekte zu bewältigen.

Zur Vertiefung

Test zu Kapitel 10
https://www.utb.de/do/10.36198/9783838562322-e09/disclaimer

Weiterführende Lektüre

Elmer, C. & Matzat, L. (2024). *Handbuch Daten und KI im Journalismus.* Köln: Herbert von Halem Verlag – Das von zwei Pionieren des deutschsprachigen Datenjournalismus herausgegebene Handbuch versammelt Aufsätze, überwiegend von Praktikern, zum Datenjournalismus und zum Einsatz von KI im Journalismus.

Datajournalism.com ist eine große datenjournalistische Plattform. Dort gibt es aktuelle Artikel, Tutorials sowie Zugang zu zwei umfangreichen englischsprachigen Handbüchern.

Auf etwas höherem Niveau findet man bei *Kaggle* eine große internationale Community für Datenwissenschaftlerïnnen. Der zum *Google*-Imperium gehörende Dienst präsentiert viele Datensätze und bereits durchgeführte datenwissenschaftliche Projekte und Notebooks, die sich hervorragend als Anknüpfungspunkte auch für datenjournalistische Projekte nutzen lassen. Außerdem finden sich dort Tutorials für Einsteigerïnnen und Fortgeschrittene zu Themen wie Programmierung in Python, Datenvisualisierung, Machine Learning und Deep Learning.

Organisationen

Hacks/Hackers ist ein traditionsreiches weltweites Netzwerk für Datenjournalistïnnen. Auch in Deutschland gibt es lokale Gruppen.

Beim Netzwerk Recherche gibt es eine *Fachgruppe Datenjournalismus*, in der sich Datenjournalistïnnen und investigative Journalistïnnen austauschen.

Preise

- Die *Data Journalism Awards* des *Global Editors Network* sind nach der Auflösung des Trägerverbands im Jahr 2019 eingestellt worden.
- Mit den *Sigma Awards* gibt es seit 2020 einen Nachfolger.

Podcasts

- *The Data Journalism Podcast.* Podcast des Datenjournalisten Simon Rogers und des Visualisierungsexperten Alberto Cairo (auf Englisch).

Übungen

1. **Fallstudie:** Schauen Sie sich die aktuellen Preisträgerïnnen der *Sigma Awards* an. Wählen Sie drei preisgekrönte Angebote aus, die Sie besonders beeindrucken. Beantworten Sie folgende Fragen:
- Was für ein journalistisches Genre? (Lokaljournalismus, politischer Journalismus, Servicejournalismus, Sportjournalismus,...)
- Was ist die Storyidee, die mit Hilfe von Daten erzählt wird?
- Woher kommen die Daten? Ist die Datenquelle genannt?
- Sind die Rohdaten zugänglich? Könnte die Nutzerïn selbst mit den Daten (weiter)arbeiten?
- Ist die Anwendung interaktiv? Kann die Nutzerïn mit den Daten ›spielen‹ (herumklicken, Regler ziehen,...), diese für ihren Bedarf personalisieren?
- Ist die Anwendung kollaborativ (z.B. unter Mitwirkung der Nutzerïnnen) entstanden?
- Funktioniert die Anwendung nur im Internet oder wäre sie auch in traditionellen Medien (Print, TV) machbar?
- Gibt es eine Zeitdimension in der Anwendung (Entwicklungen eines Sachverhalts in der Zeit)?
- Welche Visualisierungsmethoden werden verwendet (Karten, Charts (welche?)), komplexere Infografik (welche Form?)

2. **Projekt:** Wo kommen Sie her? Suchen Sie offen zugängliche Datenquellen für Ihre Heimatregion (Wohnort, Bundesland).
- Suchen Sie bei Google mit dem Suchmuster *[Thema] AND (filetype:xls OR filetype:csv)* nach strukturierten Daten/Tabellen zu einem Thema mit Heimatbezug.
- Finden Sie zu dem Thema Ihrer Wahl andere mögliche Datenquellen:
  - zuständige Behörden
  - zuständige Berufs- oder Branchenverbände
  - Universitäten oder Forschungseinrichtungen, die sich mit dem Thema beschäftigen
  - offene Datenquellen in entsprechenden Portalen (*destatis, Open Data*)
  - Prüfen Sie gegebenenfalls bei *Frag den Staat* und *Get the Data*, ob dort zu Ihrem Thema bereits Fragen vorliegen.
  - Wen könnten Sie noch fragen?

11. Automatisierung und Künstliche Intelligenz

Themen

Geschichte der Künstlichen-Intellligenz-Forschung, symbolische und subsymbolische KI, diskriminative und generative KI, Anwendungsbereiche von KI für den Journalismus

Über diese Lerneinheit

Automatisierung im Journalismus bedeutet vor allem die redaktionelle Anwendung von Technologien aus dem Bereich der Künstlichen Intelligenz. Eher traditionelle KI-Verfahren kommen bereits seit geraumer Zeit zum Einsatz, zum Beispiel in der Datenanalyse oder in der Textgenerierung von stereotypen Meldungen. Die aktuellen generativen Systeme sollten jedoch weiterhin mit Skepsis betrachtet werden.

Was Sie hier lernen

- zwischen verschiedenen grundlegenden Typen von künstlicher Intelligenz unterscheiden zu können
- verschiedene Anwendungsfelder von KI-Technologien in der journalistischen Wertschöpfung zu kennen
- ein Verständnis für die Limitierungen generativer KI vor allem in der journalistischen Textproduktion zu gewinnen

Einleitung

Das Thema **Automatisierung** hat mittlerweile auch den Journalismus erreicht. Zuvor ging es meist um eher mechanische Arbeitsfelder wie die industrielle Produktion oder Landwirtschaft, und dort vor allem um repetitive, körperliche Arbeitsvorgänge, die nach und nach den Maschinen und automatisierten Steuerungsmechanismen zum Opfer fielen. Aber in jüngster Zeit greift das Thema zunehmend auf die letzte Domäne zu, die vor den Robotern sicher schien: die menschliche Kopfarbeit und insbesondere die kreativen geistigen Tätigkeiten.

Auch hier sind es wieder die typischen Merkmale der Digitalisierung – Miniaturisierung, Beschleunigung und die Fähigkeit zur Bearbeitung großer Informationsmengen – die zu einem dramatischen Umschlag von Quantität in Qualität geführt haben. Schon sehr frühe digitale Werkzeuge wie elektronische Taschenrechner konnten begrenzte Aufgaben schneller und zuverlässiger lösen als das menschliche Hirn. Mit zunehmender Rechenleistung wurden die Einsatzfelder vielfältiger und die Leistungsbandbreite der Geräte nahm dramatisch zu. Um die Bedeutung dieser Entwicklung für den Journalismus richtig einschätzen zu können, müssen wir mit einem kleinen Exkurs über das Thema ›künstliche Intelligenz‹ (KI) beginnen.

Künstliche Intelligenz

Als die ersten Computer besser Schach spielen lernten als die besten menschlichen Meister:innen, kam bereits eine Ahnung für das Ausmaß der bevorstehenden Kränkung unseres menschlichen Überlegenheitsgefühls auf. Dabei unterscheidet sich auch diese durchaus beeindruckende Leistung künstlicher Intelligenz noch in einer wesentlichen Dimension vom menschlichen Denken: Sie ist in ihrer Anwendungsdomäne beschränkt. Im Vergleich dazu sind natürliche Intelligenzen – auch im Tierreich – weit flexibler in der Anwendung ihrer kognitiven Fähigkeiten auf sehr unterschiedliche Handlungsfelder.

Begriffserklärung

Unter **Künstlicher Intelligenz** versteht man die Verwendung von Maschinen, um Problemlösungs- und Entscheidungsfähigkeiten natürlicher Akteurïnnen zu imitieren und diese so in ihren kognitiven Tätigkeiten zu unterstützen.

Damit lernen wir auch gleich eine der gängigen Begrifflichkeiten in der Beschreibung künstlicher Intelligenzen. Man unterscheidet zwischen **›schwachen‹** (oder ›engen‹) **künstlichen Intelligenzen**, die ihre kognitiven Leistungen nur in bestimmten klar umrissenen Feldern (z.B. Schach) erbringen, und einer – bisher immer noch hypothetischen – **›starken‹ künstlichen Intelligenz**, die mindestens das gleiche Ausmaß an Flexibilität und Domänenunabhängigkeit aufweist, das wir von menschlichen Akteurïnnen kennen.

Symbolische KI

Eine systematische akademische Auseinandersetzung mit dem Thema künstliche Intelligenz (KI) gibt es seit den 1950er Jahren. Zunächst wurde versucht, mit Hilfe von Computerprogrammen einzelne kognitive Leistungen abzubilden, die man bei natürlichen Akteurïnnen beobachten kann. Das vorherrschende Paradigma dabei war die sogenannte **›regelbasierte‹** oder **›symbolische KI‹:** Das denkende Hirn wurde als eine Maschine verstanden, die mit Symbolen operiert, wie wir sie zur menschlichen Kommunikation verwenden (Wörtern, Sätzen, Bildern, Karten, Diagrammen). Die Programme bestanden in klaren Regeln und Anweisungen, wie diese Symbole im Hinblick auf das angestrebte Leistungsziel zu transformieren waren. Das war zum großen Teil dem menschlichen Modell der logischen **Schlussfolgerungen** nachempfunden, so wie wir unsere eigenen Denkvorgänge auch anderen gegenüber sprachlich beschreiben würden. In solchen Prozessen ›lernte‹ die Software im Normalfall nur das, was ihr zu Beginn per Codezeilen vorgeschrieben wurde. Auf einen gegebenen Input reagierte sie zu einem späteren Zeitpunkt nicht anders als zu Beginn. Die maschinellen Zustände der Maschine ließen sich weitgehend transparent und nachvollziehbar beschreiben, auseinander herleiten und erklären. Im verklärenden Rückblick sprechen manche Theoretikerïnnen von **›Good Old-Fashioned AI‹ (GOFAI)**.

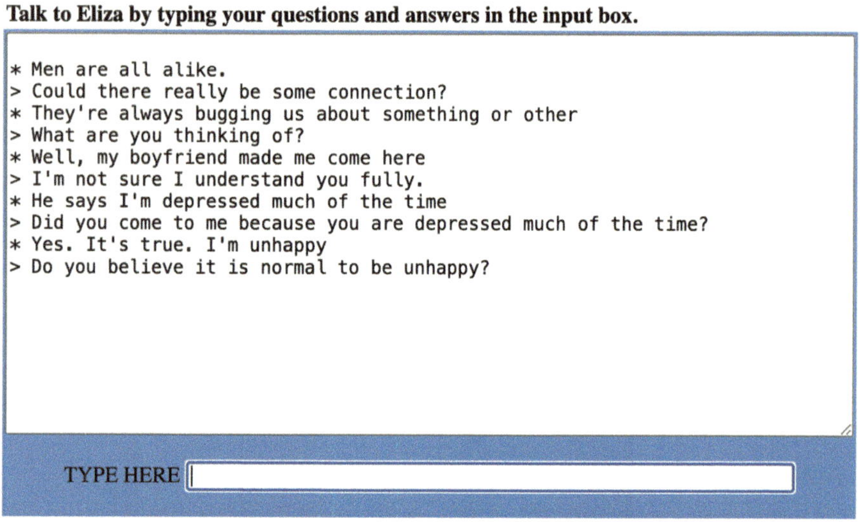

Abb. 11.1: Gute altmodische KI: Bereits im Jahr 1966 simulierte der Chatbot Eliza von Joseph Weizenbaum mit einem einfachen Programmskript einen nicht besonders intelligenten Psychotherapeuten

Subsymbolische KI

In den 1970er und 1980er Jahren gab es dann zunehmend andere Ansätze, die sich nicht an sprachlichen oder begrifflichen Logiken orientierten, sondern aus einer wachsenden Kenntnis über die biologischen Grundlagen des Denkens, insbesondere aus der Gehirnforschung herleiteten. Das neue Paradigma war hier das modellierte **neuronale Netz**, das diskriminativ auf unterschiedliche Inputreize reagiert und sich dabei nach und nach seiner Umwelt anpasst.

Es sind vor allem Anwendungen dieses Typs, bei denen in den letzten Jahren die größten Fortschritte gemacht wurden und die für am meisten Aufmerksamkeit gesorgt haben. Das hat auch damit zu tun, dass diese KI-Systeme wie neuronale Netze **lernfähig** sind – entweder, indem man sie während einer Lernphase im Hinblick auf eine erwünschte kognitive Leistung in Feedback-Schleifen trainiert, oder sogar, indem sie beim Input großer Datenmengen gewissermaßen ›selbständig‹ den Daten inhärente Strukturen ›entdecken‹ und darauf diskriminativ reagieren können **(Machine Learning)**.

Gerade für die letztere Aufgabe werden oft Architekturen eingesetzt, die mehrere Netzebenen verknüpfen und sich dabei an biologischen neuronalen Netzen orientieren **(Deep Learning)**.

Bei KI-Systemen dieses Typs lassen sich die zugrundeliegenden Prozesse nicht mehr ohne weiteres als ›Bearbeitung von Symbolen‹ beschreiben. Ein neuronales Netz beispielsweise, das gelernt hat, durch ein Labyrinth zu navigieren, verfügt nicht notwendigerweise über eine irgendwo abgespeicherte ›Karte‹ dieses Labyrinths oder ist per expliziter Anweisung darin instruiert worden, wo es wie abzubiegen hat, um sein Ziel zu erreichen. Man spricht deshalb bei Anwendungen dieses Typs auch von **›subsymbolischer KI‹**.

Erklärbarkeit

Kritiker der aktuellen KI werfen solchen Systemen gerne vor, sie seien in ihrer Arbeitsweise vollständig intransparent. Es handele sich um **›black boxes‹**, über deren Innenleben und die Art und Weise, wie sie zu ihren jeweiligen Resultaten kommen, keine Aussagen getroffen werden können. Dies ist streng genommen falsch, denn selbstverständlich liegen den KI-Anwendungen konventionelle Computerprogramme und damit explizite Verhaltensanweisungen (Algorithmen) zugrunde, die sich sehr wohl beschreiben und in ihrer Umsetzung auch überprüfen lassen. Auch die Verhaltensmodelle, die die Programme umsetzen, sind elaboriert und gut beforscht, und wenn ein System nicht das tut, wofür es vorgesehen ist, lassen sich im Normalfall auch die Fehlerquellen identifizieren.

Aber es ist in der Tat vielfach schwierig, einzelne Zustände oder Arbeitsresultate aktueller KI-Systeme in ihrem Zustandekommen zu **erklären**. Da dies jedoch bei den zunehmend verantwortungsvollen Aufgaben, die KI zum Beispiel in der medizinischen Diagnostik oder der Verkehrssteuerung übernimmt, dringend erforderlich erscheint, wird **Erklärbarkeit** neuerdings als Maßstab der Qualitätssicherung auch zunehmend ernst genommen und eingefordert. Gewünscht sind dabei Anwendungen, die sich nicht nur im Hinblick auf ein gewünschtes Ziel mehr oder weniger angemessen verhalten, sie sollen künftig ihr Vorgehen auch nachvollziehbar ›dokumentieren‹.

Diskriminative vs. generative KI

Eine weitere Unterscheidung, die für die Automatisierung im Journalismus relevant ist, betrifft das **Leistungsprofil** der KI-Systeme. Man unterscheidet hier zwischen zwei Typen:

- **Diskriminative KI** zielt darauf ab, eingegebene Daten im Hinblick auf bestimmte Unterschiede zu differenzieren. Dies ist zum Beispiel bei medizinischen KI-Systemen der Fall, die darauf trainiert werden, in radiologischem Bildmaterial Tumore zu identifizieren. Anders als bei der symbolischen KI, bei der den Systemen zur Unterscheidung explizite Merkmalskataloge mit auf den Weg gegeben würden, werden aktuelle Machine-Learning-Modelle so lange an Beispieldaten trainiert, bis ihre Unterscheidungskompetenz den gewünschten Grad an Genauigkeit erreicht hat. Man könnte sagen, dass die diskriminativen KI-Systeme die Anwendung bestimmter Begriffe (z.B. ›Tumor‹) erlernen, ohne dass ihnen eine Definition dieser Begriffe explizit mitgeteilt worden wäre.
- **Generative KI** erfüllt die aufwändigere Aufgabe, nicht nur Unterscheidungen zu treffen, sondern auf der Basis eines strukturierten Inputs selbst komplexe Daten eines gewünschten Typs zu erzeugen. Dies ist zum Beispiel bei bildgenerierenden Systemen wie *Midjourney* oder *DALL-E* der Fall, die textbasierte Anweisungen (›prompts‹) in Bilder übersetzen. Auch bei dialogorientierten Systemen wie *ChatGPT* handelt es sich um generative KI. Die Architekturen generativer Systeme sind komplexer als bei gewöhnlichen diskriminativen Systemen. Auch die Datenmengen, die zum Trainieren der generativen Systeme eingesetzt werden, sind im Normalfall umfangreicher.

Automatisierung und KI im Journalismus

Wenden wir uns nun der Frage zu, welche Rolle Automatisierung und insbesondere Künstliche Intelligenz im Journalismus spielt. Zunächst fällt auf, dass das Phänomen insgesamt älter ist, als die aktuellen Diskussionen vor allem um generative ›Large Language Models‹ (LLM) wie *ChatGPT* glauben machen. Wir werden auch sehen, dass im Journalismus nicht nur diese aktuell gehypten Systeme zum Einsatz kommen, sondern dass das Feld weit differenzierter ist und vielfach auch klassische ›symbolische‹ Anwendungen und Systeme zum Einsatz kommen.

Abb. 11.2: Journalistische Wertschöpfungskette

Und wieder kann uns die journalistische Wertschöpfungskette dabei helfen, zu lokalisieren und zu analysieren, wo im Journalismus Automatisierung bereits stattfindet bzw. wo es für sie Potenziale gibt.

Themenfindung

Bei der **Themenfindung** geht es um die Beobachtung der Welt und insbesondere der Medien, um journalistisch relevante Ereignisse und Entwicklungen zu entdecken. Automatisierte **Monitoring-Routinen** können dabei unterstützen, indem sie Nachrichtenquellen, soziale Medien oder andere Ressourcen wie zum Beispiel Suchmaschinen konsultieren und dort neu aufkommende **Themen** oder aktuelle **Trends** identifizieren. Dazu lassen sich KI-Techniken einsetzen: Clustering zum Beispiel entdeckt aufkommende Diskussionszusammenhänge, und Topic Modeling identifiziert die Themen dieser Diskussionen. Mit Hilfe von Sentiment Analysis kann man zusätzlich **Stimmungen** in der Öffentlichkeit erfassen, um dann publizistisch darauf zu reagieren.

Media Monitoring ist vor allem in den Public Relations als eigenständige Disziplin seit vielen Jahren etabliert, und dort gibt es auch viele, meist kostenpflichtige Tools. Speziell für die journalistische Anwendung ist das Angebot an vergleichbaren Werkzeugen immer noch recht überschaubar. Eine Ausnahme bildet der 2016 von der Nachrichtenagentur *Reuters* vorgestellte *News Tracer,* der automatisiert die sozialen Medien auf relevante aktuelle Entwicklungen überprüft und dabei Machine-Learning-Techniken zum Einsatz bringt.

Der *Reuters News Tracer* ist nicht für die Allgemeinheit verfügbar, aber es gibt andere Dienste, die öffentlich zugänglich sind. Das KI-Unternehmen *DataMinr* beispielsweise bietet mit *DataMinr for News* einen speziellen Monitoring-Dienst für Nachrichtenmedien an.

Wenn die großen Dienstleister zu teuer sind, kann man auch in etwas kleinerem Rahmen seine abonnierten **RSS-Feeds** mit Hilfe künstlicher Intelligenz beobachten und analysieren lassen. Die Newsreader-App *Feedly* beispielsweise bietet zahlenden Kundinnen eine Sammlung von Machine-Learning-Modellen an, mit denen sich Themen, Trends und Unternehmen automatisiert beobachten lassen.

Schließlich besteht die Möglichkeit, auf **Tools aus der PR** zurückzugreifen oder sich maßgeschneiderte Lösungen **selbst zu programmieren** bzw. programmieren zu lassen. Das ist kein Hexenwerk: In der Programmiersprache *Python* beispielsweise gibt es eine Reihe von spezialisierten Bibliotheken, die mit Hilfe von KI-Techniken in Daten aus Sozialen Medien und anderen Quellen Themen identifizieren und analysieren können.

Recherche

Vom Monitoring ist der Weg zur Recherche nicht weit. Im Vergleich zum Monitoring ist der Focus in der journalistischen Recherche allerdings enger gesetzt: Es wird nicht in der Fläche nach neuen Themen gesucht, sondern es gibt bereits erste Recherchefragen, mit denen man sich dann mit computergestützten Methoden oder Werkzeugen annähert.

Data Mining

Hier zeigt sich das Potenzial von Automatisierung besonders im Bereich der **Datenanalyse**, wie sie vor allem im Datenjournalismus (vgl. → Kapitel 10) zum Einsatz kommt. Unter Einsatz von KI-Techniken, meist aus dem Bereich des **Data Mining**, können große Datenbestände zu Recherchezwecken miteinander verknüpft, durchsucht und analysiert werden.

!! **Merke**

Einige elementare **Techniken des Data Mining**:

- Erkennung von **Ausreißern** oder **Veränderungen:** Innerhalb des Datenbestands werden einzelne Datensätze identifiziert, die besonders deutlich aus einem erwartbaren Rahmen herausfallen bzw. die einen plötzlichen Umschwung in einer sonst vorhersehbaren Entwicklung markieren.

- **Klassifikation:** Die Datensätze in einem Datenbestand werden auf Grund gegebener Merkmale differenziert.
- **Clusteranalyse:** Ein Datenbestand wird durch Ähnlichkeitsstrukturen, die erst in der Analyse sichtbar (emergent) werden, in zusammenhängende Gruppen von Datensätzen unterteilt.
- **Assoziationsanalyse und Regression:** Es werden regelhafte Zusammenhänge zwischen spezifischen Merkmalen in Datenbeständen dargestellt.
- **Zusammenfassung:** Der Datenbestand wird in kompakter Form in seiner spezifischen Ausprägung beschrieben.

Auf diese Weise können schon bestehende Recherchehypothesen bestätigt oder widerlegt werden. In vielen Fällen werden aber auch neue Themen, Aspekte oder Einzelfälle sichtbar, die ohne Datenanalyse in der Fülle der Daten verloren gegangen wären.

Analyse sozialer Beziehungen: Akteurïnnennetzwerke

Auch andere computergestützte Techniken, die aus den Sozial- und Datenwissenschaften stammen, lassen sich gewinnbringend für die Recherche einsetzen. So kann man mit Hilfe der **Netzwerkanalyse** und Programmen wie *Gephi* die Beziehungsnetze von potenziellen Informantïnnen oder Expertïnnen, aber auch anderen für ein Thema relevanten Akteurïnnen in sozialen Medien untersuchen und auf diese Weise Hinweise zum Beispiel über deren mögliche Kompetenzen oder über ihre politischen Verbindungen gewinnen.

Fact Checking und Desinformation

An ein vollständig **automatisiertes Fact Checking (AFC)** im Journalismus ist beim gegenwärtigen Entwicklungsstand der Künstlichen Intelligenz noch nicht zu denken. Das liegt vor allem daran, dass bei der Zuverlässigkeitsbewertung heranzuziehender Quellen sehr viel subtiles Weltwissen im Spiel ist. Und auch wenn aktuelle KI schon sehr gut in der Wahrscheinlichkeitsberechnung *sprachlicher* (syntaktischer) Kontexte ist, zeigen sich bei Fragen der Wahrhaftigkeit oder Wahrheit von Aussagen weiterhin beträchtliche Lücken.

Dennoch können KI-Systeme bei den charakteristischen drei Phasen des Fact Checking unterstützend eingesetzt werden:

1. **Identifikation überprüfungsbedürftiger Aussagen:** KI kann dabei helfen, Aussagen zu solchen Themen zu identifizieren, bei denen Fehlinformation besonders **schädlich** wäre (z.B. in Wahlkämpfen oder bei Epidemien). Sie kann auch helfen, schwer überprüfbare **subjektive Aussagen** (»Ich finde, dass...«) auszufiltern. Schließlich gibt es bestimmte Muster, die die Entstehung und Verbreitung von **Gerüchten** gerade in den sozialen Medien auszeichnen. Auch hier kann KI helfen, solche ›Ausreißer‹ in der Kommunikation zu identifizieren.
2. **Ermittlung von einschlägigen Quellen:** Man kann einer Behauptung selbst nicht ansehen, ob sie glaubwürdig ist. Dies gilt für böswillige politische Akteur:innen ebenso wie für aktuelle generative KI-Sprachmodelle wie *ChatGPT*. Beide sind daraufhin optimiert, vertrauenswürdig *zu erscheinen*. Wenn wir also nach Belegen oder Gegenargumenten für eine gegebene Aussage suchen, geht es nicht ohne ein **Vorwissen** darüber, was als **verlässliche Quelle** angesehen werden kann. Insofern stützen sich die meisten Versuche einer Automatisierung an dieser Stelle auf vorgegebene **Listen ausgezeichneter Quellen**. Das können Datenbanken früherer Fact Checks sein, aber auch lexikalische Quellen wie die *Wikipedia*. Doch schon die Aufgabe, überhaupt zu ermitteln, was im Einzelfall als Stützung oder Widerlegung einer gegebenen Aussage gelten kann, erweist sich als so schwierig, dass bisherige Anwendungen sich auf recht elementare, klassifikatorische oder statistische Aussagen beschränken. So gibt es für *ChatGPT* ein Plugin, das für Antworten auf einfache Faktenfragen die Suchmaschine *Wolfram Alpha* konsultiert.
3. **Bewertung der fraglichen Aussagen:** Diese Aufgabe wird von den Expert:innen noch einmal in zwei Aspekte unterteilt: die **Vorhersage eines Urteils** über die Faktizität einer Aussage sowie deren **Begründung**. Auf Grund der zuvor beschriebenen Schwierigkeiten ist hier zu erwarten, dass KI den Prozess allenfalls **heuristisch**, das heißt: grob orientierend unterstützen kann. Dies kann zum Beispiel durch die Bereitstellung von Listen bereits als einschlägig bewerteter Fundstellen oder durch die natürlichsprachliche Zusammenfassung solcher Befunde geschehen. Das endgültige Urteil über die Faktizität einer Aussage wird weiterhin den menschlichen Journalist:innen mit ihrer Erfahrung überlassen bleiben.

In vielen Fällen ist KI auch in der Lage, **gefälschte Bilder oder Videos** zu identifizieren. Dies wird jedoch durch sogenannte **›Deep Fakes‹**, bei denen neuere KI-Techniken eingesetzt werden, zunehmend schwieriger. So gibt es beispielsweise die KI-Architektur der **Generative Adversarial Networks (GAN)**, in denen einem bildgenerierenden System jeweils ein diskriminatives System gegenübergestellt wird, das Unstimmigkeiten in Bildern aufdeckt. In der Lernphase trainieren diese beiden Systeme einander, und der Output sind letztlich Artefakte, die von authentischen Bildern oder Videos kaum noch zu unterscheiden sind.

Weitere Anwendungen

Einen gewissen Anlass zur Hoffnung bieten weitere Fortschritte im Bereich der **semantischen Suche**. Suchmaschinen sind nicht mehr allein auf die Erkennung von Stichwörtern angewiesen, sondern berücksichtigen auch das Bedeutungsumfeld der Sucheingabe. *Google* experimentiert seit mehreren Jahren mit solchen KI-basierten Retrieval-Techniken. Semantische Suche kommt auch bei der schon erwähnten KI-Erweiterung des Newsreaders *Feedly* zum Einsatz. Es ist zu erwarten, dass diese Verfahren in den nächsten Jahren noch einmal deutlich besser werden.

Auf einer mehr handwerklichen Ebene im Rechercheprozess können uns KI-Systeme außerdem bei der **Transkription** von Audiodateien (Interviews) und der **Übersetzung** fremdsprachiger Quellen unterstützen.

Produktion

Wenn wir über Automatisierung in der journalistischen Produktion sprechen, geht es meistens um **Textproduktion**, um die automatische Erstellung von Nachrichten und anderen journalistischen Artikeln. Einen solchen ›Roboterjournalismus‹ gibt es bereits seit vielen Jahren, und er hat bislang eher wenig mit den aktuellen ›großen Sprachmodellen‹ der generativen KI zu tun.

Traditioneller Roboterjournalismus

Die Stärken des **Roboterjournalismus** liegen bislang in der Bearbeitung von einigermaßen stereotypen Berichtslagen. Man denke an regionale Wetterberichte, an Sportergebnisse, an periodische Marktberichte zu bestimmten wirtschaftlichen Branchen. In all diesen Feldern sind es bestimmte, sich strukturell immer wieder gleichende Muster, die die Berichte auszeichnen. Was sich ändert, sind die Ausprägungen einzelner Merkmale: die Temperaturen, Windrichtungen und Regenwahrscheinlichkeiten beim Wetter, die Spielerïnnen oder Teams, Zwischen- und Endergebnisse beim Sport, die konjunkturellen Ups und Downs und Kennzahlen bei den Marktberichten.

Man kann sich in der journalistischen Produktion viel Arbeit ersparen, wenn man diese spezifischen Parameter aus entsprechenden Datenbanken ausliest und sie dann automatisiert in mehr oder weniger standardisierte Textvorlagen einspeist. Auf diese Weise lassen sich dann blitzschnell große Mengen von Artikeln generieren. Dies hat zudem den Vorteil, dass man rentabel sogar sehr viele sehr kleine Nischen (lokale Wetterberichte, niedrigere Wettbewerbsligen, entlegene Branchen) mit den notwendigen Informationen versorgen kann.

Wenn es sich bei den verwendeten Textvorlagen um rein statische Schablonen handeln würde, hätte dies nicht einmal den Titel ›künstliche Intelligenz‹ verdient, aber natürlich haben die Anbieter im Laufe der Jahre gelernt, ihren Produktionssystemen eine gewisse **Variabilität** beizubringen. Sie wählen nicht nur bei Bedarf aus mehreren weitgehend sinngleichen Sprachvarianten aus, um für mehr Lebendigkeit im sprachlichen Ausdruck zu sorgen. Je nach Input kann man sie auch in die Lage versetzen, ein gefallenes Tor als ›Anschlusstreffer‹ zu identifizieren, oder den emotionalen Charakter eines Fouls oder eines Sieges in letzter Sekunde angemessen wiederzugeben. Die zur Anwendung kommenden Algorithmen sind jedoch immer noch überwiegend ›Good Old-Fashioned AI‹, also symbolische KI der alten Schule. Der Output ist bestimmt durch die Informationen aus den Datenbanken. Deren Darstellung folgt Regeln, die den Systemen im Normalfall explizit vorgeschrieben wurden. Und damit haben diese traditionellen Systeme neuerer KI, insbesondere den aktuellen generativen Sprachmodellen wie *GPT*, eins voraus: Sie halten sich an die Fakten (vorausgesetzt, die Datenbanken sind verlässlich) und produzieren keinen ›Bullshit‹. In Deutschland bieten zum Beispiel die Unternehmen *AX Semantics* und *Retresco* entsprechende Services an.

Generative Sprachmodelle im Journalismus

Womit wir bei der Frage wären, wie sich die zweifellos extrem leistungsfähigen neuen generativen Systeme im Journalismus einsetzen lassen. Diese Frage lässt sich pauschal schwer beantworten, denn das Feld ist extrem vielfältig und entwickelt sich rasend schnell. Eines scheint jedoch klar zu sein:

Die zurzeit gängigen generativen Sprachmodelle beruhen auf Architekturen, die eine **Wahrhaftigkeit** der Systeme geradezu ausschließen. Denn wenn diese Sätze generieren, dann ist deren ›Weltbezug‹ ein extrem indirekter. Sie sind anhand riesiger Textmengen geschult und haben dabei Wahrscheinlichkeiten darüber gelernt, was in bestimmten sprachlichen Kontexten gesagt wird. Die Textkorpora, mit denen sie geschult wurden, enthalten natürlich Wahres und Falsches. Aber das ist gar nicht der Punkt. Die Systeme operieren rein syntaktisch. Was ihnen fehlt, ist die Semantik: der Sachbezug und die situative Verankerung in der Wirklichkeit. Sie kennen kein außersprachliches »ich«, »hier« oder »dies«. Es sind diese immer wiederkehrenden Bezüge zwischen Sprache und konkreter außersprachlicher Situation, die uns menschliche Akteur:innen und Sprecher:innen zu hin und wieder fehlbaren, aber meist verlässlichen epistemischen Subjekten machen. Die Expert:innen sprechen von einem mangelhaften **›Grounding‹** der KI-Systeme. Anders gesagt: Im Dialog mit *ChatGPT* haben wir keine Möglichkeit zu überprüfen, wo und wie genau das System im Einzelfall ›hingeschaut‹ hat, bevor es unsere Frage beantwortet.

Es ist verblüffend und außerordentlich trügerisch, dass gleichwohl in weiten Teilen der Interaktion die **Illusion eines sinnvollen Diskurses** entsteht, aber jeder, der die aktuellen GPT-Modelle mit hinreichend faktischen Fragen auf die Probe gestellt hat, wird festgestellt haben, wie schnell und hemmungslos diese mit sogenannten **Halluzinationen** antworten – mit Sätzen, die so aussehen, als würden sie die Frage beantworten, die aber reines Sprachgeklapper sind. Streng genommen müsste man auch die Gesprächsanteile, die faktisch stimmen, als eine Art Fata Morgana verstehen. Denn auch sie sind auf die gleiche Weise ohne Distinktion von Wahrheit und Falschheit und ohne den Begriff eines möglichen Irrtums entstanden.

Es gibt Ansätze, diese Schwäche zu beheben, zum Beispiel, indem man die Systeme in bestimmten Domänen mit als besonders verlässlich bekannten Textkorpora nachschult oder den Prompt mit spezifischem Domänenwissen (Kontext) anreichert. Es gibt auch Plugins, die Schnittstellen zu datenwissenschaftlichen Werkzeugen (*Noteable*) oder zu besonders qualifizierten Suchmaschinen (*Wolfram*) nutzen. Dies führt dann zu einer geringeren Wahrscheinlichkeit, dass das System Bullshit produziert. Aber die genannten Lösungen sind jeweils ad hoc. Sie verbessern nur hier und da die Performanz, während der grundsätzliche Fehler in der Gesamtarchitektur der generativen

Sprachsysteme liegt, die bislang daraufhin optimiert worden sind, überzeugend zu klingen, und nicht darauf, Wissen weiterzugeben.

Distribution

Im Bereich der **Distribution** gibt es viele Anwendungsmöglichkeiten von KI und auch die Spannbreite verschiedener Funktionen ist groß.

Chatbots

Automatische Dialogsysteme sind vor allem aus dem Kundensupport, zum Beispiel im Onlinehandel oder in der IT bekannt. Aber sie lassen sich auch für die Verbreitung journalistischer Inhalte verwenden. Dies bewies bereits im Jahr 2016 der deutsche Journalist Martin Hoffmann mit seiner App *Resi,* in der sein kleines Team aktuelle Nachrichten vor allem aus den sozialen Medien abgriff und in interaktiver Form für das Smartphone aufbereitete. Hoffmann gewann mit dieser Idee und seiner App einen *Grimme Online Award* im Jahr 2017. Bei dem verwendeten Chatbot handelte es sich um ein relativ altmodisches, templatebasiertes System, das noch keinerlei Gebrauch von avancierten KI-Techniken machte. Der Dienst wurde 2019 mangels tragfähigem Geschäftsmodell eingestellt.

Mittlerweile gibt es standardisierte Plattformen wie *Voiceflow,* die von KI-Techniken wie dem Natural Language Understanding (NLU) Gebrauch machen. Dort können sich Unternehmenskundïnnen, aber auch journalistische Medienanbieter, maßgeschneiderte Dialoglösungen zusammenbauen.

Es ist zu erwarten, dass mit der rapiden Entwicklung leistungsfähiger großer generativer Sprachmodelle, gerade wenn diese interaktiv angelegt sind wie *ChatGPT,* die Versuchung steigt, auch im Journalismus wieder verstärkt auf solche interaktiven Formate zurückzugreifen. Einen Anfang machte in Deutschland der Axel-Springer-Verlag, der Inhalte seiner Boulevardzeitung *Bild* auch als Plugin in *ChatGPT* zugänglich macht. Wie dabei allerdings das Risiko faktenblinder ›Halluzinationen‹ in der weiteren Interaktion mit dem Chatbot ausgeschlossen werden soll, bleibt unklar.

Redaktionelles Marketing

Künstliche Intelligenz lässt sich hervorragend für das **redaktionelle Marketing** digitaler Angebote einsetzen. Moderne Analytics-Software beobachtet bereits sehr detailliert die **Aufmerksamkeitsverläufe** der Nutzerïnnen sowohl in den sozialen Medien als auch in den Webangeboten. Bislang blieb es aber meist Sache der redaktionellen Teams, daraus Schlüsse für die Optimierung des Angebots zu ziehen. Allenfalls wurden sie von Anbietern wie *Google* bei der systematischen Erstellung von A/B-Tests unterstützt, in denen verschiedene Varianten des Angebots auf den Prüfstand gestellt werden.

Aber aus den Daten lassen sich mit Hilfe **optimierender künstlicher Intelligenz** Maßnahmen ableiten, um die gewünschten Kennzahlen (zum Beispiel Verweildauer, Engagement, Aboabschlüsse) zu verbessern. Es bietet sich dabei an, lernende Algorithmen aus Machine Learning und Deep Learning einzusetzen, die nicht von statischen Erfolgsmodellen ausgehen, sondern sich laufend den Entwicklungen in der Nutzung anpassen.

Ein Vorreiter in diesem Bereich ist die kanadische Publikation *Globe and Mail*, die mit *sophi.io* ein im Jahr 2021 vom internationalen Branchenverband *WAN-IFRA* preisgekröntes KI-System entwickelt hat, das die Optimierung redaktioneller Angebote und speziell die Auswahl von Inhalten für die bezahlte Version unterstützt.

Schließlich kann auch die **Suchmaschinenoptimierung (SEO)** der Angebote, bei der versucht wird, das Ranking der eigenen Seiten bei Suchmaschinen wie *Google* zu verbessern, mit Hilfe von KI weitgehend automatisiert werden.

Empfehlungen und Personalisierung

Eine weitere mögliche Anwendung von künstlicher Intelligenz im Journalismus besteht in dem Einsatz von **Empfehlungssystemen**. Diese können beispielsweise genutzt werden, um Nutzerïnnen zu einem gegebenen Artikel oder Video auf Grund von Metadaten und semantischer Suche weitere damit zusammenhängende Inhalte nahezulegen. Solche Verfahren werden in großem Maßstab von Social-Media-Plattformen wie *Youtube* oder *Spotify* genutzt. Im Journalismus hält sich der Einsatz bislang in Grenzen.

Ein schon lange gehegtes Ziel im digitalen Journalismus ist die zunehmende **Personalisierung der Angebote**. In den Blütezeiten der großen Webportale wie *Yahoo* konnten sich die Nutzerïnnen aus einer Vielzahl von Nachrichtenquellen ihr persönliches Portfolio zusammenstellen: Politik von der

Hauptstadtzeitung, Unterhaltung je nach Lieblingsgenre, lokaler Sport vom Heimatmedium etc. Dann kamen die KI-basierten Empfehlungsalgorithmen auf. Schon Anfang der 2000er Jahre gab es im Internet Audioplattformen wie *Last.fm*, die ein erweitertes Musikprogramm nach den beobachteten Hörgewohnheiten der Nutzer:innen zusammenstellten.

Aus den automatisierten Empfehlungen der frühen Jahre entwickelten sich nach und nach die mächtigen **Algorithmen**, mit denen mittlerweile die großen Plattformen wie *Facebook, Youtube, Instagram* oder *Tiktok* die Timelines ihres Publikums mit ausgewählten Inhalten befüllen. Dies geschieht meist mit dem Ziel, die Nutzer:innen möglichst lange auf der Plattform zu halten und ihnen maßgeschneiderte Werbung zuzuspielen.

Der Journalismus tut sich mit solchen Möglichkeiten immer noch schwer, vor allem wegen des Interesses der einzelnen kommerziellen Anbieter, ihre Kund:innen im eigenen Revier zu halten. Aber grundsätzlich bietet KI natürlich die Möglichkeit, Nutzerbedarfe sehr differenziert zu beobachten, zu analysieren und daraus personalisierte Empfehlungen – innerhalb oder außerhalb des eigenen Angebots – zu erstellen. Dies bietet sich besonders für öffentlich-rechtliche Medien an, die über eine große Angebotsbreite verfügen und nicht den Wettbewerbszwängen kommerzieller Anbieter unterliegen.

Interaktion

Im Bereich der Interaktion kann die Automatisierung in der **Anschlusskommunikation** eingesetzt werden, etwa um mit Hilfe von KI in Diskussionsbereichen Etikettenverletzungen oder Fragen an die Redaktion zu identifizieren. Die Moderation der Kommentare von Nutzer:innen vor allem in den sozialen Medien gehört zu den anstrengendsten und undankbarsten Aufgaben im digitalen Journalismus. Das führt dazu, dass viele Anbieter diese Aufgabe an redaktionsfremde Arbeitskräfte oder externe Dienstleister:innen auslagern und somit die Potenziale einer direkten Kommunikation mit ihrem Publikum verschenken (vgl. → Kapitel 14).

Künstliche Intelligenz ist hier auf beiden Seiten zu finden: Zum einen wird sie von Werbetreibenden und malignen Akteur:innen eingesetzt, um soziale Medien und interaktive Bereiche mit Spam und Desinformation zu überfluten. Zum anderen kann sie aber auch dabei helfen, diese Flut einzudämmen: Lernende KI-Systeme wie *Conversario* werden bereits eingesetzt, um

Social-Media-Teams bei der Identifikation von **Hassrede** oder **Spam** und der Moderation und Löschung einschlägiger Kommentare zu unterstützen. Wie bereits erwähnt, ist die Identifikation von Gerüchten und Desinformationen weiterhin schwierig, aber im Bereich der Sentiment Analysis und anderer einschlägiger Mustererkennungstechniken gibt es deutliche Fortschritte.

Problematisch hingegen ist es, wenn den KI-Systemen nicht nur die Erkennung, sondern auch die **Reaktion auf Regelverletzungen** vollständig und unbeaufsichtigt überlassen wird. Dabei geht es weniger um das Risiko von Fehleinschätzungen, die beispielsweise zu nicht gerechtfertigten Löschungen oder Sperrungen führen können. Die größere Gefahr besteht darin, dass diejenigen Nutzer:innen, die an einer ernsthaften Interaktion interessiert sind, sich nicht ernst genommen fühlen und das Vertrauen in die Kommunikation mit dem Anbieter verlieren. Dies ist auch dann der Fall, wenn generative Systeme eingesetzt werden, die nicht auf den ersten Blick als künstliche Akteur:innen erkennbar sind. Sobald eines dieser Systeme ›enttarnt‹ wird, ist der Schaden groß und kaum zu beheben.

Insofern empfiehlt es sich auch hier, künstliche Intelligenz unterstützend einzusetzen und zugleich die Rolle realer menschlicher Akteur:innen eher aufzuwerten. Mehr dazu in → Kapitel 14.

Zur Vertiefung

Test zu Kapitel 11
https://www.utb.de/do/10.36198/9783838562322-e10/disclaimer

Weiterführende Lektüre

Heesen, J. et al. (2023): *Künstliche Intelligenz im Journalismus. Potenziale und Herausforderungen für Medienschaffende.* Plattform Lernende Systeme, München. – Die von der Bundesregierung geförderte *Plattform Lernende Systeme* beschäftigt sich mit dem Thema Künstliche Intelligenz und soll den interdisziplinären Austausch und den gesellschaftlichen Dialog fördern. In diesem Whitepaper geben Expert:innen einen sehr guten Überblick über mögliche Anwendungen im Journalismus und sprechen Empfehlungen für den journalistischen Umgang mit KI aus. (PDF-Download bei der Deutschen Akademie für Technikwissenschaften)

Löser, A., Tresp, V. et al. (2023): *Große Sprachmodelle. Grundlagen, Potenziale und Herausforderungen für die Forschung.* Plattform Lernende Systeme, München. – Ein weiteres Whitepaper der *Plattform Lernende Systeme* beschäftigt sich mit aktuellen sprachgenerierenden KI-Modellen, erläutert deren Funktionsweise und diskutiert Risiken und Potenziale dieser Technologien. (PDF-Download bei der Deutschen Akademie für Technikwissenschaften)

Elmer, C. & Matzat, L. (2024). *Handbuch Daten und KI im Journalismus.* Köln, Herbert von Halem Verlag – Das von zwei Pionieren des deutschsprachigen Datenjournalismus herausgegebene Handbuch versammelt Aufsätze, überwiegend von Praktikern, zum Datenjournalismus und zum Einsatz von KI im Journalismus.

Forschungseinrichtungen

The AI Journalism Resource Center – Projekt an der *Oslo Metropolitan University* mit dem Ziel, den Einsatz von Datenwissenschaften und KI für den investigativen Journalismus zu unterstützen.

JournalismAI – Eine global aufgestellte Initiative im Rahmen des Polis-Thinktanks für Journalismus an der *London School of Economics.* Bietet jährlich Stipendien an. Unterstützt von *Google.*

Computational Journalism Lab – Interdisziplinäre Forschungsgruppe an der *Northwestern University* in Chicago.

Ausgewählte Forschung

Opdahl, A. L., Tessem, B., Dang-Nguyen, D.-T., Motta, E., Setty, V., Throndsen, E. et al. (2023). Trustworthy Journalism Through AI. In: *Data & Knowledge Engineering, 146,* 102182. – Die Wissenschaftlerïnnen der *Universität Bergen* geben einen literaturgestützten Überblick über Anwendungen von künstlicher Intelligenz im Journalismus und beschäftigen sich insbesondere mit der Frage, wie KI eingesetzt werden kann, um das Vertrauen in den Journalismus zu stärken. (Webversion und PDF-Download bei Science Direct)

Graßl, M., Schützeneder, J. & Meier, K. (2022). Künstliche Intelligenz als Assistenz. In: *Journalistik*, Heft 1/2022, S. 3-27.– In einem Forschungsprojekt an der *Katholischen Universität Eichstätt* haben Wissenschaftlerïnnen qualitative Interviews mit Journalistïnnen geführt, die mit dem Einsatz von künstlicher Intelligenz in ihrem Berufsfeld zu tun haben. Ziel war es dabei, zu einer begrifflichen Strukturierung des komplexen Feldes beizutragen. (Webversion und PDF-Download bei *Journalistik*)

Übungen

- Geben Sie Überschrift und Teaser einer aktuellen journalistischen Nachricht zum Beispiel von *Tagesschau.de* oder *Spiegel Online* in die Dialogmaske von *ChatGPT* oder eines anderen großen Sprachmodells ein. Fordern Sie das System auf, daraus einen nachrichtlichen, nicht wertenden Text von ca. 2000 Zeichen zu generieren. Was fällt Ihnen an dem Resultat auf?
- Stellen Sie *ChatGPT* nun Sachfragen zum Meldungsinhalt. Fragen Sie zum Beispiel nach dem Lebenslauf erwähnter Personen. Überprüfen Sie den Wahrheitsgehalt der Ergebnisse.
- Nehmen Sie sich selbst den Text einer anderen journalistischen Nachricht vor und verfassen Sie dazu selbständig eine Überschrift und einen Anmoderationstext (Teaser).
- Geben Sie anschließend nur den Meldungstext in die Dialogmaske von *ChatGPT*, mit der Aufforderung an das System, für die Meldung Überschrift und Teaser zu erstellen. Vergleichen Sie Ihre eigene Leistung mit der Ausgabe des Sprachmodells. Welche ist besser?

12. Datensicherheit

Themen

Angriffe auf die IT in der journalistischen Arbeit, Angriffsziele und -szenarien, Maßnahmen zur Gefahrenabwehr, Passwortsicherheit, Verschlüsselungstechniken

Über diese Lerneinheit

Besonders bei der investigativen Arbeit sind Journalist̄innen ein attraktives Ziel für Angriffe von Hacker̄innen. Um ihre Informant̄innen und die Ergebnisse ihrer Recherchen zu sichern, sollten sie besonders auf Datensicherheit achten. Dazu gehören die besondere Aufmerksamkeit für sichere Passwörter, ein achtsamer Umgang mit Hardware und Software sowie der systematische Einsatz von Verschlüsselungstechniken.

Was Sie hier lernen

- Bedrohungen durch Hacker̄innen in der alltäglichen Arbeit identifizieren zu können
- hilfreiche Maßnahmen zur Gefahrenabwehr zu kennen und einsetzen zu können
- ein grundsätzliches Verständnis von Verschlüsselungstechnologien und ihren Anwendungsfelder zu gewinnen
- datensicher mit Informant̄innen umgehen zu können

Einleitung

Die Aufgabe des Journalismus ist es, Öffentlichkeit herzustellen. Dazu gehört es, Verborgenes ans Licht zu bringen, auf Missstände hinzuweisen, gesellschaftliche Diskussionsgrundlagen zu schaffen. Das stößt nicht immer auf Begeisterung. Die Gegenspieler:innen des Journalismus kommen aber nicht nur aus dem Kreis jener Betroffenen, über die gegen ihren Willen recherchiert oder berichtet wird. In Zeiten von Krisen und zunehmender gesellschaftlicher Polarisierung, wie wir sie zurzeit erleben, gerät der Journalismus als Überbringer schwieriger oder schlechter Nachrichten auch pauschal zum Feindbild.

So kann es nicht überraschen, dass Angriffe auf Journalist:innen in letzter Zeit zugenommen haben. Organisationen wie *Reporter ohne Grenzen* beklagen seit Jahren eine weltweit steigende **Aggressivität** gegenüber Medienschaffenden, und auch in Deutschland steigt das Ausmaß an Hetze und physischer Gewalt weiterhin an. Wir wollen hier jedoch nicht über die persönliche Sicherheit von Journalist:innen sprechen, sondern über die **Sicherheit von Kommunikation und Daten**, die zu einer erfolgreichen journalistischen Arbeit zwingend erforderlich ist.

Angriffsziele

Wenn IT-Systeme von Journalist:innen oder Medienhäusern angegriffen werden, geschieht dies für gewöhnlich mit einem der zwei folgenden Ziele:

1. **Sabotage**: In manchen Fällen geht es primär darum, die journalistische oder publizistische Arbeit zu behindern. So lassen sich zum Beispiel mit Hilfe sogenannter DDoS-Attacken (Distributed Denial of Service) die Web-Server oder Netzwerk-Infrastrukturen von Medienhäusern lahmlegen, indem diese mit einer gewaltigen Anzahl von Anfragen oder anderen redundanten Tasks überflutet werden. Solche Angriffe wurden zum Beispiel anlässlich des Ukraine-Kriegs von russischen Hacker:innen vorgenommen, um pro-ukrainische Internetangebote zu sabotieren. Auch eine Seite der deutschen Bundesregierung war im Frühjahr 2023 von einer DDoS-Attacke betroffen. In vielen Fällen sind solche Angriffe aber gar nicht inhaltlich oder politisch motiviert. Oftmals gibt es einfach gewöhn-

liche kriminelle Motive: Die Unternehmen, die auf ihre Internet-Präsenzen angewiesen sind, werden mit diesen Angriffen zu ›Lösegeldzahlungen‹ erpresst. In manchen Fällen reicht auch schon die simple Drohung oder ein kleiner Probelauf. Ransom-Attacken mittels DDoS sind noch die harmlosere Variante. In gefährlicheren Fällen gelingt es den Angreiferïnnen, wesentliche Teile der Daten eines Unternehmens unwiederbringlich zu verschlüsseln. So wurden Ende März 2023 die Server der *Neuen Zürcher Zeitung* von einer Erpressergruppe angegriffen. Sie verschlüsselten wesentliche Daten und drohten, diese erst bei Zahlung eines Lösegelds wieder zugänglich zu machen. Die *NZZ*-Geschäftsleitung entschied sich, nicht zu zahlen. Es entbrannte ein mehrere Tage dauernder Konflikt mit beträchtlichen Schäden für die Zeitung. Am Ende gelang es, den Angriff abzuwehren und die Informationsinfrastruktur neu aufzusetzen.

2. **Spionage:** In anderen Fällen versuchen Akteurïnnen, Informationen über die Arbeit von Journalistïnnen und Redaktionen zu erlangen, indem sie in deren Netzwerke oder Rechner einbrechen oder ihre Kommunikation belauschen. Diese Angriffe geschehen im Normalfall versteckt und bleiben vielfach unbemerkt. Dahinter stecken oft Geheimdienste, Sicherheitsbehörden oder andere staatliche Instanzen. Aber es kann sich auch um private Akteurïnnen handeln, die sich präventiv über eine potenziell kritische Berichterstattung informieren wollen, zum Beispiel, um rechtzeitig rechtliche oder andere Schritte zu deren Verhinderung einzuleiten. Oder sie verschaffen sich Zugang, um das Einfallstor oder so gewonnene Daten dann potenziellen Interessentïnnen anzubieten.

Ein Spionagerisiko besteht natürlich vor allem bei **investigativer journalistischer Arbeit**, die definitionsgemäß auf die Offenlegung von Sachverhalten abzielt, die vor der Öffentlichkeit verborgen werden. Aber das heißt nicht, dass allein investigative Journalistïnnen Vorkehrungen gegen mögliche Lauschangriffe treffen sollten. Jede Journalistïn sollte für Menschen mit Anliegen eine vertrauenswürdige Ansprechpartnerïn sein. Und dazu gehört das belastbare Versprechen von Diskretion und Informantïnnenschutz.

Außerdem gilt für jeden Cyber-Angriff auf ein Netzwerk: Der beste Angriffspunkt ist der schwächste Knoten im Netz. So kann es für Akteurïnnen, die in ein Redaktionsnetzwerk eindringen wollen, sinnvoll sein, zunächst ein völlig unverdächtiges und ahnungsloses Ressort wie die Kultur ins Visier zu nehmen, um sich dann von dort aus Zugriff zu den Servern des Medienhauses und damit auch zum Investigativressort zu verschaffen.

Angriffsszenarien

Die möglichen Strategien, sich ungefragt Zugang zu Daten zu verschaffen, sind vielfältig. Wir können hier nur einen groben Überblick geben, um den Blick für Gefahren zu schärfen.

Soziale Ebene

Eine der verblüffendsten Hacking-Techniken kann komplett offline stattfinden. Das sogenannte ›**Social Engineering**‹ beruht darauf, dass reale Menschen sich in das Vertrauen der Zielpersonen einschleichen und diese dazu bringen, relevante Geheimnisse preiszugeben. Der klassische Fall ist der Anruf, der vermeintlich von der IT-Abteilung kommt und die Zielperson unter Verweis auf irgendwelche Netzwerkprobleme oder anstehende Software-Updates dazu überredet, ihre Login-Daten und Passwörter preiszugeben.

Dem Social Engineering verwandt ist das sogenannte ›**Phishing**‹. Bei dieser mittlerweile sehr verbreiteten Technik werden meist Kommunikationskanäle wie EMail, SMS oder Messengerdienste genutzt. Das Ziel besteht darin, das Opfer dazu zu bewegen, auf einen in der Nachricht enthaltenen Link zu klicken oder einen Dateianhang zu öffnen. So erhält man beispielsweise eine Mail, in der ein Geldinstitut völlig überraschend eine gebührenpflichtige neue Maßnahme ankündigt und per Link ein Opt-Out anbietet. Dort – alles sieht genauso aus wie auf dem Internet-Angebot der Bank – wird das Opfer dann aufgefordert, sich in sein Bankkonto einzuloggen. Bei den Mail-Attachments (z.B. in Form von PDF-, Bild- oder Officedateien) liegt die Strategie etwas anders. Hier wird vielfach darauf abgezielt, mit versteckten Code-Elementen in den angehängten Dateien Schadsoftware zu installieren.

Phishing-Attacken sind meist leicht zu durchschauen, und sie werden im Normalfall nach dem Gießkannenprinzip in großem Maßstab angewandt, um irgendjemanden abzugreifen, der darauf hereinfällt. Aber es gibt immer häufiger auch raffiniertere Angriffe, die von detaillierter Kenntnis einzelner Opfer zeugen und speziell auf diese zugeschnitten sind. Wachsamkeit lohnt sich also.

Eine weitere Angriffsebene, die oft unterschätzt wird, liegt in unserem Gebrauch von **sozialen Medien**. Jeder Beitrag, den wir posten, die Liste unserer Follower und Followings, jedes Foto, jede Story gibt Informationen über uns preis, die uns – vor allem, wenn man sie miteinander kombiniert – in hohem Maße angreifbar machen. Wer die Veröffentlichungen von *Bellingcat* und anderen Open-Source-Intelligence-Diensten kennt, weiß, wie viel sich aus öffentlich zugänglichen Daten über eine Person herausfinden lässt.

Technische Ebene

Das oben genannte Phishing bietet sich insbesondere als Einfallstor für **Schadsoftware** an. Und die **Viren** oder **Trojaner**, die auf diese Weise auf das Handy oder den Rechner gelangen, machen sich dann zum Beispiel unbemerkt **Sicherheitslücken** in einzelnen Apps oder im Betriebssystem zunutze, um Zugriff auf Daten zu erlangen oder das Gerät für andere Zwecke zu missbrauchen. Solche Sicherheitslücken werden in Hackerkreisen geteilt und für sogenannte Exploits, also Missbrauchsstrategien, genutzt, mit denen die Angreiferïnnen Kontrolle über den Rechner und die Daten gewinnen.

Eine zweite technische Ebene, auf der Angriffe erfolgen, ist die **Netzwerk-Kommunikation**. Wenn die Angreiferïnnen Zugriff auf unsere Datenverbindungen haben, können sie das entweder nutzen, indem sie direkt den **Datenverkehr** (z.B. unverschlüsselte Formulareingaben) abgreifen, oder indem sie sich über das Netzwerk Zugang zu unseren **Geräten** verschaffen. Häufig werden offene oder schlecht geschützte WLAN-Netzwerke (beispielsweise in Internet-Cafés) ausgenutzt, um an die Verbindungen oder Rechner der Zielpersonen zu gelangen.

Physische Ebene

Auch wenn in Zeiten fast permanenter Konnektivität der einzelne physikalische Rechner nicht mehr so eine zentrale Bedeutung hat, darf man auch die Gefahr eines realen physischen Zugriffs auf die eigene **Hardware** nicht vernachlässigen. Der findigen Gegnerïn bieten sich viele Gelegenheiten. Etwa wenn jemand im Café oder der Bibliothek kurz auf die Toilette geht und das Notebook angeschaltet am Platz lässt. Oder wenn man sich auf dem vermeintlich sicheren Platz im Großraumwagen der Bahn in sein EMail-Postfach einloggt und dabei möglicherweise sogar das eingegebene Passwort anzeigen lässt – in bester Sicht für die hinter einem sitzenden Personen. Ganz zu schweigen von Rechnern, die über Nacht oder am Wochenende am Arbeitsplatz unbeaufsichtigt sind und möglicherweise einen nur unzureichenden Passwortschutz aufweisen.

So müssen die Geräte gar nicht gestohlen werden. Es reicht oft die kurze **Beobachtung** oder eventuell die Gelegenheit, einen **USB-Stick** einzustecken, um Daten abzugreifen oder sogar Schadsoftware aufzuspielen.

Rechtliche Ebene

Nicht immer ist eindeutig, ob es sich bei einem Zugriff auf die Daten von Journalistïnnen oder Redaktionen um einen rechtswidrigen oder kriminellen Akt handelt. Immer wieder kommt es – auch in Deutschland – vor, dass die eigenen **Sicherheitsbehörden** (Staatsanwaltschaften, Polizei, Geheimdienste) sich Zugriff auf journalistische IT-Infrastrukturen zu verschaffen versuchen. Entweder indem sie Rechner oder Datenspeicher beschlagnahmen oder indem sie zum Beispiel Auskunftspflichten bei Dienstleistern wie Internet-Providern nutzen.

Solche Zugriffe werden zwar durch das Presserecht (Stichwort: Informantenschutz) und andere nationale oder europäische Regulierungen weitgehend beschränkt, aber wenn die Beschlagnahmung von unverschlüsselten Datenträgern erstmal erfolgt ist oder der Provider den Behörden Zugriff auf gespeicherte Daten oder Datenverkehr ermöglicht hat, liegt das Kind bereits im Brunnen, und es hilft wenig, im Nachhinein Recht zu bekommen. Auch deshalb lohnt es sich also, Vorkehrungen zu treffen.

Ein Beispiel: Als die Polizei im Mai 2023 auf bayerische Initiative eine bundesweite Razzia gegen die Aktivistengruppe *Letzte Generation* durchführte, wurde auch die Website der Organisation als ›Tatmittel‹ beschlagnahmt. Dabei bekamen die Behörden eher zufällig auch Zugang zu 130 EMail-Konten der Organisation, acht davon Presse-Accounts. Der Zugriff auf diese Daten ohne vorherigen Überwachungsantrag und möglicherweise ohne Kenntnis der Betroffenen ist rechtlich zumindest zweifelhaft.

Gefahrenabwehr

Schauen wir uns nun an, wie man sich vor Angriffen auf die eigene Datenintegrität schützen kann. Auch hier sei wieder gewarnt, dass die folgenden Maßnahmen keinen Anspruch auf Vollständigkeit erheben. Es lohnt sich auf jeden Fall, sich in diesem Bereich weiterzubilden, auch um auf einem aktuellen Wissensstand zu bleiben.

Hardware/Software

Die Maßnahmen zum Schutz der eigenen Hardware beginnen ganz banal damit, dass man seinen Rechner oder sein Smartphone **niemals allein lassen** sollte. Und wenn es sich partout nicht vermeiden lässt, sollten die Geräte oder Bildschirme zumindest **mit Passwortschutz gesperrt** sein. Auch einzelne Apps lassen sich mit PIN, Passwort oder biometrischen Sperren schützen. Für die Gefahr eines unbefugten Zugriffs auf die Webcam von Notebooks gibt es aufklebbare mechanische Abdeckungen.

Besondere Vorsicht ist bei der Arbeit in öffentlichen Räumen (Co-Working-Space, Internetcafé, Bahn, Flugzeug) geboten. Hier besteht nicht nur das Risiko schlecht geschützter WLAN-Netze, sondern auch die Gefahr des sogenannten **Shoulder Surfing**, bei dem andere Personen Bildschirm- und Tastaturaktivitäten beobachten können. Für den Bildschirm gibt es spezielle Masken, die das Mitlesen von der Seite erschweren.

Updates

Um Angriffe mit **Schadsoftware** zu erschweren, helfen zunächst zwei Maßnahmen:

1. Man sollte dafür sorgen, dass die Betriebssysteme und Apps immer auf dem **neuesten Stand** sind. Es lohnt sich, Auto-Updates oder doch zumindest Benachrichtigungen bei anstehenden Aktualisierungen zu aktivieren.
2. Wenn man **Software** installieren will, ist es wichtig, deren **Herkunft** zu prüfen und sich auch zu vergewissern, dass diese weiterhin gewartet wird und die notwendigen **Sicherheitsupdates** bekommt. Im Allgemeinen ist Open-Source-Software, insbesondere wenn es sich um Applikationen mit einer großen Entwicklerinnen- und Nutzerinnencommunity

handelt, sicherer als proprietäre Software kommerzieller Anbieter, weil der Quellcode offen liegt und eklatante Sicherheitslücken normalerweise schnell gefunden und behoben werden. Aber natürlich gibt es hier keine Garantien, und bei der Vielzahl von Apps, die wir auf den verschiedenen Geräten nutzen, ist das Risiko an dieser Stelle recht hoch. Es ist daher sinnvoll, ungenutzte Apps regelmäßig zu löschen. Sie können meist bei Bedarf wieder neu installiert werden.

Datenspuren löschen

Was in manchen Fällen segensreich sein mag, ist in anderen verräterisch: Unsere digitalen Geräte **konservieren viele Daten,** mit denen wir gearbeitet haben, ohne dass wir es merken oder ohne dass wir daran denken.

- Der **Papierkorb** hält gelöschte Dateien vor, bis wir ihn leeren. Und selbst dann können gelöschte Daten mit entsprechender Software meist über längere Zeit rekonstruiert werden.
- Unser **Mailarchiv** sammelt nicht nur unsere Korrespondenzen über lange Zeiträume, sondern gibt auch über Mailadressen anderer Personen Auskunft und erlaubt den Zugriff auf alle möglichen Dateianhänge.
- In Word-Dokumenten und anderen Office-Dateien verstecken sich in den **Metadaten** jede Menge Informationen über Verfasserïn, Bearbeitungsvorgänge und Annotationen.
- Auch die Metadaten der meisten digital erstellten **Fotos** enthalten unter anderem Angaben zum Aufnahmedatum und in vielen Fällen sogar die Geodaten der Aufnahme.

Wer wirklich gewissenhaft arbeiten will, sammelt die wertvollen und tatsächlich benötigten Informationen, Dateien und Dokumente an gut gesicherten Orten (externes Laufwerk, verschlüsselter Cloudspeicher) und bereinigt sein operatives Arbeitsgerät regelmäßig von möglicherweise verräterischen Datenspuren. Man sollte sich fragen: Benötige ich diese Informationen wirklich auf all meinen Geräten?

Virenscanner

Der Einsatz von **Virenscannern** ist zwiespältig. Zum einen ist es natürlich sinnvoll, einen Schutzschild aufzubauen, der den jeweils aktuellen Stand der Kunst widerspiegelt. Zum anderen verlangsamen viele dieser Programme das Arbeitstempo und sorgen oftmals auch für Unverträglichkeiten und Störungen im Betrieb. Sie haben zudem weitreichende Befugnisse zum Durchleuchten des Geräts. Das Geschäft mit der Computersicherheit ist außerordentlich profitabel und undurchsichtig, was wiederum dazu führt, dass viele der Produkte, aber auch der sogenannten ›Vergleichstests‹ und Empfehlungen nicht wirklich vertrauenswürdig sind. Die Wahl eines vertrauenswürdigen Anbieters ist daher essenziell. Einige Programme verlangen zudem teure Abo-Lizenzen.

Rechner mit den Betriebssystemen *Linux* und *MacOS* sind für gewöhnlich weniger anfällig für Schadsoftware als *Windows*-Computer. Das liegt zum Teil an deren geringerem Marktanteil, der dazu führt, dass die Plattformen weniger Aufmerksamkeit der Hackerïnnen auf sich ziehen. Auch in der Welt der Smartphones ist *Apples iPhone* mit seiner rigiden Appstore-Politik sicherer als die Konkurrenz-Plattform *Android*.

Wer sich über aktuelle Virenschutz-Apps für Computer oder Handy informieren will, sollte zum Beispiel auf die bei IT-Themen als seriös bekannten Publikationen des *Heise*-Verlags zurückgreifen.

Getting offline

Generell gilt, dass aktuelle Hardware – sowohl **Smartphones** als auch **Tablets** und **Laptops** – mit ihren eingebauten Mikrofonen, Kameras, Bewegungs- und GPS-Sensoren das **perfekte Angriffsziel** für Spionageangriffe ist. Wenn eine Angreiferïn weitgehenden Zugriff auf das Smartphone einer Journalistïn hat, kann sie möglicherweise herausfinden, wo diese sich befindet, und im Extremfall sogar über Mikrofon ihre Gespräche belauschen. Seit den Enthüllungen von Edward Snowden wissen wir, dass professionelle Gegenspieler tatsächlich über derartige Techniken verfügen und sie auch nutzen. Wer also wirklich sichergehen will, dass Treffen mit Informantïnnen nicht über die eigenen Geräte lokalisiert und die Gespräche nicht mitgehört werden können, der lässt sein Smartphone und auch seinen Laptop-Computer zuhause.

Passwörter

Für den normalen Alltagsbetrieb beginnt eine brauchbare Sicherheitsstrategie mit der Auswahl und der Verwaltung der **Passwörter**. Ein paar einfache Überlegungen können hier helfen, einen zugleich sicheren und auch praktikablen Weg zu finden.

Passwörter geraten auf verschiedene Weise in die falschen Hände. Sie können erraten, bei der Eingabe beobachtet, mit ›brute force‹ errechnet oder gestohlen werden. Auch das beste Passwort kann uns nicht schützen, wenn Hackerïnnen es dort abgreifen, wo es unserer Kontrolle entzogen ist: Beim jeweiligen Dienstleister, zu dem es den Zugang gewährt. So ist es in letzter Zeit immer wieder zu digitalen Einbrüchen bei Onlineplattformen wie *Facebook*, *Yahoo* oder *LinkedIn* gekommen, bei denen im großen Maßstab Nutzerdaten gestohlen worden sind.

Selbst wenn bei solchen Einbrüchen die Passwörter nicht im Klartext, sondern nur als digitale Prüfsummen (›Hashes‹) abgegriffen werden können, besteht Gefahr. Vom Hash lässt sich zwar nicht auf das Passwort zurückschließen, aber andersherum können die Angreiferïnnen jetzt ohne Wiederholungsschutz bei der Eingabe in aller Ruhe so lange Passwörter ausprobieren, bis der Hash passt. De facto kursieren umfangreiche Tabellen, sogenannte ›rainbow tables‹, die die Hashes für die meisten gängigen Passwörter bereits vorhalten und aus denen sich dann problemlos das gewählte Passwort ablesen lässt.

Bei Diensten wie dem *Leak Checker* der Universität Bonn kann man überprüfen, ob Passwörter, die mit einer eigenen EMail-Adresse verknüpft sind, bereits irgendwo öffentlich aufgetaucht sind. Es lohnt sich, diesen Test von Zeit zu Zeit zu wiederholen und bekannt gewordene Passwörter sofort auszutauschen.

Außerdem ist eine Konsequenz aus diesem Problem, dass es sich tatsächlich lohnt, verschiedene Dienste und Zugänge immer mit jeweils **verschiedenen Passwörtern** zu versehen. Zumindest minimiert man so das Risiko mehrerer gleichzeitig gehackter Konten, wenn eines der Passwörter gestohlen wird.

Passwort-Manager

Um bei der Verwendung verschiedener Passwörter die Übersicht nicht zu verlieren, kann man Passwort-Manager wie *1Password* oder *Bitwarden* verwenden. Diese spezialisierten Dienste verwalten die Passwörter ihrer Kundinnen in einer verschlüsselten Datenbank und helfen dabei, in die entsprechenden Formulare das jeweils passende Passwort einzusetzen. Die Kundin muss sich dafür nur das Masterpasswort für den Passwort-Manager merken, den Rest übernimmt der Dienst. Dieser unterstützt auch bei der Auswahl wirklich sicherer neuer Passwörter und prüft regelmäßig in speziellen Datenbanken, ob die eigenen Passwörter möglicherweise bereits im Darknet angeboten werden.

Dice-Ware

Es gibt genau zwei Faktoren, die ein gutes Passwort auszeichnen: **Zufälligkeit** und Länge. Auch wenn das immer noch vielfach anders dargestellt und praktiziert wird, der Mix verschiedener Zeichenvorräte (Alphabet, Ziffern, Sonderzeichen) spielt für die Sicherheit eine geringere Rolle als die Frage, ob die Auswahl der einzelnen Bestandteile wirklich zufällig ist. Insofern sind Begriffe aus Wörterbüchern, Zeilen aus Lieblingsgedichten etc., auch wenn sie mit Ziffern oder Ausrufezeichen garniert sind, eher schlecht geeignet, um Datensicherheit herzustellen.

Wer sich den Zufallsgeneratoren nicht anvertrauen will, die in den Passwort-Managern oder anderweitig (z.B. als eigenständige Smartphone-App oder im Web) angeboten werden, der kann auf eine wirklich altbewährte Zufallsmethode zurückgreifen und sich sein Passwort mit klassischen Spiele-Würfeln erstellen. Auf dieser Methode beruht das sogenannte **›Dice-Ware‹-Verfahren**, das von Expertinnen wie Bruce Schneier und der *Electronic Frontier Foundation* empfohlen wird. Dabei wird jeweils fünfgliedrigen Wurfsequenzen des Würfels anhand öffentlich zugänglicher Wortlisten ein leicht zu merkender sprachlicher Ausdruck zugeordnet. Wenn man das Verfahren beispielsweise sechsmal wiederholt, bekommt man eine Passphrase aus sechs Wörtern, die eine wirklich komplett arbiträre Zeichenfolge abbildet. Die Wahrscheinlichkeit, diese zu erraten, liegt bei $1:2^{77}$, womit es auch modernen Hochleistungsrechnern kaum gelingen wird, das Passwort zu ermitteln. Aber dank der verwendeten natürlichsprachigen Wörter ist es möglich, die Passphrase im Gedächtnis zu behalten. Dies macht natürlich nicht bei allen eingesetzten Passwörtern Sinn, aber doch zumindest beim Masterpasswort des Passwort-Managers.

11635	angler	36534	mango	65222	upheld
11636	angles	36535	mangy	65223	uphill
11641	angling	36536	manhandle	65224	uphold
11642	angrily	36541	manhole	65225	uplifted
11643	angriness	36542	manhood	65226	uplifting
11644	anguished	36543	manhunt	65231	upload
11645	angular	36544	manicotti	65232	upon
11646	animal	36545	manicure	65233	upper
11651	animate	36546	manifesto	65234	upright
11652	animating	36551	manila	65235	uprising
11653	animation	36552	mankind	65236	upriver
11654	animator	36553	manlike	65241	uproar
11655	anime	36554	manliness	65242	uproot
11656	animosity	36555	manly	65243	upscale
11661	ankle	36556	manmade	65244	upside
11662	annex	36561	manned	65245	upstage
11663	annotate	36562	mannish	65246	upstairs
11664	announcer	36563	manor	65251	upstart
11665	annoying	36564	manpower	65252	upstate
11666	annually	36565	mantis	65253	upstream
12111	annuity	36566	mantra	65254	upstroke
12112	anointer	36611	manual	65255	upswing

Abb. 12.1: Öffentliche Diceware-Wortlisten dienen dazu, erwürfelten Zahlenfolgen natürlichsprachige Wörter zuzuordnen und somit maximal zufällige, aber erinnerbare Passphrases zu generieren.

Biometrische Identifizierung

Die meisten Smartphones und viele Computer verfügen mittlerweile über **Fingerabdruckleser**, und bei entsprechenden Kameras ist auch eine Identifizierung über Gesichtsproportionen oder Charakteristika der Iris möglich. Solche Verfahren können klassische Identifikationsverfahren (Login plus Passwort) ergänzen, können diese aber nicht ersetzen. Denn es ist Hackerïnnen immer wieder gelungen, die entsprechenden Algorithmen auszutricksen. So demonstrierte der *Chaos Computer Club* schon im Jahr 2014, wie man anhand von Fotos Attrappen von Angela Merkels Iris-Profil und Ursula von der Leyens Fingerabdruck erstellen kann.

Passkey-Verfahren

Verschiedene Onlinedienste bieten mittlerweile auch eine zugleich vereinfachte und vergleichsweise sichere Zugangssicherung an. Dabei wird ein Zugangsschlüssel zum Dienst (der sogenannte Passkey) versteckt auf dem eigenen Smartphone gespeichert. Die Nutzerïn muss sich diesen Schlüssel nicht merken. Sie muss sich, wenn sie sich in den Dienst einloggen will, nur per Gesichtsscan oder Fingerabdruck identifizieren, der Login findet dann im Hintergrund statt. Auch wenn der Login von einem anderen Gerät, zum Beispiel vom Arbeitsplatzrechner aus erfolgt, dient das Smartphone als Login-Gerät. Die Vorbehalte gegenüber biometrischer Identifizierung gelten natürlich auch hier, aber der Zugriff ist zusätzlich an die Hardware des eigenen Smartphones gebunden.

Zwei-Faktor-Authorisierung

Für viele Onlinedienste, besonders solche, bei denen die ›Fallhöhe‹ eines Sicherheitsbruchs besonders groß erscheint (Banking, zentrale Mail-Adresse, aktiver Social-Media-Account etc.), bieten die Anbieter mittlerweile die Möglichkeit, den Login durch die Abfrage eines **zweiten Elements** neben dem Passwort zu sichern. Dies kann zum Beispiel eine SMS an die hinterlegte Mobiltelefonnummer sein, die Eingabe eines Zahlencodes, der zeitabhängig mit Hilfe einer besonderen App generiert wird, oder die Überprüfung biometrischer Daten, zum Beispiel durch einen Fingerabdruckleser. Auch Hardware-Lösungen wie personalisierte USB-Stecker (sogenannte ›Dongles‹ oder ›Tokens‹) sind möglich und gelten als besonders sicher.

Verschlüsselung

Um zu verhindern, dass Unbefugte Zugriff auf Informationen erhalten, kann und sollte man diese verschlüsseln. Sie werden dann mit einem zuvor festgelegten Verfahren systematisch und rückführbar in eine Form gebracht, die den Inhalt verbirgt. Die Rückführung ist nur bei Kenntnis des Verfahrens und Eingabe eines entsprechenden Schlüssels oder Passworts möglich.

Ende-zu-Ende-Verschlüsselung

Von **symmetrischer Verschlüsselung** spricht man dann, wenn zum Ver- und Entschlüsseln derselbe Schlüssel verwendet wird. Dieser muss dann der Sender:in und der Empfänger:in bekannt und verfügbar sein.

Seit den 1970er Jahren gibt es jedoch auch **asymmetrische Verschlüsselungstechniken**, die flexibler sind und eine größere Anwendungsbreite erlauben. Sie beruhen darauf, dass jeder Kommunikationsteilnehmer'in zwei Schlüssel zugewiesen werden: ein **privater Schlüssel**, der nur ihr persönlich bekannt ist, und ein **öffentlicher Schlüssel**, der an verlässlichen Orten öffentlich ›ausgehängt‹ wird. Diese beiden Schlüssel haben die Eigenschaft, dass sie einander komplementär sind: Was der eine verschlüsselt, entschlüsselt der andere.

In einer solchen Infrastruktur lassen sich nun zwei Ziele erreichen:

1. **Vertraulichkeit:** Teilnehmer'in A (Absenderin) möchte Teilnehmer'in B (Empfängerin) eine Nachricht so zukommen lassen, dass keine dritte Partei diese unterwegs lesen kann. Dazu verschlüsselt sie die Nachricht vor dem Versand mit Bs öffentlichem Schlüssel. B kann diese dann nach Empfang mit ihrem privaten Schlüssel entschlüsseln.
2. **Authentizität/Integrität:** Teilnehmer'in A (Absenderin) möchte sicherstellen, dass die Empfänger'innen der Nachricht wissen, dass diese Nachricht tatsächlich von ihr stammt und auf dem Weg nicht manipuliert wurde. Dazu kann sie die Nachricht mit ihrem privaten Schlüssel verschlüsseln, und die potenziellen Empfänger'innen können ihren öffentlichen Schlüssel verwenden, um sich der Identität der Absender'in und der Unversehrtheit der Mitteilung zu vergewissern. Um dieses Verfahren zu vereinfachen, kann es auch auf verkürzte, aber eindeutige Prüfsummen des Ausgangstextes (die bereits erwähnten ›Hashes‹) angewendet werden. Man spricht bei diesen Techniken auch von einer **digitalen Signatur.**

Das Problem bei der persönlichen Anwendung asymmetrischer Verschlüsselungstechniken ist, dass diese nur dann funktionieren, wenn alle intendierten Teilnehmer'innen verlässlich **in die Infrastruktur eingebunden** sind. Das heißt: Sie müssen über die entsprechenden Schlüsselpaare verfügen, die öffentlichen Schlüssel auf vertrauenswürdige Weise verfügbar machen und ihre privaten Schlüssel vor unbefugtem Zugriff schützen. Dies hat einer weiten Verbreitung entsprechender Software wie zum Beispiel *Open PGP (Pretty Good Privacy)* bislang im Wege gestanden. Aber man kann den Einsatz entsprechender Tools natürlich auch – nach vorheriger Absprache – auf den Bedarfsfall beschränken. Auf alle Fälle zeichnen sie sich dadurch aus, dass sie tatsächlich die durchgehende Datensicherheit vom einen Ende der Verbindung zu anderen gewährleisten. Sie sind sogenannte **Ende-zu-Ende-Verschlüsselungen.**

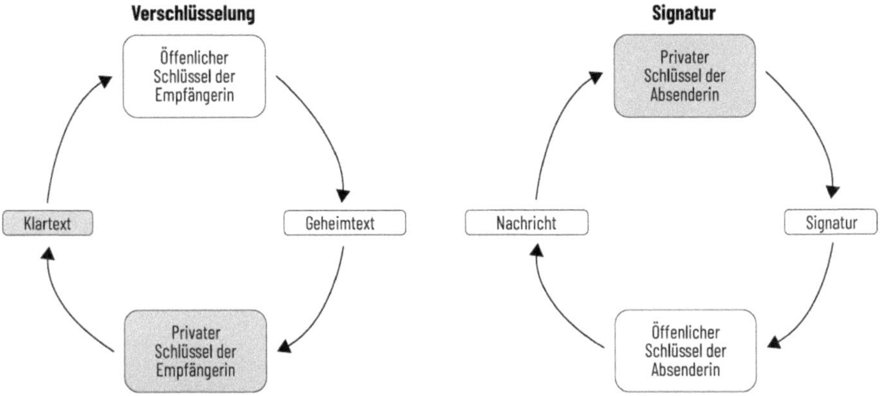

Abb. 12.2: Asymmetrisches Verschlüsselungssystem (weiße Bildelemente sind öffentlich, graue sind geheim)

Transportverschlüsselung

De facto spielt Verschlüsselung beim Umgang mit Daten mittlerweile an vielen Orten eine große Rolle. Teilweise müssen wir uns gar nicht mehr darum bemühen: Beim Aufruf von Webseiten kommt seit langem fast überall das Sicherheitsverfahren **Secure Socket Layer (SSL)** zur Anwendung, bei dem die Daten zwischen Server und Browser mit dem verschlüsselten **HTTPS-Protokoll** übertragen werden. Dies ist natürlich insbesondere dann wichtig, wenn es sich um sicherheitsrelevante Webanwendungen wie EMail, Shopping oder Onlinebanking handelt. Bei SSL handelt es sich aber im Gegensatz zu den zuvor beschriebenen Verfahren nicht um eine Ende-zu-Ende-Verschlüsselung, sondern um eine Sicherheitsmaßnahme, die nur einen bestimmten Abschnitt der Verbindung vor unberechtigten Zugriffen schützt. Man nennt diese Verfahren **Transportverschlüsselungen**.

Andere Anwendungen

Auch wenn die Verbindungswege des World Wide Web mittlerweile weitgehend gesichert sind, verlangt in anderen Fällen die Datensicherheit unseren persönlichen Einsatz. Wir müssen aktiv werden, spezielle Apps einrichten oder Techniken anwenden, um einen unbefugten Zugriff zu verhindern. Gehen wir deshalb der Reihe nach einige Standardanwendungen durch.

Datenspeicher

Wenn wir im journalistischen Alltag Informationen wie Kontaktdaten von Informantïnnen oder Rechercheergebnisse zur späteren Verwendung abspeichern, so geschieht dies im Normalfall zunächst spontan und unverschlüsselt. Die Informationen sind somit für den Fremdzugriff anfällig. Dies gilt sowohl für die eigene **Festplatte** als auch für lokale, **externe Speichermedien** (SD-Karten und andere externe Datenspeicher).

Anders verhält es sich bei **Cloud-Speicherdiensten** wie *Google Drive* oder *Dropbox*. Dort ist der Datentransfer zum Cloudprovider standardmäßig transportverschlüsselt. Auch die gespeicherten Daten werden nach Auskunft der Anbieter nur verschlüsselt vorgehalten, ein Zugriff durch Dritte ist somit nahezu ausgeschlossen. Andererseits handelt es sich hier um eine serverseitige Verschlüsselung, die von der jeweiligen Plattform verwaltet wird. Man muss also – je nach Rechtslage – davon ausgehen, dass die Behörden im Verdachtsfall Zugriff auf die Daten bekommen. Wer sichergehen will, ist somit darauf angewiesen, seine Daten zusätzlich selbst zu verschlüsseln.

Für die eigenen **Festplatten** gibt es Verschlüsselungsprogramme, die bereits **mit den Betriebssystemen** mitgeliefert werden. Diese verschlüsseln bei entsprechender Konfiguration entweder die gesamte Festplatte oder nur einzelne Partitionen. Wer den Herstellern nicht vertraut oder betriebssystemübergreifende Lösungen benötigt, kann auf quelloffene Programme wie *VeraCrypt* zurückgreifen. Diese können auch verschlüsselte sogenannte Container auf externen Speichermedien oder Cloudspeichern verwalten. Aber auch der Passwortschutz für einzelne PDF- oder Office-Dokumente erhöht bereits die Sicherheit.

Man muss sich jedoch darüber im Klaren sein, dass bei der lokalen Infrastruktur auf diese Weise nur ein begrenzter Schutz möglich ist, der vor allem im Falle des Hardware-Diebstahls greift. Im laufenden Betrieb kann ein unberechtigter Zugriff – sei es über das Netzwerk oder sei es direkt am Rechner – weiterhin möglich sein.

World Wide Web

Wie bereits erwähnt, wird der **Datenverkehr** zwischen unseren Webbrowsern und den Servern, die die angefragten Webseiten und -dienste vorhalten, im Normalfall durch das verschlüsselte Protokoll **HTTPS** gegen den unbefugten Zugriff Dritter geschützt.

Das bedeutet allerdings nicht, dass der Datenverkehr dadurch vor jeder Indiskretion sicher wäre. Denn es liegt vielfach im Interesse der Webanbieter, insbesondere kommerzieller Dienstleister, weit mehr über die Nutzerïnnen zu erfahren, als diese bereit wären, von sich preiszugeben. Dies wird durch Verfahren wie die allseits bekannten **Cookies** ermöglicht: Kleine versteckte Infodateien, die Nutzungsinformationen speichern und diese kumuliert wiederum direkt den Anbietern, aber auch dritten Parteien zugänglich machen.

Zwar werden wir mit gesetzeskonformen **Warnhinweisen** bombardiert und die besonders problematischen ›third party cookies‹ werden von den meisten Browsern mittlerweile nicht mehr bedient, aber auch Nachfolgetechnologien wie die von *Google* angekündigte ›Privacy-Sandbox-API‹ werden von Datenschutzexpertïnnen als hoch problematisch angesehen.

Trotz gesetzlicher Beschränkungen wie der europäischen DSGVO gibt es also weiterhin einen gängigen, weitgehend versteckten Transfer von Nutzungsinformationen. Um hier einen Riegel vorzuschieben und mehr Kontrolle über den Datenverkehr bei der Webnutzung zu erhalten, sollte man sich genau mit den **Sicherheitseinstellungen** der Webbrowser vertraut machen und bestenfalls Browser-Software wie *Firefox* oder *Brave* verwenden, die die Nutzerïnnen bei dieser Aufgabe explizit unterstützt.

Inkognito-Modus

Alle gängigen Browser bieten für den Alltagsbetrieb einen besonderen Betriebsmodus an, der als ›inkognito‹ oder ›privat‹ ausgeflaggt wird. Dieser ist jedoch **als Sicherungsinstrument** in den meisten Fällen unzureichend, denn er sorgt nur dafür, dass eingegebene Suchdaten und die aufgerufenen Seiten nicht in den Histories (Verlauf) auftauchen, dass Formulare nicht automatisch ausgefüllt werden und dass Cookies nur innerhalb der jeweiligen privaten Sitzung gespeichert werden. Die Verbindungsdaten, vor allem der eigene Standort und die angewählten Internetadressen, werden dadurch nicht versteckt und sind sowohl im eigenen Netzwerk als auch auf dem weiteren Datenweg für Dritte einsehbar.

Virtual Private Networks (VPN)

Deutlich sicherer fährt man mit der Einrichtung sogenannter **›Virtual Private Networks‹ (VPN)**. Diese nutzen zwischen ihren Knoten verschlüsselte ›Tunnels‹ zur Datenübertragung. VPNs werden von vielen Unternehmen eingesetzt, um Arbeitsplätze im Homeoffice transparent und sicher ins Firmennetz einzubinden. Aber auch für Einzelkund'innen gibt es spezialisierte Dienstleister. Diese bieten meist Server in verschiedenen Ländern an, mit denen man verschlüsselt verbunden wird und über die man Internetverbindungen ›routen‹ kann. Die zwischengeschalteten VPN-Server erscheinen dann als ›Stellvertreter‹ der eigenen IP-Adresse, so dass die eigene Internetadresse für die Empfänger'in und auch für weitere zwischengeschaltete Netzknoten maskiert wird. Damit lässt sich in manchen Fällen auch das **Geo-Blocking** einzelner Web- und Streaminganbieter umgehen.

VPNs empfehlen sich zum Beispiel dann, wenn man viel in **unsicheren Umgebungen** wie Internetcafés oder anderen öffentlichen Netzwerken unterwegs ist, wo Unbefugte leicht Zugriff vor allem auf Verbindungsdaten (eingegebene URLs etc.) erhalten können. Bei den Verbindungsdaten liegt allerdings auch eine Schwachstelle des Verfahrens, denn diese sind natürlich dem VPN-Dienstleister bekannt. Man sollte deshalb bei der Auswahl auf die Vertrauenswürdigkeit des Anbieters achten und darauf, dass dieser sich explizit verpflichtet, keine Verbindungsprotokolle anzulegen.

Onion-Netzwerk und TOR-Browser

Einen eher zwiespältigen Ruf genießt das wahrscheinlich ambitionierteste Verschlüsselungsverfahren im Web: Im **Onion-Netzwerk** gibt es im Gegensatz zu VPN keine zentralen jeweils zuständigen Sicherheitsdienstleister. Die Daten werden verschlüsselt, dezentral und über wechselnden Anonymisierungsknoten übermittelt. Es gibt keinerlei ›Gedächtnis‹ für die Datenwege. Die Nutzer'innen müssen eine spezielle Software, den **Tor-Browser,** verwenden, um an dem Verfahren teilzunehmen.

Davon machen dann neben Geheimdiensten und Menschen, die sich politischer Verfolgung in autoritären Umgebungen entziehen wollen, leider auch Kriminelle Gebrauch, die im Darknet Drogen oder Waffen verkaufen. Außerdem gilt auch das Onion/Tor-Verfahren nicht als vollständig sicher: Zum einen handelt es sich um ein Nischenprodukt, dessen vergleichsweise wenige Teilnehmer'innen folglich durch die Verwendung auch auf sich aufmerksam machen. Außerdem gibt es Hinweise darauf, dass sich die Datenströme im Onion-Netzwerk von leistungsstarken Gegenspielern (z.B. Geheimdiensten) mit statistischen Verfahren analysieren und die Anonymisierung dadurch im Einzelfall möglicherweise aufheben lassen.

Instant Messaging

Die meisten gängigen Instant-Messaging-Dienste verschlüsseln die Kommunikation zwischen ihren Nutzerïnnen standardmäßig von Ende zu Ende. Beim weitverbreiteten *Telegram* muss diese Option jedoch explizit ausgewählt werden. *Signal* ist ein Open-Source-Projekt, gilt als sehr sicher, erfordert aber bei der Registrierung die Angabe der Telefonnummer und unterliegt als amerikanischer Dienstleister der US-Rechtssprechung. Auch *Whatsapp* verschlüsselt grundsätzlich von Ende zu Ende, gehört aber zum *Meta*-Konzern, der für seinen laxen Umgang mit Personendaten (in diesem Fall: Registrierungsdaten) bekannt ist. Vollkommen anonym kann hingegen der in der Schweiz angesiedelte Dienst *Threema* betrieben werden, der allerdings wenig verbreitet ist und im Gegensatz zu *Signal* nur für die Apps einen vollständig quelloffenen Code ausweist.

EMail

Eines der häufigsten und für den Journalismus wichtigsten sicherheitskritischen Kommunikationsmittel ist die EMail. Hier lohnt es sich genauer hinzuschauen, denn es sind verschiedene Ebenen im Spiel:

- Beim Zugriff auf das Postfach über Webmail und Browser muss der **Datentransfer** verschlüsselt sein. Dies ist mittlerweile durch das bereits erwähnte Übertragungsprotokoll **HTTPS** bei allen gängigen Providern gewährleistet.
- Der Login zum eigenen Postfach sollte idealerweise nicht nur durch gewöhnliche Passwörter, sondern auch durch eine **Zwei-Faktor-Authorisierung** geschützt werden. Auch dies wird inzwischen von den meisten größeren Providern unterstützt, muss aber meist von den Nutzerïnnen explizit konfiguriert werden.

- Eine weitere Frage ist, ob das **Mailarchiv beim Anbieter** verschlüsselt vorgehalten wird, so dass es dort für Dritte nicht einsehbar ist. Auch wenn dies in den meisten Fällen bejaht wird, spielt hier wieder – wie schon bei der Datenspeicherung in der Cloud – die jeweilige Gesetzeslage eine Rolle, der der Dienst unterliegt. In vielen Ländern ist gesetzlich vorgeschrieben, dass die Provider den Sicherheitsbehörden im Bedarfsfall einen Zugriff auf die Daten ermöglichen.
- Wer für zusätzliche Sicherheit sorgen will, sollte starke Werkzeuge für **Ende-zu-Ende-Verschlüsselung** wie **PGP** installieren. Diese wird von Mailsoftware wie *Thunderbird* unterstützt, und es gibt entsprechende Browserplugins (z.B. *Mailvelope*), falls man übers Web auf seine Mails zugreifen will.

Außerdem lohnt es sich, über Mail-Accounts bei Providern wie *Tuta* oder *Proton* nachzudenken, die besonderes Gewicht auf Datensicherheit und Schutz der Privatsphäre legen. Beide bieten umfangreiche Sicherheitsfeatures an und ermöglichen im internen Mailverkehr sogar direkt und ohne weitere Plugins eine Ende-zu-Ende-Verschlüsselung. Die Angebote sind zwar kostenpflichtig, aber die Preise liegen in erschwinglichem Rahmen.

Umgang mit Informantïnnen

Auch wenn wir uns als Journalistïnnen und Redaktionen kundig gemacht haben und bei unserer eigenen Arbeit alle Sorgfaltsregeln einhalten, gilt es immer noch, auch **die andere Seite** zu beachten: die Gesprächspartnerïnnen, die uns mit Informationen versorgen.

Dabei stellen sich unter anderem folgende Fragen:

- Wie kann eine potenzielle Informantïn sicher mit uns **Erstkontakt** aufnehmen?
- Wie gewährleisten wir den sicheren **Austausch von Daten** mit Informantïnnen?
- Wie organisieren wir sichere **Offlinetreffen**?

Erstkontakt

Als Journalistïnnen sind wir naturgemäß offen für die Anliegen unseres Publikums und anderer gesellschaftlicher Akteurïnnen. Wir sollten daher in dieser Richtung immer ein offenes Ohr signalisieren.

Das kann zum Beispiel – ganz undigital und offline – dadurch geschehen, dass wir uns sichtbar an öffentlichen Plätzen aufhalten und Gesprächsbereitschaft signalisieren. Der investigative Journalist und *Correctiv*-Mitbegründer David Schraven zum Beispiel stellt regelmäßig in seiner Heimatstadt Bottrop einen Marktwagen auf und lädt seine Leserïnnen zum Gespräch ein.

Wenn wir es weniger öffentlich und ein bisschen datensicherer haben wollen, können wir auf unseren **Homepages** und in den **Signaturen unserer EMails** nicht nur über unsere Telefonnummern und EMail-Adressen, sondern beispielsweise auch über unseren öffentlichen PGP-Schlüssel oder unsere **Threema-Kennung** Auskunft geben, so dass Menschen unbeobachtet auf uns zugehen können.

Für Redaktionen bietet es sich an, es dem britischen *Guardian* gleichzutun und eine eigene Webseite einzurichten, auf der das Publikum zur Teilhabe eingeladen wird und entsprechend sichere Kanäle dafür vorgestellt und erläutert werden. Mit Programmen wie *SecureDrop* oder *GlobaLeaks* kann man künftigen Leakerïnnen und Whistleblowerïnnen Wege anbieten, wie sie ihre Informationen anonym und sicher der Redaktion zuspielen können. Einzelne Journalistïnnen können den Dienst *Onionshare* verwenden, der von dem bereits erwähnten Tor-Netzwerk Gebrauch macht.

Wichtig ist, dass den potenziellen Informantïnnen beim Erstkontakt oder schon im Vorfeld auch **Kenntnisse** darüber vermittelt werden, wie sie sich zu ihrem (Daten-)Schutz verhalten sollten. Das stiftet Vertrauen und mindert das Risiko fataler Fehler schon auf den ersten Metern.

Datenaustausch

Für die weitere Kommunikation wird es darum gehen, einen guten **Kompromiss** zwischen **maximalistischen Sicherheitsanforderungen** und einer **realistischen Einschätzung** der bestehenden Möglichkeiten zu finden. Nicht jede Informantïn wird in der Lage oder bereit sein, erstmal einen Crashkurs in Sachen Datensicherheit über sich ergehen zu lassen, bevor sie ihre Geschichte erzählt.

Das Erfolgsrezept besteht hier darin, behutsam Angebote zu machen und diese zu erläutern. Aber auch darin, erstmal einfach zuzuhören und gemeinsam nach praktikablen und vertrauenswürdigen Wegen zu suchen. Es müssen nicht immer gleich VPN oder TOR eingerichtet werden, manchmal reicht auch *Signal* als Übertragungskanal mit dem Hinweis, die betreffenden Dateien und Nachrichten nach erfolgreicher Übermittlung zu löschen. Wichtig ist, von journalistischer Seite aus deutlich zu machen, dass der Schutz der Informantïnnen ernst genommen wird.

Physische Treffen

Schon 2011 konnten der deutsche grüne Bundestagsabgeordnete Malte Spitz und ein Team von Datenjournalistïnnen nachweisen, dass allein mit den fortlaufenden Smartphone-Verbindungsdaten zu den Sendemasten der Telekommunikationsanbieter ein detailliertes Bewegungsprofil der Betroffenen erstellt werden kann. Vom ehemaligen Geheimdienst-Mitarbeiter und Whistleblower Edward Snowden ist bekannt, dass er seine journalistischen Gesprächspartnerïnnen gerne auffordert, zu den Treffen entweder gar keine Smartphones mitzubringen oder diese während des Gesprächs abgeschaltet und möglichst ohne Akku in den Kühlschrank zu legen.

Für wirklich diskrete Treffen mit Informantïnnen sollte deshalb wenigstens eine Partei das Smartphone zuhause lassen oder zumindest mit gebührend zeitlichem Vor- und Nachlauf in den Flugmodus umschalten. Für eventuell geplante Tonaufnahmen ist es dann besser, auf ein Offlineaufzeichnungsgerät (z.B. klassisches Diktiergerät) auszuweichen. Auch bei Treffen in öffentlichen Räumen (Restaurants, Cafés) ist wegen der Gefahr heimlicher Video- und Tonaufnahmen durch Dritte Vorsicht geboten.

Fazit

Um sich gegen wirklich hochgerüstete Gegnerïnnen zu wappnen, benötigt es Expertenwissen. Für den normalen journalistischen Betrieb reichen ein gut informiertes Gefahrenbewusstsein und eine Reihe von präventiven Maßnahmen, wie sie in den letzten Abschnitten beschrieben worden sind.

Je nach Ressourcen der Gegenspielerïnnen ist der zum Schutz der Datensicherheit notwendige Aufwand unterschiedlich groß. Wer sich mit den US-amerikanischen, russischen oder chinesischen Geheimdiensten anlegen will, wird der Aufgabe sicher erheblich mehr Aufmerksamkeit widmen müssen, als wenn es um einen investigativen Beitrag über ein regionales Mittelstandsunternehmen geht. Aber auch kleinere Staaten und zahlungskräftigere privatwirtschaftliche Akteure wie multinationale Konzerne können mittlerweile auf spezialisierte Dienstleister zurückgreifen, die über einen gut gefüllten Werkzeugkasten digitaler Angriffs- und Lauschtechniken verfügen.

Dazu ein Beispiel: Im Jahr 2021 wurde einem breiteren Publikum bekannt, dass das israelische Sicherheitsunternehmen *NSO* seine extrem mächtige Spyware *Pegasus* in großem Maßstab an Regierungen und Sicherheitsbehörden auch von autoritären Regimen verkauft hat. Diese belauschten und belauschen damit weiterhin unter anderem missliebige Aktivistïnnen und Journalistïnnen.

Ironischer Weise liefert aber auch der Journalismus selbst einschlägige Beispiele: Anfang der 2000er Jahre hackten sich Journalistïnnen von Rupert Murdochs britischer Boulevardzeitung *News of the World* in die Handys und Computer von Mitgliedern des britischen Königshauses und anderer Prominenter, ja sogar von Opfern von Gewaltverbrechen und deren Angehörigen ein. Dies war natürlich ein eklatanter Verstoß gegen die Persönlichkeitsrechte der Betroffenen und sorgte für einen entsprechenden Skandal. Andererseits kommen auch in legitimeren Formen des investigativen Journalismus gelegentlich Techniken zum Einsatz, die dem oben erwähnten ›Social Engineering‹ und anderen Formen des Hackings sehr ähnlich sind.

Die medienethische Frage, unter welchen Bedingungen der journalistische Einsatz von Hacking-Techniken zur investigativen Recherche legitim ist, können wir an dieser Stelle nicht diskutieren. Wichtig ist es, im Blick zu behalten, dass je relevanter ein Thema ist, desto größer auch die Rolle, die die digitale Datensicherheit bei seiner Bearbeitung spielt.

Zur Vertiefung

Test zu Kapitel 12
https://www.utb.de/do/10.36198/9783838562322-e11/disclaimer

Weiterführende Lektüre

Welchering, P. & Kloiber, M. (2017). *Informantenschutz: ethische, rechtliche und technische Praxis in Journalismus und Organisationskommunikation* (Journalistische Praxis). Wiesbaden: Springer VS. – Das Buch aus der Feder zweier Journalisten informiert umfassend, fundiert und beispielreich über die verschiedenen Dimensionen und Aspekte datensicherer journalistischer Arbeit.

Digital Security – Global Investigative Journalism Network – Diese Linksammlung datiert zwar offiziell vom März 2013, ist aber seither offenkundig immer wieder mit frischem Material aktualisiert worden und gibt einen sehr guten Überblick über verschiedene Quellen zum Thema.

Der besonderen Herausforderung, Smartphones datensicher zu machen, widmen sich zwei Seiten der Nichtregierungsorganisation *Frontline Defenders:*

- *Protect your iOS device*
- *Protect your Android device*

Ausgewählte Forschung

Philip di Salvo arbeitet am renommierten Institut für Medien und Journalismus an der Università della Svizzera italiana (USI) in Lugano (Schweiz) und ist Redakteur für den Internetauftritt des dort angesiedelten *European Journalism Observatory*. Zwei seiner Forschungsprojekte sind besonders einschlägig:

Di Salvo, P. (2021). Securing Whistleblowing in the Digital Age: SecureDrop and the Changing Journalistic Practices for Source Protection. *Digital Journalism*, 9(4), 443-460. London: Routledge. https://doi.org/10.1080/21670811.2021.1889384 – Hier wird untersucht, wie Redaktionen mit dem anonymen Briefkastensystem *SecureDrop* umgehen.

Di Salvo, P. (2022). »We Have to Act Like our Devices are Already Infected«: Investigative Journalists and Internet Surveillance. *Journalism Practice, 16*(9), 1849-1866. London: Routledge. – In diesem Projekt hat der Forscher Interviews mit Journalist'innen des *International Consortium of Investigative Journalists (ICIJ)* geführt und sie über ihre Wahrnehmung der Sicherheitsrisiken und Bedrohungen in ihrem Berufsfeld befragt.

Übungen

- Identifizieren Sie Schwachstellen in Ihrer persönlichen Datensicherheit. Berücksichtigen Sie dabei ihre verschiedenen Endgeräte (stationärer Computer, Notebook, Smartphone), Passwörter, angreifbare Datenbestände, Kommunikationswege und Nutzungssituationen. Achten Sie auch auf die mögliche Gefährdung anderer Beteiligter (Kolleg'innen, Lebensgefährt'innen,...).
- Ordnen Sie diesen Schwachstellen geeignete Gegenmaßnahmen zu. Priorisieren Sie diese auf zwei verschiedene Weisen: (1) nach Machbarkeit; (2) nach (gefühltem) Risiko. Entwickeln Sie auf dieser Grundlage Ihren persönlichen Maßnahmenkatalog und setzen Sie diesen um.

III. REDAKTIONELLES MARKETING

13. Crossmedia und Content Management

Themen

Redaktionelles Marketing, Crossmedia, mediales Ökosystem, Portfoliostrategie, Content-Strategie, Content Management

Über diese Lerneinheit

Im zunehmend ausdifferenzierten digitalen Mediensystem erreichen die Inhalte ihre jeweiligen Zielgruppen über sehr unterschiedliche Kanäle. Auch die Nutzungsgewohnheiten der Zielgruppen unterscheiden sich. Für die Anbieter heißt dies, dass sie planvoll orchestriert jeweils angepasste Formate über die verschiedenen Kanäle ausspielen müssen. Dazu ist eine detaillierte Kenntnis des medialen Ökosystems notwendig. Nur so lässt sich eine erfolgreiche Portfoliostrategie entwickeln. Dabei hilft ein umfassendes Content Management, das auch die eigene Produktionsumgebung umfasst.

Was Sie hier lernen

- anhand von detaillierten Leitfragen die eigene Umgebung im medialen Ökosystem erfassen und analysieren zu können
- Beispiele für erfolgreiche crossmediale Portfoliostrategien zu kennen
- das begriffliche Instrumentarium des Content Management zu kennen und anwenden zu können

Einleitung: Redaktionelles Marketing

Die folgenden vier Kapitel beschäftigen sich mit dem **redaktionellen Marketing**. Damit ist die Kunst gemeint, journalistische Inhalte erfolgreich einem jeweils passenden Publikum zuzuführen, oder auch andersherum: für ein angepeiltes Publikum passende journalistische Formate und Inhalte zu finden.

Im **traditionellen Journalismus** war Marketing im Kern eine Aufgabe der **Verlage** oder – im Rundfunk oder bei nicht kommerziellen Medien – der entsprechenden **Vertriebsabteilungen**. Die Redaktionen erstellten die journalistischen Inhalte für ein Medienprodukt. Der Verlag und/oder Vertrieb hatten dann die Aufgabe, das Produkt ans Publikum und – bei kommerziellen Medien – an die Werbekundïnnen zu vermitteln. Eine Redaktion hatte damit wenig zu tun, und das war auch so beabsichtigt. Einmischungen des Marketings in die journalistische Arbeit wurden als Einmischung in die **redaktionelle Freiheit** empfunden.

Im **digitalen Journalismus** hat sich diese Sichtweise teilweise geändert. Zwar gilt weiterhin, dass Einflussnahmen von Werbekundïnnen verpönt sind, weil sie ein Definitionsmerkmal des Journalismus, die **journalistische Unabhängigkeit**, gefährden. Im Umgang mit den Rezipientïnnen jedoch weicht man auch in den Redaktionen zunehmend davon ab, diese vor allem als passive Abnehmerïnnen zu sehen, die die redaktionellen Botschaften ungefragt zu konsumieren haben.

Dazu hat vor allem der Wandel der Kommunikationsstrukturen in den digitalen Medien beigetragen. Wie in → Kapitel 2 angesprochen, ermächtigt das Internet in allen seinen Ausprägungen die Nutzerïnnen zu mehr **Teilhabe**. Sie sind in der Lage, mit geringem Aufwand selbst zu produzieren, sie können journalistische Beiträge öffentlich bewerten und tragen aktiv zu deren Verbreitung bei.

Das bedeutet, dass das Publikum nicht mehr nur als zahlende Kundschaft wahrgenommen werden kann. Die Nutzerïnnen sollten vielmehr als potenzielle Gesprächspartnerïnnen ernst genommen und respektiert werden. Zum größeren Respekt gehört auch eine bewusste Vertrauensbildung und damit die Forderung nach mehr **Transparenz** in der journalistischen Arbeit: Wenn die Menschen sichtbarer werden, die die journalistische Arbeit leisten, und die Qualitätsstandards, die sie dabei befolgen, trägt das zur Glaubwürdigkeit bei.

Außerdem haben sich durch die digitalen Medien die **Rezeptionsgewohnheiten** geändert und die medialen Kanäle und Produkte sind diverser geworden. Wer im digitalen Raum Journalismus betreiben will, muss sich sehr genau anschauen, wo die angepeilten Zielgruppen zu finden sind und was sie an den jeweiligen Orten treiben und erwarten. Erst dann wird es möglich, jeweils die richtige Auswahl von redaktionellen Inhalten und eine angemessene Form der Ansprache zu finden.

In diesem Kapitel wird es vor allem um diese letzteren Fragen gehen, ehe wir uns in → Kapitel 14 der Interaktion mit den Rezipientïnnen widmen.

Crossmedia

Die Begriffe ›Crossmedia‹ und ›Transmedia‹ wurden bereits in → Kapitel 6 eingeführt. Beide bezeichnen Strategien, wie Anbieter ihre Inhalte koordiniert über mehrere Medienkanäle (Rundfunk, Print, Web, Social Media) ausspielen.

Bei **Transmedia** geht es darum, über verschiedene Kanäle hinweg eine Geschichte so zu erzählen, dass die Elemente in einer einheitlichen Dramaturgie zusammenhängen und sich ergänzen. Die Nutzerïnnen werden eingeladen, von allen Kanälen Gebrauch zu machen, um auf diese Weise zu einem vielfältigen oder spannenden Nutzungserlebnis zu kommen. Das wird vor allen Dingen für das Storytelling in fiktionalen, künstlerischen Projekten oder Spielen genutzt und setzt ein relativ starkes Engagement der Nutzerïnnen voraus. Im Journalismus kommt Transmedia eher selten zur Anwendung.

Crossmedia ist auf den ersten Blick weniger anspruchsvoll und bedeutet einfach, dass ein Anbieter oder eine Medienmarke mit ihren Inhalten mehrere verschiedene Kanäle bespielt. Ein frühes Beispiel ist das Nachrichtenmagazin *Der Spiegel*, das neben der wöchentlichen Printpublikation seit 1988 über eine eigene TV-Produktion und seit 1994 über einen Web-Auftritt verfügt. Nach der Jahrtausendwende kamen zusätzliche Kanäle in den mobilen und sozialen Medien hinzu.

Crossmedia und Konvergenz

Der Begriff ›Crossmedia‹ wird vor allem im deutschsprachigen Raum verwendet, im angelsächsischen Sprachraum spricht man eher von ›multiplatform publishing‹. Anwendungsbereiche sind zum Beispiel crossmediale **Verlags- und Markenstrategien**, aber auch kanalübergreifende **Redaktionsorganisation**, zum Beispiel in einem crossmedialen **Newsroom**.

Abb. 13.1: Der crossmediale Newsroom der Hessen-Information beim HR in Frankfurt bedient Hörfunk, TV und Internet (Foto: © hr/Ben Knabe)

Ein weiterer Begriff, der in diesem Zusammenhang oft verwendet wird, ist ›**Konvergenz**‹. Während der Crossmedia-Begriff vor allem eine Struktur beschreibt, steht der Konvergenz-Begriff für einen Prozess. Gemeint ist hier zum einen das **Zusammenwachsen** ehemals getrennter **Produktionswege** mit möglicherweise mehrfach verwendbaren redaktionellen Ressourcen und Inhalten, zum anderen aber auch die Entwicklung **multifunktionaler digitaler Endgeräte** wie Smart TVs, Laptops, Tablets und vor allem Smartphones. Dank Breitband-Internet und immer besserer Displays haben sich diese zu einer **integrierten Bühne** auch für klassische Medieninhalte wie Printtexte und linearen Rundfunk (Radio/TV) entwickelt und die Möglichkeit eines komfortablen **asynchronen Zugriffs** auf große audiovisuelle Medienarchive (Mediatheken, Streamingdienste) eröffnet.

Die schillernde Mehrdeutigkeit der Begriffe ›Crossmedia‹ und ›Konvergenz‹ hat sie paradoxerweise zu Modeerscheinungen gemacht, die oft gerade dann verwendet werden, wenn die notwendige begriffliche oder strategische Klarheit noch nicht vorhanden ist. Vor allem die inflationäre Verwendung des Konvergenz-Begriffs ist oft irreführend. Denn die beschriebenen Prozesse lassen sich mit gleichem Recht als eine zunehmende **Ausdifferenzierung** medialer Kanäle, Möglichkeiten und Produkte beschreiben – also als **›Divergenz‹**. Und eher in diesem Aspekt liegt die eigentliche Herausforderung für die Planung und Praxis: Wie passen wir unsere Angebote an eine immer vielfältigere, sich dynamisch entfaltende Medienwelt an?

Um die Herausforderungen eines crossmedialen Publizierens zu illustrieren, kann man das Bild des bereits in → Kapitel 6 eingeführten **medialen Ökosystems** anwenden, das sich ständig verändert. In einem solchen System handeln verschiedene **Akteurïnnen** unter wechselnden **Rahmenbedingungen**, die sie teilweise vorfinden, teilweise selbst schaffen, und treten über verschiedene mediale **Kanäle** miteinander in Beziehung. In diesem Beziehungsnetzwerk der Akteurïnnen geht es vor allem um drei Ressourcen, die über das Netzwerk zugeordnet oder verteilt werden: Um **Aufmerksamkeit**, um **Inhalte** und um **Geld**.

Leitfragen und Grundbegriffe

Für Anbieter ist es wichtig, dieses Ökosystem, in dem sie sich bewegen, genau zu kennen und im Hinblick auf die eigenen Absichten und Ziele zu analysieren. Dabei müssen unter anderem die folgenden Fragen gestellt und beantwortet werden:

- Welche **Zielgruppen** wollen wir erreichen? (z.B. junge Erwachsene im Studium)
- Welche **Kanäle** nutzen diese Zielgruppen? (z.B. Streaming-Plattformen, Instagram)
- Welche **Intermediäre/Plattformen** sind involviert, und wie beeinflussen diese die Tauglichkeit der Kanäle? (z.B. *Alphabet/Google, Meta/WhatsApp*)
- Was sind jeweils die **Leistungsangebote** (engl.: Affordances) und **Limitierungen** der Kanäle? (z.B. Formen der Interaktivität, Verlinkbarkeit etc.)

- Wie nehmen diese Einfluss auf die **Auswahl** und **Priorisierung** der ausgespielten Inhalte (Algorithmen)?
- Wie sieht die typische **Rezeptionssituation** der angepeilten Zielgruppen auf diesen Kanälen aus? (z.B. mobile vs. stationäre Nutzung, Arbeitsplatz vs. privater Raum)
- Wie lässt sich das erwünschte **Kommunikationsziel** über die Kanäle erreichen? (z.B. Tonalität, journalistische Darstellungsformen/Formate)
- Gibt es gegebenenfalls **andere Ziele**, die sich über eine Kommunikation auf diesen Kanälen erreichen lassen? (z.B. Crosspromotion, Markenbildung, Markenbindung)
- Wie sieht jeweils das **Interaktionsmodell** mit dem Publikum aus? (z.B. Kommentare, Umfragen)
- Wie generiere ich auf den Kanälen oder anderswo **Aufmerksamkeit** für mein Angebot? (z.B. Viralität, Promotion)
- Wie viel **Aufwand** ist mit der Produktion auf den jeweiligen Kanälen verbunden?
- Gibt es für die jeweiligen Kanäle Erfolg versprechende **Erlösmodelle**?
- Wie kann die Kommunikation über verschiedene Kanäle sinnvoll **koordiniert** und **orchestriert** werden?
- Wie kann in Ansprache und Design eine **Markenklammer** über die verschiedenen Kanäle hinweg gesetzt werden?

Insgesamt muss das Ziel sein, ein **dynamisches Modell** der aktuellen Medienumwelt zu erstellen. Darin müssen alle relevanten Komponenten mit ihren entscheidenden Parametern und Eigenschaften erfasst werden. Das umfasst zum Beispiel:

- für die **Anbieter**: das Markenversprechen, ihre redaktionellen Kompetenzen, ihre verfügbaren finanziellen, personellen Ressourcen etc.
- für die **Zielgruppen**: ihre demografischen Merkmale, ihr Medienbudget, ihre Mediennutzungsgewohnheiten, ihr Medienrepertoire, ihre Bedürfnisse und Erwartungen etc.
- für die **Kanäle**: ihre technischen und kommunikativen Leistungsmerkmale, die dort möglichen und gängigen Medienformate, die Distributionskosten für den Anbieter, eventuelle Erlösmodelle, das Wettbewerbsumfeld anderer Anbieter etc.

Besondere Aufmerksamkeit verdienen in diesem Zusammenhang auch die typischen **Nutzungssituationen** und **-charakteristiken** der Kanäle. Social-Media-Plattformen wie *Tiktok* oder *Instagram* beispielsweise haben eine besondere ›Stickyness‹: Die Nutzerïnnen swipen und konsumieren die Beiträge in schneller Folge. Dieser Flow und andere Restriktionen machen es – anders als bei eher ›traditionellen‹ sozialen Medien wie *Facebook* oder den Microblogging-Plattformen (*X, Bluesky, Mastodon*) – schwierig, die Nutzerïnnen per Link zu anderen Angeboten zu locken.

Auf der Grundlage einer solchen umfangreichen Analyse wird es dann möglich, von einem eher gelegenheitsgetriebenen **Crossmedia-Angebot** zu einer echten crossmedialen **Portfolio-Strategie** zu gelangen. Eine solche Strategie berücksichtigt sowohl die Bedürfnisse und Angewohnheiten der Zielgruppen als auch die Besonderheiten der zur Verfügung stehenden Kanäle und Plattformen und leitet daraus adäquate **Angebotsformate** her.

Beispiel Die Zeit

Das traditionelle Kernprodukt der Medienmarke *Die Zeit* ist eine Wochenzeitung. Diese Zeitung verkörpert Werte wie Bildung und Liberalität und bedient eine affluente, aber alternde Zielgruppe. Typische Merkmale des *Zeit*-Journalismus sind eine liberale Grundhaltung, die Durchmischung von Information, Analyse und Meinung sowie eine fast durchgängige Personalisierung im Sinne der Sichtbarkeit und Wiedererkennbarkeit der dort schreibenden Journalistïnnen. Die Portfolio-Strategie, die der *Zeit*-Verlag über die letzten drei Jahrzehnte auf dieser Grundlage entwickelt hat, ist außerordentlich umfangreich, gründlich und clever.

Neben der **Wochenzeitung** gibt es inzwischen:

- diverse **Zeitschriftentitel**, sowohl im General-Interest- als auch im Special-Interest-Bereich (*Zeit Magazin, Zeit Verbrechen, ...*)
- umfangreiche **Online-Angebote** (Website, E-Paper und Audioversion der gedruckten *Zeit*, diverse Social-Media-Kanäle, Podcasts, Newsletter)
- verschiedene **Veranstaltungsformate**, oft unter Beteiligung von Redaktionsmitgliedern (Lesungen, Podcast-Festival, Z2X, ...)
- zahllose **Merchandising**-Angebote (Buchreihen, Weineditionen, Reisen)

Mehrere Prinzipien fallen auf:

- Verschiedene Angebotsschienen machen es möglich, innerhalb des bildungsbürgerlich-liberalen Kernmilieus verschiedene **Altersgruppen** und **Lebensabschnitte** gezielt anzusprechen: Vor allem durch die erfolgreichen Online-Angebote mit der Website *Zeit.de* als ›Home Base‹ wurde es möglich, der Marke insgesamt ein deutlich jüngeres Altersprofil zu geben. Darüber hinaus gibt es Angebote für spezifische Altersgruppen:
  - Senioren (*Die Zeit, Zeit Vorgelesen*, Bildungsreisen, Bücher- und Weineditionen etc.
  - junge Erwachsene in Schule und Studium (*ze.tt, Z2X, Zeit Campus*, ...)
  - Kinder (*Zeit Leo*)
- Gleichzeitig gibt es Angebote und Services für sehr viele verschiedene **Lebensbereiche**:
  - Information (*Zeit Online*, Podcasts, Newsletter)
  - Bildung (*Zeit Wissen, Zeit Geschichte* etc.; Schulportal, Studiengangssuche, Uni-Rankings; *Zeit Campus; Zeit Akademie*)
  - Erbauung/Spiritualität (Beilage *Chrismon*)
  - Unterhaltung/Spiel (Schach, Wortspiele, Quiz)
- Mit speziellen Beilagen und Formaten adressiert die *Zeit* immer wieder auch die besonderen Bedarfe **regionaler Zielgruppen**. So gibt es Schweiz- und Österreich-Ausgaben sowie regelmäßig eine Beilage speziell für die ›neuen‹ Bundesländer. Die Hansestadt Hamburg wird werktäglich mit dem Newsletter *Elbvertiefung* versorgt.

Insgesamt schafft es die *Zeit* mit einer großen Bandbreite unterschiedlichster Formate und Dienste ihre potenziellen Zielgruppen nicht nur umfassend anzusprechen, sondern diesen auch in fast allen denkbaren **Alltagssituationen** für sehr unterschiedliche **Lebensfragen** passende Angebote zu machen. Nicht alle diese Angebote sind journalistisch, aber alle profitieren von einer vertrauenswürdigen und integrativen journalistischen Kernmarke.

Auffällig ist im Kontrast zum Konkurrenten *Spiegel* die Abwesenheit eigener TV-Angebote. Um die Jahrtausendwende hatte auch die *Zeit* Experimente in dieser Richtung unternommen, die aber wieder eingestellt wurden. Allerdings hat die Zeitung mit Giovanni di Lorenzo einen Chefredakteur, der vom öffentlichen Profil her ein Fernsehmoderator ist und auch weiterhin eine traditionsreiche Talkshow (*3 nach 9* bei Radio Bremen) moderiert. Auch andere Mitglieder der Chefredaktion (Sabine Rückert, Jochen Wegner) präsentieren sich im Podcast und auf der Bühne mit erkennbarer Stimme als Moderatorïnnen.

Beispiel Landesrundfunkanstalten/junge Zielgruppen

Anders als *Die Zeit*, die ihre Zielgruppen vor allem im bildungsbürgerlichen Milieu findet, unterliegt eine öffentlich-rechtliche Rundfunkanstalt einem gesetzlich vorgegebenen **Auftrag**. Zu diesem gehört es, dass sie für alle relevanten gesellschaftlichen Gruppen und Milieus ein mediales Angebot bereitstellen müssen. Schauen wir uns einmal exemplarisch an, was dies für die Ansprache speziell junger Zielgruppen bedeutet.

Traditionell haben sich die öffentlich-rechtlichen Sender nach der Jahrtausendwende gerne als **trimedial** bezeichnet: Sie bedienen die großen Ausspielwege Fernsehen, Radio und Internet. Dieses vereinfachte Modell musste auf Grund der wachsenden Bedeutung sozialer Medien und mobiler Endgeräte, gerade in den jungen Zielgruppen, zunehmend aufgegeben werden.

Wenn man das trimediale Paradigma noch einmal zugrunde legt, ergibt sich folgendes Bild:

- **Fernsehen**: Nutzerforschung zeigt, dass das klassische lineare Fernsehen die jungen Nutzerïnnen weitgehend verloren hat. Anders gesagt: Wenn sie überhaupt noch lineares TV schauen, dann tun sie es im familiären Kontext, zusammen mit den älteren Generationen. Für sich selbst bevorzugen sie **nicht lineare Ausspielwege** wie *Youtube*, *Netflix* oder Mediatheken. In Konsequenz haben die Sender nicht nur ihre Mediatheken auf- und ausbauen, sondern Teile ihrer Angebote auch über *Youtube* anbieten müssen. Auch bei den Formaten erwarten die jungen Rezipientïnnen eine größere Varianz und Dynamik. Ein Beispiel sind die **TV-Serien**, wo es nicht mehr darum geht, à la *Tatort* an jedem wöchentlichen Sendeplatz eine in sich geschlossene Geschichte in Spielfilmlänge zu erzählen. Statt dessen werden zunehmend Serienformate erwartet, die über die einzelnen Episoden hinweg größere dramaturgische Spannungsbögen möglich machen und die sich nach Bedarf flexibel konsumieren (›bingen‹) lassen, wie zum Beispiel bei *Babylon Berlin*. Auch die Rezeptionslogik von *Youtube* verlangt ganz andere Beitragsformate als das lineare Fernsehen. Hier kommt es zum Beispiel verstärkt darauf an, die Nutzerïnnen schon mit der ersten Minute in den Beitrag hineinzuziehen und an ihn zu binden.

- **Radio**: Obwohl in der öffentlichen Diskussion gerne übersehen, schlägt sich der traditionelle Radiobereich beim jungen Publikum besser als das Fernsehen. Alle Landesrundfunkanstalten der *ARD* haben eigene Jugendkanäle, viele davon recht erfolgreich. Aber auch hier gibt es zunehmend den Wunsch nach **zeitunabhängiger Rezeption** und neuen **zielgruppenspezifischen Formaten**, den die Sender insbesondere durch **Podcasts** zu beantworten versuchen.
- **Internet**: Die ursprünglich installierten textbasierten Webauftritte, um die es immer wieder Streit mit den Zeitungs- und Zeitschriftenverlegern gibt (Stichwort: ›Presseähnlichkeit‹), spielen weiterhin eine Rolle. Ihre Bedeutung tritt aber zugunsten der bereits erwähnten internetbasierten Ausspielkanäle für TV- und Radioformate zunehmend in den Hintergrund. Insbesondere die Tatsache, dass Jugendliche einen großen Teil ihrer Zeit mit sozialen Medien verbringen, hat zur Entwicklung neuer, spezifischer Angebotsformen auf Social-Media-Kanälen wie *Youtube, Instagram* oder *Tiktok* geführt. Als Beispiel sei hier wieder die *News WG* des *Bayerischen Rundfunks* genannt: ein auf aktuelle Nachrichten gestütztes Erklärformat, das von einer kleinen, jungen Redaktion in einer Wohngemeinschaft erstellt und in den kanalspezifischen Kacheln und Hochkant-Videos über *Instagram* ausgespielt wird.

Kleinere Anbieter: Beispiel Lage der Nation

Crossmediale Portfoliostrategien lohnen sich aber nicht nur bei großen, breit aufgestellten Medienmarken. Sie sind auch in kleinerem Rahmen sinnvoll. Ein Beispiel: Der erfolgreiche deutsche **Politik-Podcast** *Lage der Nation* bespielt zusätzlich die folgenden Kanäle:

- die **Website** *lagedernation.org* fungiert als ›home base‹ für die verschiedenen Kanäle und informiert über das Projekt und sein Personal, ermöglicht den Abschluss eines Abonnements mit erweitertem Leistungsspektrum und informiert potenzielle Werbekundinnen über ihre Möglichkeiten;
- Accounts in **sozialen Medien** wie *Instagram, Mastodon* und *Bluesky* sorgen für Updates und Rückblicke zum Podcast, insbesondere zu Live-Auftritten, und erlauben eine Interaktion mit dem Publikum;

- ein **Newsletter** liefert Informationen zum Programm in die EMail-Inbox;
- das **Buch** *Baustellen der Nation* fasst wesentliche Themen und Positionen aus dem Podcast zusammen und eignet sich beispielsweise als Geschenk;
- **Merchandising-Artikel** wie T-Shirts, Totebags oder Kaffeebecher sorgen für zusätzliche Einnahmen und dienen als Werbeträger.

Portfoliostrategie

Ein ausdifferenziertes, zentriertes **Modell** der Medienumwelt des Anbieters ermöglicht die skalierte **Einpassung** eigener Marken und Angebote gemäß der bestehenden Ziele und Möglichkeiten. Das Modell wird insbesondere drei wichtige Dimensionen des weiteren Handelns bestimmen:

1. **Formatentwicklung**: Nachdem die für die angepeilten Zielgruppen relevanten Kanäle identifiziert sind, können passende Angebotsformate entwickelt und der notwendige Aufwand ermittelt werden.
2. **Marketing/Promotion**: Wenn die Interessen, Bedarfe und Nutzungsgewohnheiten der Zielgruppen bekannt sind, wird es einfacher, die eigenen Formate erfolgreich zu bewerben. Gerade in den sozialen Medien sollten hierbei kanalspezifische Mechanismen (Influencerïnnen, Memes, Viralität) berücksichtigt werden.
3. **Redaktionsorganisation**: Bei der Entwicklung möglicherweise sehr unterschiedlicher kanal- und zielgruppenadäquater Formate sollte auch die Redaktionsorganisation angepasst werden.

Wenn zum Beispiel neben traditionellen textbasierten Webangeboten auch eher visuelle Social-Media-Kanäle wie *Instagram* oder *Tiktok* mit ihren jüngeren Zielgruppen bedient werden sollen, unterscheiden sich nicht nur die Anforderungen an die technische Produktion der verschiedenen Formate. Auch die Themenauswahl, die Tonalität und die Frequenz der Ansprache werden anders sein müssen. Hier wäre ein integrierter, zentral gesteuerter Newsroom wahrscheinlich kontraproduktiv. Besser ist es, **kanalspezifische Teilredaktionen** einzurichten, die weitgehend autonom arbeiten, aber einer strategisch koordinierenden, Konsistenz und Qualität sichernden Portfoliosteuerung unterliegen.

Begriffserklärung

Eine **crossmediale, journalistische Portfoliostrategie** fokussiert die verschiedenen redaktionellen Produktionsstätten, die Ausspielkanäle zu den angepeilten Zielgruppen sowie die den jeweiligen Kanälen und Plattformen angepassten Marken, Produkte und Formate. Dies basiert auf einem dynamischen Modell, das von den Bedürfnissen und Gewohnheiten der Zielgruppen ausgeht und diese mit den Zielen und Möglichkeiten der Anbieter vermittelt.

Beispiel Funk

Ein gutes Beispiel ist *Funk*, das Content-Netzwerk für Jugendliche und junge Erwachsene von *ARD* und *ZDF*. *Funk* produziert laufend mehrere Dutzend Video- und Audioformate unterschiedlicher Genres, die dann über Social-Media-Plattformen wie *Youtube* oder *Tiktok* ausgespielt werden. Es war eine bewusste Entscheidung, das Netzwerk aus den traditionellen Apparaten und Hierarchien der großen öffentlich-rechtlichen Rundfunkanstalten herauszuhalten.

Die Redaktionen für die einzelnen Formate sind über das gesamte Bundesgebiet verteilt und arbeiten dezentral, aber berichten regelmäßig an die *Funk*-Zentrale in Mainz. Diese Zentrale entscheidet über neue Formate und kontrolliert und steuert das Portfolio. Diese neue Architektur ermöglichte nicht nur ein höheres Entwicklungstempo, sondern auch eine deutlich verbesserte Kommunikation und Nähe zu den jeweiligen Zielgruppen. Es gibt Formate, die jeweils angepasst in mehreren sozialen Netzwerken ausgespielt werden. Andere Formate werden bewusst nur für ein Netzwerk erstellt, sind also nicht crossmedial. Neuerdings versucht man, reichweitenstarke Formate wie das *Y Kollektiv* primär über die Mediathek auszuspielen (mit *YouTube* als zweitem Ausspielweg), vermutlich um auf diese Weise die Mediathek bei den jungen Zielgruppen zu promoten.

Content-Strategie

Noch einen sinnvollen Schritt weiter in Richtung einer wirklich ganzheitlichen Betrachtung geht man, wenn man in seinem Modell nicht nur die Kommunikation zwischen Anbieter und Zielgruppen berücksichtigt, sondern auch die internen redaktionellen **Arbeitsabläufe**.

Im Spannungsfeld von PR, Marketing und technischer Dokumentation ist das Wissens- und Forschungsfeld der **Content-Strategie** entstanden. Es beschäftigt sich mit der Aufgabe, alle Inhalte, mit denen ein Unternehmen oder eine Organisation intern und im Außenkontakt arbeitet, systematisch zu erfassen und im Hinblick auf ihre Nützlichkeit zu verbessern und in eine Gesamtstrategie einzupassen.

Dem Ansatz liegt eine konsequente Orientierung an den Bedürfnissen der (internen und externen) Nutzerïnnen zugrunde. Außerdem wird versucht, die inhaltliche Ebene von der Präsentationsebene zu trennen. Ziel ist es, die Lebenszyklen der Inhalte gemäß bewährten, wohldokumentierten Prozessen, Standards und Erfolgskriterien zu gestalten. Die Expertïnnen sprechen in diesem Zusammenhang vom ›Reifegrad‹ (engl.: Maturity) einer bestehenden Content-Strategie.

Contentstrategische Projekte sind meist **Optimierungsprojekte**, die mit einer umfangreichen Ist-Analyse beginnen:

- Im sogenannten **›Content Audit‹** werden alle **Informationen** und **Inhalte** erfasst, die bereits im Umlauf sind oder irgendwo vorgehalten werden, egal ob es sich um papierne Akten, Infobroschüren für Mitarbeiterïnnen oder Kundïnnen, Artikel für das Intranet oder den Webauftritt oder Beiträge für soziale Medien handelt. All diese Inhalte werden im Hinblick auf ihre Funktion, ihren Umfang, ihre Qualität und Tauglichkeit evaluiert.
- Außerdem werden in einer **Stakeholder-Analyse** die beteiligten **Akteurïnnen** identifiziert. Dies betrifft sowohl die für die Erstellung und Distribution der Inhalte zuständigen Personen oder Instanzen als auch die tatsächlichen oder potenziellen, erwünschten Nutzerïnnen.

Mit dieser ganzheitlichen Betrachtung gewinnen die Content-Strategïnnen einen Überblick, der sowohl die **Inhalte** und ihre **Struktur** als auch die bestehenden **Arbeitsabläufe** und deren **Kontrolle** umfasst. Auf dieser Grundlage identifizieren sie dann zusammen mit dem Management und den zuständigen Abteilungen Schwachstellen (z.B. voneinander isolierte ›Datensilos‹ oder Redundanzen) und können im Anschluss anhand der Kommunikationsziele und der spezifischen Bedürfnisse der Nutzerïnnen die Inhalte und Abläufe optimieren.

Ein der Content-Strategie verwandter Ansatz wird als **›Enterprise Content Management‹ (ECM)** bezeichnet. Auch dabei geht es um die Kunst, alle für ein Unternehmen relevanten Informationen in ein einheitliches Gesamtsystem zu überführen, das sich strategisch steuern lässt. Der Schwerpunkt liegt dabei aber mehr auf der strukturellen und technischen Umsetzung eines solchen Prozesses. Denn wenn man die relevanten Inhalte und beteiligten Akteur:innen, Produktions- und Nutzungsszenarien identifiziert hat, betreffen die nächsten Arbeitsschritte die **Strukturierung der Daten und Prozesse**, um allen Beteiligten standardisierte **Richtlinien** bereitstellen zu können und bei Bedarf eine **Automatisierung** der Arbeitsabläufe zu ermöglichen.

Content Management

Kehren wir zurück zum Journalismus: Für den planmäßigen professionellen Umgang mit Inhalten in der Publizistik hat sich der Begriff des **Content Managements** eingebürgert. Dieser bezeichnet das systematische Wissen über Verfahren zur Erfassung, Speicherung und Verwaltung, Bereitstellung sowie Distribution von publizistischen (z.B. journalistischen) Inhalten.

Aus dieser Perspektive können wir nun versuchen, die verschiedenen Aspekte crossmedialer Produktion und Distribution (inhaltliche Komponenten, Strukturen, Akteur:innen, Prozesse, Werkzeuge) in einer ganzheitlichen Perspektive zu erfassen, und dabei die kurz angesprochenen Prinzipien der Content-Strategie und des Enterprise Content Managements aufgreifen.

Datenobjekte

Beginnen wir mit den journalistischen Inhalten. Diese können wir ganz generell als Objekte betrachten, die erstellt, bearbeitet, zusammengefasst, archiviert oder gelöscht werden können. Solche Datenobjekte in journalistischen Medien können von sehr unterschiedlicher Komplexität sein.

Ein einzelner **journalistischer Beitrag**, zum Beispiel eine Nachricht, besteht im Normalfall aus Textkomponenten und eventuell veranschaulichenden Bildern oder Bewegtbildern. Innerhalb des Textes lassen sich verschiedene Elemente wie Überschrift, Vorspann, Autorenzeile, eigentlicher Artikeltext und ggf. Bildunterschriften unterscheiden.

Neben den erwähnten für die Nutzerïnnen sichtbaren Bausteinen der Nachricht macht es Sinn, zusätzliche **Verwaltungsinformationen** mit dem Objekt zu verknüpfen, also beispielsweise das Erstellungsdatum, die Nutzungsrechte, den geplanten Veröffentlichungszeitpunkt und Ähnliches. Diese für gewöhnlich für die Nutzerïnnen nicht sichtbaren, zusätzlichen Informationen *über* die eigentlichen Inhalte werden als ›**Metadaten**‹ bezeichnet. Einige von diesen unterstützen vor allem die internen technischen und administrativen Abläufe (z.B. Bearbeitungsstatus), andere zielen auf die Sichtbarkeit der Inhalte im Web ab, speziell bei Suchmaschinen. Wiederum andere (z.B. Autorïn, Veröffentlichungsdatum) sind sogar für die Nutzerïnnen sichtbar.

Eine Stufe unterhalb des Artikels liegen einzelne **Komponenten**, die in dem Artikel Verwendung finden können – beispielsweise das reine Textmanuskript der Meldung oder die eingefügten Fotos. Und auch hier ist die Verknüpfung mit Metadaten sinnvoll: bei Fotos zum Beispiel die Herkunft des Bildes, Bildrechte, fotografische Informationen wie Belichtung, Blende etc. oder den Aufnahmezeitpunkt und die Geo-Koordinaten der Aufnahme.

Neben diesen kleineren Objekten, die gewissermaßen die Atome oder Moleküle sind, aus denen sich eine Publikation zusammensetzt, gibt es dann die komplexeren, größeren Einheiten, die sich wiederum als Datenobjekte erfassen lassen: Aus mehreren Nachrichten wird eventuell ein komplettes Medienprodukt wie eine **Zeitung** oder ein Übersichtsobjekt wie die **Homepage** eines Webauftritts. Auch diese komplexeren Objekte haben wieder eine jeweils charakteristische Struktur sowie möglicherweise relevante Eigenschaften, die als Metadaten damit verknüpft werden können.

Ein größerer Zusammenhang wie ein kompletter Internetauftritt lässt sich dann als ein komplexes, dynamisches System miteinander verknüpfter und ineinander verschachtelter Datenobjekte verstehen.

Ansichten

Je nachdem, wer auf das Angebot schaut – die Redaktion oder das Publikum – unterscheidet sich das System nach Art und Umfang. Das Publikum sieht bei einem journalistischen Angebot im Normalfall eine nach Aktualität und Relevanz gefilterte, meist in Rubriken unterteilte Auswahl an redaktionellen Beiträgen. Veraltete Beiträge fallen aus der unmittelbaren Sichtbarkeit heraus und landen im Archiv oder werden gelöscht.

Aus redaktioneller Perspektive ist dieses zu einem gegebenen Zeitpunkt veröffentlichte Webangebot immer nur ein Teil der insgesamt verfügbaren Inhalte. Daneben gibt es Beiträge, die bereits im Archiv gelandet sind, und andere, die sich erst in der Vorbereitung befinden. Auch gibt es Inhalte, die intern oder von externen Anbietern für eine eventuelle Verwendung vorgehalten werden (z.B. Agenturticker, Bilddatenbank).

Bei **arbeitsteiligen** Redaktionen ist es darüber hinaus sinnvoll, auch den beteiligten Redakteurïnnen jeweils **unterschiedliche Ansichten** auf das System zu ermöglichen: Die einzelnen Ressorts sind jeweils auf ihre eigenen Beiträge und Rubrikenseiten fokussiert, die Bildredaktion hat den umfassendsten Zugriff auf die Bilddatenbanken und Schnittstellen zu den Fotoagenturen und die Homepage-Redaktion ist vor allem mit der Zusammenstellung relevanter Meldungen für die Startseite beschäftigt.

Auch auf **Publikumsseite** mag es unterschiedliche Ansichten auf das Angebot geben: So kann zum Beispiel eine Regionalzeitung online auf der Homepage je nach Zugriffsort unterschiedliche Lokalausgaben in den Vordergrund stellen.

Akteurinnen, Rollen und Handlungen

Neben der Unterscheidung verschiedener Datenobjekte müssen also auch die **Akteurïnnen**, die mit diesen Objekten umgehen, nach ihrer jeweiligen **Rolle** unterschieden werden: Das Publikum hat einen anderen Zugang zu den Daten als die Redaktion, die zahlende Abonnentïn einen anderen als die Gelegenheitssurferïn und die Bildredakteurïn einen anderen als die Hauptstadtkorrespondentïn oder die Chefredakteurïn.

Es ist somit wichtig, die verschiedenen Akteursgruppen und ihre jeweiligen Rollen im Umgang mit den Inhalten zu identifizieren. Mit diesen Rollen können dann jeweils **Rechte** verknüpft werden, verschiedene **Handlungen** auszuführen. Eine **Leserïn oder Nutzerïn** wird sich Inhalte im Normalfall nur anschauen oder an andere Personen teilen dürfen. Als **Abonnentïn** steht ihr vermutlich eine größere Auswahl von Inhalten zur Verfügung, und sie darf diese vielleicht auch kommentieren. Den **Redakteurïnnen** ist es vorbehalten, neue Inhalte anzulegen, diese zu bearbeiten und in komplexeren Strukturen (z.B. Serien, Rubriken, Homepage) zusammenzufassen. Sie sind auch dafür zuständig, die Inhalte zu publizieren, das heißt, sie nach außen sichtbar zu machen. Und je nach redaktioneller Zuständigkeit betrifft dies möglicherweise nur die Inhalte des eigenen Ressorts oder Kanals, und das Recht zur endgültigen Freischaltung der Beiträge ist jeweils der **Chef'in vom Dienst** oder Mitgliedern der **Chefredaktion** vorbehalten.

Arbeitsabläufe

Das Beispiel der Freischaltung von Beiträgen zeigt, dass es noch eine weitere Dimension des Content Management gibt, die besondere Aufmerksamkeit verdient: Typische, standardisierte **Arbeitsabläufe** (Workflows), die die publizistische Wertschöpfung strukturieren. Die Inhalte unterliegen einem charakteristischen Werdegang. Sie durchlaufen verschiedene **Lebensphasen**, die normalerweise jeweils **redaktionellen Stationen** zugeordnet werden können. Es macht Sinn, diese Prozesse genau zu analysieren und wenn möglich zu standardisieren. Dies trägt zur Qualitätssicherung bei (Vier-Augen-Prinzip, Freigaberegelungen) und erleichtert reibungslose Abläufe.

Gerade in einem crossmedialen Zusammenhang können die Workflows sehr kompliziert werden und mehrere Kanäle umfassen: Wenn beispielsweise die neue Ausgabe des Podcasts fertiggestellt ist, muss diese über den Newsletter oder die Social-Media-Accounts beworben werden, und die Hosts sollten sich auf eventuelle Anschlusskommunikation mit den Hörer'innen (Stichwort: Community Management) vorbereiten.

Content-Management-Systeme

Wer schon einmal mit einer Blogsoftware wie *Wordpress* gearbeitet hat, wird dort vieles aus den letzten Abschnitten wiedererkennen. *Wordpress* ist ein **Content-Management-System** (CMS), also eine Software für die Erstellung und Administration von Internetangeboten. Schauen wir uns kurz an, wie dort die verschiedenen oben behandelten Dimensionen umgesetzt werden:

- Das System hält seine Daten in einer umfangreichen Datenbank vor. Darin gibt es verschiedene Tabellen für unterschiedliche **Datenobjekte**:
  - die eigentlichen **Beiträge**, die normalerweise in chronologischer Anordnung erscheinen;

  - statische **Seiten**, wie zum Beispiel das Impressum oder die ›Über Uns‹-Seite;
  - **Fotos** und andere Mediendateien;
  - **Kommentare** von Nutzerïnnen;
  - sogar **Kategorien** von Beiträgen haben eine eigene Tabelle.
- Eine spezielle Tabelle existiert für alle namentlich registrierten **Akteurïnnen/Nutzerïnnen**. In dieser werden den eingetragenen Personen jeweils **Rollen** zugewiesen, die von der einfachen registrierten Leserïn bis hin zur Administratorïn reichen und mit unterschiedlichen **Handlungsrechten** verbunden sind. Auch die Rechte von nicht namentlich registrierten anonymen Nutzerïnnen werden festgelegt.
- Es gibt einen grundsätzlichen Unterschied zwischen dem, was das Publikum sieht **(›Frontend‹)**, und der Redaktionsansicht **(›Backend‹)**. Das Backend ist so angeordnet, dass die administrativen Handlungen (Artikel anlegen, bearbeiten, freischalten etc.) im Vordergrund stehen. Je nachdem, über welche Handlungsrechte die angemeldete Person verfügt, unterscheiden sich Anzahl und Art der angebotenen **Menüpunkte** und **Funktionen**.
- Das Erscheinungsbild des Webangebots wird durch sogenannte **Themes** bestimmt. Diese bestehen aus strukturierten **Templates** (›Theme Files‹), die den Aufbau der verschiedenen Seiten (Homepage, Artikel, Archiv etc.) steuern. Dabei handelt es sich im Prinzip um HTML/CSS-Schablonen mit Platzhaltern für Datenbankinhalte. Ausführbare Codeanteile in der Programmiersprache PHP sorgen dafür, dass diese Platzhalter bei der Ausspielung ans Publikum mit den jeweiligen Inhalten (z.B. Artikeln, Daten, Autorennamen, Bildern, Nutzerïnnen-Kommentaren etc.) gefüllt werden.
- Die Abbildung von **Workflows** ist nur sehr rudimentär und beschränkt sich im wesentlichen auf unterschiedliche Freigaberechte für erstellte Artikel.

Aber *Wordpress* ist noch in einer anderen Hinsicht für uns interessant: Es ist **modular** aufgebaut, und es ist auch gegenüber anderen externen Systemen **anschlussfähig**:

- Mit Hilfe von **Plugins** lässt sich die interne Funktionalität des Systems erweitern. Diese können zum Beispiel zusätzliche Datenobjekte wie **Podcasts** integrieren, Beiträge für die Auffindbarkeit durch Suchmaschinen optimieren oder regelmäßige Backups des Angebots durchführen.

- Gleichzeitig bietet das System über Plugins auch Schnittstellen für **externe Anwendungen**, also Computerprogramme und Dienste, auf die über das Internet zugegriffen wird. Für solche Anwendungsschnittstellen hat sich der Begriff der **Application Programming Interfaces** (API) eingebürgert. Sie ermöglichen den Datenaustausch mit anderen Computern im Netz. Das ermöglicht etwa den automatisierten Import von Newsfeeds (z.B. Agenturmeldungen) oder die Einspielung von Werbebannern durch Dienstleister wie *Google Adsense*.

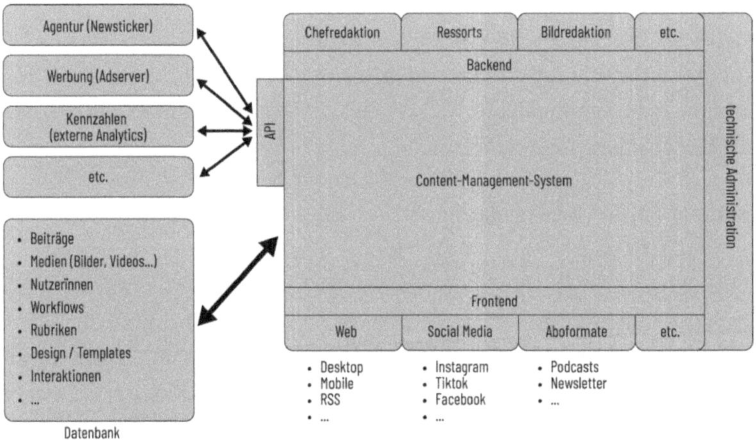

Abb. 13.2: Aufbau eines Content-Management-Systems (eigene Darstellung)

Das Content-Management-System *Wordpress* ist ursprünglich vor allem für kleine und mittlere Webprojekte entwickelt worden, aber mittlerweile setzen es auch große Nachrichtenangebote wie *Al Jazeera* oder das britische *News UK* ein. Dank seines modularen, erweiterbaren Charakters lassen sich mit *Wordpress* auch kleinere crossmediale Projekte verwalten, indem beispielsweise über Plugins parallel mehrere Social-Media-Kanäle oder Newsletter mitbespielt werden.

Wer jedoch größere und komplexere crossmediale Portfolios bedienen und dabei auf eine integrierte CMS-Unterstützung bauen will, wird auf individuell angepasste **professionelle Lösungen** zurückgreifen müssen. Auch diese sind im Normalfall nicht aus einem Guss, sondern bestehen aus verschiedenen, miteinander interagierenden Teilsystemen.

Headless CMS

Speziell für crossmediale Angebote gibt es eine neuere Familie von Content-Management-Systemen, die sich auf eine **formatneutrale Backend-Verwaltung** von Inhalten beschränken. Die Präsentation und Auslieferung der Inhalte über die verschiedenen Ausspielkanäle wird dann separaten kanalspezifischen Frontend-Modulen überlassen, die jeweils über Anwendungsschnittstellen (APIs) angesprochen werden. Diese Module müssen vom Anbieter zugekauft oder selbst programmiert werden. Für solche Systeme hat sich der Begriff des **›kopflosen‹ CMS** (engl.: ›Headless CMS‹) eingebürgert. Kopflose Systeme ermöglichen und erfordern trotz sehr unterschiedlicher Ausspielwege eine einheitliche und integrierte Content-Strategie. Der Anpassungs- und Programmieraufwand ist jedoch deutlich höher als bei ›Off-the-Shelf‹-Lösungen wie *Wordpress*.

Kompatibilität und Standards

Eine der größten Sünden im technischen Umgang mit journalistischen und anderen Inhalten besteht darin, diese in Formaten vorzuhalten, die untereinander **nicht anschlussfähig** sind. Dies gilt verstärkt in vernetzten, digitalisierten Produktionsumgebungen. Der digitale Journalismus hat viele Jahre schmerzhaft darunter gelitten, dass die **Redaktionssysteme** von Printpublikationen oder Rundfunksendern sich nicht transparent mit den **Content-Management-Systemen** der dazugehörigen Internetangebote verknüpfen ließen. Aber der Fehler lag nicht nur in der mangelnden Anpassungsfähigkeit der Traditionsmedien. Auch in den Onlineredaktionen selbst herrschte über lange Zeit ein babylonisches Durcheinander verschiedener miteinander inkompatibler Standards und Applikationen.

Tim Berners-Lee, Miterfinder des World Wide Web, hat dieses Problem früh erkannt und mit seiner Initiative für ein **›semantisches Web‹** versucht, standardisierte Formate für den Datenaustausch und die Maschinenlesbarkeit von Daten und Inhalten zu etablieren. Er konnte dabei auf ältere Projekte wie *XML* zurückgreifen. Von Berners-Lees Vision einer **universellen Datenverträglichkeit** sind wir noch weit entfernt, aber es hat in den letzten Jahren doch deutliche Fortschritte gegeben.

Unter Journalist'innen gelten so formale und abstrakte Fragen wie nach der Standardisierung von **Datenstrukturen** oder der Kompatibilität von **Metadatenformaten** leider als ausgesprochen unattraktiv. Wer jedoch mit den eigenen Angeboten in dem eingangs erwähnten digitalen medialen Ökosystem überleben und prosperieren will, kommt um derartige Fragen nicht herum. Es ist grundsätzlich keine gute Idee, ihre Beantwortung allein den Techniker'innen oder Archivar'innen zu überlassen – gerade, wenn man komplexe crossmediale Angebotsportfolios von Redaktionsseite wirklich strategisch planen und steuern will.

Zur Vertiefung

Test zu Kapitel 13
https://www.utb.de/do/10.36198/9783838562322-e12/disclaimer

Weiterführende Lektüre

Hohlfeld, R. (2018). Crossmedialität im Journalismus. In: K. Otto & A. Köhler (Hg.), *Crossmedialität im Journalismus und in der Unternehmenskommunikation*. Wiesbaden: Springer Fachmedien, S 17-42. – Der Handbuchartikel führt in das Begriffsfeld ›Crossmedia‹ ein und gibt einen Forschungsüberblick.

DMT – Digital Media Types. Medien und Lebenswelt – die Mediennutzungstypologie – Das Angebot der *Gesellschaft für innovative Marktforschung mbH* informiert über eine zeitgemäße Segmentierung von Zielgruppen anhand von verschiedenen Mediennutzungstypen.

Think Content! Content-Strategie, Content fürs Marketing, Content-Produktion. (2019). (2. Auflage, erweiterte Ausgabe.). Bonn: Rheinwerk Verlag Rheinwerk Computing. – Das deutschsprachige Standardwerk zur Content-Strategie richtet sich vor allem an Menschen, die in den Bereichen Unternehmenskommunikation oder Marketing tätig sind. Aber die meisten der dort vorgestellten Einsichten und Techniken lassen sich problemlos auch auf journalistische Angebote übertragen.

Rockley, A. & Cooper, C. (2012). *Managing Enterprise Content: A Unified Content Strategy* (2. Auflage). Berkeley, Calif: New Riders. – Das englischsprachige Handbuch behandelt das komplexe Arbeitsfeld Enterprise Content Management verständlich und übersichtlich und macht es auch für journalistische Anwendungsbereiche nutzbar.

Barker, D. (2016). *Web Content Management: Systems, Features, and Best Practices*. Beijing/Boston/Farnham/Sebastopol/Tokyo: O'Reilly. – Obwohl dieses englischsprachige Handbuch schon etwas älter ist, liefert es immer noch die wahrscheinlich umfassendste und beste Einführung in das Thema Content-Management.

Spörrer, S. (2019). *Content Management Systeme: Begriffsstruktur und Praxisbeispiel* (Edition KWV). Wiesbaden [Heidelberg]: Springer Gabler. – Diese deutschsprachige Einführung geht nicht so sehr ins Detail wie das Handbuch von Barker, kann aber ebenfalls als Einführung verwendet werden.

Ausgewählte Forschung

Eichler, H. (2022). *Crossmedia und journalistische Innovationen in der ARD* (Aktuell. Studien zum Journalismus). Baden-Baden: Nomos.– Umfangreiche Mehrmethoden-Studie zu crossmedialen Projekten in der ARD, mit Fallstudien u.a. zum Newsroom der Hessen-Unit beim *Hessischen Rundfunk* und verschiedenen *Funk*-Kanälen.

Übungen

- **Fallstudie:** Schauen Sie sich die für Ihre Region zuständige Landesrundfunkanstalt der *ARD* an.
  - Identifizieren Sie deren verschiedene Rundfunkprogramme und anderen Ausspielwege (TV, Radio, Webseite, Podcasts, soziale Medien).
  - Versuchen Sie, die jeweils angesprochenen Zielgruppen zu unterscheiden. Sie dürfen dabei ein wenig schummeln und sich einschlägige Selbstauskünfte der Sender anschauen.
  - Analysieren Sie aus diesem Portfolio einen (möglichst ergiebigen) Social-Media-Kanal Ihrer Wahl. Werden dort eigenständige Formate verwendet? Gibt es Crosspromotion zu anderen Kanälen oder Formaten? Und wenn ja, in welcher Form? Wird mit der Zielgruppe kommuniziert? Und wenn ja, wie?
- **Projekt:** Sie planen einen Foodchannel auf *Youtube*.

- Entwickeln Sie für diesen Kanal eine Markenbotschaft und eine kleine Crossmedia-Strategie. Legen Sie diese Strategie so an, dass sie in Etappen stattfindet und dem ursprünglichen Kanal in einer sinnvollen Reihenfolge nach und nach neue Ausspielwege hinzufügt, ohne das Markenversprechen zu brechen.
- Bestimmen Sie jeweils die angepeilte Zielgruppe, die Formate und die Veröffentlichungsfrequenz.
- Schätzen Sie den mit den verschiedenen Kanälen und Formaten verbundenen Produktionsaufwand ein.

14. Interaktion und Community

Themen

Community Management, Entwicklung der Nutzer'innen-Kommentare, Moderation, interaktive Formate, Clubangebote

Über diese Lerneinheit

Der Umgang mit dem zur Teilhabe ermächtigten Publikum ist eine Herausforderung für den digitalen Journalismus. Aufgrund der inzivilen Umgangsformen in den Kommentarbereichen schrecken viele Redaktionen davor zurück, die Potenziale eines näheren Kontakts mit ihren Zielgruppen planvoll zu nutzen. Dabei gibt es mittlerweile bewährte Moderationsstrategien, und eine offensivere Gestaltung der Publikumsinteraktion sorgt auch für mehr Zufriedenheit auf beiden Seiten.

Was Sie hier lernen

- verschiedene Schauplätze und Formen der Interaktion zwischen Redaktion und Nutzer'innen unterscheiden zu können
- bewährte Prinzipien und Regeln einer konstruktiven Kommentarmoderation zu kennen
- eine diversifizierte Strategie für das Community Management zu entwickeln, die auch geplante Online- und Offlineevents umfasst

Einleitung

Ein rein passives Publikum ist weder im Interesse einer offenen Gesellschaft noch im Sinne des Journalismus, der diese informiert. **Demokratische Öffentlichkeit** ist per se aktiv. Für den Journalismus bedeutet dies: Artikulierte Leserïnnen oder Nutzerïnnen können Themenanregungen beisteuern, sie können die redaktionelle Arbeit bereichern, indem sie aktuelle Ereignisse beschreiben und bezeugen, sie helfen mit ihrer Kritik bei der Qualitätssicherung journalistischer Berichterstattung, und sie tragen zur weiteren Verbreitung journalistischer Inhalte bei. Im Idealfall stimuliert journalistische Berichterstattung nicht nur einen Dialog zwischen Publikum und Redaktion, sondern auch innerhalb des Publikums. Der Journalismus kann als Kristallisationspunkt oder Katalysator einer solchen Kommunikation fungieren.

Die digitalen Medien mit ihren verbesserten, multidirektionalen Kommunikationswegen haben diese Potenziale eines aktivierten Publikums weiter verstärkt. Doch mit den neuen Möglichkeiten gehen auch neue Probleme einher. Die Schauplätze internetgestützter Interaktion sind groß und unübersichtlich, man verliert dort schnell den Überblick. Und wer sich Gehör verschaffen will, gerät schnell in die Versuchung, aggressiv zu werden oder anderweitig aus der Rolle zu fallen. Dies wird unterstützt durch die Algorithmen der Social-Media-Plattformen, die emotionalisierten Inhalten zusätzliche Aufmerksamkeit verschaffen.

Das stellt die Anbieter vor zwei Probleme: Zum einen sind sie, wenn sie – zum Beispiel in Foren, Kommentarbereichen im Web oder in sozialen Medien – die Schleusen öffnen, schnell mit einer Überfülle an Reaktionen konfrontiert, die durch ihre schiere Quantität die vorhandenen redaktionellen Ressourcen überfordern kann. Zum anderen zeigt sich, dass manche Akteurïnnen in den digitalen öffentlichen Diskussionsräumen es zunehmend an Zivilität missen lassen. Diese **Verrohung der Umgangsformen** ist nicht nur eine Zumutung für diejenigen, die für diese Diskussionräume verantwortlich sind. Sie fällt auch negativ auf das Image der betroffenen journalistischen Marken zurück.

Trotz dieser Vorbehalte hält sich die Auffassung, dass die positiven Aspekte eines digital zur Teilhabe ermächtigten Publikums überwiegen. **Dialogbereite Redaktionen** wirken vertrauenswürdiger, sie binden das Publikum an die Marke und erleichtern somit die Generierung von Erlösen. Und ein **dialogbereites Publikum** liefert den Anbietern wertvolle Informationen, die ihnen dabei helfen können, zielgruppenadäquate journalistische Produkte zu erstellen. So diskutieren Wissenschaft und Anbieter darüber, wie man mit Hilfe von ›**Publikumsmanagement**‹ (Audience Management) das Engagement der Nutzerïnnen beobachten, befördern und möglichst im Sinne der eigenen Ziele steuern kann, und sprechen von einer ›**publikumsorientierten Wende**‹ in der Onlinepublizistik.

Community Management

In einem schwachen Sinn beschäftigt sich Publikumsmanagement zunächst mit der rein passiven Beobachtung des **Nutzungsverhaltens** und leitet daraus Empfehlungen für eine Optimierung und bessere Vermarktung der Medienprodukte ab.

In einem stärkeren Sinn kümmert es sich auch darum, die Nutzerïnnen durch die Bereitstellung von **Kommunikationsinstrumenten** und ernst gemeinten **Gesprächsangeboten** zu einer aktiven und artikulierten **Teilhabe** zu ermutigen und diese nicht nur für wirtschaftliche, sondern auch für professionelle Ziele des Journalismus nützlich zu machen. Dieser zusätzliche, aktivierende Teil des Audience Management wird gemeinhin als ›**Community Management**‹ bezeichnet.

Zumindest bei kommerziellen journalistischen Medien sind an einem solchen Prozess mindestens drei verschiedene Parteien mit recht unterschiedlichen Motiven beteiligt:

- der **Verlag** sieht die Nähe zu den Kundïnnen als eine Möglichkeit, diese besser kennenzulernen und so seine journalistischen Produkte besser vermarkten zu können;
- das **Publikum** freut sich, wenn es eine Bühne geboten bekommt, auf der es auf aktuelle journalistische Inhalte reagieren und möglicherweise mit der Redaktion und anderen Nutzerïnnen ins Gespräch kommen kann;
- die **Redaktion** erhofft sich schließlich vor allem Feedback und Anregungen, um bessere, für das Publikum relevantere journalistische Inhalte erstellen zu können.

Bei öffentlich-rechtlichen und anderen nicht kommerziellen Medien stehen die wirtschaftlichen und verlegerischen Ziele nicht so im Vordergrund, aber auch dort gibt es neben einem redaktionellen Interesse an guten journalistischen Inhalten das Anliegen, einen möglichst großen Teil seiner Zielgruppen zu erreichen.

Insgesamt muss also ein Weg gefunden werden, die Anliegen dieser drei Gruppen gleichermaßen ernst zu nehmen. Insofern ist der Begriff des Publikumsmanagements eigentlich irreführend, und man sollte statt dessen vielleicht von einem **›Beziehungs- oder Interaktionsmanagement‹** sprechen.

Widerstände

Bislang ist vor allem die Einstellung der Redaktionen gegenüber ihrem Publikum viel zu oft noch von Abwehr geprägt. Journalist:innen suchen – zumindest auf inhaltlicher Ebene – die erwünschte konstruktive Rückmeldung zu den eigenen Beiträgen eher im Kreis ihrer Kolleg:innen als beim Publikum.

Der Widerstand hat natürlich auch nachvollziehbare Gründe:

- **Zeitmangel:** Gewohnt, unter hohem Zeitdruck zu arbeiten, haben Journalist:innen keine Geduld, sich auf potenziell uferlose Diskussionen mit Nutzer:innen einzulassen.
- **Qualitätsprobleme:** In der Vielfalt der Diskussionsbeiträge verstecken sich für gewöhnlich nur wenige qualitativ hochwertige ›Perlen‹. Die meisten Rückmeldungen bleiben hinter dem Niveau der Ausgangsbeiträge zurück und nötigen deren Autor:innen zu einem eher pädagogischen Diskussionsansatz.
- **Kontrollverlust:** Gleichwohl wird es in den Diskussionen Personen geben, die – zu Recht oder zu Unrecht – meinen, es besser zu wissen. Das stellt die professionelle Autorität der Journalist:innen in Frage und kann zu einem Gefühl des Kontrollverlusts führen.
- **Rollenkonflikt:** Dem traditionellen Selbstverständnis zufolge gehören im Journalismus Gespräche in die Recherche oder bilden als Interviews mit ausgewählten Zeitgenoss:innen eine eigene journalistische Darstellungsform. Die Verantwortung endet im Normalfall mit der Produktion des Beitrags. Öffentliche Anschlusskommunikation gehört für viele nicht zum journalistischen Rollenbild.

- **Verlust der Unabhängigkeit:** Nicht zuletzt besteht die durchaus reale Gefahr, dass der Journalismus sich zu sehr an den Stimmungen und Launen des Publikums orientiert und damit seine professionelle Unabhängigkeit aufs Spiel setzt.

All diese Bedenken sind berechtigt und verweisen auf reale Probleme. Es ist Aufgabe eines strategischen Publikums- und Community Managements, Ansätze zur Bewältigung dieser Probleme aufzuzeigen oder gemeinsam mit den Redaktionen zu erarbeiten.

Formen der Interaktion

Die einfachsten Interaktionsmöglichkeiten mit dem Publikum ergeben sich im direkten Umfeld der einzelnen journalistischen Beiträge. Drei Angebote zur Teilhabe an die Nutzerïnnen haben sich dabei weitgehend durchgesetzt:

1. sie können die Beiträge mit eigenen Worten **kommentieren** und **diskutieren** (›Comment‹);
2. sie können die Beiträge mit einer Markierung **positiv bewerten** (›Like‹);
3. sie können die Beiträge aktiv über soziale Medien **weiterverbreiten** (›Share‹).

Diese drei Aktionen beherrschen auch die **Erfolgsmetriken**, mit denen das interaktive Engagement der Nutzerïnnen gemeinhin gemessen wird (vgl. → Kapitel 15).

Diskussion und Kommentare

Während Likes und Shares sich als weitgehend harmlos und nützlich erweisen, sind es vor allem die Kommentare, die Probleme machen. Es gibt gerade bei relevanten und kontroversen journalistischen Beiträgen ein Bedürfnis, darüber ins **Gespräch** zu kommen. Das ist auch gut und richtig so, und die Hoffnung auf eine anregende und niveauvolle Diskussion gibt es nicht nur bei den Rezipientïnnen, sondern auch bei den Anbietern und Autorïnnen.

Denn für die Anbieter bieten Kommentare zu den Beiträgen verschiedene Vorteile:

- sie sind ein Indikator dafür, ob die journalistischen Beiträge den **Nerv des Publikums** treffen oder an diesem vorbeiproduziert worden sind;
- sie geben Hinweise auf die generelle **Stimmungslage** im Publikum;
- sie enthalten möglicherweise wertvolle explizite Hinweise zur eigenen Produktion, sei es als kritisches **Feedback** oder in Form von **Ergänzungen** und weiterführenden **Anregungen**;
- sie stellen die eigene redaktionelle Linie in einen weiteren Kontext unterschiedlicher Standpunkte und Meinungen und sorgen somit für eine größere **Vielfalt an Perspektiven**;
- sie erlauben den Nutzerïnnen, sich als Bestandteil einer **aktiven Markencommunity** wahrzunehmen und bieten damit die Chance, diese stärker an die eigene Marke zu binden.

Wo eine solche Anschlusskommunikation im öffentlichen Raum ermöglicht wird, muss man aber damit rechnen, dass sich auch jene **lautstarke Minderheit** zu Wort meldet, die die eingeräumte Redefreiheit vor allem zur aggressiven **Selbstprofilierung** oder für andere **manipulative Zwecke** nutzt. Und das ist in vielfacher Hinsicht schädlich:

- es hält die **Autorïnnen** und **Redakteurïnnen** davon ab, überhaupt erst das Gespräch mit den Rezipientïnnen zu suchen;
- es schreckt andere an einem konstruktiven Gespräch interessierte **Rezipientïnnen** ab, in die Diskussion einzutreten;
- die zur Schadensbegrenzung notwendige Aufsicht und Moderation bindet beträchtliche **Energie** und **Ressourcen**;
- Diskussionsbereiche, die von einem toxischen Diskurs geprägt sind, beschädigen indirekt auch **Vertrauenswürdigkeit** und **Markenimage** der Anbieter.

Wir werden also etwas ausführlicher über das Geschehen in den Kommentarbereichen sprechen müssen, und darüber, wie Anbieter damit sinnvoll und konstruktiv umgehen können. Dazu ist es sinnvoll, zunächst einen kurzen Rückblick auf die Geschichte der Onlinediskussionen im digitalen Journalismus zu werfen.

Diskussionsforen

In den ersten Jahren des Onlinejournalismus ab Mitte der 1990er Jahre haben viele namhafte journalistische Angebote (*SF Chronicle, New York Times, Guardian, Spiegel Online, Zeit Online*) ihre ersten Erfahrungen mit Nutzerinteraktion in eigens eingerichteten **Onlinediskussionsforen** gemacht. Die Diskussionen waren dort eher themenbezogen und nur locker mit den aktuellen Beiträgen verknüpft. Auch dabei gab es schon Probleme mit der ›Netiquette‹, aber die Anbieter hatten zumindest weitgehende Kontrolle über die Auswahl der Themen und die Spielregeln.

Kommentare am Beitrag

Ein Problem der Foren bestand in ihrer **mangelnden Anbindung** an die aktuellen Beiträge. Es entwickelten sich dort kleine, weitgehend abgeschlossene Communitys, die intensiv miteinander diskutierten und auf Neuankömmlinge eher einschüchternd wirkten. Die breite Masse der Nutzer'innen wurde so nicht erreicht. Deshalb entschieden sich die meisten Anbieter, sobald die technischen Möglichkeiten dafür ausgereift genug waren, Kommentare direkt **am einzelnen Beitrag** zu ermöglichen.

Das hatte zwei wichtige Konsequenzen: Zum einen erhöhte sich die Zahl der Diskutant'innen und die Schlagzahl der Kommentare beträchtlich und damit auch der Aufwand bei der Beobachtung und der Moderation. Zum anderen waren die Diskussionen unter den Artikeln flüchtiger als in den Foren. Sobald der Beitrag von der Homepage verschwand und ins Archiv wanderte, verloren auch die dazugehörigen Diskussionen unmittelbar an Aufmerksamkeit.

Beide Faktoren sorgten für eine **geringere Verbindlichkeit** im Umgang miteinander. Die Redaktionen fühlten (und fühlen) sich vielfach überfordert, aber da die Diskussionen auch schnell wieder verschwinden, ›versenden‹ sich manche Fauxpas, aber leider auch viele wertvolle Beiträge aus der Community.

Solange die Kommentare jedoch im eigenen Webspace stattfinden, haben die Anbieter die Diskussionsbereiche noch weitgehend unter eigener Kontrolle. Sie können ihre eigenen Spielregeln festlegen und durchsetzen und sie entscheiden, ob und in welchem zeitlichen Umfang einzelne Beiträge überhaupt kommentierbar sind.

Soziale Medien

Mit der zunehmenden Bedeutung von sozialen Medien wie *Facebook*, *Instagram* oder *Youtube* änderte sich das Bild ein weiteres Mal. Die Anbieter nutzten diese Plattformen zunächst vor allem, um Webinhalte zu promoten, zunehmend aber auch für eigenständige Formate. Und die Kommentierbarkeit der Beiträge gehört auf den Plattformen zu den Standardmerkmalen. Zwar ist es auch dort mittlerweile möglich, die Kommentarfunktion für einzelne Beiträge zu deaktivieren oder bestimmte Nutzerïnnen als Kommentatorïnnen auszuschließen, aber der auf Interaktion angelegte Charakter und die (potenziell) gewaltige Reichweite der Netzwerke macht die **Skalierung und Steuerung** der Diskussionen noch einmal deutlich schwieriger als im eigenen Webspace.

Außerdem werden die einzelnen Beiträge auf den sozialen Plattformen weniger stark als einer **Medienmarke** zugehörig wahrgenommen. In den allermeisten Fällen suchen die dortigen Nutzerïnnen die Homepages der Anbieterïnnen oder ihre Profilseiten auf den Social-Media-Plattformen gar nicht mehr auf. Sie gehören nicht zum Stammpublikum der Marke. Die einzelnen Beiträge begegnen ihnen in ihren Timelines, weil die Algorithmen der Plattformen sie ihnen zuspielen oder weil Freundïnnen die Beiträge geteilt haben. Sie stehen unmittelbar neben Beiträgen diverser anderer Anbieter, die möglicherweise eine ganz andere Diskussionskultur pflegen. All das macht die Entwicklung einer eigenen, profilierten Diskussionskultur und die Arbeit der Moderationsteams nicht einfacher.

Moderation

Aus Sicht der Nutzerïnnen ist das Gegenüber in den Diskussionsbereichen journalistischer Angebote die **Redaktion**. Die Erfahrung zeigt jedoch, dass die für die journalistischen Beiträge verantwortlichen Redakteurïnnen die Kommentare dort in vielen Fällen gar nicht zur Kenntnis nehmen und sich so gut wie nie aktiv an den Diskussionen beteiligen.

In größeren, arbeitsteiligen Redaktionen gibt es statt dessen meist eigene **Moderations- und Social-Media-Teams**. In kleineren Redaktionen sind es oft Praktikantïnnen, Werkstudentïnnen oder bestenfalls Jungredakteurïnnen, die mit der Moderation der interaktiven Bereiche beauftragt werden. Manche Anbieter machen Gebrauch von **KI-Technologien**, um problematische Kommentare zu identifizieren, oder lagern das ganze Geschäft an externe Dienstleister aus.

Dabei gehen die Aufgaben der für die interaktiven Bereiche verantwortlichen Personen oder Teams meist deutlich über reine Moderationstätigkeiten hinaus:

- sie bestimmen, welche **Themen** auf den eigenen Seiten oder in den sozialen Medien diskutiert werden sollen;
- sie sorgen dort für die Einhaltung des **rechtlichen Rahmens** und der **Netiquette**;
- sie versorgen die Redaktion, die für die ursprünglichen Beiträge verantwortlich ist, mit **Kennzahlen** und relevanten inhaltlichen Rückmeldungen;
- sie beobachten neue **Entwicklungen** und **Trends** und konzipieren gegebenenfalls neue **Distributions- und Interaktionswege** und sogar **Formate** (vgl. → Kapitel 7) für das eigene Angebot.

So ist hier im journalistischen Rahmen ein eigenes Berufsbild entstanden, das von der Anschlusskommunikation ausgehend mittlerweile eine eigenständige publizistische Rolle spielt.

Studie zu Moderationsstrategien

Der wahrscheinlich unbeliebteste Teil dieser Arbeit ist der Umgang mit den **›Trollen‹**, also jenen Teilnehmerïnnen, die die ihnen bereitgestellte Bühne für Selbstdarstellung oder zur Verbreitung von Fehl- oder Desinformation, Hassrede und Verschwörungstheorien nutzen.

Über viele Jahre hinweg hat sich hier ein Erfahrungsschatz aufgebaut, den die Kommunikationswissenschaftler Leif Kramp und Stephan Weichert in einer 2018 erschienenen Studie mit dem Titel *Hass im Netz. Steuerungsstrategien für Redaktionen* untersucht haben. Sie haben dafür eine umfangreiche Inhalts- und Diskursanalyse von Nutzerïnnenkommentaren durchgeführt und ausführlich verantwortliche Moderatorïnnen und Redakteurïnnen journalistischer deutschsprachiger Onlineangebote befragt.

Die Bestandsaufnahme zeigt, dass die Redaktionen und Moderationsteams nur selten artikuliert in die Onlinediskussionen eingreifen. Sie beschränken sich im Wesentlichen auf eine reaktive Kontrolle der zahlreichen Fälle von Regelverstößen und Hassrede. Auch bestätigt sich, dass es sich bei den Verfasserïnnen von Hasskommentaren nur um eine kleine Minderheit handelt.

Aus ihrer Analyse haben die beiden Verfasser einen 10-Punkte-Plan abgeleitet, der den Redaktionen und Moderatorïnnen dabei helfen soll, den negativen Auswüchsen in ihren interaktiven Bereichen zu begegnen. Unter anderem empfehlen sie:

- eine **entschiedene Moderation**, die bei aller Sachlichkeit auch klare Kante zeigt und Regelverstöße unmittelbar und beherzt unterbindet;
- eine **direkte Ansprache**, mit der die Moderatorïnnen bei Bedarf artikuliert in Diskussionsverläufe eingreifen;
- die aktive **Unterstützung von Gegenrede** gegen die Störerïnnen aus dem Kreis der Teilnehmerïnnen;
- den vollständigen **Verzicht auf Ironie und Zynismus**;
- die Bereitstellung zusätzlicher Wissensressourcen und eine stärkere **Integration der Autorïnnen** der ursprünglichen Beiträge, um Fehlinformationen auch inhaltlich entgegentreten zu können.

Es geht darum, eine sinnvolle Balance zu finden zwischen der Sanktion negativen und der Unterstützung positiven Verhaltens. Außerdem sollten nicht nur die Moderationsteams, sondern auch die anderen Autorïnnen und Redakteurïnnen gegenüber den Teilnehmerïnnen mehr Profil zeigen (vgl. Kramp & Weichert 2018).

Weitere Maßnahmen

Wichtig ist darüber hinaus, dass Hinweise auf das **Hausrecht** der Anbieter und die geltenden **Spielregeln** inkl. möglicher **Sanktionierungen** (Löschung der Beiträge, temporäre oder dauerhafte Sperren etc.) deutlich kommuniziert und dauerhaft vorgehalten werden. Nutzerïnnen sollten die Möglichkeit haben, problematische Kommentare zu markieren oder zu melden. In geschlosseneren Diskussionsbereichen (Foren, Webauftritte) kann man auch zu einer **kollaborativen Moderation** übergehen, in der auch erfahreneren Nutzerïnnen gewisse Moderationsprivilegien eingeräumt und Verantwortungen übertragen werden.

Bei einer stärkeren Einbindung der gesamten Redaktion, wie sie Kramp und Weichert empfehlen, kann es leicht zu **Rollenkonflikten** kommen, wenn die an der inhaltlichen Diskussion beteiligten Redakteurïnnen auch für die Einhaltung einer konstruktiven Gesprächskultur zuständig sind. Wenn möglich, sollten deshalb die Rollen **Diskutantïn** und **Moderatorïn** getrennt und von verschiedenen Personen ausgeübt werden. Sonst kann leicht der Eindruck entstehen, dass Standpunkte der Redaktion mit der Macht des Hausrechts durchgesetzt werden könnten.

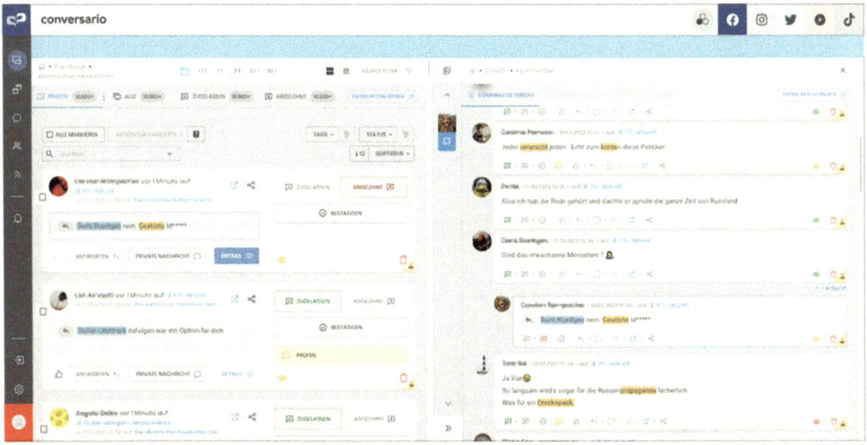

Ab. 14.1: Conversario hilft den Redaktionen mit Hilfe von künstlicher Intelligenz, Hasskommentare zu identifizieren.

Bereits jetzt gibt es **KI-gestützte Werkzeuge** wie *Conversario*, die bei der Identifikation von problematischen Kommentaren helfen. Es ist damit zu rechnen, dass diese Systeme in Zukunft noch deutlich leistungsfähiger werden und auch überzeugender eine direkte Interaktion mit den Nutzerïnnen simulieren können. Im Sinne einer ernsthaften, das Gegenüber respektierenden Kommunikation sollten solche Technologien jedoch nur unterstützend im Hintergrund eingesetzt werden. Wenn die Grenzen zwischen menschlichen und algorithmischen ›Akteurïnnen‹ verschwimmen, beschädigt das die **Vertrauensgrundlage**, auf der allein sich ein konstruktiver Dialog entwickeln kann.

Andere interaktive Formate

Im Sinne einer aktiven Vertrauensbildung ist es kontraproduktiv, sich als Redaktion hinter den Community-Teams zu verstecken und die Interaktion mit dem Publikum an die Peripherie der eigenen Organisation zu verbannen. Je nachdem, welche konkreten Absichten man verfolgt, sollte man die Verbindungen zum Publikum eher zu erweitern und zu verbessern suchen. Ein paar einfache Maßnahmen in dieser Richtung sind zum Beispiel:

- gelegentliche **Onlinediskussionen** unter Beteiligung namhafter Redaktionsmitglieder;
- die **Veröffentlichung** ausgewählter Nutzerïnnenkommentare im redaktionellen Angebot;
- themenspezifische **Offlineveranstaltungen**, zu denen das Publikum eingeladen wird;
- die Nutzung solcher Gelegenheiten, gezielte **Fragen ans Publikum** zu stellen und Anliegen zu formulieren.

Es geht darum, die Interaktion nicht nur passiv hinzunehmen und defensiv einzuhegen, sondern sie bewusst und aktiv zu gestalten. Das beginnt mit einer sorgfältigeren Behandlung der Kommentarbereiche. Auch wenn dies natürlich wünschenswert wäre, ist es vielleicht gar nicht nötig, dafür in großem Umfang zusätzliche Ressourcen einzusetzen. Statt möglichst viele oder gar alle Beiträge kommentierbar zu machen und es dafür an der Qualität der Moderation mangeln zu lassen, könnte man beispielsweise auch umgekehrt nur die Diskussion **ausgewählter Artikel** zulassen, diese aber zum herausgehobenen Event erklären und dazu explizit auch Beitragsautorïnnen, andere Redaktionsmitglieder, Expertïnnen oder prominente Gäste einladen.

Einen Vorstoß in diese Richtung hat *Spiegel Online* Ende 2023 mit seinem neuen Interaktionsformat *Spiegel Debatte* unternommen. Das Angebot ist nur für Abonnentïnnen zugänglich und verspricht zeitlich begrenzte Diskussionen zu ausgewählten Themen unter Beteiligung von Redaktionsmitgliedern.

Community-Seiten

Im Idealfall wird die Diskussion selbst zum Teil des redaktionellen Angebots. Wie das aussehen kann, zeigt unter anderem die *New York Times* mit ihrem *Reader Center*. Dort finden sich Beiträge, die in direkter Interaktion mit den Nutzerïnnen entstanden sind, ebenso wie Aufrufe ans Publikum, der Redaktion Fragen zu beantworten oder sich an Aktionen zu beteiligen. Auch beim *Guardian* gibt es eine *Community*-Seite, auf der die Nutzerïnnen direkt zur Mitarbeit eingeladen werden.

Solche Community-Seiten können vielfältig genutzt und zu einem **Gravitationszentrum für die Interaktion** mit den Nutzerïnnen werden. Sie bieten eine Bühne für die ›Hausmitteilungen‹ der Redaktion, für Einladungen ans Publikum, an Umfragen teilzunehmen oder sich mit eigenen Beiträgen zu bestimmten Ereignissen oder Themen zu Wort zu melden.

Es wäre aber falsch, die Interaktion auf einen bestimmten Ort zu begrenzen. Die **Kontaktpunkte** sollten vielmehr verteilt und unterschiedlich sein und die Nutzerïnnen dazu stimulieren, sich als willkommene Akteurïnnen im Dienste eines interessanten Angebots zu verstehen.

Offlineevents

Es ist eine gute Idee, die ›virtuellen‹ Gemeinschaften, die sich im digitalen Umfeld einer Medienmarke bilden, auch **im ›realen‹ Leben** zu verankern. Das haben erfolgreiche Podcasts wie *Lage der Nation* oder *Sicherheitshalber* erkannt und produzieren deshalb in regelmäßigen Abständen einzelne Folgen live und vor realem Publikum. Auch *Zeit Online* bietet für seine Podcastformate und für die jüngere Zielgruppe jeweils eigene, große Veranstaltungsformate an.

Solche **Offlineevents** und ihre anschließende Dokumentation im Onlineangebot geben nicht nur den Anbietern ein menschlicheres Gesicht, sie sorgen darüber hinaus für mehr **Wir-Gefühl** bei den Nutzerïnnen. Auch wenn es nicht gelingen kann, wirklich alle Nutzerïnnen mit solchen Formaten zu erreichen, bleibt bei denen, die nicht dabei waren, das Gefühl: »Das dort könnte ich sein.« Das wird als ein Zeichen von Respekt und Vertrauen wahrgenommen.

Abb. 14.2: Die Podcaster von Lage der Nation nehmen seit Jahren erfolgreich einzelne Folgen vor und mit ihrem Publikum auf. Hier ein Auftritt in Berlin aus dem Jahr 2017 (Foto: Henning Krause/Wikimedia Commons CC BY 4.0)

Crowdsourcing und Kommentare

Ähnliches gilt auch für andere Maßnahmen, bei denen Nutzerïnnen im Onlineangebot sichtbar in Erscheinung treten, sei es, dass Ihnen für ihre Beiträge in **Crowdsourcing-Projekten** gedankt wird, sei es, dass **ausgewählte Kommentare** von ihnen aufgegriffen und im Angebot veröffentlicht werden. All diese Maßnahmen setzen keine Wahllosigkeit oder Beliebigkeit in der Auswahl solcher Beiträge voraus. Statt den Trollen unter jedem Artikel die Möglichkeit einzuräumen, ihre Duftmarken zu setzen, kann man die Zuarbeit des Publikums kuratieren und durch gezielte Aufmerksamkeitssteuerung wertvolle und konstruktive Aspekte hervorheben. Wenn bei den Nutzerïnnen das bereits erwähnte Gefühl »Das dort könnte ich sein« entsteht und sich auf exemplarische hochwertige Beiträge bezieht, fördert das nicht nur die Qualität der Beiträge, sondern auch bei allen Beteiligten (selbst der Redaktion!) den Stolz, dabei sein zu dürfen.

Ask Me Anything

Umgekehrt macht es auch Sinn, wenn sich bei Gelegenheit einzelne Redakteurïnnen den **Fragen des Publikums** stellen. Wir hatten schon von Onlinediskussionen unter Redaktionsbeteiligung zu ausgewählten Themen gesprochen. Ein etwas intimeres und zugleich flexibleres Format hat sich auf sozialen Medien wie *Reddit* entwickelt. Unter dem Motto ›Ask me Anything‹ stellen sich Expertïnnen oder Prominente für einen begrenzten Zeitraum den Publikumsfragen. Das lässt sich hervorragend auch in journalistischen Kontexten nutzen und bietet beispielsweise Fachredakteurïnnen oder Korrespondentïnnen die Möglichkeit, dem Publikum tiefere Einblicke in ihr Fachgebiet und ihre Expertise, aber zum Beispiel auch in die Beschränkungen ihrer Arbeit zu ermöglichen.

Gamification

Weniger Aufwand von Seiten der Redaktion verlangen Ansätze, die Nutzerïnnen spielerisch in das journalistische Geschäft einzubinden (vgl. → Kapitel 6). Die wahrscheinlich einfachste Form sind **Umfragen**, bei denen die Nutzerïnnen direkt im Anschluss an journalistische Beiträge ihre Bewertung einbringen und sich über die Meinungslage der anderen Teilnehmerïnnen informieren können, oder **Quizze**, mit denen man aktuelle nachrichtliche Inhalte abfragt. Es gibt auch komplexere **Newsgames**, deren Erstellung dann normalerweise aber mit erheblich größerem Aufwand verbunden ist. So hat der Nachrichtenkanal *CNN* 2021, nachdem der Containerfrachter *Ever Given* im Suezkanal stecken geblieben war, seinen Nutzerïnnen eine Simulation angeboten, in der sie selbst versuchen konnten, ein Schiff durch den Kanal zu manövrieren. Das Spiel erwies sich als Riesenerfolg.

Von der Community zum Club

Ein gut geplantes, sorgfältig durchgeführtes und immer wieder an der Realität geprüftes Publikumsmanagement kann nicht nur dazu führen, dass aus der Qual, in den Diskussionsbereichen gegen Trolle, Verschwörungstheoretikerïnnen, Hass und Propaganda zu kämpfen, die Freude wird, um das eigenen Angebot herum eine echte Community aufzubauen, die Anbieter und Publikum umfasst. Publikumsmanagement kann auf diese Weise auch den Weg zu erfolgreicheren Geschäftsmodellen bahnen. So wird ein Publikum, das sich ernst genommen fühlt, eher bereit sein, sich in kostenpflichtigen Aboverträgen zu binden. Auf längere Sicht lassen sich so **Club-Modelle** vorbereiten, die Abos, Merchandising und Veranstaltungen umfassen und für eine optimale Identifikation des Publikums mit der Marke sorgen.

Außerdem liefert ein im Sinne einer Markencommunity engagiertes Publikum auch hervorragende Ansätze zur **Personalisierung**, also der Möglichkeit, den Nutzerïnnen nach ihren Neigungen und Bedürfnissen maßgeschneiderte Angebote zu machen.

Um angemessene Methoden der Erfolgskontrolle und um zukunftsträchtige Erlösmodelle wird es in den nächsten (und letzten) zwei Kapiteln gehen.

Zur Vertiefung

Test zu Kapitel 14
https://www.utb.de/do/10.36198/9783838562322-e13/disclaimer

Weiterführende Lektüre

Kramp, L. & Weichert, S. (2018). *Hasskommentare im Netz. Steuerungsstrategien für Redaktionen.* Düsseldorf: Landesanstalt für Medien NRW. – Broschüre mit einer kurzen Zusammenfassung der wichtigsten Resultate des im Text erwähnten Forschungsprojekts und Empfehlungen für die praktische Arbeit. (PDF-Download bei der LfM NRW)

Ziegele, M. & Heinbach, D. (2021). *Hallo liebe Community! Konstruktive Online-Debatten fördern durch bestärkende Moderation.* Düsseldorf: Landesanstalt für Medien NRW. – In diesem Whitepaper wird eine theoretisch fundierte Moderationsstrategie vorgestellt, die in einem Praxisprojekt der *Universität Düsseldorf* mit vier Medienpartnern getestet worden ist. Die LfM Nordrhein-Westfalen führt auf der Basis dieser Strategie mittlerweile Moderationsschulungen durch. (PDF-Download des Whitepapers/PDF-Download der Schulungsmaterialien bei der LfM NRW)

Ausgewählte Forschung

Prochazka, F. & Schweiger, W. (2017). Medienkritik online: Was kommentierende Nutzer am Journalismus kritisieren. In: *SCM Studies in Communication and Media*, 5 (4), S. 454-469. – Die Autoren haben knapp 3000 Nutzerïnnen-Kommentare deutschsprachiger Nachrichten-Websites inhaltsanalytisch untersucht und auf ihren medienkritischen Gehalt hin analysiert.

Kramp, L. & Weichert, S. (2018). *Hass im Netz: Steuerungsstrategien für Redaktionen* (LfM-Schriftenreihe Medienforschung). Leipzig: VISTAS. – Die ausführliche Version der Studie von Kramp & Weichert mit den detaillierten Ergebnissen. (PDF-Download bei der LfM NRW)

Organisationen

- Der Hamburger Verein *ichbinhier* ist aus einer *Facebook*-Gruppe zur kollaborativen Bekämpfung von Hassrede in den sozialen Medien entstanden. Er führt unter anderem Schulungen in ›digitaler Zivilcourage‹ durch.
- *HateAid* ist eine Organisation mit Sitz in Berlin, die sich für Menschenrechte in der digitalen Sphäre einsetzt und unter anderem Rechtsberatung und Beihilfe für Opfer von Hassrede und ›digitaler Gewalt‹ anbietet.

Übungen

- Bei *Spiegel Debatte* sind aktuelle und archivierte Diskussionsfragen auch für Nutzerïnnen ohne Abonnement einsehbar. Sie sind als Ja/Nein-Fragen formuliert. Schauen Sie sich die Fragen und die Abstimmungsergebnisse an. Gehen Sie auf eine Nachrichten-Website Ihrer Wahl und leiten Sie aus den aktuellen Meldungen drei geeignete Diskussionsthemen ab. Formulieren Sie dazu entsprechende Debattenfragen im Ja/Nein-Format.

15. Erfolgskontrolle

Themen

Erfolgskriterien und Ziele, redaktionelle Analytics, Messinstrumente, Scores, Dashboards, Reporting, kennzahlenbasierte strategische Planung

Über diese Lerneinheit

Zeitgemäßes Internet-Publishing ermöglicht die Erhebung diverser, teilweise sehr detaillierter Kennzahlen. Diese wiederum erlauben eine datenbasierte Evaluation und Planung sowohl verlegerischer als auch redaktioneller Prozesse. Es ist wichtig, die Journalistinnen davon zu überzeugen, dass Analytics auch für ihre spezifischen Interessen nützlich sein können. Mit Hilfe von Dashboards und regelmäßigem Reporting können Redaktionen ihrem Publikum näher sein und adäquater auf dessen Bedürfnisse eingehen.

Was Sie hier lernen

- zwischen Erlös- und Professionszielen als Leitbildern datengestützter Erfolgskontrolle zu unterscheiden
- das grundlegende Instrumentarium verlegerischer und redaktioneller Analytics zu verstehen
- verschiedene gängige Kennzahlen unterscheiden und bewerten zu können
- operative Dashboards und strategisches Reporting als konstruktive Maßnahmen der redaktionellen Steuerung einordnen zu können

Einleitung

Auflage, Einschaltquote, Page Impressions und Visits – im traditionellen Journalismus haben sich die Erfolgsmaßstäbe vor allem am Paradigma der **Reichweite** orientiert. Ein journalistisches Produkt galt als erfolgreich, wenn es möglichst viele Menschen erreichte. Was im Einzelnen die Nutzerïnnen darüber dachten und was im Anschluss damit geschah, blieb weitgehend im Unklaren. Dies war unter anderem der **Ungenauigkeit der Messinstrumente** geschuldet. Die verbreitete oder verkaufte Auflage einer Zeitung oder Zeitschrift informierte nur über deren Reichweite als Gesamtprodukt. Wer sich darüber hinaus zum Beispiel über den spezifischen Erfolg einzelner Rubriken oder gar Artikel informieren wollte, musste Einzelbefragungen durchführen oder sich so exotischer Verfahren wie Readerscan oder Eyetracking bedienen. Im klassischen Rundfunk lassen sich selbst die Reichweiten und Marktanteile (Quoten) einzelner Sender oder Sendungen nur über aufwändige Zuschauer- oder Zuhörerpanels ermitteln.

Auch in den digitalen Medien waren die Anfänge der Erfolgsmessung schwierig. Zwar war es hier im Gegensatz zum Print von Anfang an möglich, den Erfolg einzelner Beiträge zu messen. Dafür konnte man in den ersten Jahren nicht ermitteln, wie viele separate **Nutzerïnnen** (engl.: Unique User) ein Angebot besucht oder einen Onlineartikel gelesen hatten. Man musste sich damit begnügen, per Serverstatistik **Seitenaufrufe** (engl.: Page Impressions) oder zusammenhängende **Nutzungssitzungen** (engl.: Visits) innerhalb eines Angebots zu zählen. Einen ersten Durchbruch erreichte man durch die **Kombination** verschiedener Messmethoden: Mit Serverstatistik, Online- und Offlinebefragungen konnte die deutsche *Arbeitsgemeinschaft Online-Forschung (AGOF)* Anfang des neuen Jahrtausends zumindest für größere Anbieter auch die Zahl der Unique Users in Annäherung ermitteln.

Inzwischen hat sich eine Menge getan. Mit intelligenteren **Heuristiken** bei der Auswertung der Serverstatistiken und versteckten **Trackingmethoden** wie den umstrittenen Cookies lassen sich mittlerweile die Nutzungsvorgänge sehr viel genauer beobachten und die Nutzerïnnen auch über längere Zeiträume und teilweise sogar über verschiedene Angebote hinweg verfolgen. Vor allem, wenn die Nutzerïnnen sich beim Angebot persönlich registriert und angemeldet haben, lassen sich individuelle **Nutzungsprofile** von hoher Aussagekraft erstellen.

Dies ist natürlich wegen der dort obligatorischen Anmeldung besonders bei den **sozialen Medien** der Fall. Da diese auch als Distributionsplattformen für Inhalte journalistischer Anbieter stark an Bedeutung gewonnen haben, spielen die Nutzungsdaten der Social-Media-Plattformen eine zunehmende Rolle bei der Erfolgskontrolle im digitalen Journalismus. Außerdem haben die sozialen Medien dank ihres stark interaktiven Charakters zusätzliche Kennzahlen ins Spiel gebracht, mit denen sich das individuelle **Engagement** der Nutzerïnnen gegenüber einzelnen Inhalten messen lässt (Shares, Likes, Kommentare).

Die **datenbasierte Evaluierung** von Onlineangeboten (Analytics) hat sich so längst zu einem eigenen Forschungs- und Arbeitsfeld in den Datenwissenschaften entwickelt. Große Anbieter wie *Google* versorgen ihre Kundïnnen mit detaillierten Statistiken und stellen ihnen erfolgreich eigene Messinstrumente zur Verfügung: *Google Analytics* ist das am weitesten verbreitete Werkzeug für die Web-Analyse. Auch Streamingdienste wie *Youtube* oder Social-Media-Plattformen wie *Facebook, Instagram* oder *Tiktok* liefern ihren Partnerïnnen umfangreiche Übersichten über die Nutzung der Angebote oder erlauben ihnen, direkt per API auf diese Daten zuzugreifen und sie in eigene, maßgeschneiderte Analysetools einzuspeisen.

Begriffserklärung

Analytics: Die systematische Analyse quantitativer Nutzungsdaten mit der Absicht, das Verhalten der Nutzerïnnen gegenüber dem Angebot besser zu verstehen und das Angebot im Hinblick auf gegebene Entwicklungsziele zu optimieren oder weiterzuentwickeln.

Beschränkt wird diese Datenflut in den letzten Jahren vor allem durch den Gesetzgeber. Unter dem Gesichtspunkt des **Datenschutzes** beschränken nationale und europäische Gesetze wie die DSGVO die Bemühungen der Anbieter und Werbetreibenden, auch die Privatsphäre ihrer Nutzerïnnen zunehmend transparent zu machen.

Ungeachtet dieser legitimen Skepsis liegt es aber nicht nur im Interesse journalistischer **Anbieter**, sich ein möglichst genaues Bild davon zu verschaffen, wie ihre Produkte und Formate beim Publikum ankommen. Es kann auch den **Nutzerïnnen** zugutekommen, wenn die redaktionellen Angebote dann im Hinblick auf ihre so ermittelten Bedürfnisse und Neigungen optimiert werden. Deshalb werden wir in diesem Kapitel einen genaueren Blick auf die Möglichkeiten der Erfolgsmessung im digitalen Journalismus werfen. Wir werden uns damit beschäftigen, welche verschiedenen Ziele Anbieter in diesem Bereich verfolgen (oder verfolgen sollten), und wie sich diese Ziele auf die Leistungsindikatoren (Erfolgswährungen) und Messverfahren auswirken.

Ziele und Erfolgskriterien

Generell gilt: Wer den Erfolg eines Produkts oder einer Maßnahme messen und bewerten möchte, kann dies nicht ohne Blick auf die **Leistungsziele** tun, die damit verfolgt werden.

Journalismus ist ein komplexes Gut, das in unserer Gesellschaft mehrere Rollen spielt: Zunächst sind journalistische Produkte **Gebrauchsgüter** oder **Dienstleistungen**, die mit dem Versprechen, bestimmte Bedürfnisse der Kundinnen zu bedienen, am Markt angeboten werden und sich gegen Konkurrenz durchsetzen müssen. In vielen Fällen ist die Angebotslogik dabei **kommerziell** bestimmt: Es geht um den wirtschaftlichen Erfolg. Das Besondere dabei ist, dass die journalistischen Anbieter im Normalfall zwei Arten von Kundinnen gleichzeitig adressieren: zum einen ihr **Publikum**, das die Produkte einzeln oder im Abonnement kauft, und zum anderen die **Werbewirtschaft**, die die Anbieter für die Aufmerksamkeit des Publikums bezahlt.

Neben ihrer kommerziellen Rolle als Ware haben journalistische Produkte aber auch eine besondere **gesellschaftlich-politische Funktion**: Sie sollen die Öffentlichkeit aktuell, faktenbasiert und kritisch informieren und die Bürgerinnen so dazu munitionieren, informierte Entscheidungen zu treffen. Ein gut funktionierender Journalismus ist somit eine tragende Säule für Demokratie und eine offene Gesellschaft.

Erlös- und Professionsziele

Diese Janusköpfigkeit des Journalismus (gut verkäufliche Ware vs. verlässliche Informationsquelle/›Watchdog‹) gibt uns erste Hinweise auf die unterschiedlichen Arten von Zielen, mit denen wir es bei der Erfolgskontrolle zu tun haben.

Da sind zum einen die **Erlösziele:** Kommerzielle Medienhäuser müssen sich am Markt behaupten und wirtschaftlich überlebensfähig sein: Sie müssen Geld verdienen. Je nach wirtschaftlicher Aufstellung und Lage bedeutet dies zweierlei:

- dass sie mit Einzelverkauf und Abos ihrer journalistischen Produkte hinreichende **Vertriebserlöse** erzielen;
- dass sie in ihren Produkten ein für die Anzeigenkund'innen attraktives werbliches Umfeld bereitstellen und somit hinreichende **Anzeigenerlöse** ermöglichen.

In den letzten Jahren ist der relative Anteil der Anzeigenerlöse im Journalismus stark zurückgegangen. Schuld daran ist vor allem die starke Diversifizierung der Anzeigenmärkte in den digitalen Medien: Suchmaschinen, Streamingdienste und Social-Media-Plattformen haben den journalistischen Anbietern einen großen Teil der Werbebudgets entzogen und durch die breitere Konkurrenz hat es zusätzlich einen massiven Preisverfall gegeben. Die Anbieter sind deshalb verstärkt auf die Generierung von Vertriebserlösen angewiesen, und da der Einzelverkauf (›Pay-per-view‹) sich als logistisch schwierig und schlecht kalkulierbar erwiesen hat, bedeutet dies vor allem den Aufbau eines stabilen Abonnentenstammes (vgl. → Kapitel 16).

Neben den Erlöszielen spielen zum anderen aber auch **Professionsziele** eine Rolle. Diese sind meist eher qualitativer als quantitativer Natur und heben somit eher darauf ab, was im Sinne eines professionellen Selbstverständnisses als **guter Journalismus** angesehen werden kann. Der Qualitätsbegriff im Journalismus ist vielschichtig und umfasst auch die bereits angesprochene gesellschaftlich-politische Aufgabe des Journalismus: Wirklich guter Journalismus stellt sich der Aufgabe, die essenziellen Informationsbedürfnisse der Bürger'innen zu befriedigen. Auch das muss in einer ganzheitlichen Erfolgskontrolle erfasst werden.

Reichweite und Zielgruppengenauigkeit

Wie eingangs erwähnt, stehen traditionell **Reichweiten** im Zentrum der Erfolgsmessung journalistischer Produkte. Das macht auf den ersten Blick vor allem bei den **Erlöszielen** der klassischen kommerziellen Medien Sinn: Je größer das Publikum, desto mehr Menschen bezahlen für die Produkte, und desto mehr Menschen werden auch von den zahlenden Werbekundïnnen erreicht.

Aber bei Reichweiten geht es nicht nur um kommerziellen Erfolg. Die öffentlich-rechtlichen Medien zum Beispiel sind durch ihre gesetzlich geregelte Beitragsfinanzierung den Mechanismen des Marktes enthoben. Sie sind jedoch mit dem **verfassungsrechtlichen Auftrag** versehen, die gesamte Bevölkerung mit einer qualitativ hochwertigen informationellen Grundversorgung zu bedienen. Und auch in diesem Auftrag versteckt sich ein Reichweitenziel: Das Angebot soll **alle gesellschaftlichen Milieus und Gruppen** erreichen.

Bei diesem **Universalismus** der öffentlich-rechtlichen Medien geht es jedoch weniger darum, massentaugliche Formate zu entwickeln, die für tatsächlich *alle* Bürgerïnnen gleichermaßen relevant sind. Es muss vielmehr für *jedes* Milieu oder *jede* Gruppe spezifische Formate geben, die für sie relevant sind. Insofern sollte man die Reichweiten (im Rundfunk: Quoten) nicht absolut sehen, sie müssen immer zu den jeweils relevanten **Zielgruppen** in Bezug gesetzt werden. Darüber hinaus gehört es aber auch zum Auftrag der Öffentlich-Rechtlichen, die unterschiedlichen Milieus und Gruppen miteinander zu integrieren, also für **Anschlussfähigkeit** zwischen den diversen Zielgruppen zu sorgen.

Auch bei den kommerziellen Medien steht **Zielgruppengenauigkeit** als Erfolgskriterium an Seiten der Reichweite. Aber anders als bei den öffentlich-rechtlichen Medien ist hier nicht die Absicht, im Sinne eines **Grundversorgungsauftrags** wirklich alle potenziellen Zielgruppen mit möglichst hochwertigen Informationen zu bedienen. Es geht vielmehr darum, im Sinne der Erlösziele die **potenzielle Zahlungskraft** der verschiedenen Zielgruppen für das eigene Geschäftsmodell zu nutzen. Dieser Unterschied muss zu grundsätzlich anderen Priorisierungen führen: Den meisten Anzeigenkundïnnen ist es wichtiger, gezielt zahlungskräftige potenzielle Kundïnnen zu erreichen, als in der Fläche, zum Beispiel auch in prekären Milieus, sichtbar zu sein. Ähnliches gilt für die Vertriebserlöse: Auch hier macht es, gerade bei qualitativ höherwertigen journalistischen Produkten, eher Sinn, gezielt höhere Einkommens- und Bildungsniveaus anzusprechen, die in der Lage und bereit sind, für relevante Informationen auch Geld in die Hand zu nehmen.

Qualitative Ziele

Professionsziele lassen sich meist schlechter operationalisieren als Erlösziele, und die Erfolge sind dementsprechend schwieriger zu messen und zu bewerten.

- Wenn es um die **Qualität** des Journalismus geht, kommen so vielschichtige Begriffe wie ›**journalistische Kompetenz**‹ und ›**Reputation**‹ ins Spiel. Hier freut sich jede Redaktion über **Lob von Expertïnnen** oder zugesprochene **Journalismuspreise**, aber im Allgemeinen weicht man dann doch wieder auf die vertrauten quantifizierbaren Erfolgskriterien aus und interpretiert diese auch als Indikator für die erreichte Qualität: Was viel gekauft wird oder Aufmerksamkeit erregt, kann so schlecht nicht gewesen sein.
- Auch die etablierten Messinstrumente für die **gesellschaftliche Wirkung** der journalistischen Arbeit liefern eher abstrakte oder diffuse Ergebnisse. Es bleibt immer noch weitgehend der akademischen Medienwirkungsforschung vorbehalten, Erhebungen zum **Medienvertrauen** durchzuführen oder den generellen Einfluss medialer Berichterstattung auf die **gesellschaftliche Stimmungslage** zu untersuchen. Für die traditionell arbeitenden Journalistïnnen und ihre tägliche Arbeit hat dies bislang eher wenig Belang. Sie konnten sich allenfalls auf situative Rückmeldungen in Form von Hörertelefongesprächen, Leserbriefen oder Gesprächen im persönlichen Umfeld stützen.

Durch die zunehmende Dominanz der digitalen Medien verändert sich dieses Bild jedoch gerade grundlegend. Schon die zur Verfügung stehenden Nutzungsdaten sind um ein vielfaches differenzierter als in den traditionellen Medien. Hinzu kommt die deutlich größere Publikumsnähe der digitalen Plattformen: Wir hatten schon in → Kapitel 14 gesehen, dass sich eine intelligent aufgestellte **Interaktion zwischen Redaktion, Verlag und Publikum** zu einem eigenen, leistungsfähigeren Instrument der qualitativen Erfolgskontrolle entwickeln lässt. Darüber hinaus gibt es zu den publizierten journalistischen Inhalten unter den Nutzerïnnen vielfach eine öffentliche Anschlusskommunikation, vor allem in den sozialen Medien, die sich durch geschicktes **Monitoring** ebenfalls heranziehen und verwerten lässt.

Redaktionelle Analytics

Eine erste Herausforderung für die redaktionelle Erfolgskontrolle besteht darin, die **Vielfalt** der verschiedenen Daten zu einer aussagekräftigen **Gesamtschau** zusammenzuführen. Das gilt insbesondere für crossmedial aufgestellte Angebote und betrifft die verschiedenen ausgespielten **Dateiformate** (Text, Video, Audio) ebenso wie die verschiedenen **Ausspielkanäle** (linearer Rundfunk, Print, E-Paper, Web, mobile Apps, Social-Media-Plattformen, Newsletter etc.) und **Ausspielmodi** (z.B. Live-Streaming, On Demand).

Diese Aufgabe ist alles andere als trivial, denn die Kennzahlen stammen normalerweise nicht nur aus unterschiedlichen Quellen, sondern es werden vielfach auch ganz unterschiedliche Dinge gemessen. Als Datenquellen stehen beispielsweise zur Verfügung:

- Die eigene **Serverstatistik**: Die Logfiles der Server geben unter anderem eine erste Auskunft über die Anzahl der Aufrufe, deren Vorgeschichte (interner Link? Suchmaschine? Social Media?) und geografische Herkunft.
- **Skriptbasierte Analytics-Tools**: Durch das ›Taggen‹ der Inhalte mit ausführbaren Skriptanteilen können während der Nutzung weitergehende Daten erhoben werden, die dann an den Anbieter oder an externe Analytics-Dienstleister wie *Google* (mit *Google Tag Manager* und *Google Analytics*) oder *Adobe* (*Adobe Analytics*) zurückgesendet werden. So können detailliertere Kennzahlen zum Beispiel über Verweildauer und Scrolltiefe bei Texten oder über Klickpfade erhoben werden.
- **Kennzahlen der Social-Media-Plattformen**: Plattformen wie *Instagram* oder *Youtube* stellen ihren angeschlossenen Anbietern jeweils Dashboards mit teilweise recht detaillierten Daten zur Verfügung. In vielen Fällen können diese Daten auch automatisiert über eine Anwendungsschnittstelle (API) ausgelesen und dann in der eigenen Analysesoftware mit anderen Daten verknüpft und ausgewertet werden.

Im Sinne einer ganzheitlichen Betrachtung der erhobenen Daten werden diese von professionellen Teams für gewöhnlich in großen, integrierten Datenbanken, sogenannten **Data Warehouses** (Sammlungen von strukturierten Daten) oder **Data Lakes** (für unstrukturierte und strukturierte Daten) vorgehalten. Dort lassen sich dann verschiedene Fragen an die Daten herantragen und in maßgeschneiderten Analyseschritten beantworten.

Je nach Erkenntnisinteresse kann sich der **analytische Fokus** dabei deutlich unterscheiden:

- Für die **Redaktionen** steht zunächst die **Optimierung der Inhalte** im Vordergrund. Sie werden im Blick zu halten versuchen, welche Beiträge gut laufen, die Nutzerïnnen zum Bleiben und Weiterklicken und gegebenenfalls vielleicht sogar zum Abschluss eines Abonnements verführen.
- Aus **verlegerischer und kommerzieller Perspektive** geht es eher um die **einzelnen Nutzerïnnen** und ihre Zugehörigkeit zu den **Zielgruppen**: Für potenzielle Werbekundïnnen zum Beispiel, aber auch für die Vermarktung eigener weiterer Verlagsprodukte, sind deren soziale und demografische Daten sowie Informationen über ihre Neigungen und ihr Konsumverhalten relevant.

Auch für die Redaktionen ist es natürlich sinnvoll, dem Publikum ein Gesicht zu geben. Einem allzu indiskreten Umgang mit Personendaten hat jedoch – wie bereits erwähnt – die Gesetzgebung Grenzen gesetzt: Laut europäischer **Datenschutz-Grundverordnung (DSGVO)** ist seit Mai 2018 jede personenbezogene Datenerhebung einverständnispflichtig und muss dem unmittelbaren Nutzungsinteresse in der jeweiligen Situation dienen. Die ›gläserne Nutzerïn‹ im Sinne verborgener weitergehender Geschäftsinteressen ist somit gesetzlich ausgeschlossen. Dies gilt zumindest so lange, bis die Nutzerïn – normalerweise in einem der allgegenwärtigen Cookie-Banner – ihr explizites Einverständnis für die Datensammlung gegeben hat. Aber bevor das Einverständnis erfolgt oder wenn es verweigert wird, darf buchstäblich keines der Tracking-Werkzeuge eingesetzt werden, an die sich die Werbewirtschaft in den Jahren zuvor gewöhnt hatte.

Dies macht es für die Anbieter umso dringender, die Nutzerïnnen als Partnerïnnen zu begreifen, die im Idealfall mitspielen, weil sie von der Datenerhebung auch sichtbar und einsehbar profitieren. Mit anderen Worten: Gerade die redaktionelle Erfolgskontrolle sollte nachvollziehbar auch **Optimierungen im Sinne der Nutzerïnnen** in den Vordergrund rücken. Dann kann man auch mit einem nicht nur erschlichenen Einverständnis der Betroffenen rechnen.

Publikumsorientierte Redaktion

Neben den expliziten Diskussionen zwischen Redaktionen und Publikum, die wir im letzten Kapitel diskutiert haben, können die in den Analytics erhobenen **Datenbestände** also eine weitere Säule für das Bestreben liefern, die redaktionelle Arbeit stärker an den Bedürfnissen des Publikums zu orientieren. Dazu ist es notwendig, auch die Redaktionen mitzunehmen: Es muss auch bei den Redakteur'innen ein Bewusstsein für die Notwendigkeit entstehen, sich mit Kennzahlen auseinanderzusetzen, und für die Chancen, die damit für die eigene Arbeit verbunden sind.

Die richtigen Kennzahlen

Neben der zunehmenden **Fülle und Komplexität** der Daten besteht ein weiteres Problem in der Schwierigkeit, diese richtig zu lesen. Schon wenn es darum geht, eine einzelne Fragestellung richtig zu beantworten, können leicht Fehler gemacht werden. Zur Illustration ein einfaches Beispiel:

Für den Erfolg eines einzelnen **Textbeitrags** wurden für lange Zeit die sogenannten ›Page Impressions‹ herangezogen – also die Zahl der Seitenaufrufe, die durch den Klick auf einen Link zu dieser Seite oder (seltener) durch die Eingabe ihrer URL in die Adresszeile des Browsers entstehen. Dabei sagt diese Zahl buchstäblich nichts darüber aus, ob der Beitrag tatsächlich gelesen wurde. Sie gibt allein Auskunft über die Qualität der zu diesem Beitrag hinführenden Maßnahmen – beispielsweise der Teaser oder Social-Media-Beiträge, die auf ihn verlinken.

Deshalb sind die Analytics-Expert'innen dazu übergegangen, die Beiträge zu ›taggen‹, also mit Skripten zu versehen, mit denen man das **Scrollverhalten** der Nutzer'innen oder die **Zeit** messen kann, die der Beitrag im Browser geöffnet war. Auf diese Weise hoffte man zumindest ermitteln zu können, ob der Artikel gelesen wurde. Aber auch diese Daten sind jeweils weit weniger aussagekräftig, als es zunächst den Anschein hat. Jeder wird an sich selbst beobachtet haben, wie oft man einen Artikel schnell bis zum Ende durchscrollt, nur um sich einen Eindruck von dessen Länge zu verschaffen. Und auch die dort verbrachte Zeit alleine ist noch kein verlässliches Kriterium für die Leseleistung. Das Weiterklicken bei paginierten Artikeln gibt bereits etwas mehr Aufschluss über das Interesse am eigentlichen Beitrag. Aber erst im Zusammenspiel Verweilen – Scrollen – Verweilen – Weiterklicken – Verweilen – Scrollen – Verweilen ergibt sich ein wirklich verlässlicher Indikator für das Erfolgshäkchen »Beitrag wurde gelesen«.

Ähnliche Skepsis ist bei den **Shares** angemessen. Sehr viele Beiträge werden von Nutzerïnnen geteilt, ohne dass sie diese gelesen oder gar für gut befunden hätten – einfach, weil sie oberflächlich der Meinung sind, dass diese im gegebenen Kontext relevant oder für ihre Zielpersonen interessant sein könnten. Das ist natürlich auch ein Erfolgsmerkmal, beruht aber nicht auf einer positiven Bewertung des tatsächlichen Beitragsinhalts.

Scores und Indizes

Es gibt also schon bei der Frage, wie der Erfolg eines einzelnen Beitrags zu bewerten ist, kein einfaches Patentrezept. Vielmehr ergibt sich erst aus der intelligenten Zusammenschau verschiedener Kennzahlen ein Bild, das als eine verlässliche Annäherung an die Antwort gewertet werden kann.

Und dennoch ist es im operativen Redaktionsalltag wünschenswert, sich einen schnellen Überblick verschaffen und dementsprechend handeln zu können. In ihrem Bemühen, den Redaktionen einfache, aussagekräftige Erfolgsmessungen zu liefern, haben die Analytics-Teams namhafter Anbieter wie *Welt, Spiegel* oder *Financial Times* daher spezielle **Scores** oder **Indizes** entwickelt, die verschiedene Parameter zu einer einzigen Kennzahl zusammenfassen.

Im Jahr 2016 stellte *Die Welt* der Fachöffentlichkeit ihren damaligen **Beitragsscore** vor. Er sollte der Redaktion als Orientierung dienen und fasste insgesamt fünf Faktoren in einer Kennzahl zusammen: Anzahl der Seitenaufrufe, die auf der Seite verbrachte Zeit, Anzahl der Aufrufe von Videos in dem Beitrag, Anzahl der Shares auf Social Media und – als negative Kennzahl – die Absprungrate (Nutzerïnnen verlassen von diesem Artikel aus die Website). Neben der strategischen Entscheidung, die Redaktion zur Integration von Videos in die Artikel zu motivieren, wird sichtbar, dass mit Lesezeit, Social Shares und Absprungrate (Bounce Rate) drei Kennzahlen herangezogen werden, die die tatsächliche Einstellungen der Nutzerïnnen zum Beitrag abbilden sollen.

Ein solcher Score erleichtert die schnelle Orientierung, aber gleichzeitig macht es natürlich Sinn, die dort zusammengefassten Werte gegenüber der

Redaktion auch noch einmal separat auszuweisen, weil sie für sich genommen unterschiedliche Hinweise auf mögliche Schwächen des Artikels geben: Eine hohe Absprungrate beispielsweise spricht dafür, im Beitrag mehr Sorgfalt auf weiterführende Links zu anderen Teilen des Angebots zu verwenden.

Spiegel Online setzt nach Auskunft auf ihrem *Entwicklerblog* vom Oktober 2021 ebenfalls auf die Zusammenfassung verschiedener Kennzahlen zu einem Gesamtindex, um einen schnellen Überblick über die Beliebtheit einzelner Beiträge zu bekommen. Sie setzen dabei auf ein einfacheres Modell und fassen einfach **Reichweite** und **Lesetiefe** zusammen. Auch dieser *Spiegel*-Index dient nur der schnellen redaktionellen Orientierung und wird neben anderen, spezifischeren Kennzahlen ausgewiesen.

Engagement

Die britische *Financial Times* verfolgt seit 2016 einen ganz anderen Ansatz: Sie verwendet ein Modell, in dem nicht die Bewertung einzelner Beiträge, sondern die **Bewertung der Nutzerïnnenzufriedenheit** im Vordergrund steht. Der sogenannte **›RFV‹-Index** (für Recency, Frequency, Volume) bewertet Abonnentïnnen danach, wann sie zum letzten Mal die Website besucht haben, wie oft sie erscheinen und wie viele Inhalte sie konsumieren. Mit diesem Perspektivwechsel von den Inhalten hin zur allgemeinen Kundïnnenzufriedenheit ist es der *Financial Times* gelungen, die Zahl der kostenpflichtigen Abonnements in den zehn Jahren von 2009 bis 2019 von 100.000 auf über eine Million zu steigern.

Einem ähnlichen Weg folgt auch die deutsche *Digital Revenue Initiative (DRIVE)* der *Deutschen Presseagentur (dpa)* und der Unternehmensberatung *Schickler*, die deutsche Tageszeitungsverlage bei der Entwicklung von Zahlungsmodellen unterstützt. Auf Grund eines stark datenbasierten Ansatzes setzt *DRIVE* auf eine Kernkennzahl, die als **›Media Time‹** bezeichnet wird. Gemeint ist die gesamte Nutzungszeit der Leserïnnen. Diese gilt es zu maximieren, um die Bereitschaft zum Abschluss kostenpflichtiger Abos zu fördern.

In diesem Zusammenhang wird in den Fachdiskussionen oft der Begriff ›Engagement‹ verwendet. Es muss darauf hingewiesen werden, dass die hier vorgestellten Modelle einen sehr engen Begriff von ›Engagement‹ verwenden, der sich im Wesentlichen auf den On-Site-Konsum von Inhalten beschränkt und Folgehandlungen, wie zum Beispiel Kommentare, Likes und Shares auf sozialen Medien oder andere Formen der Anschlusskommunikation nicht berücksichtigt.

Überhaupt steht bei einer solchen Betrachtung das verlegerische Interesse, Umsätze zu generieren, im Vordergrund. Und auch wenn die genaue Beobachtung von Kundinnenzufriedenheit und Zahlungsbereitschaft auch Auswirkungen auf die redaktionelle Arbeit haben wird, helfen die zuletzt genannten Kennzahlen den Redaktionen natürlich nicht direkt bei ihrer alltäglichen Arbeit. Den Redaktionen geht es eher darum, Qualität und Erfolg einzelner Beiträge oder Maßnahmen des redaktionellen Marketings (Social-Media-Promotion etc.) zu bewerten.

Redaktionsschnittstellen

Schauen wir uns deshalb jetzt an, wie Redaktionen im digitalen Journalismus regelmäßig mit Kennzahlen versorgt werden können, die ihnen einen direkten Aufschluss über den spezifischen Erfolg ihrer Bemühungen geben und ihnen zum einen erlauben, das **operative Geschäft** besser zu steuern, und ihnen zum anderen auch eine **strategische Planung** und **Entwicklung** ihrer Produkte ermöglichen.

Dashboards

Für das Alltagsgeschäft hat es sich eingebürgert, den Redaktionen die wichtigsten Kennzahlen in Form von **Live-Dashboards** bereitzustellen. Diese Übersichten können entweder am eigenen Monitor aufgerufen werden oder sind sogar über Großbildschirme im gesamten Newsroom sichtbar. Je nach Art des Produktes werden dort unterschiedliche Daten aufgeführt und meist auch in Form von **Charts** visualisiert. Ein Verlaufsgraph orientiert über die Entwicklung der Zugriffszahlen insgesamt. Andere aggregierte Zahlen (z.B. über die geografische Herkunft der Nutzerinnen, die verschiedenen Referer oder den Anteil unterschiedlicher Endgeräte, von denen aus zugegriffen wird) geben einen Überblick über den aktuellen Stand.

Eine immer noch stark an der **Homepage** orientierte Nachrichtenredaktion wie *Spiegel Online* listet darüber hinaus die aktuellen Beiträge zum Beispiel so, dass ihre **Position und Verweildauer** auf der Homepage sichtbar werden, sowie die ›**Durchklickrate**‹, (engl.: Click Through Rate (CTR)) mit der die Nutzerïnnen sich dort zum Aufruf des eigentlichen Artikels haben verführen lassen. Spezielle Marker geben für einzelne Beiträge darüber Auskunft, ob sich die Zugriffszahlen in den letzten Minuten verbessert oder verschlechtert haben. So können die Homepage-Verantwortlichen zum Beispiel mit einer anderen **Positionierung**, besserem **Bildmaterial** oder einer knackigeren Überschrift nachsteuern oder gegebenenfalls auch den **Veröffentlichungszeitpunkt** von Beiträgen besser auf die Nutzungsgewohnheiten des Publikums abstimmen.

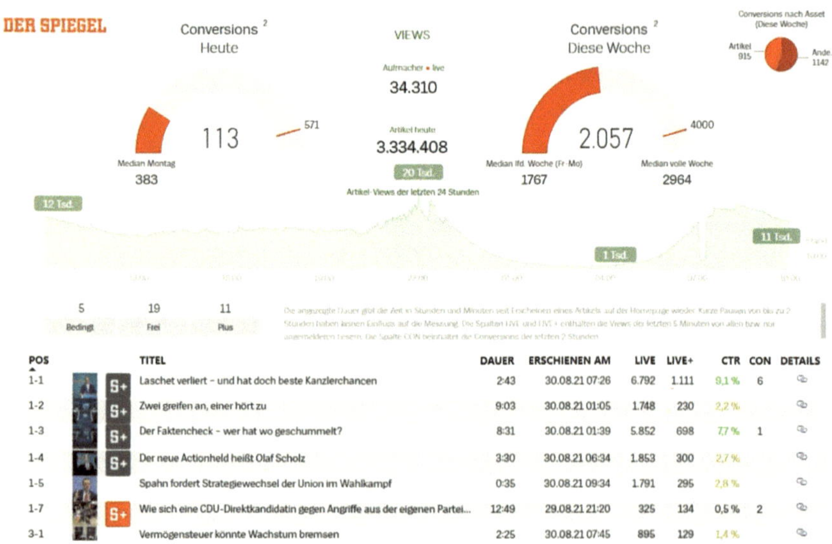

Abb. 15.1: Das Spiegel-Radar liefert die jeweils aktuellen Kennzahlen des Angebots. Hier ein Ausschnitt aus dem allgemeinen Redaktionsdashboard im Oktober 2021 mit den Live-Werten der Homepage (Abbildung: Dev Spiegel)

In **Detailansichten** zu den einzelnen Beiträgen gibt es dann mehr Informationen, zum Beispiel über die **Referer**. Die geben Auskunft darüber, wie die Nutzerïnnen auf den jeweiligen Beitrag gekommen sind: ob sie dem Homepage-Link gefolgt sind oder den Beitrag über Suchmaschinen oder Aggregatoren wie *Google News* oder Social-Media-Promotion gefunden haben. Auch hier geben die Kennzahlen den Redaktionen wieder die Möglichkeit, zum Beispiel durch verbesserte **Suchmaschinenoptimierung** oder **Social-Media-Maßnahmen**, die Reichweite des Beitrags aufzubessern. Außerdem erlauben Parameter wie Verweildauer, Scrolling und gegebenenfalls Klicks auf Folgeseiten, ebenso wie die Anzahlen der Shares und Kommentare, Aufschlüsse über die Anziehungskraft des Beitrags jenseits des Klicks auf Überschrift und Teaser.

In Zeiten, in denen **Abonnements** die wichtigste Einnahmequelle für journalistische Onlineangebote geworden sind (vgl. → Kapitel 16), spielt bei der Bewertung einzelner Beiträge zunehmend noch eine weitere Kennzahl eine entscheidende Rolle: Die Quote, mit der der jeweilige Beitrag Nutzer*innen zum **Abschluss eines (Probe-)Abos** verleitet, wenn sie dort auf eine Zahlschranke stoßen. Hier findet sich die aus dem E-Commerce bekannte **Konversionsrate** wieder, runtergebrochen auf die Qualität und Anziehungskraft einzelner journalistischer Beiträge. Eine damit zusammenhängende Kennzahl betrifft die Quote, mit der bestehende Abonnements **gekündigt** werden (engl.: **Churn Rate**). Zur Pflege eines nachhaltigen Bestands ist es nicht nur wichtig, viele neue Abonnent*innen zu gewinnen, sondern auch, diese bei der Stange zu halten.

Je nach Redaktion und crossmedialer Aufstellung gehören zum operativen Dashboard natürlich auch die Leistungswerte auf den **Social-Media-Plattformen** – entweder als Distributions- und Feedback-Kanäle für dort verlinkte Inhalte oder als Messinstrument für dort publizierte eigenständige Inhalte. Letzteres gilt besonders bei Angeboten wie dem Content-Netzwerk *Funk* von *ARD* und *ZDF*, das primär über Social-Media-Plattformen ausspielt. Das Business-Intelligence Team von *Funk* gehört mit seinem integrierten Dashboard in der Mainzer Zentralredaktion nicht nur im Rahmen der öffentlich-rechtlichen Medien als einer der Vorreiter digitaler Erfolgskontrolle. Das wandfüllende Display dient der fortlaufenden Evaluierung der verschiedenen *funk*-Kanäle und -Formate und ist somit ein sichtbares Signal für die Datenorientierung des Netzwerks.

Abb. 15.2: In der Mainzer Zentrale des ARD/ZDF-Contentnetzwerks Funk befindet sich ein großes Dashboard, das live über den Erfolg der verschiedenen Funk-Kanäle auskunft gibt (Foto: © Amalie Ernst)

Reporting

Wie das Beispiel *Funk* zeigt, lassen sich die von den Analytics-Teams erhobenen Daten nicht nur zur täglichen operativen Begleitung des aktuellen Angebots verwenden. Mit ihnen kann man auch **mittelfristige oder langfristige strategische Ziele** wie die Portfolio-Steuerung verfolgen und entsprechende Maßnahmen vorbereiten, planen und evaluieren. So können die Daten über längere Zeiträume verfolgt, zusammengefasst, verglichen und analysiert werden und beispielsweise bei der Neupositionierung von Rubriken oder Kanälen oder zur Entwicklung neuer Formate herangezogen werden.

Zu diesem Zweck werden sich die Analytics-Expertinnen – regelmäßig oder anlassbezogen – mit den betroffenen Redaktionen oder Ressorts zusammensetzen und gemeinsam datengestützt über **spezifische Fragestellungen** nachdenken: Haben wir unsere selbstgesteckten quantitativen und qualitativen Ziele erreicht? Lassen sich anhand der Daten Nutzerbedürfnisse identifizieren, für die wir gegebenenfalls neue Ressourcen bereitstellen müssen? Sind die gewählten Social-Media-Kanäle weiterhin die richtigen?

Dies ist auch die Gelegenheit, gemeinsam mit den Redaktionen komplett **neue Sichtweisen** auf das bestehende Datenmaterial auszuprobieren – zum

Beispiel die oben bereits erwähnten verschiedenen Verfahren zu vergleichen, um den Erfolg eines einzelnen Beitrags beim Publikum zu evaluieren (Seitenaufruf, Scrollverhalten, Verweildauer). Oft entsteht ein Erkenntnisgewinn, wenn mehrere zuvor getrennt erhobene Kennzahlen gemeinsam betrachtet und zueinander in Beziehung gesetzt werden.

Außerdem lassen sich gezielt **Experimente** planen, um bestimmte Maßnahmen zu überprüfen. Ein Verfahren, das dabei häufig zur Anwendung kommt, ist der sogenannte **A/B-Test**. Bei diesem werden verschiedene Varianten eines Angebotsteils an verschiedene Gruppen von Nutzer:innen ausgespielt, um dann anhand der Nutzungsdaten herauszufinden, welche Variante das bessere Potenzial zeigt. Auf diese Weise lassen sich Maßnahmen zu ganz unterschiedlichen Aspekten des Angebots (z.B. Nutzerführung, Tonalität der Ansprache, Beitragslängen etc.) empirisch validieren. Neben den digitalen Daten können dazu auch eher konventionelle Methoden der empirischen Sozialforschung wie **Umfragen, Interviews** oder **Fokusgruppen** herangezogen werden.

Organisation/Mindset

Entscheidend für den langfristigen Erfolg der redaktionellen Analytics ist es, dass die Redaktion den Umgang mit den Daten nicht als reine Kontrollmaßnahme des Managements wahrnimmt, sondern als eine **spielerische, experimentelle Methode**, die eigene Arbeit zu verbessern. Dies lässt sich natürlich am ehesten erreichen, wenn die angepeilten Leistungsziele der Redaktion vermittelbar sind und von ihr geteilt werden. Idealer Weise erleben die Redakteur:innen den Umgang mit den Daten als einen fortlaufenden **Lernprozess**, in dem sie ihre eigene journalistische Arbeit in immer neuen Facetten immer besser verstehen und optimieren können. Die Analytics-Expert:innen dürfen also nicht als Controller:innen in den Redaktionen verstanden werden, sondern als deren **beratende Partner:innen**, die Angebote machen, die als bereichernd empfunden werden.

Fazit

Auch wenn die redaktionelle Erfolgskontrolle durch die Digitalisierung in den letzten Jahren große Fortschritte gemacht hat, gibt es weiterhin viele Baustellen. Eine davon ist das grundsätzlich problematische Verhältnis der Analytics zum **Datenschutz** und zur **informationellen Selbstbestimmung** der Nutzerïnnen. Dies lässt sich nur lösen, wenn die Evaluationsziele so gewählt und auf eine Weise transparent gemacht werden, dass die Nutzerïnnen sie als auch in ihrem eigenen Interesse verstehen.

Ein weiteres Problem besteht in der fortlaufenden Evaluation **qualitativer Ziele**. Der Fokus auf quantitative Daten und Kennzahlen verdeckt teilweise den Blick auf die **Professionsziele** des Journalismus, auf Fragen der **Relevanz** für die Zielgruppen und die **gesellschaftliche Wirkung** der journalistischen Arbeit. Hier kann schon viel erreicht werden, wenn den redaktionellen Analytics geeignete Interaktions- und Kommunikationsmaßnahmen zwischen Redaktion und Publikum (vgl. → Kapitel 14) und ein systematisches Social-Media-Monitoring (vgl. → Kapitel 3) an die Seite gestellt werden. Diese sollten dann auch regelmäßig im Sinne einer **inhaltlichen und sozialen Evaluation** in die Gesamtschau redaktioneller Erfolgkontrolle einbezogen werden.

Schließlich darf bei dem berechtigten Plädoyer für eine publikumsorientierte Redaktion nicht vergessen werden, dass ein definitorisches Merkmal des Journalismus die **redaktionelle Unabhängigkeit** ist. Und die gilt es auch gegenüber den Wünschen des Marktes und des Publikums zu schützen. Der Blick auf die Kennzahlen sollte immer einem vertieften **Verständnis der eigenen Arbeit** dienen. Er darf diese jedoch nicht gängeln.

Zur Vertiefung

Test zu Kapitel 15
https://www.utb.de/do/10.36198/9783838562322-e14/disclaimer

Weiterführende Lektüre

O'Donovan, B. & Kramer, M. (2019, März 13). *Six Steps to Build a Metrics-driven Newsroom.* American Press Institute. – Der Bericht des *American Press Institute* geht besonders auf die Frage ein, wie Redaktionen am besten auf eine datenbasierte Erfolgskontrolle eingestimmt werden können.

Reineck, D. & Suntrop, A (Hg.) (2019). *Social Media Analytics: A Practical Guidebook for Journalists and Other Media Professionals.* Bonn: Deutsche Welle Akademie. – Die *Deutsche Welle Akademie* unterstützt Journalistinnen weltweit mit Fortbildungen und Materialien. In diesem Handbuch geht es um die Erhebung von Erfolgskennzahlen in den sozialen Medien.

Spiegel-Entwicklerblog – Das Blog bietet erstaunlich offene Einblicke des Entwicklerteams in den Maschinenraum der *Spiegel*-Produkte.

Ausgewählte Forschung

Cherubini, F. & Nielsen, R. K. (2016). *Editorial Analytics: How News Media are Developing and Using Audience Data and Metrics.* – Die umfangreiche Untersuchung des *Reuters Institute* stützt sich auf Fallstudien und Interviews mit Praktikerinnen und vergleicht unterschiedliche Ansätze verschiedener namhafter Redaktionen. (PDF-Download beim *Reuters Institute*)

16. Erlösmodelle

Themen

Onlinewerbung, Targeting, kontextuelle Werbung, verhaltensbasierte Werbung, programmatische Werbung, Paid Content, Paywall-Varianten, öffentlich-rechtliche Medien, journalistische Startup-Finanzierung, Erlösmodelle für kleinere journalistische Projekte

Über diese Lerneinheit

Die beiden klassischen Erlössäulen im Journalismus, Werbung und Vertrieb, haben durch die Digitalisierung dramatische Veränderungen erfahren. Suchmaschinen und soziale Medien haben neue Formen der Personalisierung durchgesetzt und verdrängen die publizistischen Anbieter auf dem Werbemarkt. Diese sind verstärkt darauf angewiesen, die vorherrschende Umsonstkultur zu bekämpfen und ihre Inhalte mit Hilfe von möglichst erfolgreichen Paywall-Modellen oder Spenden zu refinanzieren. Auch bei kleineren journalistischen Projekten bieten sich im Wesentlichen dieselben Möglichkeiten an.

Was Sie hier lernen

- den neuen Werbemarkt für Journalismus, der sich vor allem durch Suchmaschinen und soziale Medien entwickelt hat, zu verstehen
- Paid Content und verschiedene Paywall-Modelle als Alternative zu Werbeerlösen einordnen und bewerten zu können
- Verschiedene Möglichkeiten der Startup-Finanzierung und funktionierende Erlösmodelle für kleinere journalistische Projekte zu kennen

Einleitung

Im traditionellen Journalismus wird vor allem auf zwei Weisen Geld verdient: Zum einen, indem man die journalistischen Produkte selbst (Zeitungen, Zeitschriften, Rundfunkkanäle etc.) an ihr Publikum, die Leserïnnen, Hörerïnnen, Zuschauerïnnen oder Nutzerïnnen, verkauft. Dies kann durch **Einzelverkauf** oder **Abonnements** geschehen. Zum anderen durch den **Verkauf von Werbeflächen** an andere wirtschaftliche Akteure. Hier ist das Produkt, um das es eigentlich geht, die Aufmerksamkeit des Publikums. Der Wert dieses Produktes richtet sich nach der Tauglichkeit der erreichten Zielgruppen für die Geschäftsziele der Werbetreibenden.

Neben **Vertriebs- und Werbeerlösen** gibt es noch andere Erlösquellen, wie zum Beispiel den Verkauf von Merchandisingprodukten oder den B2B-Verkauf von journalistischen Inhalten an andere journalistische Anbieter (engl.: Syndication). Diese spielen jedoch im Gesamtmix eine eher untergeordnete Rolle – wenn man einmal von den Nachrichtenagenturen absieht, deren Geschäftsmodell primär auf dem Verkauf von Inhalten an journalistische Anbieter besteht.

Eine weitere Sonderstellung nehmen **öffentlich-rechtliche Medien** ein, die im Normalfall durch obligatorische Beiträge oder Steuergelder finanziert werden. Dies ähnelt auf den ersten Blick einer Finanzierung durch Abonnements, beinhaltet aber keine Wahlfreiheit der Teilnehmerïnnen und funktioniert damit eher als eine gesetzlich regulierte öffentliche Daseinsvorsorge, wie wir sie auch im Bereich der Kranken- oder Rentenversicherung kennen.

Die Vermarktung journalistischer Produkte gehört eigentlich nicht zur journalistischen Arbeit. Sobald ein journalistischer Betrieb groß genug für eine arbeitsteilige Organisation ist, macht es Sinn, die publizistischen Tätigkeitsbereiche nicht nur von den geschäftlichen zu trennen, sondern sie auch vom Einfluss erlösorientierter Überlegungen weitgehend freizuhalten. Nur so lässt sich die journalistische Unabhängigkeit wirklich sicherstellen.

Andererseits liegt es auch im Interesse eines am Gemeinwohl orientierten, gesellschaftlich verantwortlichen Journalismus, sich auf stabile und nachhaltige Weise zu refinanzieren. Es ist der Unabhängigkeit daher nicht dienlich, wenn Journalistïnnen die wirtschaftliche Basis ihrer Tätigkeiten komplett ausblenden. Dies gilt besonders bei der Gründung und Etablierung neuer journalistischer Produkte (Stichwort: ›Entrepreneurial Journalism‹), bleibt aber durch die extreme wirtschaftliche Dynamik im digitalen Medienmarkt auch für bestehende Produkte und Marken eine ständige Herausforderung.

Digitalisierte Werbung

Auch in Zeiten der Digitalisierung bilden Vertrieb und Werbung weiterhin die beiden Hauptsäulen der journalistischen Erlösgenerierung. Innerhalb dieser zwei Geschäftsfelder und in ihrem Verhältnis zueinander hat sich allerdings so viel getan, dass man von einer Revolution sprechen kann.

Diese Revolution ist vor allem der dramatischen Entwicklung der digitalisierten Werbemärkte geschuldet. Deshalb wenden wir uns zunächst dem Anzeigengeschäft zu, bevor wir uns mit den Vertriebserlösen beschäftigen, deren Bedeutung im Erlösmix in den letzten Jahren deutlich zugenommen hat.

Kleinanzeigen

In den Gründerjahren des Onlinejournalismus, vor allem in der ersten Dekade (ca. 1995-2005), waren die meisten journalistischen Produkte im Internet als Ableger traditioneller Medienmarken auch wirtschaftlich von diesen und ihren Geschäftsmodellen abhängig. Die etablierten Anbieter investierten in den neuen Wachstumsmarkt, experimentierten auch mit neuen Werbeformen, scheuten aber davor zurück, das Publikum selbst gleich zur Kasse zu bitten.

Einen ersten Vorgeschmack auf künftige Entwicklungen erlebten vor allem die Tages- und Wochenzeitungen. Deren Geschäftsmodell beruhte zu einem großen Teil auf dem äußerst lukrativen **Kleinanzeigengeschäft** mit Rubriken wie ›Immobilien‹, ›Jobs‹, ›Automobile‹ oder ›Kontakte‹. Publikationen wie die *Frankfurter Allgemeine Zeitung* hatten zu Spitzenzeiten den Umfang von Telefonbüchern, allein wegen der dort veröffentlichten Kleinanzeigen, vor allem der Stellenangebote.

Und dieses gesamte Geschäftsfeld wanderte nun innerhalb von wenigen Jahren mehr oder weniger vollständig ins Internet ab. Dort konnten die Anzeigen wesentlich einfacher und flexibler gebucht werden, waren durchsuchbar, und es gab keine vergleichbaren Umfangsbeschränkungen. Der Pionier Craig Newmark machte es in San Francisco schon 1996 mit *Craigslist* vor, in Deutschland startete im selben Jahr *mobile.de* für gebrauchte Autos, und zahllose weitere Online-Kleinanzeigenportale folgten nach. Nicht nur der Schauplatz des Kleinanzeigengeschäfts änderte sich, auch dessen Gewinnmargen brachen zunächst massiv ein.

Die Zeitungsverlegerïnnen verfolgten das Geschehen zunächst in einer Art Schockstarre, ehe auch sie begannen, in den neuen Markt zu investieren. Mittlerweile hat sich das digitale Kleinanzeigengeschäft konsolidiert, angereichert durch eine Vielzahl miteinander verzahnter einschlägiger Dienstleistungen. Der *Axel-Springer-Verlag* beispielsweise macht damit einen Großteil seiner Gewinne. Auch *Die Zeit* hat mit *Academics.de* ihr traditionelles Standbein bei den akademischen Stellenanzeigen zu einem eigenen Onlinekarriereportal aufgewertet.

Aber es handelt sich um ein stark umkämpftes, separates Geschäftsfeld mit eigenen Herausforderungen – als hauptsächliche Erlösgrundlage zur Refinanzierung vieler verschiedener, gerade auch lokaler Zeitungen oder ihrer Onlineableger taugen die Kleinanzeigen nicht mehr.

Displaywerbung

Etwas anders entwickelte sich der Transfer der traditionellen **Image-Werbung** ins Internet. Hier richteten sich die Hoffnungen ab den 1990er Jahren vor allem auf die dynamischen und interaktiven Merkmale der im Web geschalteten Werbeanzeigen, der sogenannten ›**Werbebanner**‹. Die meisten der frühen Banner zielten darauf ab, die Kundïnnen zum Anklicken und idealerweise zum direkten Abschluss einer Transaktion zu bewegen. Es zeigte sich jedoch bald, dass sich die Bereitschaft der Kundïnnen, mit den Anzeigen zu interagieren, in engen Grenzen hielt und im Laufe der Zeit weiter abnahm. Viele Kundïnnen versuchten darüber hinaus, der Werbeflut im Netz mit **Ad-Blockern** zu begegnen.

Targeting

Kontextuelle Werbung

Bereits um die Jahrtausendwende hatten große, thematisch breit aufgestellte Onlineportale wie *Yahoo* begonnen, ihren Werbekundïnnen zielgenaue Werbeplätze im passenden thematischen Umfeld anzubieten. Kurz darauf erwuchs ihnen und den traditionellen Medien dann unerwartet mächtige

Konkurrenz, zunächst vor allem in Form der Suchmaschine *Google*. Dort hatte man schnell erkannt, dass spezifische **Suchanfragen** der Nutzerïnnen mit ihren Trefferlisten den perfekten Kontext für **personalisierte Werbemaßnahmen** bilden. Wer zum Beispiel aktiv nach passenden Urlaubszielen im Mittelmeerraum sucht, wird mit hoher Wahrscheinlichkeit für die Anzeige eines entsprechenden Reiseanbieters empfänglich sein.

Schauplatz dieser **kontextuellen Werbung** waren bei *Google* zunächst die **Trefferlisten** der Suchmaschine selbst, aber *Google* baute das System schnell auch als **Dienstleistung** für andere Anbieter aus. So kann beispielsweise eine auf Kochrezepte spezialisierte Bloggerïn als Kundïn von *Google Adsense* ihre Seiten von *Google* indizieren lassen, und *Adsense* spielt ihr dann passende Werbung für Küchengeräte oder Ähnliches zu.

Verhaltensbasierte Werbung

Doch der automatisierte Match von Anzeige und passender inhaltlicher Umgebung ist nur eine Seite der von *Google* vorangetriebenen **Revolution** im Anzeigenmarketing. Eine andere Seite besteht in der gezielten **Beobachtung des Verhaltens** (z.B. der Suchanfragen) der Nutzerïnnen. Für das sogenannte ›Behavioral Targeting‹ werden von *Google* und anderen Werbenetzwerken detaillierte Nutzerprofile erstellt, die es dann ermöglichen, auf das einzelne Individuum heruntergebrochen passgenaue, **personalisierte Werbung** auch dort auszuspielen, wo der inhaltliche Kontext nicht einschlägig ist: Wenn ich auf Grund ihrer Interaktionen oder ihres Surfverhaltens weiß, dass die Nutzerïn höchstwahrscheinlich zur Altersgruppe Seniorïnnen gehört, kann ich ihr an beliebiger Stelle den gewinnträchtigen Treppenlift anbieten.

Hier sind neben *Google* vor allem die sozialen Netzwerke wie *Facebook, Instagram* oder *Twitter/X* in einer besonders günstigen Startposition. Denn dort geben die Nutzerïnnen aktiv und freiwillig besonders viel von sich preis: Sie präsentieren ihre sozialen Kontakte, bekunden mit Likes, Followings und Kommentaren ihre Interessenprofile, und sie sind über ihren Login über längere Zeiträume hinweg eindeutig identifizierbar.

Aber auch wo die Nutzerïnnen sich nicht per Login identifizieren, ist es mit Hilfe von kleinen Codebausteinen in den ausgespielten Inhalten (vor allem: Webseiten) möglich, ihr Nutzungsverhalten über längere Strecken zu beobachten und zu analysieren. Für diese speziellen Datenschnipsel hat sich der Ausdruck ›Cookie‹ eingebürgert. Man unterscheidet zwischen **1st Party**

Cookies, deren Anwendung auf ein einzelnes Angebot beschränkt ist, und **3rd Party Cookies**, die es möglich machen, Nutzerinnen und ihr Verhalten auch über längere Zeiträume und mehrere Angebote hinweg zu verfolgen und zu beobachten.

Insbesondere diese 3rd Party Cookies haben massive **datenschutzrechtliche Bedenken** ausgelöst. Sie unterliegen deshalb vor allem in Europa strikten gesetzlichen Regulierungen (Stichwort: DSGVO) und werden mittlerweile auch von den meisten Webbrowsern technisch nicht mehr unterstützt. *Google* und andere große Player in der Onlinewerbung arbeiten zurzeit an technischen Alternativen, um ein datenschutzkompatibleres Erstellen von Nutzerprofilen für die Werbeindustrie weiterhin möglich zu machen.

Mobile Werbung

Der ultimative Schauplatz für zielgerichtete Werbung sind jedoch unsere **mobilen Endgeräte**, insbesondere Smartphones. Sie sind nahezu vollständig personalisiert, begleiten uns auf allen unseren Wegen und geben, wenn dies nicht durch entsprechende Konfiguration ausgeschlossen wird, Aufschluss über unsere Aufenthaltsorte und Aktivitätslevel. Es ist also kein Wunder, dass *Google* in diesen Markt mit einem eigenen Betriebssystem (*Android*) und sogar eigener Hardware (*Pixel*) massiv eingestiegen ist.

Programmatische Werbung

Und noch in einer anderen Hinsicht haben *Google* und andere digitale Werbenetzwerke den Werbemarkt auf den Kopf gestellt. Sie bieten **automatisierte Marktplätze** an, auf denen gezielte Werbemaßnahmen quasi **in Echtzeit** zwischen Werbekundinnen und journalistischen und anderen Anbietern und Plattformen ausgehandelt werden. Das Verfahren macht dabei Gebrauch von aktuellen Targeting-Informationen über passende Zielgruppen, der Preis wird in einer Art **Auktionsverfahren** automatisch ermittelt.

Auswirkungen auf den Journalismus

Die beschriebenen Entwicklungen haben sich katastrophal auf das Geschäft mit dem Journalismus ausgewirkt. Zum einen ist den journalistischen Medien mit den Suchmaschinen und sozialen Medien innerhalb weniger Jahre eine extrem mächtige, global agierende **Konkurrenz** auf dem Werbemarkt erwachsen, so dass nur noch ein deutlich geringerer Anteil der Werbung bei journalistischen Anbietern landet. Zum anderen hat diese Konkurrenz mit ihren vielen zusätzlichen potenziellen Werbeflächen für einen massiven **Preisverfall** in der Werbung gesorgt.

Insgesamt ist es dadurch nahezu unmöglich geworden, guten Journalismus ausschließlich oder auch nur überwiegend durch Werbung zu refinanzieren – insbesondere wenn er sich an breite Zielgruppen richtet. Das hat in den letzten Jahren bei vielen Anbietern zu einer verstärkten Konzentration auf die andere Säule bei den journalistischen Erlösmodellen geführt: auf die **Vertriebserlöse**, die durch den Verkauf journalistischer Produkte an die Nutzerïnnen erzielt werden können.

Digitale Bezahlinhalte

Der wirtschaftlichen Notwendigkeit, die Nutzerïnnen zur Kasse zu bitten, steht weiterhin deren mangelnde Bereitschaft entgegen, für journalistische Inhalte in digitalen Medien Geld auszugeben. Diese sogenannte **Umsonstkultur** hat verschiedene Ursachen.

1. In den ersten Jahren des Onlinejournalismus hatten die meisten Anbieter ihre Inhalte im Netz kostenlos zur Verfügung gestellt, um sich frühzeitig Marktanteile zu sichern.
2. Gleichzeitig blieben Qualitätsinhalte mit echtem journalistischen Mehrwert lange Zeit den Offlinemedien vorbehalten, weil man deren (noch) funktionierende Geschäftsmodelle nicht untergraben wollte – im Netz herrschte generisches Material, meist von den Nachrichtenagenturen, vor.
3. Dies führte im Netz zu einer gewissen Beliebigkeit und Austauschbarkeit der Marken und Anbieter.
4. Dieser Effekt wurde verstärkt durch Portale wie *Google News* und soziale Medien wie *Facebook* oder *Twitter/X*, die als Drehscheibe für Inhalte verschiedenster journalistischer Anbieter deren Unterscheidbarkeit und die Markentreue der Kundïnnen weiter unterliefen.

Mit dem fortschreitenden Wandel der Mediennutzungsgewohnheiten mussten die Anbieter auf diese zunehmend prekäre Situation reagieren. Die Devise musste jetzt auch für die Qualitätsinhalte heißen: »**Online First!**«. Das wiederum erforderte ein tiefgreifendes Umdenken auch in der Publikationsstrategie. Wo vorher Geschwindigkeit und Reichweite im Vordergrund standen, versuchte man jetzt, mit **Unterscheidbarkeit, Mehrwert** und ersten **Bezahlschranken** die Kundïnnen behutsam auf das **Ende der Umsonstkultur** einzustimmen.

Bezahlverfahren

Die Einführung von **Paid Content** ist ein fortlaufendes Experiment, das von vielen Spannungen, kleinen Fortschritten und immer wieder auch Rückschlägen gekennzeichnet ist.

Ein grundlegendes Problem besteht darin, dass selbst Kundïnnen, die im Grundsatz bereit sind, für journalistische Inhalte ihrer Wahl zu bezahlen, bei den Transaktionsmodellen und Bezahlverfahren andere Präferenzen haben als die Anbieter. Während diese um der wirtschaftlichen Verlässlichkeit willen dauerhafte **Vertragsbeziehungen** und **Markentreue** (sprich: Abonnements) einfordern, suchen die Nutzerïnnen vor allem **Flexibilität** und **Einfachheit**: Angesichts der großen Vielfalt von interessanten Inhalten im Netz macht es für sie wenig Sinn, ihr komplettes journalistisches Medienbudget in Form von Abonnements an einzelne Marken zu binden.

Doch diese Wünsche der Nutzerïnnen stoßen nicht auf offene Ohren: Trotz gelegentlicher Anläufe haben sich bislang weder universell verwendbare **Micropayment-Verfahren** für einzelne journalistische Beiträge noch angebotsübergreifende **Flatrate-Lösungen** durchsetzen können. Das liegt wahrscheinlich zum großen Teil am hohen Koordinations- und Standardisierungsaufwand, aber mit Sicherheit auch am Widerstand der Anbieter, die nicht bereit sind, um der Kundenfreundlichkeit willen mit dem Wettbewerb zu kooperieren.

Paywall

Was bleibt, ist das Prinzip Paywall und die Herausforderung, die **Bezahlschranken** so zu gestalten, dass die Nutzerïnnen zumindest nicht die sprichwörtliche ›Katze im Sack‹ kaufen müssen. Es muss frei zugängliche **An-**

reiztexte geben, diese dürfen aber nicht das Geschäftsziel konterkarieren, möglichst viele Inhalte zu verkaufen.

Abb. 16.1: Ein Problem der Paywalls: Sie verstecken die Ware, die zum Kauf einladen soll (Karikatur: David Revoy/Wikimedia Commons CC-BY 4.0)

Verschiedene Paywall-Modelle

Im Laufe der Zeit haben die Anbieter mit verschiedenen Formen von Bezahlschranken experimentiert und ihre Erfahrungen gesammelt. Eine Übersicht über die wichtigsten Varianten:

1. **Harte Paywall:** Buchstäblich jeder Beitrag steht hinter der Bezahlschranke. Die Kundïnnen können nicht einmal ›schnuppern‹. Dieses Modell können sich eigentlich nur Anbieter mit bereits sehr gut eingeführten und/oder auch analog verfügbaren Marken wie das *Wall Street Journal* oder die *Times* leisten.
2. **Freemium-Modell:** Ein Teil des Angebots ist frei verfügbar, ein anderer ist kostenpflichtig. Dies wird vielfach damit gerechtfertigt, dass der kostenpflichtige Teil ›höherwertig‹ sei. Ein Problem dieses Modells besteht darin, dass die Kundïnnen, die das kostenfreie Angebot konsumieren, den angeblich höheren Wert des kostenpflichtigen Teils nicht selbst erfahren. Dies kann, ebenso wie bei der harten Paywall, durch ergänzende Maßnahmen behoben werden. So kann man zum Beispiel Abonnentïnnen die Möglichkeit geben, einzelne Texte zu ›verschenken‹, oder man bietet immer wieder kostengünstige Probeabonnements an.
3. **Metered Paywall:** Die Kundïnnen können in einem gegebenen Zeitraum (z.B. einem Monat) eine bestimmte Anzahl von Beiträgen kostenlos aufrufen. Danach fällt die Bezahlschranke. Dieses Modell, das

beispielsweise der *New Yorker* anwendet, hat den Nachteil, dass viele Kundinnen innerhalb des kostenfreien Kontingents bleiben werden, so dass kein rechter Kaufanreiz entsteht. Es ist daher wichtig, das Artikellimit so anzupassen, dass immer ein angemessener Anteil der Nutzerinnen auch tatsächlich an die Paywall stößt (engl.: **Stop Rate**).

Wegen der bekannten Nachteile der genannten Systeme bemühen sich jetzt viele Anbieter um flexiblere, **dynamische Modelle**. Dafür werden zum Beispiel anhand verschiedener Verhaltensparameter Nutzerprofile ermittelt, und je nach Profil erhalten die Nutzerinnen dann unterschiedliche Angebote. Dabei geht es nicht nur um die Akquise neuer Abonnentinnen, sondern auch darum, bestehende Abonnements (zum Beispiel Probeabos) zu erhalten und damit die schon im letzten Kapitel erwähnte **Kündigungsrate** (engl.: Churn Rate) zu mindern. Bei laufendem Abo lassen sich zum Beispiel Kundinnen erkennen, die das Interesse zu verlieren drohen, und man kann diese mit gezielten Maßnahmen zu reaktivieren versuchen.

Ein anderes, ebenfalls datengestütztes Modell besteht darin, die **Konversionsrate** (engl.: Conversion Rate) einzelner Beiträge zu ermitteln, die sichtbar macht, welche Inhalte an der Paywall häufiger zu **Aboabschlüssen** geführt haben. Diese kann man dann zum Beispiel gezielt über soziale Medien bewerben und somit potenzielle Kundinnen in das kostenpflichtige Angebot hineinziehen.

In jedem Fall ist es wichtig, die Nutzerinnen möglichst oft mit der Bezahlschranke zu konfrontieren – nicht unbedingt, indem man sie daran scheitern lässt, sondern indem man sie regelmäßig daran erinnert, dass Journalismus ein kostenintensives Geschäft ist und dass schon die Fairness gebietet, das auch zu honorieren. Die *Tageszeitung* und der britische *Guardian* haben beide für ihre Onlineartikel keine echte Paywall, aber beide stützen sich auf freiwillige Digitalabos. Und beide fordern ihre nicht registrierten Leserinnen bei buchstäblich jedem Besuch dazu auf, zahlende Kundinnen zu werden.

Andere Geschäftsmodelle

Auch wenn sich inzwischen viele Anbieter den neuen Anforderungen des Marktes erfolgreich angepasst haben und via Werbung oder Paid Content tatsächlich schwarze Zahlen schreiben, bleibt die wirtschaftliche Situation des digitalen Journalismus insgesamt prekär. Es liegt daher nahe, dass die Suche nach alternativen Erlösquellen intensiv weitergeht.

Wie bereits erwähnt, haben sich beispielsweise die *Tageszeitung* und der *Guardian* gegen die massiven Opfer an Reichweite für ihre Inhalte entschieden, die normalerweise mit konsequenten Paywall/Abo-Modellen einhergehen. Beide setzen auf ein Modell, das auf **Freiwilligkeit** basiert, so dass die Beiträge der motivierten Nutzerïnnen als **Spenden**, beziehungsweise als **Crowdfunding** interpretiert werden können.

Gleichzeitig gibt es im Geschäftsmodell beider Titel aber auch eine Komponente, die sich zunehmend auch bei vielen kommerzielleren Anbietern findet: Den zahlenden Nutzerïnnen wird etwas angeboten, das über den bloßen, vertraglich geregelten Kaufakt hinausgeht: Eine Zugehörigkeit oder **Mitgliedschaft** in einer Art **Club**. Dieses Versprechen wird durch eine besondere Ansprache der Community (z.B. in Newslettern) sowie durch flankierende Maßnahmen wie Offlineveranstaltungen unterstützt. Bei der *Tageszeitung* spielt darüberhinaus die Geschäftsform der **Genossenschaft** eine Rolle, die einen großen Teil der Leserschaft gleichzeitig zu Anteilseignerïnnen macht und somit die Identifikation mit dem Unternehmen noch einmal auf eine höhere Ebene hebt.

Einen ähnlichen Weg hat auch das Projekt *Krautreporter* beschritten. Im Jahr 2014 als reines Crowdfunding-Projekt mit freiem Zugang auf alle Inhalte gestartet, nahm das werbefreie Berliner Onlinemagazin nach einiger Zeit die Rechtsform einer Genossenschaft an, machte einen Großteil seiner Abonnentïnnen zu Genossïnnen und stellte die Inhalte hinter eine Paywall. Auch die *Krautreporter* verstehen Abonnement und Genossenschaft als eine Art Mitgliedschaft, die nicht nur den bloßen Konsum digitaler journalistischer Inhalte erlaubt, sondern zum Beispiel auch den Zugriff auf zusätzliche Serviceelemente und Offlineveranstaltungen umfasst.

Während die *Krautreporter* noch als klassisches Onlinemagazin verstanden werden können, sind die 2016 initiierten *Riffreporter* eher ein Netzwerk von freien Journalistïnnen und ihren Publikationen unter einer journalistischen Dachmarke. Die Leserïnnen können das **Gesamtprodukt** abonnieren oder für den Zugriff auf **einzelne Artikel** bezahlen. Auch die *Riffreporter* nutzen die Rechtsform einer Genossenschaft, aber anders als bei den *Krautreportern* handelt es sich hier nicht um eine Genossenschaft vor allem der Nutzerïnnen, sondern um eine **Genossenschaft der beteiligten Journalistïnnen**.

Für eine überschaubare Umsatzbeteiligung bietet die Genossenschaft diesen eine Publikationsplattform mit funktionierendem Bezahlmodell, und sie werden zusätzlich logistisch und organisatorisch unterstützt, beispielsweise beim Ankauf journalistischer Inhalte für ihre Teilpublikationen oder durch die Vermittlung von externen Tätigkeiten, zum Beispiel als Vortragsredner:in oder Moderator:in.

Abb. 16.2: Unter anderem für ihr innovatives Geschäftsmodell erhielten die Riffreporter 2018 den renommierten Grimme Online Award. Hier zu sehen (v.l.) Christian Schwägerl, Tanja Krämer und Sebastian Brink (Foto: Grimme-Institut/ Arkadiusz Goniwiecha)

Das Geschäftsmodell der *Riffreporter* hat viel Aufmerksamkeit erfahren, und neben den generierten Vertriebserlösen wird das Projekt nicht nur durch zusätzliche Privatspenden, sondern auch von verschiedenen Institutionen, Organisationen und Stiftungen finanziell unterstützt. Eine solche Refinanzierung aus der **Zivilgesellschaft** über den sogenannten ›dritten Sektor‹ ist eine weitere Erlösquelle für den Journalismus, die in den letzten Jahren viel diskutiert worden ist und zu teilweise erstaunlichen Erfolgen geführt hat.

Ein hervorragendes Beispiel ist das in den vergangenen Kapiteln bereits wiederholt erwähnte Recherchekollektiv *Correctiv* in der Rechtsform einer gemeinnützigen GmbH. Diese in Essen und Berlin ansässige Organisation mit Schwerpunkt auf investigative Recherchen wird vor allem durch Spenden von Privatpersonen und aus dem dritten Sektor, sowie aus Steuermitteln finanziert. Gleichzeitig ist die Arbeit von *Correctiv* **kollaborativ** angelegt: Die Recherchen entstehen in Zusammenarbeit mit anderen journalistischen Anbietern oder werden diesen als Resultate kostenlos zur Verfügung gestellt.

Öffentlich-rechtliche Medien

Die genannten alternativen Erlösmodelle sind vielversprechend und bieten einzelne eindrucksvolle Erfolgsgeschichten. Aber keines verspricht, die Schwächen bei Werbe- und Vertriebserlösen vollständig zu kompensieren und den digitalen Journalismus insgesamt auf ein stabiles wirtschaftliches Fundament zu stellen. Insgesamt ist zu erwarten, dass ein allein auf den Gesetzmäßigkeiten des Marktes beruhender Journalismus weiter schrumpfen wird. Es besteht die Gefahr, dass er somit seiner gesellschaftlichen Aufgabe und Verantwortung immer weniger gerecht werden kann.

Aus diesem Grund kommt den öffentlich-rechtlichen Medien eine über die digitale Transformation des klassischen Rundfunks hinausgehende, zunehmende Bedeutung zu. Sie sind unter anderem aus genau diesem Grund einmal ins Leben gerufen worden: Um der Bevölkerung auch im Falle eines **Marktversagens** im Bereich der kommerziellen Medien weiterhin Zugang zu einem Grundbestand an journalistischen Informationen zu verschaffen, wie sie für ein funktionierendes demokratisches Gemeinwesen notwendig sind.

Die Finanzierung der öffentlich-rechtlichen Medien durch ein gesetzlich geregeltes, obligatorisches **Beitragssystem** unterscheidet sich dabei aus guten Gründen grundlegend von einem Abonnementssystem, wie es immer wieder von Kritikerïnnen der ›Zwangsbeiträge‹ als Alternative gefordert wird. Das Ziel öffentlich-rechtlicher Medien ist es, die Leistungen eben nicht nur den Zahlungswilligen und Zahlungsfähigen, sondern der **Allgemeinheit**, und das heißt buchstäblich: jedem, zur Verfügung zu stellen. Denn wenn Information ein Luxusgut wird, das sich nur wohlhabende Akteurïnnen leisten können, kann von einer Demokratie keine Rede mehr sein.

Die Bereitstellung journalistischer Information wird hier, neben Angeboten zur Bildung und Unterhaltung, als grundlegende Infrastruktur einer funktionierenden Gesellschaft gesehen. Und sie wird – ähnlich wie die Versorgung mit Wasser, Energie, Gesundheit oder Altersvorsorge – als Aufgabe in öffentlicher Verantwortung verstanden, die ein Gemeinwesen nicht allein den Gesetzmäßigkeiten des Marktes anvertrauen darf.

Das eigene Projekt

Zum Abschluss wollen wir uns exemplarisch anschauen, welche Möglichkeiten kleinere journalistische Projekte und Startups haben, ihre Arbeit zu monetarisieren. Es gilt dabei, grundsätzlich zwei Phasen zu unterscheiden, die unterschiedliche Anforderungen stellen: Die **Start- und Aufbauphase**, in der Publikum und Reputation erst aufgebaut werden müssen, und den **laufenden Betrieb**, wenn das Projekt am Markt bereits eingeführt und sichtbar ist.

Starthilfe

Die Startphase bildet in den meisten Fällen eine besondere Hürde, deren Schwierigkeitsgrad unter anderem davon abhängt, wie viel Bekanntheit die Macherïnnen aus früherer Arbeit bereits mitbringen. Im Normalfall müssen sie zunächst unbezahlt **in Vorleistung** treten, ehe sie sich um Fördermittel oder andere Erlösquellen kümmern können. Es macht also Sinn, sich zu fragen, ob und wie lange man sich eine **Aufbauphase ohne Einkünfte** erlauben kann und will.

Dabei lohnt es sich auch, sich über die allgemeinen Anforderungen bei einer **Existenzgründung** schlau zu machen. Dazu gibt es hilfreiche Informationsplattformen, wie zum Beispiel das *Existenzgründerportal* des Bundesministeriums für Wirtschaft und Klimaschutz. Dort erfährt man zum Beispiel, wie man einen **Businessplan** erstellt, der nicht nur nach außen die Ernsthaftigkeit des eigenen Anliegens dokumentiert, sondern auch intern dabei hilft, sich Klarheit über verschiedene Rahmenbedingungen zu verschaffen.

Wenn es dann etwas vorzuzeigen gibt – sei es ein ausgearbeitetes Konzept plus Businessplan, sei es ein laufender Prototyp des angepeilten Angebots – kann man sich um Fördermittel und andere Starthilfen bemühen.

Die meisten konventionellen Startup-Förderer, zum Beispiel die Plattformen der Banken, freie Business Angels oder Venture-Kapital-Geber, orientieren sich eher an zukunftssichereren Branchen wie IT oder Biotech als an krisengeschüttelten journalistischen Medien. Insofern sollte sich die Suche auf Förderer konzentrieren, die besonders Medien-Startups im Blick haben und sich mit dieser Branche auskennen.

Tipp

Mögliche Anlaufstellen für die Unterstützung von Medienstartups:

- Zur Aufgabe der **Landesmedienanstalten**, die Bestandteil der öffentlich-rechtlichen Infrastruktur sind, gehört auch die Förderung von medialen Innovationen. Mehrere Anstalten unterhalten spezielle Labore, mit denen sie innovative journalistische Projekte mit Rat und Ressourcen unterstützen;
- **zivilgesellschaftliche Organisationen** wie das *Netzwerk Recherche*, das bereits genannte Recherchekollektiv *Correctiv* oder der gemeinnützige Thinktank *Vocer* haben sich auch der Förderung journalistischer Startups verschrieben. Neben Möglichkeiten der Beratung und Vernetzung gibt es dort auch finanzielle Förderung in Form von Fellowships oder Stipendien;
- es gibt vereinzelt **regionale Förderstrukturen** für die Medienwirtschaft, wie zum Beispiel den Hamburger *Next Media Accelerator*;
- auch kommerzielle **Medienhäuser** wie der *Axel Springer Verlag* betreiben eigene Acceleratoren;
- nicht zuletzt bemüht sich der ***Alphabet*-Konzern** um das Überleben und die Weiterentwicklung des Journalismus, den er mit seinen neuen Werbeformen selbst in Bedrängnis gebracht hat. Die *Google News Initiative* stellt umfangreiche Ratgeber zu Themen wie Publikumsmanagement oder Werbe- und Vertriebserlöse zur Verfügung und fördert ausgewählte journalistische Projekte auch finanziell.

Wer sich nicht auf institutionelle Förderung verlassen will, kann versuchen, selbst eine **Crowdfunding-Kampagne** zu starten und sich auf diese Weise finanzielle Mittel für den Anlauf zu beschaffen. Hier kommt zum Beispiel die Plattform *Startnext* in Frage, aber auch *Kickstarter* hat eine eigene Rubrik für journalistische Projekte.

Die **Erfolgsbedingungen** für Crowdfunding-Kampagnen variieren sehr stark von Marksegment zu Marktsegment. Generell kann man sagen, dass allein ein clever formulierter Pitch auf den entsprechenden Plattformen in den meisten Fällen nicht reichen wird. Besser ist es, man bringt bereits eine **motivierte Community** mit oder verfügt über die Möglichkeiten, eine solche zu mobilisieren. Auch hier liegt es also nahe, vor dem Beginn der Kampagne mit sichtbaren Anstrengungen in Vorleistung zu treten.

Laufendes Geschäft

Wenn die Hürde des Starts und der Markteinführung genommen ist und das Projekt genügend Aufmerksamkeit und ein geeignetes hinreichend großes Publikum bekommen hat, bieten sich für das laufende Geschäft mehr oder weniger dieselben Erlösquellen an, die wir bereits in den ersten Teilen des Kapitels kennengelernt hatten: Werbeerlöse, Vertriebserlöse/Paid Content und freiwillige Spenden.

Werbeerlöse und Paid Content stehen dabei in einem Spannungsverhältnis. Für erfolgreiche Werbung sind vor allem zwei Faktoren entscheidend: Eine für Werbetreibende interessante Zielgruppe und Reichweite. Ersteres ist besonders dann gegeben, wenn das Angebot in einer fachlichen Nische angesiedelt ist, in der es wenig mediale Konkurrenz gibt und die einen Kontext von Produkten und Dienstleistungen mitbringt, für die es sich zu werben lohnt. Wenn die angepeilten Zielgruppen erreicht werden, ist Reichweite der entscheidende Faktor.

Deshalb sabotiert ein Anbieter mögliche Werbeerlöse, wenn er sein Angebot hinter eine Bezahlschranke stellt und damit, um der Vertriebserlöse willen, einen großen Teil der Reichweite opfert. Wie diese Abwägung im Einzelfall ausgeht, hängt vom jeweiligen Marktsegment ab.

Werbung

Ad Revenue Sharing

Youtube bietet erfolgreichen Anbieterïnnen auf der Plattform ein Partnerprogramm an, in dem die dort erzielten Werbeeinnahmen mit den Anbieterïnnen geteilt werden. Das ist an bestimmte Bedingungen geknüpft: So müssen die Angebote regelmäßig bedient werden und über hinreichend Abonnentïnnen oder eine gewisse Reichweite verfügen. Wenn das erfüllt ist und keine Verstöße gegen die *Youtube*-Guidelines registriert werden, kann ein Teil der Werbeeinnahmen und Einnahmen aus dem kostenpflichtigen Dienst *Youtube Premium* an die Anbieterïnnen weitergeleitet werden.

Wie hoch die ausgezahlten Beträge de facto sind, hängt von **Art und Thema** der gezeigten Videos ab, denn diese beeinflussen wiederum den Preis, den die Werbekundïnnen für die dort platzierten Anzeigen bezahlen. Die Spanne kann von wenigen Cent oder sogar Cent-Bruchteilen bis zu mehreren Euro pro 1000 Aufrufen variieren.

Auch *Tiktok* bietet mit *Tiktok Pulse* ein Programm zur Beteiligung an den Werbeerlösen an, während *Facebook* und *Instagram* eher darauf setzen, dass die Anbieterïnnen auf ihren Plattformen **Markenpartnerschaften** eingehen oder von Werbekundïnnen **gesponsorte Inhalte** posten – für Journalistïnnen sind das eher heikle Bedingungen. Tools wie der *Instagram Creator Marketplace* oder der *Meta Brand Collabs Manager* vermitteln zwischen Werbekundïnnen und Anbieterïnnen auf den Plattformen.

Google Adsense

Die Erlösbeteiligung für Werbeeinnahmen auf *Youtube* ist im Wesentlichen eine Anwendung des *Alphabet*-eigenen Dienstes *Google Adsense*. Damit lassen sich auch **Inhalte im Web**, zum Beispiel Weblogs, monetarisieren. *Google* indiziert die angemeldeten Webangebote, analysiert ihre Attraktivität für unterschiedliche Werbekundïnnen und weist dann über seinen auktionsbasierten Marktplatz automatisch passende Displaywerbung zu. Wiederum hängen die Erlöse davon ab, wie werbetauglich das mit den journalistischen Inhalten geschaffene Umfeld ist. Themen wie Finanzen, Gesundheit, Beauty oder Reisen eignen sich erfahrungsgemäß besser als Politik oder Kultur.

Kostenpflichtige Inhalte

Wenn das Publikum selbst zur Kasse gebeten werden soll, bieten sich verschiedene Dienstleister an, die kleinen Anbieterïnnen dabei helfen, ihre Inhalte zu monetarisieren. Eine Auswahl:

- Die US-amerikanische Plattform ***Patreon*** startete 2013 mit einem Modell für den freiwilligen finanziellen Support von Nutzerïnnen für die von ihnen favorisierten *Youtube*-Kanäle. Das Angebot entwickelte sich schnell zu einer leistungsfähigen Monetarisierungsplattform auch für andere Inhaltstypen wie zum Beispiel Podcasts. Die zahlenden Kundïnnen (genannt: Patrons) können dort Anbieterïnnen ihrer Wahl mit Hilfe abo-ähnlicher monatlicher Zahlungen unterstützen. Dazu werden ihnen meist drei verschiedene Beitragshöhen angeboten. Im Normalfall sind die höheren Monatsbeiträge mit zusätzlichen exklusiven Inhalten oder Leistungen verbunden. Insofern ähnelt das Modell dem **Freemium-Modell** bei den journalistischen Paywalls.

- Während *Patreon* seine Herkunft aus dem *Youtube*-Umfeld nicht verleugnen kann und sehr stark in der Videoszene verankert ist, richtet sich die Plattform ***Substack*** vor allem an **Newsletter**-Autorïnnen. Diese können über die Plattform Bezahlmodelle für ihre Inhalte anbieten, die normalerweise als Newsletter oder Podcast ausgespielt, aber auch in einer Art Blog vorgehalten werden. Eine Besonderheit des *Substack*-Modells ist die offensive Crosspromotion anderer Newsletter auf der Plattform, durch die zusätzliche Aufmerksamkeit für die einzelnen Angebote auf der Plattform generiert wird.
- Ähnlich funktioniert auch ***Medium***, das mehr am Modell von Weblogs orientiert ist und ein etwas anderes Monetarisierungsmodell verwendet. Dort wird nicht das einzelne Angebot bepreist, sondern die Nutzerïnnen zahlen eine Art Flatrate für die kostenpflichtigen Inhalte der Plattform. Die Erlöse werden dann an die Anbieterïnnen nach verschiedenen Leistungsmerkmalen (z.B. Lesezeit, Engagement der Nutzerïnnen, Anwerbung neuer Abonnentïnnen) anteilig verteilt.
- Eine der zurzeit flexibelsten und besten Plattformen ist ***Steady***. Das Berliner Unternehmen stammt aus dem Umfeld der bereits erwähnten *Krautreporter*. Bei *Steady* können Anbieterïnnen nicht nur ausgewählte Newsletter oder Podcasts, sondern auch Inhalte auf der eigenen Website oder dem eigenen Blog hinter eine Bezahlschranke stellen. Wie die *Krautreporter* orientiert sich *Steady* an einem Modell von Communitys und Mitgliedschaften.

Merke

Die Frage, ob das Angebot für Paid Content geeignet ist, hängt sehr stark vom Thema und der Art der Inhalte ab. Eine gute Faustregel hat der Däne Thomas Baekdal aufgestellt, der sich als Experte für die Digitalisierung in den Medien einen Namen gemacht hat: »Die Leute bezahlen aus zwei Gründen. Entweder sie haben ein konkretes Problem und zahlen dafür, dass du es für sie löst, oder sie zahlen, um dich bei dem zu unterstützen, was du tust.«

Wer davor zurückschreckt, auf Grund von Bezahlschranken mögliche Reichweite zu opfern, kann natürlich auch einfach an die **Spendenbereitschaft** der Nutzerïnnen appellieren. Neben den genannten Plattformen gibt es Dienste wie *Ko-Fi* und *Buy Me a Coffee*, die zwar auch die Bereitstellung exklusiver Inhalte an zahlende Mitglieder erlauben, aber eher auf die freiwillige Spende fokussiert sind.

Sekundärgeschäfte

Gerade kleinere journalistische Anbieter oder freie Journalistïnnen sollten aber auch dafür offen sein, dass das Einkommen nicht unbedingt vollständig aus der direkten Monetarisierung des eigenen journalistischen Angebots kommen muss. Dies kann auch dazu dienen, sich eine Reputation zu erarbeiten, die dann dabei hilft, zusätzlich bezahlte Aufträge als Expertïn, Moderatorïn oder Beraterïn anzunehmen. Dabei sollte natürlich darauf geachtet werden, dass die Grenzen zur PR nicht überschritten werden, denn sonst gibt man seine journalistische Unabhängigkeit auf und untergräbt die eigene Glaubwürdigkeit beim Publikum.

Zur Vertiefung

Test zu Kapitel 16
https://www.utb.de/do/10.36198/9783838562322-e15/disclaimer

Weiterführende Lektüre

Committee Of Experts On Increased Resilience Of Media (MSI-RES). (2024). *Good practices for sustainable news media financing*. European Council. – Der Bericht des Expertenkommittees zur Verbesserung der Resilienz der Medien beim Europäischen Rat gibt einen guten und umfassenden Überblick über die Literatur zur Finanzierungskrise im Journalismus und aktuelle Entwicklungen (PDF-Download beim Europäischen Rat)

Lobigs, F. (2018). Wirtschaftliche Probleme des Journalismus im Internet. In C. Nuernbergk & C. Neuberger (Hrsg.), *Journalismus im Internet: Profession - Partizipation - Technisierung* (S. 295–334). Wiesbaden: Springer Fachmedien. – Der Artikel aus dem Jahr 2018 beschreibt sehr gut die zurückliegenden Entwicklungen des Werbemarkts im Internet, berücksichtigt aber noch nicht die positiven Entwicklungen der letzten Jahre bei den Bezahlinhalten.

Medien-Förderung.de – Das Angebot aus dem Umfeld von vier bundesdeutschen Landesmedienanstalten basiert auf einer Datenbank von Förderangeboten für Medienprojekte.

Ausgewählte Forschung

Wellbrock, C. M. & Buschow, C. (2020). *Money for Nothing and Content for Free? Paid Content, Plattformen und Zahlungsbereitschaft im digitalen Journalismus* (Schriftenreihe Medienforschung). Baden-Baden: Nomos. – Der von der *Landesmedienanstalt Nordrhein-Westfalen* veröffentlichte Reader stützt sich auf eine empirische Studie der beiden Herausgeber aus dem Jahr 2019 und versammelt aktuelle wissenschaftliche Beiträge zum Thema Paid Content und Zahlungsbereitschaft. (Online verfügbar: Money for Nothing and Content for Free? – Nomos eLibrary)

Wellbrock, C.-M., Lobigs, F., Erbrich, L. & Buschow, C. (2023). *Coopetition is King: Ökonomische Potentiale und medienpolitische Implikationen kooperativer Journalismusplattformen*. Düsseldorf: Landesanstalt für Medien NRW. – In dieser Anschlussstudie gehen die Verfasser der Frage nach, wie ein ›Spotify für Journalismus‹ aussehen könnte. (Online verfügbar: Coopetition is King! – Landesanstalt für Medien NRW)

17. Danksagung

Viele Menschen haben mich bei der Arbeit an diesem Projekt unterstützt. Zunächst möchte ich meinen Studierenden an der Hochschule Darmstadt danken, die mit mir in vier Seminaren in meinen letzten zwei Sommersemestern 2021 und 2022 das Konzept für das Studienbuch und einzelne Themen diskutiert haben. Sie haben mich unter anderem mit sanftem Druck dazu gebracht, auch Themen wie Kennzahlen und Erlösmodelle ausführlicher zu behandeln, die ursprünglich nicht auf meiner puristischen, rein journalistisch geprägten Agenda standen.

Später haben viele liebe und kluge Kollegïnnen und Freundïnnen einzelne Kapitelentwürfe gegengelesen und mit ihren Anregungen und ihrer Kritik bereichert. Tausend Dank dafür an Nicola Balkenhol, Marco Bertolaso, Volker Dohr, Jan Eggers, Henning Eichler, Sabine Hieronymus, Corinna Klingler, Sebastian Pranz, Mattis Quentin, Torsten Schäfer, Peter Schumacher, Jürgen Schwab, Martin Virtel, Rita Weinert, Annkathrin Weis und Heinz Wittenbrink! Ihr habt das Produkt meiner Arbeit deutlich verbessert und mich vor manchem Irrtum bewahrt. Für die verbleibenden Fehler bin ich natürlich allein selbst verantwortlich.

Meine geliebte Frau Liwen ist zum Thema Journalismus wie in allen anderen Dingen meine erste und wichtigste Gesprächs- und Sparringspartnerin. Dafür verdient sie Dank, und auch dafür, dass sie während der vergangenen Monate manchen Seufzer geduldig ertragen und mich gelegentlich angestupst hat (»Jia You!«), wenn es nötig war.

Schließlich möchte ich der Stiftung Preußischer Kulturbesitz dafür danken, dass sie in typisch Berliner Manier die anstehende jahrelange Renovierung der Staatsbibliothek an der Potsdamer Straße auf unbestimmte Zeit verschoben hat, so dass ich Tag für Tag im wirklich atemberaubenden Lesesaal dieses eindrucksvollen Scharounschen Gebäudes arbeiten durfte.